SOUVENIRS
DE
L'HOTEL DE VILLE
DE PARIS

L'auteur et les éditeurs déclarent réserver leurs droits de traduction et de reproduction à l'étranger.

Cet ouvrage a été déposé au ministère de l'intérieur (section de la librairie) en janvier 1875.

PARIS. — TYPOGRAPHIE DE E. PLON ET Cie, RUE GARANCIÈRE, 8.

SOUVENIRS
DE
L'HOTEL DE VILLE
DE PARIS
1848-1852

PAR

Ch. MERRUAU

ANCIEN SECRÉTAIRE GÉNÉRAL DE LA PRÉFECTURE DE LA SEINE
ANCIEN MEMBRE DU CONSEIL MUNICIPAL DE PARIS
ANCIEN CONSEILLER D'ÉTAT

Nunc licet Esquiliis habitare salubribus.
(Hor.)

PARIS
E. PLON et Cie, IMPRIMEURS-ÉDITEURS
RUE GARANCIÈRE, 10

1875
Tous droits réservés

PRÉFACE

Le présent ouvrage diffère en plusieurs points essentiels de ceux qui ont été publiés depuis quelque temps sur la Ville de Paris ; ce n'est ni un tableau descriptif de la grande cité, telle qu'elle existe aujourd'hui, ni un exposé complet du mécanisme de l'administration municipale, ni une série de documents statistiques condensés et comparés, ni un traité de droit administratif à l'usage de la première commune de France, ni un pamphlet, ni un mémoire apologétique. C'est un simple récit, une esquisse de l'histoire de Paris durant une période que déterminent les années 1848 et 1852. Beaucoup de souvenirs personnels de l'auteur sont mêlés au rappel des grands événements publics. Le but qu'on s'est proposé est de reporter le lecteur à un quart de siècle en arrière, de le faire assister aux travaux des anciens administrateurs municipaux et du ci-devant Conseil de la Ville, replacés dans leur cadre historique, et de l'intéresser, s'il se peut, à ce qui se passait dans la Maison commune pendant les années agitées qui ont vu s'accomplir la révolution de Février et le coup d'État de Décembre.

Il est malaisé, pour un écrivain épris de la vérité, de toucher à un point quelconque de l'histoire contemporaine. Il rencontre bien des écueils : s'il loue quelque personne vivante, on l'accuse de flatterie; s'il la blâme, on dénonce son inimitié; s'il raconte des faits peu connus, on le taxe d'indiscrétion; s'il remet en lumière ce qui n'est oublié qu'à demi, on lui reproche ses lieux communs et ses redites.

Il a d'ailleurs tous les journaux, non-seulement pour juges, mais pour concurrents. Dans les trois cent soixante chapitres que publie chaque journal par an, l'histoire récente est passée en revue comme l'histoire courante; presque rien de vrai n'échappe à l'intuition, à l'induction des plus habiles; aucune erreur, aucun préjugé, aucun paradoxe n'est négligé par les plus passionnés. Tous les personnages historiques sont remis en scène et discutés chaque matin; presque tous les documents sont périodiquement exhumés et de nouveau commentés. L'historien patient qui, de son côté, travaille avec une inévitable lenteur pour arriver à la certitude, se trouve tous les jours devancé dans sa publication et trahi dans ses découvertes. Ce qu'il croit avoir pensé le premier, il le lit au bout de peu de temps affirmé sous une forme excessive mais saisissante, ou contredit avec amertume et véhémence; ce qu'il se félicite d'avoir constaté par beaucoup d'étude, il le voit deviné, embelli ou travesti, enveloppé d'enthousiasme ou de dénigrement. Lorsque son livre vient au jour, le public est déjà à peu près instruit, aux trois quarts prévenu, à moitié blasé. Tout le monde, de notre temps, par catégories de partis, pense superficiellement les mêmes choses, au même moment, et s'en tient là. Qui fait un livre aujourd'hui doit, ou se cantonner dans les profondeurs du passé et de la science, ou improviser, s'il traite des choses du jour, afin d'offrir une primeur au lecteur pressé.

Je n'ai point improvisé cependant; j'ai pensé qu'il demeurait quelque saveur dans le témoignage d'un homme qui parle de faits qui se sont accomplis sous ses yeux, et que la vérité, alors même qu'elle ne paraîtrait pas entièrement jeune en se produisant, rajeunit avec le temps.

Dois-je faire savoir au lecteur quel est le témoin qui paraît devant lui? Le public me connaît, ou, du moins, connaît mon nom, qui a été imprimé, suivi de la qualification de rédacteur en chef, dans des milliers d'exemplaires de deux journaux, l'ancien *Temps* et l'ancien

Constitutionnel. J'ai signé également un nombre incalculable d'ampliations, d'extraits pour copie conforme et d'affiches, comme secrétaire général de la Préfecture de la Seine. Il me semble que cela constitue une certaine notoriété, et beaucoup de personnes se tiennent pour célèbres parce que leur nom est souvent répété par la voie de l'impression. Je pourrais donc, autant qu'un autre, me contenter de cette gloire, quoiqu'elle soit un peu surannée. J'ajouterais bien que j'ai beaucoup écrit et que l'on m'a fait souvent l'honneur de lire avec quelque attention, ce dont j'étais flatté tout bas, des articles ou d'autres compositions plus sérieuses qui étaient sortis de ma plume. Ce serait là peut-être un titre pour me présenter au public comme une vieille connaissance. Mais, par une singulière combinaison de ma destinée, mon nom, tant imprimé, ne s'est presque jamais trouvé rapproché de mes écrits.

Jusqu'au lendemain de la révolution de 1848, j'ai été, dans le *Constitutionnel,* le représentant officiel de M. Thiers et d'un groupe de députés, ses amis, dont je partageais alors la manière de voir. A cette époque, chaque journal, expression d'une opinion collective, avait une rédaction anonyme. Les journalistes ne signaient point leurs œuvres ; ils fondaient des réputations et négligeaient la leur ; ils secondaient des ambitions sans y mêler d'un peu près leurs visées personnelles. Pour moi, s'il m'arrivait d'écrire une bonne page, alors même qu'elle naissait tout entière de mon inspiration propre, on ne manquait pas de l'attribuer à M. Thiers; si quelque article moins heureux, suggéré ou non, péchait par la forme ou par la logique, mes confrères de la presse s'empressaient de le mettre exclusivement à mon compte. Et c'était justice! Comment m'étais-je engagé, durant tant d'années, dans le tourbillon d'un homme si légitimement illustre, sans pressentir que j'y serais complétement absorbé? Aussi, quoique rédacteur en chef d'un journal florissant, principal organe d'un parti puissant, je n'ai gagné, dans un travail ardent et prolongé, ni commencement de fortune, ni apparence de renommée. Je ne me propose pas pour modèle aux jeunes journalistes d'aujourd'hui.

Plus tard, j'ai été, à l'Hôtel de Ville, un fonctionnaire laborieux et discret, donnant mes nuits comme mes journées aux affaires, collaborateur anonyme, signataire quotidien, satisfait de prendre une part obscure à des œuvres éclatantes. Cette fois encore, je suis demeuré pauvre et ignoré; mais c'était mon devoir, et je conseille à ceux qui participent, dans de semblables conditions, aux affaires publiques, de ne jamais concevoir de regrets s'ils agissent comme je l'ai fait.

Enfin, j'ai pris place pendant dix ans au sein du Conseil

municipal, ce qui m'a permis de continuer jusqu'au bout, au milieu de collègues pleins de désintéressement et de lumières, l'étude de tout ce qui concernait la Ville; pendant le même temps, j'ai siégé au Conseil d'État, écoutant chaque jour de graves et savantes discussions sur des questions précises, recueillant maint exemple d'avis sans parti pris, de critique sans passion, d'indépendance sans bruit.

En somme, vingt ans de journalisme politique et vingt ans de pratique administrative ont à peu près rempli ma vie [1]. Quoique mes dernières occupations aient été plus conformes à mes goûts que les premières, je n'ai pas perdu tout souvenir de celles-ci. Quiconque a été journaliste mourra journaliste. On trouvera dans ce que j'écris la double empreinte des habitudes d'esprit que j'ai successivement contractées. Je n'ai pu me défendre de mêler des considérations politiques à l'exposition presque technique des affaires municipales, et je ne me suis pas interdit de discuter en racontant. Il ne m'était pas possible d'ailleurs de me renfermer étroitement dans les limites d'une monographie de la commune parisienne et de ne point rappeler, au cours de mon récit, les faits qui

---

[1] Je ne mentionne point, parmi les professions que j'ai exercées l'une après l'autre ou simultanément, le professorat dans les lycées de l'Université. Cette part de mes états de services n'a ici nul intérêt.

appartiennent à notre histoire générale, surtout s'ils se sont accomplis dans Paris et s'ils ont exercé une notable influence sur les décisions et sur les ressources de la Ville. Je ne pouvais pas non plus parler de nos grands travaux publics sans mentionner l'Empereur, qui les a ordonnés, et le nommer sans laisser paraître l'attachement profond que j'ai conservé pour sa mémoire.

D'un autre côté, on verra revenir plus d'une fois le nom de M. Thiers au milieu des souvenirs que je consigne. Il est difficile de dire un mot de l'histoire politique de ce siècle et de ne pas y montrer M. Thiers acteur ou historien, possesseur du pouvoir ou adversaire de ceux qui le détiennent. J'ai beaucoup de regret de n'avoir pu toujours entourer son nom de louanges, selon mon ancien penchant. J'aurais voulu qu'après la révolution de 1848, il unît ses efforts à ceux de Napoléon III pour fonder et conserver l'ordre durable en France. Un tel accord, que j'ai espéré quelquefois, que, pour mon humble part, j'ai, à plusieurs reprises, tenté de faciliter, aurait évité à notre pays bien des secousses et bien des malheurs. Il était irréalisable; mais j'avoue, à ma confusion, que je l'ai compris très-tard. Napoléon, dès le lendemain du 10 décembre 1848, laissait entrevoir son but, celui de renouer la tradition impériale. M. Thiers était plus impénétrable; car le but que poursuivait dès lors l'ancien ministre de Louis-

Philippe, l'historien du Consulat et de l'Empire, est resté ignoré jusqu'à ces derniers temps. Il l'a touché, à la fin, pour bien peu de jours, et cette phase toute récente de son histoire jette une lumière très-vive sur son passé. Les luttes qu'il soutint en 1850 et 1851 en sont principalement éclairées d'une manière singulière. Il était, dès cette époque, républicain, comme je le montrerai. Personne ne le pouvait croire, et, pour mon compte, je ne le soupçonnais point. Dernièrement, après les effroyables malheurs de notre pays, j'aurais, faute de mieux, donné les mains à la république viagère de M. Thiers si, du moins, il l'avait faite selon ses anciennes idées et telle que je me l'imaginais, c'est-à-dire réactionnaire; je me sers à dessein de ce mot, parce que j'estime que nous avons dépassé depuis quelque temps, dans la voie démocratique et parlementaire, le point où notre nation peut vivre. M. Thiers a jadis trompé mon jugement et récemment déçu mon espérance. Mais j'ai à peine besoin de dire que, tout en confessant ce que j'en pense, je ne prononcerai jamais son nom qu'avec convenance et respect.

J'aurais à expliquer maintenant de quels éléments j'ai pu composer cet ouvrage, l'incendie ayant dévoré les archives de l'Hôtel de ville et de la Préfecture de police, les dossiers mêmes que conservait l'administration municipale, les documents qu'elle avait fournis au ministère des finances, à la Cour des comptes et au Conseil d'État. J'avais, pour y suppléer, beaucoup de souvenirs, un grand nombre de notes recueillies par moi pour d'anciens travaux administratifs et heureusement conservées, des conversations et des communications précieuses, l'aide de quelques anciens employés de la Ville, dont j'ai interrogé la mémoire et que je remercie de leur obligeant concours [1]. La collection des budgets et des comptes de la Ville renferme, pour qui les sait lire, d'innombrables renseignements. J'ai également retrouvé un grand nombre de délibérations du Conseil municipal. On les pourrait rassembler presque toutes en les recherchant dans les journaux, dans les archives de l'ancien Corps législatif et du Sénat, dans les études des officiers ministériels, dans les cabinets des entrepreneurs, des industriels, des personnes qui ont eu à traiter avec la Ville, partout où des copies de ces délibérations ont été annexées à d'autres pièces pour constater et délimiter un droit. J'aurais même désiré que l'administration municipale s'occupât promptement de reconstituer cette collection qui contiendrait à elle seule presque toute l'histoire de la Ville. J'espère que ce travail sera entrepris avant la mise au rebut et la perte complète de beaucoup de ces utiles documents.

[1] Je citerai entre autres, outre ceux dont je rappelle le nom au cours de ce livre, MM. Deschamps, Judicis, Levavasseur, Tisserand, Charlton.

Un plan de Paris est joint à ce volume. C'est la reproduction, dans un cadre restreint, par les soins de M. Ehrard, l'habile graveur, des teintes faites, à ma prière, par la main même de l'Empereur, peu de temps avant sa mort, sur un plan contenant le réseau complet des nouvelles voies publiques. Je conserve l'original comme un dernier et cher témoignage de la bienveillance de l'Empereur. La copie exacte que j'en donne fera clairement comprendre l'ensemble des grands travaux de la Ville et la pensée qui les a inspirés.

Peut-être me resterait-il à ajouter quelques mots sur les divisions que j'ai adoptées, sur les retours que j'ai faits dans le passé de l'histoire de Paris, à mesure que j'abordais quelque matière nouvelle. Peut-être devrais-je aussi me défendre par avance contre quelques objections, par exemple, contre celle d'avoir modifié mes opinions sur plusieurs points de la politique depuis mes anciens articles de journaux, grave reproche à coup sûr dans un pays où les individus se piquent par-dessus tout de ne varier jamais, d'être absolument conséquents avec eux-mêmes, quoique la nation qu'ils composent change de gouvernements comme de modes, et de principes comme de fantaisies.

Mais je veux clore cette préface. C'est déjà trop longtemps parler de moi-même. Je n'en ai point fait autant durant toute ma vie. Je n'y reviendrai désormais que le moins possible, et, quant à mon livre, les lecteurs, s'il en a, le jugeront.

INTRODUCTION

Cadre de ces souvenirs. — Variétés des services municipaux. — Difficulté de suppléer aux documents incendiés.

J'entreprends de fixer les souvenirs que j'ai gardés des faits qui se sont passés à l'Hôtel de ville de Paris, de l'année 1848 à l'année 1852, c'est-à-dire de la seconde révolution républicaine au second Empire. Les archives de la Ville ont péri dans l'incendie; j'apporte une certaine part de renseignements pour réparer cette perte. J'écris ce que j'ai appris, ce que j'ai vu, ce que j'ai contribué à faire, durant les premières années que j'ai passées à la Préfecture de la Seine dans les fonctions de secrétaire général.

C'est une étude attachante que celle qui a pour objet l'Hôtel de ville de Paris, quelle que soit la page de ses annales que l'on s'applique à bien connaître. Tout ce qui s'accomplit de travaux ou d'événements dans cette antique maison commune de la capitale de la France nous touche de près. En temps ordinaire, c'est là que tout habitant de Paris voit traiter ses intérêts les plus personnels. A la différence des autres administrations publiques qui, chacune, ne s'occupent de nous que par un point de notre vie ou de notre profession, ou qui, placées à distance, dirigent d'une manière générale les fonctionnaires pour l'exécution des lois, l'administration municipale fait l'application des lois sur le vif; elle agit directement sur les individus; elle nous suit depuis notre naissance jusqu'à notre mort; elle est, pour ainsi dire, notre tutrice, notre compagne, notre ménagère à tous les instants de notre existence. Par le service de l'état civil, elle veille, avant que nous ayons pris possession de nous-mêmes, après que nous ne sommes plus, en notre présence, en notre absence, à la garde comme à l'authenticité des actes essentiels qui déterminent notre place au milieu de la société et qui sont le lien constitutif de notre famille. Elle s'occupe de nos enfants dès le jour de leur naissance; elle leur cherche des nourrices et nous donne, pour surveiller leur santé, le concours de ses inspecteurs et de ses médecins, qui n'est insuffisant, le plus souvent, que par les défaillances de la sollicitude paternelle; elle les recueille dans ses asiles, elle les instruit et les élève, à notre défaut, dans ses écoles, en s'y prêtant aux exigences de notre conscience, par le choix de ses instituteurs laïques ou congréganistes, catholiques ou dissidents; elle vient en aide aux plus méritants en les introduisant, par ses bourses, comme apprentis dans les ateliers, comme élèves dans les écoles spéciales, dans les collèges, dans les lycées; elle reprend et répare, dans ses cours d'adultes, l'instruction incomplète de ceux qui ont négligé ou manqué ses leçons primaires.

C'est surtout pour les citoyens peu aisés, qu'elle multiplie ses soins et ses services : malades, elle leur offre ses hôpitaux, dans lesquels d'ailleurs elle prépare des médecins pour tous, en ménageant à la science et aux étudiants l'école pratique la plus étendue; infirmes et âgés, elle les reçoit dans ses hospices; tout à fait indigents, elle vient à leur secours par l'organisation de ses bureaux de bienfaisance. Nous la retrouvons partout : dans nos marchés, pour y appeler et y abriter les denrées; chez les marchands, pour y veiller à ce que les objets vendus soient exactement pesés et mesurés, qu'ils ne soient ni malsains, ni altérés, ni falsifiés; autour de nos maisons, pour en marquer les alignements, en fixer la hauteur, en surveiller la solidité, en exiger l'aménagement salubre; dans nos rues, pour les tracer, les niveler, les paver, les assainir; dans nos promenades, pour les couvrir d'ombre et de fleurs; dans tous les quartiers, pour contribuer à y faire une exacte police et à poursuivre les malfaiteurs; sous nos pas, pour creuser le sol par un réseau d'innombrables égouts, pour faire circuler partout l'eau et le gaz et les mettre à notre portée, en même temps qu'elle les distribue sur toute la surface de la Ville. Elle concourt au recrutement légal des jeunes soldats; elle inscrit les électeurs et procure la facilité et la liberté de leurs votes; elle prend en main la cause des contribuables par ses répartiteurs, pour établir entre eux une proportion équitable, pour alléger leurs charges et exempter les plus pauvres de tout impôt; elle bâtit nos églises, et, dans ses cimetières, elle garde pieusement nos derniers restes, bien longtemps parfois après que nos familles les ont oubliés.

Ce tableau, bien que fort incomplet, montre quels bienfaits résultent pour le public d'une administration municipale impartiale, prévoyante; et quelle affreuse tyrannie, au contraire, pèse sur chaque individu, le suit, l'enveloppe et le torture, si la commune est entre les mains d'un parti exclusif, intolérant, inquisiteur, je ne veux pas dire meurtrier et incendiaire!

Tous les services municipaux fonctionnent à Paris sur une échelle gigantesque : chaque détail, quand il s'agit d'une population de 1,800,000 âmes, devient une grande et difficile affaire; le seul spectacle du mécanisme et du mouvement de cette immense édilité est aussi curieux qu'instructif pour ceux mêmes qui habitent loin de la capitale.

D'ailleurs cet Hôtel de ville, monument consacré dès l'origine au travail administratif, n'est jamais resté étranger aux destinées de la Nation. Avant sa destruction récente, il était tout plein d'étonnants souvenirs. C'est là qu'étaient venus pour ainsi dire éclater les plus étranges événements de notre histoire.

L'Hôtel de ville de Paris a partagé le sort du pays tout

entier : il a vu toutes ses révolutions et toutes ses fêtes ; il a brillé de ses splendeurs et s'est décoré de ses succès ; il a souffert de ses commotions et a été complice de ses fautes ; il s'est dernièrement abîmé au milieu d'une insurrection qui a été le plus grand de nos malheurs.

Les faits qui s'y accomplissaient durant l'Empire n'avaient rien de tumultueux ; il ne s'agissait que de travaux d'édilité, de combinaisons financières, de questions administratives, le tout entremêlé de fêtes. Ce temps est déjà bien loin de nous ; nous en sommes séparés par des événements terribles qui ont interrompu une fois de plus le cours des destinées régulières de la ville de Paris et qui ont changé la face des choses. D'ailleurs, la destruction par le feu de tous les documents que contenaient les archives et les bureaux de l'Hôtel de ville augmente le lointain de cette histoire. Elle est d'hier ; nous en avons été les témoins et nous sommes obligés d'en rechercher les éléments épars et incomplets, comme on le ferait pour reconstruire un passé datant de quelques siècles. Il semble, quand nous repassons dans notre mémoire les choses auxquelles nous avons pris part nous-mêmes avant nos récents désastres, que ces souvenirs nous soient à la fois personnels et étrangers, tant est différent le milieu où nous sommes placés, tant s'est modifiée la série de nos sensations et de nos idées !

SOUVENIRS DE L'HOTEL DE VILLE

1848-1852

LIVRE PREMIER

L'HOTEL DE VILLE AVANT ET PENDANT L'ANNÉE 1848.

CHAPITRE PREMIER

L'Hôtel de ville construit aux seizième et dix-septième siècles. — Données imposées à l'architecte Dominique de Cortone, dit le Boccador, et à ses successeurs. — Quelques défauts de la façade. — Élégance de la cour d'honneur. — Heureuse contrainte.

Le monument même n'existe plus. Je dois donc rappeler d'abord, avec quelques détails, ce qu'il était; car les nouveaux bâtiments, que l'on s'occupe d'élever aujourd'hui, ne ressembleront qu'à demi aux anciens, surtout dans leurs dispositions intérieures.

Il se composait de deux parties principales : 1° l'ancienne maison commune, commencée au seizième siècle, achevée au commencement du dix-septième, et qui s'était conservée jusqu'à nos jours; 2° les bâtiments nouveaux qu'on y avait ajoutés de 1837 à 1847, pour donner place à tous les services municipaux dans le palais de la Ville.

L'Hôtel de ville couvrait une surface rectangulaire d'un hectare environ, dont le grand côté, dans le sens de la façade sur la place de Grève, mesurait 180 mètres, et le petit, 120 mètres. Si, de la place, on regardait l'ensemble du monument, on voyait d'abord la vieille maison de ville qui en occupait la partie centrale, et qui se développait sur une longueur de 60 mètres. Cet ancien palais, dans ses parties principales, avait été soigneusement conservé; il avait été dessiné, en grande partie, et commencé par Dominique de Cortone, dit le Boccador, en 1533, sous le règne de François Ier. Divers architectes l'avaient continué, à peu près sur les mêmes dessins, jusqu'en 1541. Puis, le travail, interrompu, pendant la seconde moitié du seizième siècle, par les guerres de religion et les troubles civils, avait été repris, en 1605, sous Henri IV, et terminé seulement en 1628, sous Louis XIII.

La construction en avait été faite dans des conditions particulières qu'il importe de se rappeler, si l'on veut se rendre un compte exact de la conception et du travail de l'architecte.

Il existait jadis, sur ce point, un monticule qu'on appelait le Monceau [1], lequel descendait du nord-est vers la place de

---

[1] Par une charte de l'an 1141, le roi Louis le Jeune vendit aux bourgeois de Paris la place de Grève et du Monceau, voisine de la Seine, ladite place appelée *Grève*, et ayant été occupée autrefois par un marché : « De Grevia et » de Montcello planitiem illam prope Secanam, que Grevia dicitur, ubi vetus » forum extitit », mais à la condition qu'elle demeurât entièrement libre, et qu'on n'y élevât aucune construction : « Totam ab omni edificio vacuam, nul- » lisque occupationibus impeditam vel impedimentis occupatam, sic in per- » petuum manere concessimus. » Cette concession est faite, moyennant une somme de soixante-douze livres, aux bourgeois, c'est-à-dire aux représentants de la marchandise de l'eau, qui exerçaient à Paris le pouvoir municipal. La place de la Grève et du Monceau était contiguë à la porte Baudoyer, qui était l'une des grandes entrées de la ville, et voisine de l'enceinte qui a précédé celle de Philippe-Auguste. En l'acquérant, au moment où cette première enceinte, ruinée sur plusieurs points, allait disparaître, les bourgeois de Paris assuraient tout à la fois la perception de leurs droits dans le présent tant sur la Seine qu'à la porte Baudoyer, et l'extension de la ville vers la campagne, dans un avenir peu éloigné.

Le Monceau Saint-Gervais était, selon toute probabilité, un point fortifié,

Grève et la Seine, et dont il reste encore des vestiges sensibles, après les opérations de voirie qui ont nivelé les abords de l'Hôtel de ville. L'église Saint-Gervais, dont le portail était au niveau du sol, dépasse de la hauteur d'une quinzaine de marches la chaussée de la place Lobau, qui est à une altitude supérieure à celle de la place de Grève. Des emmarchements se remarquent encore le long des rues François Miron, de Rivoli, du Marché Saint-Jean, des Deux-Portes et des Mauvais-Garçons.

Au commencement du seizième siècle, ce monticule, qui avait été une entrée de Paris, était couvert de bâtiments, parmi lesquels se distinguait la Maison aux Piliers, servant alors d'Hôtel de ville. Ils furent démolis en partie, pour recevoir la construction du Boccador. L'espace qui lui était livré était circonscrit, à l'ouest, par la place de Grève; au sud, par la petite rue du Martroi, qui n'était pas tout à fait perpendiculaire à la place, mais s'inclinait obliquement vers la Seine; à l'est, par le portail de l'église de Saint-Jean en Grève, et d'une chapelle qui y était contiguë; au nord, par les bâtiments du petit hospice du Saint-Esprit, et spécialement par la chapelle de cet établissement dont l'axe n'était pas non plus perpendiculaire à la place de Grève, mais, s'infléchissait

---

formant à l'est de Paris, le pendant du Châtelet, et défendant les approches de la porte. L'enceinte à laquelle appartenaient ces deux « bastilles » formait un demi-cercle. Sous le règne de Charles V, Raoul de Presles constate qu'il en existait encore un fragment : c'était le fameux « archet Saint-Merry ». Le traducteur de *la Cité de Dieu*, s'exprime en ces termes :

« Depuis fu habitée et fermée Paris jusques au lieu que len dit à l'archet
» Saint-Merri, où il appert encore le costé d'une porte... Ceste porte aloit
» tout droit sans tourner à la rivière, au lieu que leu dit les planches de
» Mibrai. »

Avec les trois points que nous venons d'indiquer, on peut se rendre compte du tracé de la première fortification parisienne.

Devenue propriété des bourgeois de Paris, la place de Grève devait tôt ou tard être le siége de leur juridiction. En y construisant ou en y achetant la *Maison aux Piliers*, que l'on voit encore sur le *Plan de la tapisserie*, ils étaient tout à fait chez eux.

un peu vers le nord dans une direction contraire à celle que suivait la rue du Martroi.

L'espace n'était pas très-considérable ; il convenait plutôt d'y ajouter quelque chose que d'en rien retrancher. D'ailleurs, le terrain, moins large sur la place de Grève que dans le fond, le long de l'église Saint-Jean, ajoutait aux difficultés du plan ; enfin, le sol était en pente, et il n'était possible, ni de l'exhausser sur la place, ni d'abaisser soit le niveau de la ruelle qui devait être réservée entre l'Hôtel de ville et l'église, soit même celui de la rue du Martroi.

C'est en partant de ces données, que le Boccador a conçu son œuvre. D'abord, pour agrandir sa façade, il a jeté une arcade et élevé un pavillon au-dessus de la rue du Martroi ; ses successeurs en ont fait autant sur l'entrée de la chapelle du Saint-Esprit, et le corps principal de logis a trouvé place entre les deux. Cet expédient a dû être suggéré à l'architecte par un arrêt du Parlement, rendu le 26 juillet 1533, l'année même où fut posée la première pierre de l'édifice. Cet arrêt, tout en autorisant la Ville à acquérir et à démolir une maison dépendant de l'hôpital, y mettait la condition qu'un arc de 27 à 28 pieds de haut sur 28 de large, serait construit pour servir à l'entrée et à l'agrandissement de la chapelle. C'est donc par autorité de justice qu'ont été arrêtées les dimensions des deux arcs qui, depuis, ont servi de portes latérales au palais municipal.

La forme de la cour intérieure était commandée par celle du terrain, dont il convenait de tirer tout le parti possible. Au lieu de figurer un rectangle, elle était plus étroite à l'entrée, et allait s'élargissant vers le fond ; en outre, comme il fallait racheter une pente, le sol en fut élevé de 4 mètres environ au-dessus du niveau de la place. Il en résultait, d'ailleurs, cet avantage qu'on avait un vaste sous-sol sans qu'il fût besoin de creuser des caves dans un terrain ordinairement humide, et qu'on mettait ainsi l'intérieur de l'édifice à l'abri des inondations. En effet, à chaque crue de la Seine, l'eau envahissait les maisons et les rues voisines. Nous l'avons vue parfois, au commencement de ce siècle, avant l'achèvement des quais sur cette rive, baigner le perron même du monument et en couvrir quelques marches, aussi bien qu'une notable partie de la place de Grève.

La façade principale se composait d'un corps de bâtiment central, ayant un rez-de-chaussée au niveau de la place et deux étages, avec une porte principale, six fenêtres au premier étage ou entre-sol, sept à l'étage supérieur ou grand étage, deux lucarnes aux combles, et, au milieu, un attique et un fronton avec horloge, surmontés d'un campanile en forme de lanterne, à deux étages et à jour. Des deux côtés de ce corps de bâtiment, s'élevaient les pavillons dont il vient d'être parlé, et qui le dépassaient d'un étage. Mais ces pavillons, bâtis au-dessus des arcades Saint-Jean et du Saint-Esprit, et nécessairement dans leur axe, ne pouvaient avoir une largeur suffisante qu'aux dépens du corps de logis central dont ils eussent alors dérangé les proportions. L'architecte y avait pourvu en les élargissant seulement l'un du côté droit, l'autre du côté gauche, aux extrémités de la façade, par des appendices en saillie, sorte de tourelles carrées, ou d'échauguettes, formant un encorbellement à la hauteur de l'entre-sol. Au-dessus des arcades, trois croisées, dont une dans la tourelle, éclairaient chaque étage; dans le comble s'ouvrait une lucarne.

Tout le premier étage était orné de colonnes cannelées avec chapiteaux corinthiens. Les fenêtres étaient à meneaux avec frontons. Au second étage, les croisées étaient séparées par des niches sur consoles, portant des statues.

A l'étage supérieur des pavillons et des tourelles, des croisées à arcade étaient également accompagnées de niches. Les lucarnes étaient élégantes et ornées de sculptures. Un balustre régnait le long de la corniche. Deux statues étaient couchées sur les rampans de l'attique; l'horloge était aussi ornée de figures. Au-dessus de cet ensemble était sculptée en ronde bosse l'image de la Ville de Paris, dont les armes couronnaient le tout.

La porte principale, assez étroite et carrée, ne s'ouvrant que jusqu'à la hauteur du soubassement des fenêtres, était surmontée, comme chacun se le rappelle, d'un tympan cintré atteignant, par son archivolte surbaissée en anse de panier, la corniche du premier étage, et portant la statue équestre du roi Henri IV. Voici quel avait été le motif de cette disposition. La cour étant élevée de plusieurs mètres au-dessus de place, on y accédait par un escalier droit de seize marches. La porte qui s'ouvrait directement sur cet escalier, n'avait pu s'élever à la hauteur qu'aurait demandée naturellement l'entrée d'un édifice tel que l'Hôtel de ville. Elle aurait, en effet, donné aux passants la vue disgracieuse et peu intelligible de cet escalier encadré de deux murs, laissant apercevoir le bas des piliers d'un portique et d'une cour à la hauteur d'un étage, c'est-à-dire, la vuë qu'au fond d'une cave on peut avoir par l'ouverture d'un soupirail.

Cependant, pour donner à cette porte, à l'extérieur, une hauteur qui fût égale à celle des deux arcades latérales, on l'avait surmontée du tympan qui vient d'être décrit, et qui avait d'abord été rempli par une table de marbre noir, portant une inscription. Plus tard, en 1608, on y substitua une statue équestre en marbre blanc, représentant le roi Henri IV; le fond, sur lequel elle se détachait, était en marbre noir. La statue fort remarquable était de Pierre Biard; l'inscription fut reportée à l'intérieur. Enfin, la statue ayant été détruite dans la première Révolution, une autre fut faite en bronze par Lemaire, sur un fond de marbre blanc; disposition beaucoup moins heureuse. Le cadre de la porte ainsi exhaussée la laissait alors un peu trop étroite, surtout en comparaison des deux larges arcades au milieu desquelles elle était placée.

Toute la façade ne manquait pas d'élégance. On y critiquait seulement, outre le défaut d'ampleur signalé dans la porte principale, l'expédient des tourelles empruntées à l'ancienne architecture militaire, qui faisait gauchir les deux pavillons, et la multiplicité des niches et des consoles dont la façade était autant surchargée que décorée.

La cour, au contraire, ne méritait que l'admiration. Au rez-de-chaussée, régnait une galerie en arcades avec des colonnes engagées; au-dessus, était un étage d'une disposition analogue, mais dont les baies étaient fermées par des croisées. Le second étage se dessinait par des lucarnes largement ouvertes dans les combles.

L'ensemble offrait un aspect charmant et original. La forme donnée à cette cour, les lignes d'architecture qui s'y accusaient, la délicatesse et la variété des sculptures des galeries, le dessin plein de fantaisie et les riches ornements des lucarnes, en faisaient une œuvre exquise. Elle était désignée sous le nom de cour de Louis XIV, parce qu'une statue de ce roi, sculptée par Coysevox, et divers emblèmes et inscriptions se rapportant aux événements de son règne, y avaient été placés au dix-septième siècle. La statue, retrouvée et rétablie après la première Révolution, avait d'abord repris son ancienne place, en face de l'entrée, sous un des arcs de la galerie, qui était revêtu de marbre, et dont les colonnes également de marbre, avaient leurs soubassements et leurs chapiteaux en bronze relevés de dorure. Plus tard, pour ménager une facilité de circulation intérieure, cette statue avait été portée au milieu de la cour.

Comme on le voit, l'architecte, qui avait laissé apparaître un peu de gêne dans sa façade, n'avait été, à l'intérieur, nullement embarrassé par la singulière disposition des lieux; il en avait au contraire tiré parti pour élever une construction qui semblait aussi libre et dégagée que pleine de caprice et de grâce.

En général, il est à remarquer que les gênes imposées à l'architecte par la disposition du terrain et les nécessités du programme, loin de paralyser l'esprit d'invention, lui impriment souvent, par une contrainte féconde, un plus vif essor; elles lui interdisent l'imitation paresseuse et lui commandent l'originalité. Le succès n'est pas toujours égal : l'artiste se laisse quelquefois vaincre par la difficulté; mais, somme toute, le Boccador et ses successeurs avaient réussi dans leur œuvre, et la ruine en est à jamais regrettable.

CHAPITRE II

Exiguïté de l'ancien palais. — L'Hôtel de ville agrandi, de 1837 à 1847. — Mérite et défauts des constructions nouvelles. — L'œuvre de MM. Godde et Lesueur aurait dû figurer au concours de 1873.

Les dimensions de cet ancien palais ont été trop restreintes de tout temps pour les services administratifs qui devaient y trouver place. Elles étaient absolument insuffisantes, en 1836, au moment où M. le comte de Rambuteau, alors préfet de la Seine, mit à l'étude l'agrandissement de l'édifice. L'Hôtel de ville avait, sous l'empire de la nécessité, reçu plusieurs annexes fort importantes.

Sur le terrain de l'église Saint-Jean, démolie pendant la première révolution, en exécution du décret du 11 février 1791, on avait élevé, en 1823, une fort grande salle provisoire, pour donner une fête au duc d'Angoulême, à son retour de l'expédition d'Espagne. On en voyait les murs en moellons et en plâtre, à gauche de la rue du Martroi, derrière l'Hôtel de ville, et, en retour, sur une petite place, dont le terrain avait été occupé autrefois par le chevet de l'église Saint-Jean. On l'avait conservée sous le nom de salle d'Angoulême ou du Trocadéro. Plus tard, on y avait donné une fête à l'occasion du mariage du duc d'Orléans. Elle était construite à la hauteur du premier étage du palais.

Une autre salle plus petite, quoique vaste encore, était réunie à l'Hôtel de ville : c'était une ancienne chapelle de l'église Saint-Jean épargnée par les démolisseurs de 1792. Elle servait aux opérations administratives exigeant un grand local, à des réunions de sociétés autorisées, ou à des concerts de charité. On la connaissait dans Paris sous le nom de salle Saint-Jean. Une partie notable des bâtiments du Saint-Esprit avaient été, dès le commencement du dix-neuvième siècle, appropriés aux appartements du Préfet ; on y avait joint, comme galerie d'accès, l'ancienne chapelle du Saint-Esprit, enlevée au culte depuis 1793. A l'est de ces bâtiments, un jardin avait pris la place d'un îlot de maisons jadis existant entre les rues des Vieilles-Garnisons, du Tourniquet-Saint-Jean et de la Tixeranderie. Enfin, derrière la salle Saint-Jean, entre le jardin et la salle d'Angoulême, en bordure sur la rue du Tourniquet, s'élevait une maison appartenant à la Ville, dans laquelle était installée la Bibliothèque.

Cet ensemble de bâtiments juxtaposés couvrait un espace fort considérable, qui aurait suffi peut-être à loger toute l'administration municipale, si tout y avait été disposé selon un plan bien conçu. Mais le hasard seul avait présidé à cette agglomération de maisons annexées, de chapelles détournées de leur destination, de constructions provisoires. Il avait fallu acquérir d'autres immeubles pour y établir des services refoulés du palais principal. Une maison contiguë à l'hôtel du préfet et formant au nord la limite de la place de Grève jusqu'à la rue du Mouton, où elle portait le n° 8, avait été achetée et disposée pour recevoir les bureaux des contributions directes. Cette maison était d'ailleurs ouverte par un passage qui communiquait de la place à la rue de la Tixeranderie, en face de la rue des Coquilles.

Les comptes de la Ville mentionnent, en outre, une redevance qui était payée à la fabrique de Saint-Gervais pour une maison située rue du Martroi, dont l'affectation n'est point indiquée. Les services de l'octroi étaient installés rue de la Grange-Batelière dans le même immeuble que l'ancienne mairie du deuxième arrondissement. La caisse de Poissy et le poids public étaient logés rue Sainte-Croix-de-la-Bretonnerie. On se proposait, en édifiant les nouveaux bâtiments, d'y concentrer tous ces services.

Depuis longtemps le projet en était conçu ; le programme en fut arrêté en 1836 ; les travaux commencèrent en 1837 ; ils étaient achevés dix ans plus tard.

On avait longtemps hésité sur le parti à prendre. Fallait-il délaisser l'ancienne maison commune, en faire une bibliothèque, des archives ou un musée, et transporter ailleurs la municipalité proprement dite? Fallait-il encadrer le monument dans des bâtiments qui, sans en copier servilement les dispositions architectoniques, fussent en harmonie suffisante avec elles, et pussent répondre à tous les besoins? Comme on le voit, on débattait, dès lors, les questions qui se sont agitées récemment sur le même sujet. On s'arrêta au dernier parti. MM. Godde et Lesueur, architectes d'un grand mérite, proposèrent le plan que nous avons vu réalisé.

L'emplacement dut être agrandi tout d'abord. Les divers ilots de vieilles masures qu'il fallut renverser formaient un quartier insalubre, périodiquement inondé surtout dans la partie qui longeait le Port-au-Blé, et qui était occupée principalement par des magasins de sel. On dut faire également tomber quelques maisons de la rue du Tourniquet-Saint-Jean, qui longeait à l'est l'ancien Hôtel de ville, et qui était ainsi appelée parce qu'un tourniquet, placé dans la partie la plus étroite, empêchait les voitures et les chevaux de s'y engager. Les bâtiments annexés appartenant déjà à la Ville disparurent successivement, et le premier périmètre d'isolement de l'Hôtel de ville fut formé entre la place de Grève, à l'ouest, le quai, au sud, la rue Lobau, ayant remplacé la rue du Tourniquet-Saint-Jean, à l'est, et un côté de la rue de la Tixeranderie, au nord.

Un déblai considérable dût être opéré pour raser le bas du Monceau. La rue de la Tixeranderie dut être soutenue dans sa partie montante par un mur, qui formait comme un fossé, vers l'angle nord-est de l'Hôtel. C'est sur cet espace encore restreint que fut élevé le nouvel édifice.

A droite et à gauche de la façade de la vieille maison commune décrite plus haut, deux corps de bâtiment en reproduisirent l'ordonnance avec une parfaite exactitude, jusqu'à de nouveaux pavillons d'angle, où le style changeait de caractère, pour préparer la transition avec les façades latérales. Ces pavillons avaient trois étages, percés chacun d'une large fenêtre à plein cintre, et ornés de colonnes engagées. Entre les colonnes et les fenêtres étaient pratiquées des niches à frontons. Au comble, se dessinaient des lucarnes en pierre, richement sculptées.

« Les bâtiments intermédiaires, sur chacune des trois façades nouvellement construites, dit M. Leroux de Lincy dans l'excellent ouvrage technique qu'il a fait avec M. Cailliat, sur l'Hôtel de ville, se composent de deux étages en arcades, et sont ornés des mêmes ordres d'architecture que ceux des pavillons d'angle, du côté du quai, où se trouvent les salons municipaux et les appartements du préfet ; du côté de la rue de la Tixeranderie, où se trouvent les bureaux, les treize travées d'arcades sont séparées par des colonnes engagées. Sur la rue Lobau, la galerie des fêtes est indiquée extérieurement par une décoration plus somptueuse : les colonnes de cette façade sont tout à fait dégagées, et s'élèvent entre chacune des quinze travées d'arcades qui décorent ce corps de bâtiment. Ces bâtiments extérieurs, arrêtés aux angles par des pavillons plus élevés, ont une disposition heureuse qui ajoute beaucoup à l'effet des lignes d'architecture. »

Il n'y a qu'à souscrire à cet éloge. Sur d'autres points, des critiques ont été faites et quelques-unes paraissent fondées. D'abord, on trouvait que les ailes de la façade principale, en répétant, jusque dans ses moindres détails, les dispositions architecturales du vieux palais, conservé au centre, imprimaient à l'ensemble une certaine monotonie.

Ce qui a de la grâce et de l'agrément dans un édifice de proportions médiocres, s'alourdit et s'efface par une répétition trop multipliée sur une grande étendue. Ensuite, on jugeait que les pavillons d'angles de cette même façade étaient trop grêles pour l'encadrer convenablement. Enfin, on critiquait le corps de bâtiment destiné aux bureaux, qui bordait la rue de la Tixeranderie, plus tard, la rue de Rivoli. Les architectes s'étaient imposé l'obligation de donner à cette façade la même ordonnance extérieure qu'à celle qui s'élevait parallèlement, le long du quai, pour les appartements privés et d'apparat. Une telle symétrie, tout à fait inutile, puisque l'œil ne pouvait jamais embrasser à la fois les deux corps de bâtiment, entraînait un grave inconvénient. De grandes fenêtres, en arcades, sont tout à fait incommodes pour éclairer, chacune, deux étages de bureaux. Ceux du bas ont trop de lumière ; ceux du haut n'en ont point assez et ne reçoivent le jour qu'aux pieds des employés ou sous leurs tables. C'est d'ailleurs une règle de l'art, presque toujours bonne à observer, que l'extérieur d'un monument accuse, autant que possible, la destination de l'intérieur.

Malgré ces imperfections, l'Hôtel de ville agrandi, et tel que nous l'avons vu jusqu'en 1870, avait un caractère remarquable de grandeur et d'harmonie, même dans les parties défectueuses. On admirait surtout les belles proportions et l'élégante simplicité de la façade élevée sur la rue Lobau. Somme toute, si, dans le concours qui a été ouvert, il y a peu de temps, pour la reconstruction du palais municipal, on avait admis à concourir les plans, coupes, élévations de MM. Godde et Lesueur, l'œuvre remarquable de ceux-ci eût à coup sûr saisi les regards, et elle eût, sans doute, obtenu les suffrages du public, malgré tout le mérite des projets de leurs plus jeunes concurrents.

Il y aurait lieu maintenant de parcourir l'intérieur du

palais, dont toutes les parties anciennes et modernes avaient été habilement reliées ; mais je ne le ferai que rapidement afin de ne point fatiguer le lecteur par trop de descriptions.

D'ailleurs, dans le cours de ce livre, j'aurai mainte occasion de rappeler les dispositions intérieures de l'Hôtel de ville pour mieux faire comprendre les faits qui s'y sont passés.

CHAPITRE III

Divisions de l'Hôtel de ville. — La salle du Trône. — Jean Goujon dans le salon du Zodiaque et à l'hôtel Carnavalet.

L'ensemble de l'édifice se divisait en cinq grandes parties, qui avaient reçu des auteurs de la construction et des circonstances une affectation spéciale ·

1° La façade sur la place de Grève, sans distinction du vieux et du nouveau palais, était remplie, au grand étage, par une salle centrale, dite du Trône, aux extrémités de laquelle, si l'on y pénétrait de l'intérieur, on trouvait, à droite, le cabinet du Préfet et celui du secrétaire général avec leurs dépendances; à gauche, une suite de salons désignés sous le nom d'appartements du Roi, parce qu'ils étaient affectés à l'usage exclusif du souverain lorsque la Ville lui offrait une fête.

2° Le corps de bâtiment situé le long du quai contenait, à l'entre-sol, les appartements particuliers du Préfet, et, au grand étage, les salons de réceptions municipales, avec lesquels les appartements du Roi étaient en communication.

3° Les bâtiments longeant la rue Lobau étaient occupés, au rez-de-chaussée, par une grande salle qui avait hérité du nom de l'ancienne salle Saint-Jean; au-dessus, à la même hauteur que les salons de réceptions, régnait la grande salle des Fêtes, avec des salons accessoires et des dégagements.

4° Le corps de bâtiment longeant la rue de la Tixeranderie était consacré aux bureaux.

5° Entre ces quatre grandes parties s'élevaient, au centre, des constructions comprenant les trois anciens corps de logis qui environnaient la cour de Louis XIV et dessinaient la vieille maison commune. Cette partie centrale était réservée pour le Conseil municipal. Au fond de la cour, au premier étage, se trouvait la salle des délibérations, prenant sa lumière sur la cour par de vastes croisées et s'ouvrant par derrière, de plain-pied, sur les salons des fêtes; à droite et à gauche de la cour et au même étage, deux galeries closes communiquaient de la salle du Trône à la salle des Délibérations, et, de là, aux abords de la salle des Fêtes. Sur ces galeries donnaient les pièces réservées aux bureaux particuliers et aux commissions du Conseil.

Des cinq divisions de l'Hôtel de ville, deux seulement, la partie en façade sur la place de Grève, et celle qui régnait le long du quai, exigent, pour le moment, une étude un peu détaillée, parce qu'elles ont été remplies, d'abord, par l'éclat des fêtes de M. Rambuteau, et, immédiatement après, par les désordres de la révolution de février.

J'ai dit que la salle du Trône occupait le centre de la façade principale, sur la place de Grève. On y accédait par deux escaliers, prenant naissance sous le portique de la cour d'honneur. Ils étaient absolument semblables. On avait reproduit à gauche celui qui existait seulement à droite dans l'ancien palais du seizième siècle, et qui était un charmant ouvrage, célèbre par la richesse et l'élégante diversité des sculptures ornant les voûtes des parties rampantes et les plafonds des parties intermédiaires. Celui-ci était demeuré unique jusqu'en 1843, parce que le mur de la chapelle du Saint-Esprit, transformée en vestibule de l'hôtel du Préfet, avait jusqu'alors empiété sur l'aile gauche de la maison municipale.

La salle du Trône dut être réparée tout entière. Cette salle historique était remarquable non-seulement par ses proportions, mais par les décorations successives qu'elle avait reçues. Deux cheminées célèbres ornaient ses extrémités; l'une placée à droite, du côté du Saint-Esprit, était due à

Pierre Biard et à divers autres artistes. Les sculptures, le marbre et la dorure y avaient été prodigués. Deux belles figures de dieux Termes en soutenaient les jambages ; elle fut faite de 1608 à 1613 [1]. L'autre cheminée, placée à l'extrémité de gauche, était l'œuvre d'un maître sculpteur, nommé Thomas Boudin ; elle fut achevée en 1618 [2]. Ses jambages comportaient chacun trois figures d'un style moins pur que celles de la cheminée de droite et d'une expression bouffonne. Tout le reste était d'une ornementation très-riche. Des colonnes de marbre formaient une sorte d'encadrement au-dessus des deux cheminées, et le tout était couronné d'un côté par les armes de France et de Navarre, de l'autre par les armoiries du Roi, de la Reine, de la Ville de Paris. Au-dessus de la cheminée de gauche, il était d'usage de placer le portrait du souverain régnant. A chaque changement de règne, la toile était roulée, conservée en magasin et remplacée par une autre, à moins qu'une insurrection triomphante ne la crevât à coups de piques ou de baïonnettes. Quelques-uns de ces portraits existent encore dans les magasins de la Ville. Les murs de la salle avaient été ornés jadis d'un grand nombre de peintures, commandées ordinairement à l'occasion d'événements considérables, par les Prévôts des marchands et les Échevins en exercice. Il y avait là des tableaux de Largillière, de Mignard, de Jean de Boulogne, de François de Troyes, aussi bien que des Vanloo [1]. La première révolution avait fait tout disparaître, hormis les ornements des cheminées, qui n'étaient pas des emblèmes royaux.

En 1846, on s'était aperçu que cette salle avait besoin de réparations : deux poutres du plafond menaçaient ruine. On venait cependant d'y donner plusieurs fêtes. Le 12 janvier, les Conseils généraux de l'agriculture, du commerce et

---

[1] Leroux de Lincy, *Histoire de l'Hôtel de ville*, in-4º, 1ʳᵉ partie, p. 42.
[2] *Ibid.*, p. 43.
[3] *Ibid.*, p. 46 et 47.

des manufactures y avaient célébré leur réunion dans un grand banquet auquel avaient assisté les princes, le duc de Nemours, le duc d'Aumale, le duc de Montpensier, le prince de Joinville; l'assemblée était nombreuse et la décoration brillante. Le surtout de la Ville y figurait, aussi bien que cinquante pièces de bronze doré prêtées par M. Denière. Trois mille plantes et arbustes avaient été tirées des serres du Luxembourg et envoyées par M. le duc Decazes. A quelques mois de là, le 9 mai, un autre banquet avait été offert par la Ville à Ibrahim Pacha. Plus de cent convives y assistaient. C'est le 19 août suivant [1] que, sur un mémoire du Préfet, le Conseil municipal alloua les sommes nécessaires pour la consolidation des poutres mal assurées. Il fallut même, les années suivantes, restaurer tout le milieu de la façade de l'Hôtel de ville, jusqu'au campanile qui, malgré ces travaux [2], demeura incliné et dut être remplacé plus tard.

A la fin de l'administration de M. de Rambuteau, la salle du Trône était encore sans tentures et livrée aux ouvriers.

De ce point central de l'antique monument, on passait à droite, dans une salle d'introduction, puis, dans le cabinet de M. de Rambuteau, qui occupait précisément une partie du vieux pavillon élevé au-dessus de l'arcade du Saint-Esprit, et dont l'unique croisée s'ouvrait dans la tourelle. Il était ainsi obscur et d'un séjour assez peu commode. De là, on passait dans des bureaux où se tenaient habituellement les secrétaires particuliers du Préfet; enfin, on arrivait au cabinet du secrétaire général, qui était aussi précédé d'une salle d'introduction et qui occupait, à cet étage, le pavillon neuf d'angle, au coin de la place de Grève et de la rue de la Tixeranderie. Ce dernier cabinet n'était séparé des bureaux que par le palier d'un escalier. Derrière cet ensemble de locaux,

---

[1] Comptes de 1846, chap. 24, art. unique.
[2] Délib. du 14 août 1847. Comptes de 1847, chap. XXV, 1° art. 91.

régnait une galerie largement éclairée sur la cour et communiquant, de la salle du Trône, à l'escalier dont il vient d'être parlé.

A gauche de la salle du Trône, on pénétrait dans un charmant salon qu'on appelait salle du Zodiaque, parce qu'il était entièrement orné de boiseries dont les sculptures représentaient les différents mois de l'année, avec les signes qui les indiquent. Ce travail a été attribué à Jean Goujon, par divers écrivains du siècle dernier. « Il est douteux cependant, écrit M. Leroux de Lincy, que ces sculptures de petit modèle, qui représentent les différents mois de l'année, sous l'aspect de douze femmes, avec les attributs qui les distinguent, soient l'œuvre originale de ce maître, et voici pourquoi : c'est qu'on les retrouve, mais sur une grande échelle, et, cette fois, de la main de Jean Goujon, parmi les sculptures de l'hôtel Carnavalet[1]. »

Sans doute on suppose qu'il les aura fait copier en petit dans la salle du Zodiaque par quelqu'un de ses élèves. Il y a là d'abord une erreur évidente. Si les figures de cette salle de l'Hôtel de ville étaient celles de douze femmes, comment peut-on les retrouver en grand à l'hôtel Carnavalet, dont la façade principale, au fond de la cour, porte en effet les quatre saisons, mais sous l'aspect de trois hommes et d'une femme seulement. Le Printemps y est figuré par un jeune dieu tenant une couronne de fleurs et de feuillage, et enveloppé d'une tunique que le vent presse sur ses jambes en la faisant flotter. L'Été est une femme, Cérès probablement, portant d'une main une serpe taillée en scie, et, de l'autre, une gerbe. L'Automne est un homme plein de vigueur, environné de pampres et que l'on peut prendre pour un Bacchus. L'Hiver est un vieillard qui a la tête couverte d'une sorte de bonnet fourré et qui serre autour de lui un grand manteau

---

[1] *Histoire de l'Hôtel de ville*, in-4°, première partie, p. 43.

à mille plis; il baisse la tête en croisant ses bras sur sa poitrine. Ces figures en relief et de très-grande dimension ont été, selon la tradition, dessinées et peut-être ébauchées par Jean Goujon ; mais il n'est pas probable qu'il les ait du moins achevées. Une certaine lourdeur dans l'exécution les rend peu dignes de son ciseau, si fin et si élevé, qu'il est facile de reconnaître, au contraire, dans d'autres sculptures de la porte du même hôtel.

Ce qui est incontestable, c'est que trois de ces figures, celles du Printemps, de l'Été et de l'Automne, n'ont rien de commun avec celles qui décoraient l'Hôtel de ville ; non que celles-ci représentassent douze femmes, c'étaient des hommes pour la plupart; mais il n'y avait là ni dieu ni déesse, hormis Diane, peut-être, et ces petits tableaux, sortes d'esquisses lestement faites, ne contenaient guère que des paysans, livrés aux occupations que chacun des mois ramène d'ordinaire.

Sous le signe du *Bélier*, un jeune homme, ayant à côté de lui un livre ouvert et un tronc d'arbre autour duquel rampait une tige où naissaient de nombreux bourgeons, semblait renoncer aux travaux de l'hiver et contempler les indices du printemps. Après lui, venait une femme, simplement drapée, portant de la main droite, au-dessus de sa tête, le médaillon qui représentait le signe du *Taureau*. A côté d'elle, était placée une corne d'abondance pleine de fleurs. Cette figure, assez lourdement traitée et que d'ailleurs il avait fallu restaurer ainsi que quelques autres, n'offrait rien de remarquable. Sous les *Gémeaux*, paraissait une femme jeune, que l'on a considérée comme la figure de Diane; elle tenait d'une main un arc, de l'autre un rameau feuillu, symbole du mois de mai, lorsque les bois commencent à montrer toute la splendeur et toute l'abondance de leur verdure.

Sous le premier signe de l'Été, celui du *Cancer*, était un berger; et les deux autres mois, celui du *Lion* et celui de la

Vierge, étaient représentés l'un par un faucheur, l'autre par un moissonneur dans des attitudes pleines de mouvement, de hardiesse et de grâce. La vendange apparaissait en automne, au signe de la *Balance*, sous l'aspect d'un robuste paysan foulant le raisin dans une cuve, sur les bords de laquelle il s'appuyait de ses deux poignets. Suivait, avec le signe du *Scorpion*, un semeur vu presque de dos, dessiné évidemment par un crayon savant, à qui la difficulté de rendre le mouvement et le geste, ne faisait rien perdre de sa sûreté et de son aisance. Au troisième signe de l'automne, celui du *Sagittaire*, on voyait un homme armé d'un épieu, attisant un brasier, au milieu duquel était un marcassin égorgé; la fumée montait en tournoyant, et l'homme préservait ses yeux, et du nuage et des étincelles, en se couvrant de son bras gauche.

L'arrière-saison offrait d'abord, au signe du *Capricorne*, un homme présentant des fruits sur une sorte de plat. Puis, au signe du *Verseau*, venait un vieillard, très-semblable à celui de l'hôtel Carnavalet, ayant la tête couverte d'un bonnet de fourrure et se serrant dans un manteau à plis nombreux. Ce vieillard se chauffait, si je ne me trompe, devant un réchaud allumé que supportait un trépied.

Enfin, sous le médaillon des *Poissons*, était figuré un homme d'un âge mûr, conservant un manteau à demi flottant; il tournait le dos à l'année écoulée et paraissait marcher doucement, avec un calme philosophique mêlé d'un peu de mélancolie, vers l'avenir, c'est-à-dire, pour lui, vers le déclin de la vie. Un chien fidèle, comme le souvenir, était à ses côtés.

Tous ces personnages étaient dessinés avec beaucoup de verve et de variété; le relief, très-bas, en avait été surchargé d'une peinture maladroite, et les détails de l'exécution se trouvaient ainsi un peu empâtés et effacés. La ressemblance de la figure de l'Hiver, à l'Hôtel de ville et à l'hôtel Carnavalet, était trop frappante pour n'y pas reconnaître le même auteur. Laquelle avait précédé l'autre? Cela est moins aisé que jamais à décider aujourd'hui. Dans tous les cas, il semble que les sculptures de la salle du Zodiaque offraient plus de charme dans la composition et de facilité dans le dessin, et méritaient mieux que les quatre figures de l'hôtel Carnavalet d'être attribuées à l'inspiration d'un maître.

De cette salle on passait dans le salon dit du Roi, qui n'avait guère de remarquable qu'une tenture en tapisserie d'un rouge brun, mêlé d'or, portant dans le tissu les armes de France avec la Charte constitutionnelle. De là, par une arrière-antichambre, on arrivait au salon d'introduction des appartements affectés aux réceptions municipales. Une galerie, absolument semblable à celle du côté droit de la salle du Trône, reliait cet ensemble.

Ainsi, l'antique grand'salle de la Ville, s'ouvrant d'un côté sur l'administration et les bureaux, de l'autre sur les salons d'apparat, était comme le centre de toutes ces dispositions intérieures, ou, si l'on veut, comme un lien unissant les deux parties d'une même couronne.

Dans les travaux ayant pour objet les bâtiments de cette première partie de l'Hôtel, en façade sur la place de Grève, il y avait eu autant de raccordements que de constructions neuves.

CHAPITRE IV

Les salons aux Arcades. — Réceptions de M. de Rambuteau. — La société parisienne en 1847. — La salle des Fêtes et ses grands escaliers. — Facilités et rigueurs du Conseil municipal. — Évaluation des dépenses.

Le second corps de logis, auquel j'arrive et qui était établi le long du quai, était entièrement neuf; il avait été terminé avant la fin de 1840.

Quoique les salons qu'il contenait fussent en communication avec les appartements du Roi, dont il vient d'être parlé, ils avaient leur escalier d'honneur particulier. On y accédait par la cour dite du Préfet, laquelle avait son ouverture principale sur la place de Grève, par l'ancienne arcade donnant passage à la rue du Martroi. Une seule rampe conduisait à un premier palier, sur lequel s'ouvraient les appartements particuliers; deux rampes en retour montaient du grand étage aux salons municipaux. L'escalier, un peu raide, était comme brodé de sculptures dues, la plupart, au ciseau de maîtres distingués [1]. Le panneau existant entre les deux rampes portait, en relief, une figure allégorique de la Ville de Paris, entourée d'attributs et de monuments. Ce dernier ouvrage était d'ailleurs assez médiocre.

Les appartements se composaient, après l'antichambre, d'un grand salon d'introduction, puis de cinq salons successifs, dont les trois principaux, placés au centre et occupant toute la largeur du corps de bâtiment, étaient séparés ou

---

[1] Sculptures d'ornement : MM. Marneuf et Combettes; figures allégoriques des arcades du premier étage, MM. Venot, Brion, Debay, Condron et Desprez.

plutôt réunis par d'élégantes arcades. A l'extrémité, dans le pavillon sud-est, était la salle des Banquets.

Dès le commencement de 1840, des délibérations du Conseil municipal avaient ouvert divers crédits pour la décoration[1] et l'ameublement[2] des grands appartements. Le tout était terminé ou à peu près en 1841[3], à l'exception du plafond du salon principal qui ne fut fait qu'en 1842[4]. Je crois devoir encore emprunter ici au livre de MM. Cailliat et Leroux de Lincy le passage suivant, où se trouve décrite la décoration des grands appartements telle qu'elle existait déjà à la fin de cette dernière année :

« Les boiseries en chêne, les tentures en laine cramoisie, qui décorent le salon d'introduction, sont simples et de bon goût. M. Court est l'auteur des peintures de la frise. A gauche du salon d'introduction, on passe dans un autre salon dont l'ornementation est blanc et or, la tenture en soie bleue; les arabesques du plafond sont de M. Lachaise, les portraits en pied du roi Louis-Philippe et de la reine Amélie, de M. Winterhalter.

» Les trois salons de réception se trouvent immédiatement à la suite. La décoration est blanc et or. Les cheminées et les consoles sont en marbre blanc; des glaces d'une grande dimension répètent à l'infini l'ensemble de ces salons et semblent en augmenter l'étendue.

» Les panneaux entre les pilastres, les panneaux circulaires au-dessus des portes et les plafonds sont ornés de figures et d'arabesques exécutées sur stuc. Les peintures du premier salon représentent, en huit compartiments, les Éléments et les Saisons; dans les deux grands caissons du plafond, le Jour et la Nuit, sous les figures d'Apollon et de

---

[1] Compte de 1840, dep. ch. XXVII, § 29.
[2] *Ibid.*, ch. XXVII, § 25, 1° art. 8.
[3] Compte de 1841, ch. XXVII, § 20.
[4] Ch. XXIV, § 25, 1° art. 6.

Diane, et dans les petits caissons, les douze signes du zodiaque sur fond d'or. Au-dessus des portes, des trophées environnent les médaillons de François Ier et de Henri IV: ces peintures sont de M. Chopin.

» Chacun des panneaux du second salon, ainsi que les losanges qui entourent le plafond, sont ornés de figures allégoriques dues au pinceau de M. Auguste Hesse. Les figures placées dans les losanges représentent la Guerre, la Géographie, l'Industrie, la Marine, la Géologie, l'Astronomie, la Philosophie, l'Histoire naturelle; celles des panneaux représentent la Théologie, la Géométrie, la Concorde, la Chimie, la Physique, la Concorde administrative, la Jurisprudence, l'Agriculture. Le grand tableau du plafond, exécuté par M. Picot, a pour sujet la ville de Paris, sous les traits d'une jeune femme assistée des hommes qui ont contribué à son illustration; elle est assise devant le temple de l'Immortalité et distribue des récompenses à l'Industrie, au Commerce, à l'Agriculture, aux Arts et aux Sciences. Les sujets peints dans le troisième salon, qu'on pourrait appeler le salon des Beaux-Arts et des Lettres, sont : la Comédie, la Poésie héroïque, la Poésie pastorale, la Tragédie, l'Architecture, la Musique, la Peinture et la Sculpture. Dix figures sur fond d'or, portant les noms célèbres dans les arts et dans les lettres, sont placées dans les caissons du plafond. Au centre, le Génie et la Vérité occupent les deux grands caissons; au-dessus des portes, des trophées sont groupés autour des médaillons de Louis XIV et de Louis-Philippe. Ces peintures sont de M. Vauchelet.

» Un salon, que la couleur de ses tentures a fait nommer le salon Jaune, conduit à la salle des Banquets. Cette salle, placée dans le pavillon d'angle du quai et de la rue Lobau, se trouve en communication avec la grande salle des Fêtes, qui, par ce moyen, peut se réunir aux salons municipaux. Les arabesques qui ornent le plafond du salon Jaune sont aussi de M. Vauchelet. La salle des Banquets est décorée de stuc; de grandes frises, peintes par M. Jadin, représentent la Chasse, la Pêche, la Vendange et la Moisson. Des trophées analogues aux peintures couvrent les panneaux de cette salle. Un escalier circulaire met la salle des Banquets en communication avec les cuisines du soubassement. »

Je vois dans les comptes de la ville de Paris, aux chapitres déjà cités, que les peintures décoratives de ces appartements ont été payées comme il suit :

Salons du centre.	27,000 fr.
Plafond.	23,000
Salon Bleu.	9,000
Salon Jaune.	9,000
Salon d'introduction.	9,000
Salle des Banquets	15,600
Portraits du roi et de la reine placés dans le salon Bleu.	7,000
Total. . .	99,600 fr.

L'ameublement des nouvelles localités, y compris sans doute les appartements particuliers, avaient été, en 1840, l'objet d'un vote du Conseil municipal, autorisant, sur devis, une dépense de 342,788 francs, sur lesquels 237,551 francs étaient déjà payés dans le cours du même exercice.

Le Préfet put donc s'installer tout d'abord dans ses nouveaux appartements. Il inaugura les salons municipaux le 21 décembre 1840, en donnant aux membres du Conseil général, dans la salle des Banquets, le dîner traditionnel qui marque chaque année la clôture de la session. Le soir, les conseillers généraux et municipaux, leurs familles et quelques personnes, prirent en quelque sorte possession des salons aux arcades, dont le plafond seul restait à décorer. M. de Rambuteau ne manquait jamais de reporter au Conseil municipal tout l'honneur des travaux achevés avec le concours de ses votes, et de consulter ses principaux membres sur les dépenses restant à faire, au moment même où il venait de ménager une joie à l'orgueil municipal. Les réceptions habituelles qui, grâce à l'ordre suivi dans les constructions, ne furent interrompues que pendant les saisons d'été et d'automne, suivant l'usage, furent reprises chaque samedi, dès le mois de janvier 1841. Tout Paris admira l'éclat de ces splendides appartements.

Il y avait bien quelques critiques à faire : la disposition des salons aux arcades était des plus heureuses; mais les dégagements ne pouvaient suffire si l'affluence devenait un peu considérable. D'un côté, le salon Jaune et la salle des Banquets, plus resserrés que les salons du centre, n'offraient aucune issue, quand la salle des Fêtes était close; de l'autre, le salon Bleu et la pièce d'introduction, également étroits, devaient pourtant servir à l'entrée et à la sortie. Il manquait évidemment à ces dispositions un moyen de circulation accessoire, une galerie longitudinale, par exemple, qui permît à chacun des invités de changer de place et de se retirer sans traverser les cercles de conversation ou les groupes de danseurs. Dans plusieurs hôtels particuliers, on a, depuis, évité ces inconvénients.

Quant aux décorations, elles n'étaient pas toutes de même valeur : les hommes d'un goût sévère y pouvaient remarquer trop de détails et de dorures; les rigoristes en morale critiquaient certaines figures d'un costume un peu hasardé. La frise de M. Court, par exemple, était composée de nymphes à peu près nues, de grandeur naturelle. On en sourit tout d'abord, et le Préfet les fit habiller à demi de voiles verts transparents qui gâtèrent la peinture, sans faire cesser les sourires. Plusieurs des sujets peints dans les compartiments des plafonds des salons latéraux, ou au milieu des arabesques des salons du centre, n'étaient pas beaucoup plus modestes. Mais, ni l'excès des dorures, ni les libertés que les peintres avaient prises n'étaient de nature à déplaire à la société du temps, quoique M. de Rambuteau s'efforçât de n'en recevoir que l'élite.

Dans les dernières années du règne de Louis-Philippe, à côté des hauts fonctionnaires et de quelques membres de l'ancienne aristocratie, fort rares, qui ne boudaient pas le nouveau régime, ce qu'on appelait le monde de Paris, comptait de nombreux commerçants ou industriels parvenus à une grande fortune, qui prisaient surtout la richesse, tout en affectant la distinction. Au milieu de cette bourgeoisie, fière de sa prospérité et de son importance, s'était formée d'éléments divers une société plus étroite, qui déjà s'intitulait volontiers tout Paris, et qui était surtout composée de raffinés, ou lions, comme ils s'appelaient, viveurs lettrés, épicuriens déjà mûrs, professeurs de la jeunesse blasée, tyrans ou parasites de l'Opéra, gentilshommes maquignons et brocanteurs, amateurs de diners fins, de conversations licencieuses relevées par un peu d'athéisme.

On était déjà loin des préoccupations philosophiques et savantes, qui, au commencement du règne, semblaient dominer tous les esprits et qui avaient d'abord enveloppé d'une certaine gravité jusqu'aux théories plus charnelles qu'économiques des Saint-Simoniens.

En dehors des luttes politiques qui devenaient acharnées, et malgré des écrits révolutionnaires et socialistes, dont on aurait dû comprendre la menace, chacun se précipitait vers le plaisir avec une sorte de rage. En vain les souverains de la France, déjà âgés, persévéraient dans leur goût de simplicité et d'économie; ils trouvaient peu d'imitateurs parmi leurs sujets. On jouissait en parvenus, tout en affectant des prétentions aristocratiques. Dans quelques salons privilégiés, que l'on croyait être les salons de l'avenir, on reprenait, en amateurs, la culotte courte, et même, quand on le pouvait, l'uniforme civil. Le luxe de la toilette, des ameublements, des hôtels, gagnait de jour en jour. La fantaisie abusait de la fortune. On dansait partout, mais la foule, trop mêlée, d'une jeunesse qui méritait moins que jamais la flatterie qu'on lui adressait naguère, en l'appelant vénérable[1], courait au bal de l'Opéra pour s'y agiter avec une grotesque fureur et, à la fin, porter Musard en triomphe dans une ronde échevelée.

La littérature, le théâtre, les arts, qui avaient jeté, quinze années auparavant, un si vif éclat, suivaient et accéléraient tout ce mouvement. La contradiction et la mobilité des doctrines n'avaient abouti qu'au doute, et achevaient, sous les formes parfois les plus dogmatiques, l'œuvre de destruction morale commencée au dernier siècle. Les journaux ne parlaient que de fortunes étrangement acquises, de corruption, de scandales. L'adultère régnait sur la scène comme dans les romans; toutes les héroïnes déclamaient contre le mariage, ou faisaient déjà couler les plus belles larmes en faveur d'intéressantes prostituées. On n'avait pas la *Grande-Duchesse*, mais on parodiait avec succès les vices de la société dans *Robert Macaire*. La poésie ne s'était pas encore laissé découronner par la politique, mais le poëte favori du temps était un jeune épicurien qui, faute d'avoir une croyance et un but, était descendu par faiblesse et par découragement jusqu'à l'abrutissement intermittent de l'ivresse, et qui charmait son siècle parce qu'il en savait parer les vices d'une hautaine élégance.

En faisant ici le tableau satirique de ce temps, est-ce que j'entends nier ce qu'il pouvait avoir de qualités, d'illusions et d'excuses? Non certes. Je veux seulement répondre à des déclamations récentes, en montrant que ce temps passé préparait le temps actuel, et que nous sommes le fruit de cette fleur.

Mais me voici bien loin des salons de l'Hôtel de ville. La société n'y était jamais représentée, surtout dans les premiers

---

[1] Benjamin Constant.

temps, que par un millier de personnes environ ; elle y apportait son penchant pour la splendeur et la parure, et y venait chercher une satisfaction d'amour-propre et de brillantes réunions. Les réceptions du Préfet, et les bals qu'il donnait, de deux à quatre fois par hiver, dans ces salons étincelants, furent à la mode jusqu'aux premiers jours de 1848. Le maître de la maison avait de l'esprit, à l'ancienne manière, qui n'était pas la plus mauvaise ; il était conciliant par caractère, autant que par juste calcul, au milieu des partis si divisés, dont il se plaisait à recevoir les principaux représentants. Une pointe de galanterie qui survivait à sa seconde jeunesse rehaussait sa réputation d'homme aimable ; les femmes en riaient et lui en savaient gré. Il faisait à merveille les honneurs de chez lui, ainsi que madame la comtesse de Rambutéau. On aspirait à leur être présenté, et tout le monde n'y réussissait point.

Mais peu à peu le cercle s'étendit. Comment résister aux recommandations, aux instances des femmes, aux inimitiés surtout, dans des temps très-agités, à la veille d'une révolution qu'on pressentait, en tâchant de n'y pas croire ? Des journaux, inspirés par quelques mécontents du corps municipal ou par leur humeur propre, répétaient souvent que les frais des réceptions municipales étaient supportés par les contribuables, principalement par les patentés, clients habituels de l'octroi, et que toute la haute bourgeoisie de Paris avait le droit d'être reçue à tour de rôle. Il fallut céder, et vers 1846 et 1847, le nombre des invités excédait la capacité des salons.

« De la cour passons à la ville, à la Ville proprement dite, c'est-à-dire au palais de M. de Rambuteau, écrivait à cette époque un journaliste. Les salons de la Préfecture ne sont pas moins peuplés que ceux des Tuileries. Si, pour aller au Carrousel, la file commence à l'Hôtel de ville, pour aller à l'Hôtel de ville, la file commence au Carrousel. Les bals du Préfet dégénèrent en une élégante cohue... déjà l'on se décourage ; c'est fâcheux, car M. de Rambuteau, qui a conservé les traditions de la galanterie française, a su conquérir, pour ses soirées, tout ce que Paris contient de jolies femmes indigènes ou exotiques. Il y a, dit-on aussi, toute une charmante nichée de jeunes personnes à marier ; elles ont leur banc. Les jeunes notaires, agents de change, avoués ou autres qui ont une charge à payer, sont sûrs de trouver là un assortiment de dots. On commence à dire qu'il faut passer par la préfecture pour aller à la mairie. »

Je termine par quelques mots très-brefs au sujet de la salle des Fêtes cette excursion un peu longue peut-être, mais indispensable, dans les diverses parties de l'édifice qui a été le théâtre des faits que j'essaye de rappeler. J'aurais craint de la rendre plus fastidieuse en la faisant plus courte.

Les grands espaces ménagés aux fêtes municipales, dans les bâtiments construits en façade sur la rue Lobau, allaient évidemment devenir nécessaires pour recevoir, dans les circonstances solennelles, l'invasion croissante de la démocratie enrichie. Mais, si le gros œuvre de cette troisième partie du monument fut très-promptement édifié sur les terrains naguère occupés par la salle d'Angoulême, par la vieille salle Saint-Jean et le jardin de l'hôtel du Préfet, qui appartenaient depuis longtemps à la Ville, la décoration sculpturale était seulement achevée à la fin de l'administration de M. de Rambuteau, qui ne put jamais faire les honneurs lui-même de la plus vaste et de la plus magnifique partie du palais qu'il avait construit.

En France, il est rare que les administrateurs les plus habiles et les plus entreprenants demeurent assez longtemps en fonction pour jouir des palais qu'ils préparent à leur usage. Ils ne travaillent guère que pour leurs successeurs. Que d'hôtels de ministères, tout fraîchement bâtis ou remis à neuf, ont vu tout à coup changer leurs hôtes ! Que de préfectures élevées à grands frais depuis quelques années, et toutes distribuées à l'intérieur pour la convenance personnelle des préfets qui les avaient construites et pour celle de leur famille, ont été, avant d'avoir servi, remaniées pour de nouveaux locataires !

La salle des Fêtes de l'Hôtel de ville, quoiqu'elle fût un peu étroite, pouvait passer dans notre temps pour former, avec ses dépendances, un très-bel ensemble.

Les deux portes Saint-Jean et du Saint-Esprit, au lieu de s'ouvrir comme autrefois sur une rue et sur une chapelle, donnaient entrée sur deux cours, l'une au midi, dite cour du Préfet, dont j'ai parlé plus haut, l'autre au nord, dite cour des Bureaux; toutes deux richement ornées de colonnes, de sculptures en relief et de statues. Par ces deux portes, aussi bien que par deux autres qui donnaient issue aux mêmes cours sur la rue Lobau, on arrivait à la nouvelle salle Saint-Jean, longue de 40 mètres et large de 11, décorée des deux côtés, dans la longueur, de colonnes doriques formant avant-corps. Au milieu, on entrait dans un large vestibule, duquel s'élevaient deux grands escaliers à rampes droites, de l'aspect le plus monumental, aboutissant à des galeries richement sculptées, portées sur des colonnes de marbre, et donnant aux salons des fêtes les plus commodes et les plus splendides dégagements. En face de chaque escalier se trouvait une vaste pièce d'introduction, puis, un salon de grande dimension, puis, au centre, la salle des Fêtes, ayant 48 mètres de longueur, 13 mètres de largeur et 12 mètres d'élévation. Elle était éclairée par treize baies en arcades sur la rue Lobau et par des colonnes d'ordre corinthien. Au milieu de la salle, au-dessus du vestibule, entre les deux escaliers, s'ouvrait une salle de moindres proportions, dont les voûtes supportaient une tribune décorée de cariatides. Elle communiquait à la salle du Conseil municipal, et contribuait ainsi à relier toutes les parties de l'édifice.

La décoration du double escalier qui vient d'être décrit

avait été exécutée par des artistes fort distingués dont M. Godde avait dirigé les travaux avec beaucoup de goût, sous les ordres du Préfet. La dépense des sculptures de cet escalier et de la galerie qui le surmontait n'avait pas coûté moins de 40,000 fr. Elle fut prélevée sur un crédit que le Conseil municipal avait affecté en bloc à la construction de l'Hôtel de ville. Mais, en dehors du gros œuvre, approuvé d'avance sur devis estimatif, le Conseil réservait l'approbation préalable de chaque dépense qui n'était pas expressément prévue et dont il voulait discuter et le montant et le caractère.

Par une circonstance bien exceptionnelle, la formalité préalable n'avait pas été accomplie cette fois. M. de Rambuteau était pourtant un administrateur très-correct et très-soucieux de vivre en paix avec son Conseil municipal. Il prenait habituellement soin de conduire sur place les principaux membres de l'Assemblée, de les entraîner avec adresse à lui suggérer eux-mêmes les projets qu'il avait dessein de leur proposer. Il triomphait ainsi de l'économie qui pouvait quelquefois restreindre outre mesure la munificence du Conseil. Comment, cette fois, y manqua-t-il? Le Roi espérait alors la visite à Paris de la reine d'Angleterre; le Préfet, qui avait le mot, achevait en hâte l'Hôtel de ville pour recevoir dignement la noble souveraine; il pressait les architectes, et comptait sur un vote d'approbation enthousiaste après les faits accomplis. « Mais, dit un journal du temps, les faits changèrent de face : la reine Victoria ne vint pas à Paris et n'y viendra probablement jamais »[1]. Lorsque la proposition de régulariser la dépense parvint au Conseil municipal, une tempête éclata. Les opposants qui avaient dès l'avance constaté l'irrégularité, arrivèrent tout armés, et la majorité suivit leur impulsion. Le crédit de 40,000 fr. fut rejeté; la dé-

---

[1] Prédiction heureusement démentie sous l'empire.

pense retomba à la charge du préfet, ou plutôt de M. Godde, architecte, sauf à lui, sans doute, à se faire rembourser, s'il y avait lieu, par le Préfet son complice. Nous verrons plus loin comment se termina l'aventure, qui fit grand bruit dans Paris.

Telles étaient les principales dispositions du splendide monument que la municipalité de Paris avait élevé en dix années pour l'usage de son administration, de ses séances et de ses réceptions publiques. On ne tarda pas à en faire la critique, même avant que l'édifice fût terminé : on se récria sur la place excessive que la municipalité avait ménagée dans son palais aux réunions solennelles et aux plaisirs d'une société privilégiée, et de la parcimonie avec laquelle on avait logé l'administration proprement dite. On regrettait, à tort, selon moi, d'être obligé de chercher l'Assistance publique ailleurs qu'à l'Hôtel de ville[1]; on s'étonnait, avec un peu plus de raison, de ne pas y trouver le service des ingénieurs, qui porte d'une manière expresse le titre de service municipal. « Avez-vous, disait un journal du temps, une affaire relative au service des eaux, c'est rue de la Chaise, chez M. Mary, qu'il faut aller la traiter; pour les pavés et les trottoirs, rendez-vous rue Bellechasse, chez M. Drapier ; pour les alignements et les plans, dirigez-vous rue de Chabrol, chez M. Jacinthe-Leclère. »

Dans l'Hôtel de ville même, l'administration n'avait pas pu être logiquement concentrée. Les employés qui n'avaient pas trouvé place dans l'aile de la rue de la Tixeranderie étaient reportés, quelques-uns au rez-de-chaussée de la place de Grève, d'autres dans la galerie basse de la cour de Louis XIV,

---

[1] Il importe que la personne civile qui administre le domaine des Hospices et de la charité publique, et qui reçoit les dons faits aux pauvres, soit clairement distincte et suffisamment indépendante de celle qui dispose des ressources et des biens de la Commune. Trop de confusion entre les deux gestions inquiéterait les donateurs.

plusieurs dans les locaux ménagés au-dessus des salles de commissions du Conseil municipal, d'autres encore près des combles sur le quai, dans les étages supérieurs des pavillons; enfin, un peu partout. Il était bien vrai que l'art et l'apparat avaient pris leurs coudées franches, et que le service public avait le reste.

Le montant des dépenses faites pour l'agrandissement de l'Hôtel de ville a été calculé comme il suit [1] :

Prix des immeubles dont l'emplacement a été employée à la formation du périmètre agrandi.	1,651,331 fr.	23 c.
Travaux de construction. . .	9,497,330	19
Aménagement et décoration intérieure.	935,733	34
Peinture et sculpture. . . .	1,126,380	
Ameublement et installation. .	626,220	75
Frais d'agence et de direction. .	412,446	14
	14,249,447 fr.	65 c.

Cette somme représente ce qu'avait coûté l'agrandissement de l'Hôtel de ville, tel qu'il existait en 1849. La salle des Fêtes n'avait encore ni sa décoration ni son ameublement. La cour d'honneur, dégradée en partie, attendait un ravalement, un dallage, et divers travaux décoratifs. L'ensemble de ces dépenses complémentaires était prévu pour plus d'un million et demi.

Si l'on voulait toutefois se rendre compte du dommage matériel causé à la Ville par l'incendie de son palais, il y aurait à modifier grandement le total de quinze ou seize millions qui résulte de ce qui vient d'être dit. On devrait d'abord, sans doute, en retrancher le prix des terrains, que le feu ne fait pas disparaître; mais il faudrait ensuite y ajouter : 1° les sommes dépensées à partir de 1851, pour compléter l'orne-

---

[1] Résumé statistique des recettes et dépenses; Laurent, p. 150.

ment de l'édifice, pour en améliorer les dispositions intérieures ; 2° le prix inestimable d'archives à jamais perdues, de plans originaux et uniques, de livres spéciaux rassemblés à grands frais ; 3° l'augmentation de la valeur des peintures et des sculptures qui s'accroît, dans des proportions considérables, par la consécration de l'admiration publique, par la renommée grandissante et même par la mort de leurs auteurs ; 4° enfin, l'estimation, difficile à faire d'ailleurs, du vieux et charmant palais du seizième siècle. La honte qui rejaillit d'un tel acte sur Paris et sur la nation ne compterait ici que pour mémoire.

CHAPITRE V

Symptômes révolutionnaires. — Pathologie de cette fièvre intermittente. — Pourquoi l'Hôtel de ville est l'objectif de toute insurrection. — Migration du Gouvernement provisoire. — Les gardiens de la mort. — Les défenseurs de l'Hôtel de ville. — La garde républicaine. — Les invasions armées. — Les pétitions. — Deux gouvernements dans le même palais. — Le déjeuner difficile. — Buvette générale.

Les travaux ayant pour objet la restauration et l'agrandissement de l'Hôtel de ville approchaient de leur fin, au commencement de l'année 1848. Depuis quelque temps, on pouvait remarquer les symptômes d'une révolution nouvelle, non qu'il y eût, pour un tel changement, aucun motif sérieux dans la conduite politique du Roi, de son cabinet ou des Chambres. Le gouvernement faisait des fautes fort graves sans doute, mais il n'était pas sorti des termes de la Charte. La lutte des partis était vive; on demandait des modifications à la loi électorale; mais la Constitution n'était pas en jeu. Rien ne justifiait l'effroyable dépense de forces, d'argent et de sang qu'entraîne ce que nous appelons une révolution. La société n'en présentait pas moins tous les signes précurseurs d'une affreuse tempête. C'était l'annonce d'une de ces crises, par laquelle se manifeste la maladie chronique à laquelle notre pays est en proie. C'est une maladie morale qui remonte à un siècle et qui n'est autre chose que la passion insensée d'une égalité impossible.

Ces crises éclatent ordinairement lorsque la prospérité publique est à son apogée. Aussitôt que le travail abonde, que le commerce et la spéculation ont une activité extrême, que l'agriculture s'enrichit, que les fortunes grossissent avec une grande rapidité, que les arts fleurissent, avec plus ou moins de perfection, selon le goût des enrichis qui les payent et selon la mode du temps, c'est alors que la fièvre se déclare. Les heureux du moment sont saisis d'une soif insatiable de jouissances; le luxe affiche toutes sortes d'extravagances. Il semble qu'on ne sache que faire de ses loisirs et de son argent. D'un autre côté, les moins favorisés du sort se laissent dévorer par l'envie : chacun a hâte de s'enrichir et tous les moyens lui paraissent praticables. La lutte pour le pouvoir, qui semble aux uns le complément de leur fortune acquise, aux autres, le meilleur moyen pour en acquérir une, se généralise et s'exaspère. On échange les accusations les plus violentes : on s'irrite de la résistance qu'on trouve dans les lois. Tous les partis cherchent des alliés en dehors du cercle des compétitions légales et jusque dans la foule. Celle-ci, agitée par le même démon de l'envie, au spectacle du luxe, des scandales privés et des combats qu'on se livre au-dessus d'elle, cesse également de tenir compte de l'augmentation générale du bien-être, de la rémunération croissante du travail, de la facilité et de la fécondité de l'épargne; elle se jette dans la mêlée. Elle trouve partout à sa disposition la théorie de l'égalité absolue dont tous les esprits sont pénétrés en France depuis le jour où le poison leur en a été inoculé dans le dernier siècle, principalement par un des sophistes les plus éloquents et en même temps les plus *ignorants* qu'ait vus notre pays, et, surtout, depuis la pratique, si décevante pourtant, qu'on en a essayée lors de la première révolution.

Chaque parti flatte à l'envi les erreurs et les espérances de la multitude, afin de s'assurer son concours. Mais la foule n'attache pas longtemps un prix au succès de quelques hommes, à quelques modifications dans les lois et dans la répartition des fonctions publiques ou des suffrages électoraux. Ce qu'il lui faut, c'est ce qu'elle envie : le loisir et les jouissances! Pour les atteindre, elle compte seulement sur un bouleversement social qui réalise sa chimère d'une complète égalité. Dans son sein, il s'élève des ambitieux, des sophistes, qui se font porter par le flot et qui soufflent la tempête. C'est à ce moment que le mal éclate. Tout sert d'occasion et de prétexte : un malheur public, un procès scandaleux, un banquet, un coup de pistolet, le faux raisonnement d'un poëte avide de pouvoir et de renommée. La foule se rue entre les partis divisés; le pouvoir tombe sans qu'on sache pourquoi. Le lendemain, il est vrai, tout le monde souffre; les rêveurs d'égalité essayent en vain de réaliser dans les lois une partie de leurs théories; ils ne font qu'accroître la souffrance publique.

Alors le désastre est général; l'envie s'éteint, ou plutôt s'assouvit à la vue de l'angoisse commune, et l'on devient, non pas plus sage, mais, plus résigné; on se confie ordinairement, comme d'un accord unanime, à quelque homme, à quelque prince, dont le nom est le plus populaire, et qui passe pour le plus courageux ou le plus habile; on l'accable d'autorité pour qu'il rétablisse et maintienne les conditions de l'ordre, et la nation semble revivre dans la paix intérieure jusqu'à un nouveau et plus merveilleux développement de la prospérité. Aussitôt, la période fatale s'accomplit; un nouvel accès de l'incurable maladie se déclare, et rien ne l'arrête ou ne l'ajourne, même le motif le plus grand qui puisse imposer un moment silence aux haines civiles et ranimer la fidélité aux lois, je veux dire : la présence des armées ennemies sur le sol de la commune patrie.

A Dieu ne plaise que je veuille raconter ici la révolution de février. D'autres ont abordé cette tâche, quelques-uns, pour concentrer sur plusieurs hommes, principaux acteurs dans ce drame, le blâme que mérite, après eux, la nation tout entière; un plus grand nombre, pour expliquer, au moyen de déductions philosophiques, et au nom de prétendus griefs populaires, cette révolution sans cause. Je suis heureusement dispensé, par mon sujet, d'entrer dans l'un ou l'autre système, ou d'en chercher un troisième. Je n'ai à parler des événements de 1848 que pour faire comprendre l'état dans lequel ils ont laissé le palais municipal, les finances de la Ville et son administration.

On s'est demandé pourquoi tous les hommes qui veulent se substituer au gouvernement courent à l'Hôtel de ville, où ne siégent en temps régulier ni les souverains, ni les présidents de république, ni les assemblées nationales. Il y a deux excellentes raisons pour cela : la première, c'est que tous ces mouvements révolutionnaires ne sont guère que des insurrections parisiennes ; le reste du pays proteste ou ne suit que de loin. Il est naturel que la maison commune serve de but et de séjour préféré à ceux qui s'appuient sur une partie de la population à qui l'Hôtel de ville est bien connu. C'est là que s'installèrent, dans tous les temps, les pouvoirs qui se posèrent en rivaux de la royauté ou des grandes assemblées françaises. La Fronde, par exemple, la Commune, sans compter le reste. La seconde raison, que l'on n'a peut-être pas suffisamment indiquée jusqu'ici, c'est que l'Hôtel de ville de Paris renferme des instruments de pouvoir que l'on ne trouverait pas réunis de même ailleurs : une administration subdivisée de manière à représenter, en abrégé, presque tous les ministères ; des employés exercés à traiter les questions les plus diverses ; une action centrale sur toutes les mairies, sur tous les quartiers de Paris ; des services actifs d'ingénieurs, d'architectes, ayant sous leurs ordres des ouvriers embrigadés, prêts à exécuter promptement et habilement les décisions de l'autorité à laquelle ils obéissent ; des ressources provenant de l'octroi ou d'ailleurs, et des caisses pourvues, sur lesquelles il est aisé de mettre la main ; la police, qui reçoit ses principaux subsides de la Ville, et qui est presque tout entière dans le budget municipal ; enfin, le centre d'organisation de la garde nationale.

Toutes les parties de l'Hôtel de ville furent envahies par la foule le 24, le 25, le 26 février même, et occupées par la révolution pendant les premiers mois qui suivirent. Ce fut d'abord dans la salle des délibérations du Conseil municipal que l'on essaya de faire une liste de personnes devant composer un gouvernement provisoire; puis, on en proclama d'autres sur tous les points du palais, dans la salle Saint-Jean, dans la salle du Trône surtout, ce rendez-vous périodique des insurrections et qui eût été justement nommée la salle où l'on renverse les trônes. Partout où quelques centaines de personnes pouvaient se trouver réunies et prétendre s'appeler le peuple, il s'élevait des orateurs, essayant de se faire entendre, malgré d'effroyables clameurs, et de disposer de la nation absente. Mais rien ne se fit de provisoirement définitif que dans les localités situées entre la salle du Trône et l'extrémité de la façade de l'Hôtel de ville, au coin de la rue de la Tixeranderie. C'est là que des hommes, représentant deux partis au moins, qui s'étaient rassemblés et qui s'imposèrent les uns aux autres, parce que leurs opinions, la faveur de l'émeute ou quelque désignation non moins irrégulière les précipitaient ensemble au pouvoir, pressés, obsédés, assiégés, menacés par une bande ameutée qui cédait elle-même sous le poids de nouveaux flots populaires, se virent obligés de reculer, de cabinet en cabinet, jusqu'à une des extrémités de l'Hôtel de ville, et, de concession en concession, jusqu'à la proclamation de la république, d'abord sous la réserve des droits de la nation, puis à peu près sans réserve.

Ce gouvernement provisoire était acculé dans le cabinet du secrétaire général, au pavillon d'angle sur la rue de la Tixeranderie, lorsqu'il céda enfin à la pression populaire. Il est vrai que, le lendemain, par l'organe éloquent de M. de Lamartine, il refusa d'arborer le drapeau rouge. Mais ce fut encore par une transaction qu'il obtint gain de cause sur ce point. Il fut convenu qu'une cravate rouge, espérance de l'avenir pour une partie des contractants, décorerait le drapeau tricolore.

Aussitôt, on arracha de quelques banquettes ou canapés qui se trouvaient dans la salle le velours rouge qui les couvrait, on le déchira en bandes étroites, et les plus ardents se le distribuèrent pour en orner leurs boutonnières.

Ce n'est pas que je veuille contester ni le mérite ni le péril de cette première résistance à la démagogie qu'on avait déchaînée. Elle marqua le point de départ d'une partie du gouvernement qui travailla depuis lors à remettre aux mains d'une Assemblée, régulièrement élue, les destinées de la France. Ce fut aussi un premier encouragement pour les honnêtes gens qui, surpris par cette catastrophe subite, conséquence imprévue de leurs propres fautes, commencèrent dès ce moment à se repentir et à espérer.

Peu à peu le gouvernement provisoire reconquit les appartements d'où il avait été successivement expulsé. Il revint d'abord dans le salon d'introduction du cabinet du Préfet. C'est là que j'ai vu la plupart de ses membres délibérant à mi-voix, rédigeant des proclamations et des décrets, au milieu d'une cinquantaine de personnes étrangères. Je n'y étais pas venu de mon chef, mais, par une mission expresse.

M. de Lamartine, averti de ma démarche, se leva, vint à moi comme par hasard, après avoir causé avec quelques personnes. J'avais à lui parler de la part de plusieurs des représentants des opinions modérées de la dernière Chambre, et au nom du journal dont je dirigeais la politique. « Nous n'émigrons ni à l'extérieur, ni à l'intérieur, lui dis-je, nous ne vous demandons que le rétablissement des conditions de l'ordre public, et, pour cette œuvre, vous aurez notre concours. Pour le surplus, faites de votre mieux, en réservant la décision du pays. » M. de Lamartine reçut avec une reconnaissance évidente ces assurances. Il me demanda si la garde nationale ne pourrait pas se lever spontanément pour venir délivrer l'Hôtel de ville, et assurer aux hommes chargés d'exercer un pouvoir momentané la liberté de leur action. Mais, hélas! la garde nationale, d'ailleurs dissoute par le gouvernement même, n'avait plus de lien, plus de chefs autorisés; elle était divisée par les opinions et incertaine sur sa conduite; elle avait livré en partie ses armes. Quelques compagnies se fussent levées cependant; on y aurait vu le signal d'une guerre civile. Pour réunir et diriger utilement la garde nationale, il aurait fallu créer un autre gouvernement, en face du gouvernement qui demandait secours. Mais je me laisse entraîner bien loin par un souvenir personnel.

Bientôt ceux qui avaient pris la charge de régir les affaires publiques se trouvèrent environnés d'une milice telle quelle, recrutée par hasard et qui ne les défendit ni contre les attaques du dehors, ni surtout contre leurs rivalités intestines. Des hommes en armes, se disant combattants de février, s'étaient installés sur divers points. Dans la cour des Bureaux, on avait amené quatre pièces de canon que les soldats démoralisés avaient abandonnées sur la place. Une troupe improvisée campa pendant un certain temps autour de ces pièces d'artillerie. Ils s'appelaient les canonniers de la république.

Les hommes qui avaient succombé de part et d'autre, dans la courte lutte du 24, avaient été portés dans la salle Saint-Jean aussitôt que la multitude, qui l'avait d'abord envahie, se fut à peu près retirée. Tous ces cadavres d'hommes du peuple, mêlés de gardes municipaux et de soldats, furent étendus sur des tables, sur des banquettes, sur des lits de paille. Il y en avait environ 180. Un prêtre courageux, vicaire de Saint-Gervais, se donna la mission de veiller auprès d'eux et de les confondre dans ses prières. On eut recours au procédé Gannal pour les embaumer, afin de les réserver aux honneurs funéraires qui leur furent accordés solennellement le 4 mars suivant. C'est alors qu'ils furent placés tous ensemble, sous le nom de victimes de février, dans le caveau qui enfermait déjà les victimes de juillet 1830, au pied de la colonne de la Bastille. C'est du moins ce qui devait être fait, d'après un décret du gouvernement provisoire en date du 2 mars, dont les termes s'appliquaient « à tous les citoyens morts pour la république », dans les journées des 23 et 24 février. Cependant un grand nombre de ces victimes furent inhumées dans les cimetières de Paris, comme il paraît d'après le compte de 1848[1]. Une escouade d'hommes armés s'installa dès le premier jour à l'Hôtel de ville, aux abords de la salle Saint-Jean, sous le vestibule qui y donnait entrée, et le long des degrés des escaliers des Fêtes; ils gardèrent avec une vigilance jalouse leur funèbre dépôt, et se nommaient entre eux les gardiens de la mort.

Une troisième troupe de défenseurs volontaires de l'Hôtel de ville bivouaquait sous le vestibule et les galeries de la cour de Louis XIV et dans cette cour même. Ces divers corps armés remplirent longtemps le palais municipal de leurs clameurs et de leurs disputes.

Le 25 février au soir, un grand nombre d'élèves de Saint-Cyr arrivèrent en corps pour offrir leurs services au gouvernement provisoire; on les casa dans la salle des Fêtes. Il fallait nourrir et coucher tout ce monde, il fallait le chauffer, car on était en hiver. Des feux furent allumés, pendant longtemps, sous les deux vestibules; les voûtes furent enfumées, et la chaleur traversa l'épaisseur de la pierre au point de se faire sentir à l'étage supérieur. Quant aux rations de vivres, l'administration du matériel réquisitionna les restaurateurs, les boulangers, les marchands de vin des environs.

A la tête de ces groupes de défenseurs avait d'abord été placé le citoyen Lagrange, sous le titre de général

---

[1] Comptes de 1848, chap. XXIX, § 11, art. 1er.

gouverneur de l'Hôtel de ville. On le vit, pendant quarante-huit heures, ayant pour quartier général un des cabinets de commissions du Conseil municipal. Il était là, avec l'épée au côté, des pistolets à la ceinture, ayant perdu la voix à force de crier, succombant sous son commandement et sous le désordre de son esprit, puni à la fin par où il avait failli, en proie à un furieux délire. On le mit au lit, et on le transporta dans une maison de santé. Le citoyen Rey, improvisé colonel, aidé par un autre citoyen qu'on décora du titre de commandant, succéda au citoyen Lagrange comme gouverneur de l'Hôtel de ville. On l'installa dans une des pièces du rez-de-chaussée donnant sur la place de Grève, auprès de l'arcade Saint-Jean, et qui avait naguère servi à la Caisse municipale.

Cependant, il n'était pas possible que les élèves de Saint-Cyr et des autres écoles fussent indéfiniment transformés en gardes du corps du gouvernement provisoire, ou en officiers d'ordonnance du colonel Rey[1]. Ils durent rentrer à leurs écoles.

D'un autre côté, comment se fier aux volontaires, qui s'étaient institués défenseurs de la république surtout pour être nourris, habillés, chauffés et soldés à ses frais? On recruta, parmi eux et au dehors, une sorte de garde républicaine de l'Hôtel de ville, composée d'abord de 230 hommes, dont on porta successivement le nombre jusqu'à 653; ils n'étaient plus, au 10 juin, lorsqu'on les licencia, que 377. On les avait logés principalement dans la salle des Fêtes. Tous ces corps militaires et leurs chefs coûtèrent à la ville de Paris, en frais de solde, de casernement, d'habillement, de vivres, etc...., plus de 500,000 francs[2]. Il est bien entendu que je ne comprends dans ce chiffre aucune des dépenses que la Ville a faites à cette époque, soit pour nourrir passagère-

---

[1] Comptes de 1848, chap. XXIX, § 4, art. 1ᵉʳ.
[2] Comptes de 1848, chap. XXIX. — *Passim.*

ment les hommes de troupe ou de garde nationale, qui bivouaquaient dans l'intérieur ou aux abords de l'Hôtel de ville, les jours d'insurrection, ce qui ne coûta pas moins de 200,000 francs[1]; soit, surtout, pour habiller les gardes nationaux qui ne pouvaient faire les frais de leur costume, et pour lesquels plus de 3,100,000 francs furent employés[2].

Les services que rendirent les défenseurs du gouvernement casernés à l'Hôtel de ville sont fort problématiques. Ils ne le préservèrent d'aucune alerte, d'aucune visite désobligeante, et, à plus forte raison, d'aucune manifestation redoutable, ni le 17 mars, lorsque près de 100,000 personnes[3], réunies sous la direction des clubs, vinrent demander pacifiquement, et sous prétexte d'offrande patriotique, l'ajournement des élections des officiers de la garde nationale, celui de la convocation de l'Assemblée constituante, etc., ce qui fut pris en très-grande considération, comme le prouvent les actes ultérieurs du gouvernement[4], et comme le mérite, d'ailleurs, tout placet présenté par 100,000 pétitionnaires, en personne, qui ne rencontrent pas un nombre à peu près égal d'interlocuteurs; ni le 16 avril, lorsqu'une autre réunion un peu moins nombreuse, mais peut-être plus menaçante encore, marchait sur l'Hôtel de ville et contre la fraction modérée du gouvernement, lesquels ne furent préservés d'une pétition nouvelle que par la garde nationale, appelée sur les conseils du général Changarnier, et en même temps par la garde mobile, qu'avait

---

[1] Comptes de 1848, chap. XXIX.
[2] Comptes de 1848, chap. XXIX, § 5.
[3] *Moniteur universel*, 18 mars 1848.
[4] Un arrêté du gouvernement du 15 mars avait fixé les élections de la garde nationale au 25. Un autre arrêté du 18, après avoir remercié le peuple de la manifestation imposante dont il a donné le magnifique spectacle, proroge les élections au 5 avril, date fixée par la pétition. De même, un décret du 5 mars avait convoqué les électeurs pour le 9 avril, afin d'élire les députés de l'Assemblée nationale; mais un décret du 26 renvoie ces élections aux 23 et 24 avril, et fixe la réunion de l'Assemblée au 4 mai.

formée et que conduisait le général Duvivier; ni le 15 mai, lorsque l'Assemblée nationale, ayant été envahie et expulsée de la salle de ses séances, l'insurrection, un moment triomphante, entra sans coup férir à l'Hôtel de ville, se répandit, comme par tradition, dans les localités occupées tout d'abord en février par le gouvernement provisoire, porta ses chefs, au milieu desquels était le citoyen Barbès, jusqu'au cabinet du secrétaire général, dans le pavillon du coin de la place de Grève et de la rue de la Tixanderie, où, le 24 février, avait été proclamée la république.

Ce jour-là, aux deux extrémités de la façade du palais municipal, se manifestèrent à la fois, d'un côté, le gouvernement de l'insurrection, de l'autre, le gouvernement légitimé par la Constituante.

Autour du citoyen Barbès, on avait rédigé et copié à la hâte, sur de petits carrés de papier, une courte proclamation, annonçant que le peuple, ayant dissous l'Assemblée nationale, avait proclamé lui-même un nouveau gouvernement provisoire dont on donnait les noms. Cependant, le citoyen Barbès avait fait approcher une table de la croisée; mais ne pouvant se faire entendre de cet étage élevé, par la foule et la garde nationale qui encombraient la place, il jetait lui-même les proclamations par la fenêtre. De l'autre côté, une contre-proclamation, commençant par la déclaration « que l'Assemblée n'était pas dissoute », fut envoyée, par l'ordre du maire de Paris, à la petite imprimerie située dans les combles de l'Hôtel de ville, et dont les insurgés ne connaissaient pas l'existence. Aussitôt qu'on en eut quelques exemplaires, on les jeta par la fenêtre du salon d'introduction des appartements de réception qui étaient situés dans le pavillon d'angle de la place de Grève et du quai. Ainsi, du même palais, à 120 mètres de distance, pleuvaient, sur la population ébahie, des bulletins contradictoires, jusqu'à ce que, un éclaircissement définitif étant arrivé de l'Assemblée, la garde nationale pénétra dans l'Hôtel de ville et arrêta les envahisseurs.

Le gouvernement provisoire du 24 février ne tint ses réunions à l'Hôtel de ville que jusqu'au 11 mai, environ durant soixante-quinze jours. Il avait choisi, pour ses séances quotidiennes, la pièce tendue en soie jaune qui suivait les grands salons aux arcades. C'est dans ces salons qu'il recevait, par un de ses membres ou par un délégué, les innombrables députations qui vinrent, jusqu'au dernier jour, lui apporter des offrandes patriotiques ou des adhésions qui n'étaient presque toujours que les apostilles de réclamations impossibles à satisfaire : augmentation de salaire, diminution de travail; suppression d'impôts, accroissement de dépenses; réduction du nombre des fonctionnaires, création d'un ministère du travail, demandes d'un grand nombre de places; débouchés pour le commerce, protection douanière pour certaines industries; organisation du travail, interdiction de toute concurrence pour certains corps de métier; proscription des tâcherons, des Savoyards, des ouvriers étrangers, naturalisation en masse des fils d'étrangers; liberté absolue des clubs, intervention du gouvernement pour organiser des clubs dans toute la France; fraternisation avec tous les peuples, et guerre universelle pour la Pologne; explications politiques sur les événements du jour, etc., etc. Et l'on perdait le temps à remercier tous ces visiteurs, à vanter leur patriotisme, à défaut de leur bon sens et de leur désintéressement. On se relayait pour cette incessante corvée; on s'adjoignait, pour y suffire, M. Pagnerre, M. Barthélemy Saint-Hilaire; on rejetait de l'un sur l'autre la charge d'éluder toutes ces difficultés par des réponses évasives, de distribuer toute cette eau bénite civile et républicaine, et de renvoyer les gens satisfaits, au risque de s'engager bien au delà du possible.

Mais la grande occupation du gouvernement provisoire fut, pendant ces deux mois et demi, de vivre, malgré les attaques du dehors et ses dissensions intestines, et de se faire tolérer par la nation, qui ne l'avait ni appelé ni accepté. La question principale qui le partagea, ce fut l'élection et la réunion de l'Assemblée nationale, les uns, redoutant l'avénement de ce pouvoir souverain, dont ils prévoyaient l'indépendance et qui devait contrarier leurs desseins, les autres, justement impatients de remettre à la représentation du pays une autorité qu'ils sentaient bien avoir usurpée, et une responsabilité qu'ils commençaient à trouver pesante. Ceux-ci parvinrent à réunir enfin les élus de la nation ; mais que de choses essentielles ils avaient concédées, contre leur volonté, sans doute, et que de périls leur faiblesse ou leur impuissance avait légués à cette Assemblée si chèrement obtenue! L'armement universel, le suffrage universel, la vague promesse de l'organisation du travail, « l'idée sociale » préconisée par le célèbre bulletin n° 16 que publiait le *Moniteur*, et, en attendant, les ateliers nationaux! Rien n'y manquait : on avait mis le nombre en possession de la force et du droit, on avait en même temps excité ses appétits et ses espérances avec certitude de ne les pouvoir satisfaire ; une armée de mécontents affamés et audacieux était toute enrégimentée dans des ateliers inutiles. On préparait ainsi, pour le lendemain, la guerre civile de juin 1848, pour l'avenir, des adeptes à l'Internationale, des soldats à la Commune de 1871, des problèmes insolubles à tous les gouvernements et à tous les législateurs ; on avait évoqué le sphinx menaçant de dévorer la société, faute d'être intelligible.

Pour se faire aider dans l'ensemble de ses travaux, le gouvernement provisoire avait à ses ordres les nombreux employés de la Ville ; en outre, il avait recruté, à l'extraordinaire, plusieurs citoyens, volontaires et gratuits, pour la plupart, et des employés auxiliaires. On les casa dans la salle du Trône, divisée, à cet effet, en plusieurs compartiments par des cloisons de bois.

Du reste, la dépense qui demeura à la charge de la Ville, par suite de la présence momentanée du Gouvernement dans le palais municipal, fut assez peu considérable, et ce n'est pas par ces sortes de frais que la Révolution troubla les finances parisiennes. Je ne crois pas devoir évaluer beaucoup au delà de 130,000 francs la somme qui fut employée pour la table, l'éclairage, le chauffage, les voitures, les frais extraordinaires de bureau, l'imprimerie, et les dépenses diverses du matériel qu'il faut mettre au compte des personnes composant le gouvernement provisoire et même la Mairie de Paris.

Le gouvernement était fort sobre; ses déjeuners et ses dîners étaient servis tous les jours dans la salle des Banquets. Un matin pourtant, le déjeuner manqua. Je ne sais quel personnage puissant avait obtenu la veille, par une sorte de surprise, le remplacement de l'ancien chef du matériel, de cet intelligent et obligeant M. Buffet que tout Paris a connu. Son successeur avait bien commandé le nécessaire pour le gouvernement, aussi bien que pour l'état-major du colonel commandant, pour les hommes placés sous ses ordres et pour les employés de permanence qui prenaient aussi leur repas à la Ville. Mais, les fournisseurs habituels, ceux du moins qui approvisionnaient la table principale, ne connaissant pas le nouveau chef du matériel et sa signature, firent défaut. Grand émoi! Le gouvernement s'assemble avec un appétit aiguisé par les députations et les harangues matinales. On s'informe, et on apprend qu'on a destitué M. Buffet, sans le savoir. Aussitôt, sur un coin de la table vide, on rédige un arrêté par lequel M. Buffet est invité à reprendre ses fonctions sur-le-champ. L'arrêté fut promptement exécuté; le déjeuner fut servi, et la république fut restaurée une fois de plus.

Dans tous les temps de révolution, l'Hôtel de ville est toujours devenu une sorte de buvette. Pendant le peu de temps qu'y a passé, en 1830, le général Lafayette, il y donnait à dîner tous les jours. Mais je ne sais, disait-il plaisamment, comment cela se fait, j'invite vingt personnes, il en vient trente ! Il fut obligé de faire faire des *bons* de dîners, et l'on ne pouvait prendre place à sa table qu'en remettant à l'huissier le bon qu'on avait reçu. Seulement, les malheureux bons se vendaient à des prix très-raisonnables sur la place de Grève. Dans ces temps de popularité, le général Lafayette n'avait pas plus de défense contre les parasites que contre les solliciteurs. On enlevait ses dîners comme ses apostilles.

En 1848, on dînait dans toutes les parties de l'Hôtel de ville, même dans les cours, où l'on dressait des tables pour les soldats, selon les saisons, et tout le monde n'imitait pas la réserve des gouvernants. On fumait beaucoup, et j'ai ouï dire qu'il fut consommé pour une soixantaine de mille francs de tabac et de cigares. Je n'ai pu vérifier le fait, cette dépense n'ayant pas fait l'objet d'un article spécial dans le compte de l'année.

CHAPITRE VI

Le maire de Paris et ses attributions dictatoriales. — Antagonisme des deux Préfectures. — Émancipation de M. Caussidière. — M. Armand Marrast. — Les économies cruelles. — On veut réduire les taxes d'octroi; on les aggrave. — La rue de Rivoli. — Législation autoritaire; mais, point d'argent point de travaux.

Que devenait cependant l'administration municipale proprement dite, au milieu de toute cette agitation politique et révolutionnaire? On en avait singulièrement simplifié les rouages essentiels. La Mairie de Paris, telle que semblent l'avoir conçue les restaurateurs de cette institution, était plus qu'un État dans l'État; c'était une dictature dans la dictature. En général, les partisans de la liberté illimitée ne comprennent guère le pouvoir que dans les mêmes conditions, c'est-à-dire, illimité. Le maire de Paris, qui ne dépendait que du gouvernement provisoire [1], était lui-même membre de ce gouvernement, et participait ainsi à l'autorité souveraine qui contrôlait ses actes; il était, par surcroît, préfet de la Seine, ce qui soumettait le Département à la Ville, le contenant au contenu, l'autorité plus générale à l'autorité plus restreinte; il avait également la Préfecture de police sous sa dépendance [2]; le préfet de police était son délégué [3]; il aurait donc eu à diriger, non-seulement la police municipale, mais la police judiciaire et la police politique, qui, à Paris, ne peuvent guère être détachées l'une de l'autre, et dont l'action

[1] Arrêté du 3 mars 1848.
[2] Arrêté du 24 février 1848.
[3] *Moniteur officiel* du 29 février 1848.

s'étendait sur tout le Département, sur plusieurs des communes environnantes, et peut-être, dans certains cas, car rien n'était bien défini, sur tout le territoire de la répupublique. Il n'avait à compter ni avec le Conseil municipal, ni avec le Conseil général, qui furent dissous l'un et l'autre[1] ; il était investi du droit de régler définitivement, en recettes et en dépenses, le budget de la Ville[2], et de prendre toutes les mesures nécessaires pour suppléer le Conseil général, afin d'assurer la marche de tous les services départementaux[3], c'est-à-dire qu'il disposait souverainement des ressources financières de la Ville et du Département.

Un tel fonctionnaire, en l'absence d'une Assemblée nationale, eût été le maître absolu de la commune de Paris et presque de la république entière, si son pouvoir n'avait été limité, un peu par le caractère modéré des deux personnes qui l'exercèrent successivement, M. Garnier Pagès et M. Armand Marrast, mais, surtout, par le défaut absolu de moyens d'exécution. La force publique ne leur appartenait pas de fait. Ils essayèrent bien de se constituer une garde privilégiée, sous le nom de garde républicaine, mais ils n'y réussirent point. La garde républicaine, ou ce qui en tenait lieu, demeura entre les mains de leur rival, bientôt émancipé, le préfet de police ; la force populaire, selon l'expression consacrée, appartenait aux clubs ou au hasard ; la garde nationale n'était pas un instrument d'action, mais une défense extrême, très-chanceuse, très-incertaine, selon les bataillons, et qui ne se montrait, en cas désespéré, que lorsqu'elle se considérait comme attaquée elle-même, ce qu'elle n'avait pas toujours la faculté d'apercevoir. Aussi, ce grand pouvoir du maire de Paris ne fut-il jamais effectif, et rentra-t-il peu à peu, tout en conservant sa nature arbitraire et ses conditions

---

[1] Arrêtés du 27 février 1848 et du 12 mars 1848.
[2] Arrêté du 16 mars 1848.
[3] Arrêté du 12 mars 1848.

d'irrégularité, dans les limites des attributions ordinaires du Préfet de la Seine.

En conséquence des pouvoirs qu'il avait reçus tout d'abord, le maire de Paris délégua, dès le 26 février, l'un de ses adjoints, M. Recurt, près de la Préfecture de la Seine; c'est-à-dire sans doute qu'il le chargea de remplir sous ses ordres les fonctions proprement dites de préfet, comme étant à ses yeux les moins importantes de celles qui lui étaient déférées. Cependant elles étaient en réalité, dans la circonstance politique, les plus considérables : ne comprenaient-elles pas l'organisation de la garde nationale, le recrutement, l'exécution des lois en ce qui concerne les élections pour l'Assemblée constituante, une notable partie des affaires intéressant l'instruction primaire, la grande voirie, les contributions directes, etc. ?

Le maire-préfet déléguait donc, sans s'en douter, la plus grosse part de son autorité. Aussi la mission de M. Recurt fut-elle très-restreinte dans la pratique et ne dura-t-elle pas longtemps. De même, le 29 février, M. Garnier-Pagès avait nommé M. Marc Caussidière comme son délégué provisoire à l'administration de la Préfecture de police [1]. Ceci fut une autre affaire. Le citoyen Caussidière s'était, en fait, passé de cette délégation; il était établi rue de Jérusalem; il y avait, dès le premier jour, ses hommes, ses montagnards;

l'insurrection armée, dont il partageait les passions, était pour lui. Il était le plus fort et sut très-promptement assurer l'indépendance de ses fonctions. Peu de jours après, le maire de Paris fut obligé, en vertu d'un arrêté du gouvernement [2], d'en référer pour toutes les affaires de la police au ministre de l'intérieur, M. Ledru-Rollin, et, en cas de dissentiment, au gouvernement. Dès le jour même, M. Caussidière, dans un avis au public concernant le balayage,

---

[1] *Moniteur universel*, 29 février 1848.
[2] Arrêté du 3 mai 1848.

écartait jusqu'à l'apparence d'une subordination quelconque de son administration à la Mairie de Paris, et prenait le titre de délégué de la république. Sur ces entrefaites, M. Marrast, étant devenu maire de Paris, essaya de faire valoir ses droits sur la police, et il imagina d'en transférer à l'Hôtel de ville l'administration, en tout ou en partie. Après avoir fait préparer les localités, il envoya un de ses chefs de service les moins suspects de manœuvres politiques à son délégué de la rue de Jérusalem pour l'engager à venir prendre connaissance des lieux et à y faire passer tout au moins la partie la plus municipale de son personnel administratif. Mais le chef des montagnards ne s'y laissa pas prendre : « Qu'il vienne chercher les employés qu'il demande », répondit-il, à l'imitation de Léonidas.

Ce fut l'occasion d'un examen définitif du partage des attributions : le 17 mars, M. Caussidière fut nommé préfet de police par un arrêté que signa M. Ledru-Rollin. Le maire de Paris essaya ainsi vainement de reproduire une prétention des préfets de la Seine, ses prédécesseurs, que M. Haussmann seul fit triompher en partie. Il voulait, en laissant au préfet de police tout ce qui concerne la sécurité publique et la poursuite des crimes et délits, ramener à la préfecture de la Seine toutes les attributions qui, dans l'arrêté des Consuls du 12 messidor an VIII, paraissent être une dépendance de ce qu'on appelle aujourd'hui l'édilité. Le départ de ces attributions était difficile à faire ; si l'on ne voulait paralyser l'action de la police, il fallait une étude longue et attentive pour rédiger en ce sens un projet de décret raisonnable ; mais M. Marrast était pressé. Le jour où la question devait se discuter dans une séance du gouvernement provisoire, il donna à un de ses employés supérieurs, M. Husson, trois quarts d'heure pour préparer le décret, à la façon révolutionnaire. Le subordonné, aussi avisé qu'instruit dans la matière, n'eut rien de mieux à faire que de proposer le retour en bloc au maire de Paris des attributions qui, dans la section III de l'arrêté des Consuls, concernent la petite voirie, la propreté de la voie publique, la salubrité, la sûreté du commerce, les taxes et mercuriales, les approvisionnements. Les titres de paragraphes semblent fort clairs ; mais, dans le dispositif, l'action légitime de la police est intimement mêlée à des actes où l'administration proprement dite a la part principale. Dans ces termes généraux, la mesure n'était guère praticable. Aussi, le gouvernement décida-t-il que, pour le présent, la Préfecture de police conserverait les attributions qu'elle exerçait avant février [1], et que l'arrêté si sage de l'an VIII serait remis en pleine vigueur [2].

Ainsi se termina un des curieux épisodes de cette longue guerre des deux Préfectures, sœurs ennemies, qui commença le jour même de leur institution, qui se perpétua, avec des chances diverses de préfet en préfet, et qui probablement dure encore. Ce sera une nouvelle guerre de cent ans.

La plupart des actes administratifs de la Mairie de Paris ont eu pour objet l'exécution des décrets du gouvernement provisoire sur diverses matières touchant aux affaires politiques du moment, telles que l'organisation de la garde nationale, les élections. Ceux qui ont eu un caractère municipal sont en très-petit nombre, presque tous sont demeurés à l'état d'arrêtés, de décisions, de proclamations, non suivis d'effet, ou retirés après de vaines tentatives d'exécution.

C'est la destinée ordinaire des mouvements révolutionnaires de n'avoir de résultats effectifs que pour la destruction. Les choses se sont ainsi passées presque toujours dans la première révolution. Elle a enfanté de beaux discours, de

---

[1] Arrêté du 20 mars 1848.
[2] Arrêté du 29 mars 1848.

savants rapports, de merveilleux projets; mais beaucoup de ces idées générales, touchant l'organisation administrative, les finances, les travaux publics, l'instruction, les beaux-arts, n'ont été réalisées, faute ordinairement de ressources ou d'esprit pratique, qu'après la révolution. Rien ne peut être créé, rien ne peut vivre et se mouvoir que dans l'ordre et la régularité.

Il ne manque pas d'hommes en France qu'on peut appeler modérés, qui ont cependant un goût invincible pour les temps d'agitation et de bouleversement général; non pas qu'ils aiment uniquement le désordre, bien au contraire : l'arrangement et l'organisation symétriques conviennent à leur nature, qui est en partie calme et pondérée; mais, la lutte, le hasard, l'aventure, ont des charmes pour eux. Si une révolution éclate, ils l'ont secondée la veille; le lendemain, on les trouve pour la résistance; ils sont là, apportant leur courage et leur part de bon sens. Ils improvisent sur-le-champ un semblant d'ordre au milieu du désordre; ils font parfois l'un au moyen de l'autre, comme M. Caussidière en avait la prétention. Ces citoyens mériteraient toute reconnaissance, s'ils n'avaient auparavant travaillé à se rendre nécessaires. Ce sont eux qui, par leur vote et leur concours, contribuent à l'invention des mesures de réorganisation et de réparation. Seulement, le tout est frappé de stérilité à cause du milieu où ils se placent, et rien d'utile ne s'exécute qu'après la reconstitution d'un état régulier, et par leurs successeurs.

Ce n'est pas M. Armand Marrast dont j'esquisse ici la figure; je veux parler d'une partie de la population parisienne, et spécialement de plusieurs des personnes qui, même avec désintéressement, ont entouré dès l'abord le gouvernement provisoire. Pour M. Marrast, c'était un ambitieux, plein d'esprit et de ruse, ayant plus d'antipathie pour les agitateurs des clubs que de bravoure contre leurs entreprises; ignorant, mais pénétrant comme un journaliste; l'un des principaux auteurs de la révolution, car il avait rédigé l'espèce d'ordre du jour, publié le 21 février par les journaux de l'opposition, écrit qui fut la cause déterminante de la résistance du gouvernement au banquet et de l'explosion populaire [1]. Conspirateur par goût, mais paresseux par nature; ayant peu d'estime pour la liberté, quand elle n'était pas à son usage, joueur comme un ambitieux qui se donne le plaisir de la lutte, sans déplacement et sans travail, contre le hasard et contre un adversaire; professant un juste dédain pour ses coreligionnaires politiques, il eût été conservateur passionné, aristocrate hautain si, tout d'abord, le hasard de la faveur ou de la naissance l'avait fait ministre. Son action révolutionnaire eût été plus dangereuse encore qu'elle ne le fut s'il avait eu l'audace de ses visées. Le rôle de maire de Paris et celui de président de l'Assemblée nationale, auquel il parvint plus tard, dépassèrent la portée, non de son intelligence, mais de son caractère. Ni le gouverne-

---

[1] La publication de ce factum était préparée par M. Marrast pour le 20; elle fut ajournée de vingt-quatre heures, par suite de ma résistance et de celle de M. Chambolle, rédacteur en chef du *Siècle;* nous voulûmes au moins, l'un et l'autre, en référer aux principaux organisateurs du banquet, et principalement à M. Odilon Barrot, qui était le président du comité. Le lendemain, ces hommes politiques, bien que prévenus par nous et partageant notre avis, étaient absents. M. Marrast en profita pour nous affirmer par écrit, ce qui était inexact, qu'il s'était mis d'accord avec M. Odilon Barrot, et pour nous apprendre, ce qui était vrai, que tous les journaux d'opposition avancée étaient résolus à publier le document controversé. Malgré ces assertions, le *Constitutionnel* aurait persisté dans son refus, si je n'avais trouvé au sein du journal même, de la part de la personne avec laquelle j'avais le plus à compter, l'observation mêlée d'amère raillerie que le *Constitutionnel* allait avoir une rechute de ridicule et encourir de nouveau le reproche de s'être d'abord trop avancé, puis de fausser compagnie au moment décisif. Il y a toujours de petites causes parmi celles qui déterminent les grands effets.

Ces détails n'ont qu'une médiocre importance; ils montrent cependant que, dans le comité du banquet comme dans toute combinaison de divers partis politiques, les chefs ne firent que marcher à la suite, et les modérés se laissèrent entraîner plus loin qu'ils n'auraient voulu. Il n'y a qu'un moyen de rester modéré : c'est de ne jamais entrer en coalition avec les violents.

ment et les auxiliaires modérés qui l'entouraient et dont je parlais tout à l'heure, ni le maire de Paris ne réalisèrent presque rien de viable dans l'ordre administratif.

La première préoccupation de M. Marrast fut la réorganisation du personnel de sa préfecture. Il était maire depuis une vingtaine de jours. Son arrêté, daté du 29 mars, fut donc à peu près improvisé. Le désir d'obtenir quelques diminutions sur les crédits affectés aux traitements en était le motif principal. Le nombre des divisions fut réduit de sept à quatre ; les cadres de deux bureaux furent supprimés. Le tout fut exécutoire trois jours après, c'est-à-dire le 1er avril. Des mesures analogues furent prises ensuite pour étendre la réforme à un assez grand nombre d'agents des services extérieurs. Soixante-dix personnes en tout furent mises à la retraite. Les employés de l'octroi furent l'objet d'une mesure à part. L'arrêté avait annoncé une notable économie. C'est ici que fut surtout la déception. Il ressort, en effet, de la comparaison des comptes de 1847, 1848 et 1849, que, sur une somme de traitements, d'indemnités, de frais fixes, de salaires, qui, en 1847, dépassait deux millions, l'économie réalisée atteignait tout au plus 186,000 fr. Or elle fut immédiatement compensée, pour une très-grande partie, par la subvention additionnelle qu'il fallut inscrire, dès la même année, au budget municipal, afin d'aider la caisse des retraites à payer les arrérages de nouvelles pensions. Cette caisse, dont les ressources normales se composaient du montant des retenues opérées sur les traitements des employés actifs, et du revenu de rentes qu'elle s'était successivement constituées, était au pair en 1848 ; en d'autres termes, elle pouvait satisfaire, avec un appoint insignifiant de 3,000 fr. que lui accordait le conseil municipal, au payement de 150 retraites environ, qu'elle avait annuellement à servir. Les soixante-dix pensions nouvelles, liquidées presque d'un seul coup, changèrent tout cet équilibre, et il fallut, dans l'exercice 1848, un supplément de 8,500 fr. pour les mois à échoir, et, dans l'exercice de 1849, une subvention de 116,000 fr. au lieu de 3,000 fr. pour l'année entière ! Ainsi, on avait brisé, sans profit appréciable, la carrière d'un nombre assez considérable d'employés encore valides et en état de rendre de bons services ; quelques-uns même étaient des hommes tout à fait distingués, comme M. Haudry de Janvry, qui exerça plus tard avec succès les fonctions de chef de division à la Ville, et, ensuite, de secrétaire général des finances. Il eût été facile, je pense, d'obtenir la concentration qu'on prétendait chercher, par des mesures plus efficaces et moins violentes.

La même observation serait applicable à une réforme de même nature qui fut étendue au personnel de l'administration de l'octroi. Ceci m'amène à un autre acte, intéressant bien plus gravement les finances de la Ville, et qui aboutit aussi à un avortement, ou plutôt à un résultat tout contraire à celui qu'on s'était proposé d'atteindre : je veux parler du remaniement des taxes d'octroi.

L'abolition de l'octroi a toujours été la grande thèse de l'opposition parisienne. C'est la seule contribution que paye à Paris la population peu aisée ; elle l'acquitte par fractions imperceptibles, en achetant, selon ses besoins, des denrées de consommation ; elle n'a pas à supporter l'intervention directe du percepteur, qui lui est odieuse. Déjà, dans l'état actuel des impôts, le recouvrement des contributions directes dans Paris, contributions foncière, personnelle et mobilière, des portes et fenêtres et des patentes, ne manque pas de difficultés. Les demandes de décharge, les cotes irrecouvrables sont nombreuses en temps ordinaire ; elles deviennent innombrables en temps de révolution. L'administration financière, malgré sa prudente longanimité, est parfois obligée de recourir à la vente du mobilier des contribuables récalcitrants. Que serait-ce si la population la moins aisée était comprise dans les rôles et s'il lui fallait, à certains moments de l'année, porter de l'argent chez le percepteur? Il ne serait pas possible d'y penser. Et cependant, tout impôt qui n'a pas une très-large base produit peu ; s'il est d'un taux élevé, il devient oppressif à mesure que l'assiette qu'on lui donne est plus étroite ; s'il ne porte que sur une trop petite partie de la Nation, alors même qu'elle passe pour la plus fortunée, il finit par détruire la richesse et tarir la source même du travail. Nous supportons, sans nous en apercevoir, le poids assez considérable de nos vêtements, parce qu'il est réparti sur tout notre corps ; mais, concentrez ce même poids sur un seul membre, il l'accablera et rompra tout l'équilibre de nos forces.

Une contribution comme celle de l'octroi est très-productive, parce que nul n'en est exempt; elle est facilement supportée, parce que la charge en est infiniment subdivisée, et se compense pour chacun au moyen de la proportion qui s'établit d'elle-même entre le prix des denrées imposées et la rémunération de tout travail. C'est donc l'impôt qui convient le mieux à la masse des habitants d'une grande cité. Seulement il ne faut l'établir que selon de certaines conditions : il doit être modéré et sagement réparti entre les matières imposables; il ne doit, autant que possible, frapper que les objets destinés à la consommation intérieure, et non à une transformation après laquelle ils rentrent dans le commerce général ; il ne doit pas avoir pour résultat de protéger la fabrication intérieure d'un produit contre les produits similaires apportés du dehors dans la Ville. En un mot, c'est essentiellement un impôt de consommation, dont l'expéditeur ou le débitant intermédiaire fait l'avance, mais, qui doit être acquitté facilement et définitivement par le consommateur local.

L'octroi est la principale ressource des villes qui y ont

recours, et spécialement de la ville de Paris. En 1847, sur 47,429,921 fr. 70 c. de recettes ordinaires, il comptait pour 34,576,630 fr. 89 c.

Mais les hommes politiques qui, comme les gouvernants de 1848, s'efforcent surtout de plaire à la foule de Paris, qu'ils appellent exclusivement le peuple, pensent lui faire leur cour en lui assurant, par la suppression de l'octroi, le privilége que recherchait l'anciennne aristocratie, de ne payer, ni directement, ni indirectement, aucune espèce de contribution. Exiger tout de l'administration locale : secours, soins, instruction, services publics, garantie du droit de suffrage, armement, accueil de pétitions collectives, soumission à l'émeute, flatteries quotidiennes, le juste et l'injuste, et n'apporter cependant aucune part à la recette municipale, voilà ce que, dans une certaine école parisienne, on appelle droit populaire !

En 1848, on eut donc la velléité d'abolir l'octroi. Seulement, pour effectuer la suppression de tout ou partie de ces sortes de taxes, il faut au moins réaliser deux conditions essentielles : la première c'est que, la taxe une fois disparue, le prix de la denrée diminue du montant du droit ou à peu près ; sans cela on n'a favorisé que les intermédiaires, qui retiennent à leur profit le montant du droit supprimé, et le peuple consommateur n'y a rien gagné ; la seconde, c'est que les finances de la Ville n'en soient point gravement atteintes ; c'est-à-dire que la ressource abandonnée soit remplacée par une autre équivalente. On va voir comment le Gouvernement provisoire essaya de résoudre le problème.

Dès la fin de mars, le Maire de Paris, qu'il y fut ou non invité par ses collègues, annonça à ses principaux employés, dont l'un était depuis longtemps au nombre de ses amis, qu'il s'agissait d'accomplir enfin la grande promesse de l'abolition de l'octroi de Paris, cause de cherté excessive des objets de première nécessité, et, partant, de détresse pour le peuple. Mais, comme le Maire avait la charge de pourvoir, dans l'intérêt de ce même peuple, à de nombreuses dépenses, et, en première ligne, à celles de l'assistance publique, de l'instruction primaire gratuite, de la nourriture et de l'habillement de la Garde nationale et de tout ce que les événements rendaient plus onéreux, en même temps qu'ils déterminaient un énorme abaissement des recettes, il fallait songer immédiatement à créer de nouvelles sources de revenus. Des centimes additionnels sur la contribution personnelle, ou même sur les quatre contributions directes, pensait-il, devaient y suffire. A ce mot, les objections s'élevèrent avec une grande énergie. Le chef de service le plus autorisé par d'anciennes relations [1], ne se jugeant pas suffisamment compétent, supplia M. Marrast de faire venir le directeur des contributions directes, qui ne manqua pas de se récrier et d'exposer tout ce qui vient d'être dit sur la difficulté du recouvrement des impositions directes et sur la facilité relative de la perception de l'octroi.

Ce dernier impôt avait d'ailleurs rapporté, en 1847, près de 35 millions; le principal de la contribution personnelle ne dépassait guère 3 millions et demi; les quatre contributions directes ensemble ne formaient pas un principal sensiblement supérieur à 20 millions; il faudrait donc surimposer les quatre contributions de 175 centimes; c'est-à-dire en tripler presque le montant; et quant à la contribution mobilière, si elle devait supporter seule ce fardeau, il la faudrait décupler et au delà! Le Maire de Paris et, avec lui, le Gouvernement, s'arrêtèrent devant ce simple calcul et commencèrent à considérer que le produit de l'octroi ne serait pas facile à remplacer.

Toutefois, on voulait faire quelque chose. Le 18 avril, on rendit un décret qui, après avoir mis au nombre des pre-

---

[1] M. Trémisot, chef de la division des travaux.

mières préoccupations de la République « la diminution du prix des objets d'alimentation qui peuvent ajouter aux forces physiques des travailleurs, » prononçait l'abolition des droits sur la viande de boucherie, bœuf, vache, veau, mouton. En 1847, l'octroi venait de rapporter, de ce chef, 5,797,768 francs. Pour combler le découvert, le décret promettait : 1° L'institution d'un impôt somptuaire sur les voitures de luxe, sur les chiens et sur les domestiques mâles lorsqu'il y aurait plus d'un domestique mâle attaché à une famille; 2° une taxe spéciale et progressive à établir sur les propriétaires et locataires occupant un loyer de 800 francs et au-dessus. La seule partie sérieuse de ce dispositif était celle qui supprimait le droit sur la viande. Le reste, qui ne fut jamais appliqué et ne pouvait pas l'être efficacement, n'était guère qu'une sorte de proclamation rédigée pour manifester les intentions démocratiques du Gouvernement et appeler sur lui la popularité.

Tout impôt somptuaire est difficile à créer, surtout au milieu du malaise général qui résulte des Révolutions, alors que les bourses se resserrent et que l'argent se réserve. La base d'un tel impôt, s'il est un peu lourd, s'effondre d'elle-même; le luxe, qui tient de la fantaisie et de la mode, change facilement d'objet et se dérobe sous la main du percepteur. Un impôt somptuaire ne peut donc être que léger et d'un faible produit. Quant à la taxe spéciale à frapper sur les propriétaires et sur les locataires, il s'agissait évidemment d'une contribution additionnelle à celles du foncier, du personnel et du mobilier. Les deux réunies, en 1848, formaient un principal total de 11 millions environ. Mais on n'aurait pas dû oublier qu'à Paris une part importante de l'impôt personnel et mobilier, à peu près la moitié, était mise à la charge de l'octroi, ce qui veut dire que les contribuables n'ayant qu'un petit loyer ne peuvent supporter le poids de cet impôt, quelque faible que soit leur cote, et que la Ville prélève, sur le plus considérable de ses revenus, la somme nécessaire pour les en exonérer et pour désintéresser l'État en leur lieu et place. Les choses se passent encore ainsi aujourd'hui. Or, si la contribution mobilière était trop lourde et devait être suppléée en partie par le revenu de l'octroi, comment pouvait-on songer à aggraver cette même contribution pour couvrir précisément le déficit qu'on allait créer dans le revenu de l'octroi? C'était tomber dans un cercle vicieux s'il en fut jamais. Il est vrai qu'il s'agissait d'accabler seulement une partie des locataires et des propriétaires, ceux qu'on appelait les riches, au nombre desquels on comprenait les locataires à 800 francs de loyer! On essayait d'oublier aussi que les revenus fonciers comme les autres étaient fort diminués, que tous les contribuables menacés avaient déjà à payer, outre les centimes additionnels ordinaires, 45 centimes pour les frais de la révolution, et que les conséquences du décret du 18 avril, faisant porter la nouvelle taxe sur la moitié probablement du montant des deux contributions, seraient d'ajouter, en moyenne, une centaine de centimes à la charge des contribuables. On retombait évidemment dans les iniquités et dans les impossibilités dont la perspective avait empêché, dès l'abord, la suppression générale de l'octroi. Il fallut s'y prendre d'autre sorte.

Une semaine après, le 24 avril, on entra dans une voie moins populaire, mais plus pratique. On chercha de nouveaux revenus dans l'octroi même. Un certain nombre de denrées, telles que le beurre, les œufs, la volaille, le gibier, le poisson d'eau douce ou de mer n'étaient pas imposées à l'entrée dans Paris. Elles acquittaient seulement, lorsqu'elles étaient vendues sur les marchés municipaux, un droit proportionnel au prix de vente. Ce droit, perçu pour le compte de la Ville par les facteurs intermédiaires de transactions, ne représentait, dans les termes des lois et règlements, qu'un prix de location et d'abri; mais, en réalité, il était un impôt de consommation, parce que le produit qu'en retirait la Caisse municipale excédait la valeur du service rendu et des avances faites [1]. Or, les mêmes espèces de denrées qui, au lieu d'être transportées et vendues sur le carreau des halles, allaient directement chez les marchands ou chez les particuliers, ne payaient aucune taxe, ce qui constituait une prime en faveur des marchandises transportées ainsi directement à domicile qui étaient presque toujours d'une qualité supérieure.

On le fit remarquer au Maire de Paris, qui demandait à tous les échos de son administration la découverte de sources nouvelles de recettes; il s'empressa d'en faire l'objet d'un décret que signa le Gouvernement. le 24 avril. Ce décret soumettait à la taxe d'octroi tous ces objets, à l'exception des œufs, en rehaussant même le tarif pour quelques denrées de luxe, telles que les truffes, les pâtés, les homards, les écrevisses, etc., déjà imposées. Le produit fut de 222,675 francs pour huit mois de l'exercice 1848; il atteignit 547,317 fr. 42 c. en 1849. On était cependant bien loin de compte, puisqu'il s'agissait de remplacer les 5,800,000 fran que coûtait l'abolition des droits sur la viande. Aussi, le même jour, comme on se repentait du sacrifice peu réfléchi qu'on venait de faire, on s'arrangea pour en reprendre adroitement une partie. Voici par quel moyen :

Jusqu'en 1846, deux droits de consommation avaient frappé simultanément, au profit de la Ville, les bestiaux introduits dans Paris : un droit d'entrée, qui se payait à la barrière, et un autre droit analogue qui était perçu par la caisse de Poissy sur le marché aux bestiaux [2]. La caisse de Poissy était une institution ancienne et ingénieuse qui avait eu pour but, dans l'origine, de favoriser l'approvisionne-

---

[1] En 1847, cette perception avait produit 1,629,657 francs 62 cent.

[2] Je ne mentionne pas ici le droit d'abatage qui était acquitté dans les abattoirs avant la sortie de la viande, mais qui avait le caractère d'une rémunération pour un service rendu, et non, d'un impôt.

ment, en garantissant aux herbagers, aux marchands forains, le payement exact du montant de leur vente. Elle faisait, en conséquence, aux bouchers parisiens, les avances nécessaires pour le solde au comptant de toutes leurs acquisitions en viande sur pied. Ils avaient chacun leur compte courant; il payaient à 5 pour 100 l'intérêt des sommes avancées, et, pour les effets en retard, ils étaient redevables, en outre des intérêts, d'une commission fixe de 1/2 pour 100. Mais, c'était là un service à part avec lequel n'avait rien de commun la perception municipale, que la Caisse opérait sur le marché. Cette dernière taxe, aussi bien que celle qui était payable à l'octroi, avaient été imposées par tête de bétail. En 1846, elles furent confondues en une seule et transformées en un droit proportionnel au poids des animaux. La caisse de Poissy n'intervint plus dans la perception, qui fut faite tout entière par l'octroi.

Or, en 1848, on imagina de restaurer l'ancien droit de consommation par tête de bétail et de le faire recueillir de nouveau par la caisse de Poissy, sous le prétexte, nullement fondé comme on vient de le voir, qu'il était la représentation d'un service rendu par cette caisse aux bouchers. On le diminua seulement d'un cinquième et on en changea le nom; on l'appela droit de commission.

Tout cela était alors difficile à comprendre par le public, comme cela est encore aujourd'hui difficile à expliquer brièvement et clairement. Grâce à cette obscurité et au changement d'étiquette du droit, on espérait échapper à toutes les critiques. La conséquence était qu'on devait rentrer, d'après les produits de 1847, dans une somme de 1,066,251 fr. 29 c., défalcation faite d'une certaine autre diminution qu'on décrétait sur le droit d'abatage.

Mais on oscillait sans cesse, faute de résolution, entre les concessions demandées par les adversaires de l'impôt et les nécessités démontrées du budget municipal. Le même jour, 24 avril, on abolissait, dans l'intérêt des « travailleurs, » toute taxe sur la viande fraîche de porc et la charcuterie. Cette nouvelle perte se chiffrait, en prenant toujours pour base les produits de 1847, par une somme de 1,010,823 fr. 70 c. Il n'y avait donc jusqu'alors rien de gagné : les bœufs, les veaux et les moutons payaient pour les porcs. Les consommateurs, comme on le verra plus tard, ne s'apercevaient, ni dans un sens ni dans l'autre, de toutes ces variations. Seulement, les bouchers de Paris, qui avaient fort bien apprécié l'avantage de la réduction des droits, ne s'accommodèrent point aisément du retour offensif qu'avait opéré contre eux la Ville par l'entremise de la caisse de Poissy, et, le 3 mai, on fit encore un décret pour abaisser à peu près de moitié le droit de commission restauré une semaine auparavant. On changeait tous les huit jours de système, en se débattant vainement sous des concessions ruineuses et on n'aboutissait qu'au déficit. Le 17 juin, il en fallut faire l'aveu en formulant un quatrième ou un cinquième décret sur la même matière. Il était motivé comme il suit :

« Considérant que les ressources financières de la Ville de Paris ne sont pas en rapport avec les charges qui pèsent sur elle ;

» Considérant que le moyen le plus efficace de mettre cette ville en état de satisfaire à ses dépenses, même ordinaires, est d'augmenter le tarif annuel de son octroi..... »

En conséquence, un tarif supplémentaire comprenait : 1° Par assimilation, dans les catégories d'objets imposés, un certain nombre d'espèces qui, faute de définition précise, échappaient aux droits ; 2° des objets nouveaux tels que les oranges, les citrons, les fruits conservés ou confits, les marrons, les châtaignes, la glace à rafraîchir, et, ce qui était d'une grande importance, le sucre, les métaux les plus usuels, quelle que fût leur destination, le fer, le cuivre et le zinc.

En même temps, un second décime extraordinaire était

établi sur toutes les taxes d'octroi, à l'exception des boissons. Ce régime ne dura que jusqu'au 30 août. Deux faits, qu'il était facile de prévoir, se manifestaient avec une éclatante évidence : en premier lieu, l'abolition des droits sur la viande de boucherie et de charcuterie ne fit pas diminuer d'un centime le prix de la denrée vendue au consommateur. Il est vrai que la réduction du droit n'avait pas été calculée avec assez de prévoyance. Elle ne représentait que 0 fr. 098, à peu près, par kilogramme, ce qui ne permettait pas d'opérer dans la vente au détail une diminution sur le prix, correspondant à 5 centimes par demi-kilogramme; mais il eût été facile aux bouchers de réduire les prix de vente seulement sur la seconde catégorie de viande et de faire profiter ainsi les consommateurs les moins aisés d'un peu plus de la totalité de l'abaissement du droit. Il n'en fut rien. Le boni resta probablement tout entier entre les mains des intermédiaires. « L'alimentation essentiellement populaire qui devait ajouter aux forces physiques des travailleurs » n'avait pas baissé de prix, et les ressources municipales s'étaient ainsi amoindries de plusieurs millions en pure perte. En second lieu, les nouveaux objets qu'on avait fait entrer d'autorité dans le tarif du 17 juin, sans enquête suffisante et presque sans étude préalable, ou ne rapportaient rien, ou se refusaient à l'impôt, parce qu'on avait négligé, principalement, en ce qui concerne les métaux, de distinguer, d'après leur emploi, ceux qui étaient véritablement imposables de ceux qui ne pouvaient l'être sans troubler le commerce, sans entraver les industries, sans encourager la fraude. A la fin, de nouveaux décrets, du 30 août, du 9 septembre et un arrêté du 12 octobre rétablirent franchement l'ancien état de choses, en ce sens que les droits sur la viande et sur la charcuterie furent purement et simplement remis en vigueur et que l'on fit sortir du tarif le fer, le cuivre, le zinc, le sucre, la glace, les oranges, les marrons, les fruits conservés, etc.

On se contenta de maintenir, en les remaniant, les augmentations et les assimilations de droits, et surtout les taxes d'entrées appliquées le 24 avril aux denrées directement expédiées à domicile. Enfin, le double décime fut également consolidé.

Ainsi, on avait, pendant plusieurs mois, fatigué le public par toutes sortes de combinaisons différentes essayées sans succès. On avait, en pleine contradiction avec soi-même, proclamé que l'octroi était la ressource essentielle des villes ; bien plus, on avait fini, sous l'empire de la nécessité, par augmenter les droits qu'on s'était proposé d'abord d'abolir. La seconde République faisait comme la première qui, après avoir aussi procédé en ce genre par suppression et avoir poussé l'opiniâtreté jusqu'à ruiner la ville de Paris et à l'amener à deux doigts de la banqueroute, avait, à la fin, de guerre lasse, rétabli solennellement l'impôt de l'octroi.

Ce n'est pas la seule tentative impuissante d'innovation qui ait été faite par l'Administration municipale en 1848. En ce qui concerne les boissons, on décréta une réforme bien des fois étudiée par tous les Gouvernements, discutée par maint orateur et par maint publiciste, à savoir : la proportionnalité de la taxe, relativement à la qualité et à la valeur vénale des vins. Après un préambule foudroyant contre le droit d'octroi portant uniquement sur la quantité introduite, le décret ordonnait au « Ministre des finances et au Maire de Paris de présenter un règlement basé sur le principe d'égalité proportionnelle proclamé plus haut, et ayant pour objet de mettre à la portée des travailleurs une boisson saine et fortifiante, et de punir, des peines les plus sévères, toute fraude qui en dénaturerait la qualité. » Cependant, il est à peine besoin de dire que les deux fonctionnaires interpellés ne présentèrent jamais ce projet de règlement, faute d'avoir découvert, plus que leurs prédécesseurs, le moyen pratique, pour les employés de l'octroi, d'apprécier avec une suffisante exactitude la qualité et la valeur du vin qu'on leur présente et de ne pas laisser une trop large part à la fraude. Aucun instrument ne peut distinguer entre les vins délicats que produit la France; aucun dégustateur ne le peut faire sans tomber promptement dans l'ivresse, ou du moins sans que la justesse de son goût ne soit rapidement faussée; aucun procédé réglementaire n'a encore été découvert pour échapper à toute confusion entre des vins de provenances souvent très-voisines et dont le prix diffère énormément selon le terrain, l'année, la façon, l'âge et mille circonstances diverses qui égarent les plus subtils connaisseurs; ainsi qu'on voit les amateurs de tableaux hésiter parfois, devant les ruses d'un brocanteur, entre l'œuvre d'un maître et la copie d'un élève.

Rien n'est plus habituel aux Gouvernements révolutionnaires et plus fait pour ruiner le respect de la loi, que cette législation déclamatoire, ces décrets promettants et compromettants, qui jettent au public des déclarations de principes, des annonces de réformes et qui ne sauraient aboutir.

En matière de travaux publics, les actes de l'Administration municipale témoignèrent naturellement de plus de bonne volonté que de puissance effective. On aurait voulu créer, par des travaux publics, des ateliers multipliés de démolitions et de reconstructions, qui eussent eu pour effet de ramener au travail les ouvriers capables appartenant aux très-nombreuses industries qui se rattachent au bâtiment. La pensée était juste. Il fallait à tout prix dissoudre cette armée des ateliers nationaux, qui comprenait une partie de la Garde nationale, qui se perpétuait dans l'oisiveté soldée par l'État, et que des agitateurs préparaient pour l'insurrection.

Dans ce but, on chercha quelque grand projet d'utilité publique déjà conçu depuis longtemps, qui pût frapper les imaginations, satisfaire l'orgueil parisien et exciter l'esprit d'entreprise. On songea au prolongement de la rue de Rivoli, et, le 3 mai, on en déclara par un décret l'utilité publique. Il est à peine besoin de dire que ce décret ne fut point exécuté et que c'est en vertu d'autres prescriptions législatives et administratives que, plus tard, la rue de Rivoli a été prolongée. La Mairie de Paris n'eut ni le temps ni les fonds nécessaires pour entamer une pareille opération. Elle était bien loin de suffire d'ailleurs à la dissolution des ateliers nationaux, qui ne fut effectuée que par l'effroyable guerre civile des journées de juin.

Mais le décret relatif au prolongement de la rue de Rivoli est intéressant à examiner en lui-même : d'un côté, il porte l'empreinte dictatoriale du temps ; de l'autre, il est un précédent dont nous verrons plus tard les conséquences. D'abord, il contient la déclaration d'utilité publique d'un projet qui n'avait pas été soumis à l'enquête préalable prescrite par la loi du 3 mai 1841, relative à l'expropriation. Cette loi exige deux enquêtes : premièrement, celle qui porte précisément sur l'utilité de l'entreprise projetée, et qui doit, comme le bon sens l'indique, en éclairer et en précéder la déclaration. L'acte déclaratif ne peut pas être rendu avant qu'on ait recueilli les observations qui peuvent le faire reconnaître comme erroné, inopportun ou inexécutable. Il n'y a pas de dictature, si révolutionnaire qu'elle soit, qui puisse dispenser de cette information. Secondement, l'enquête qui s'ouvre sur le plan parcellaire, c'est-à-dire sur le plan détaillé portant l'indication de tous les immeubles ou portions d'immeubles à exproprier, et qui met les propriétaires, les locataires, etc., en mesure de faire valoir leurs intérêts particuliers. C'est de la première de ces enquêtes que se passait le décret, qui prescrivait seulement, dans son article 4, l'observation des formes tracées par la loi de 1841, pour la poursuite des expropriations. On s'aperçut après coup de la singulière illégalité qu'on avait commise, et, le 9 juin suivant, l'enquête oubliée fut ouverte. L'insurrection de juin éclata avant l'expiration des délais indiqués pour l'accomplissement de cette opération.

D'autres dispositions du décret du 3 mai, sont encore plus dignes de remarque. La loi de 1841 veut[1] que, « si les terrains acquis pour des travaux d'utilité publique ne reçoivent pas cette destination, les anciens propriétaires ou leurs ayants droit, puissent en demander la remise. » En termes généraux, c'était un principe pour les jurisconsultes, que les surfaces qui ne devaient point être affectées à l'usage public, ne pussent être expropriées contre la volonté des propriétaires, et que l'alignement même de la rue fût la limite des droits respectifs. C'est conformément à cette règle que la rue de Rambuteau avait été récemment ouverte. La Ville, à cette époque, craignait beaucoup plus de prendre trop de terrain que de n'en pas prendre assez. Aussi, à moins d'y être contrainte par les propriétaires eux-mêmes, en vertu d'un autre article de la loi[2], elle avait eu soin de laisser à chacun les plus petites parcelles disponibles, si peu profondes qu'elles fussent. De là, sortirent, dans cette rue, d'étranges constructions pour la mise en valeur des rognures délaissées par la Ville.

Les employés intelligents de l'ancienne administration de M. de Rambuteau, qui entouraient M. Marrast, avaient une tendance naturelle à se servir du pouvoir absolu que la Révolution avait passagèrement constitué, pour arranger la législation au mieux des services dont ils étaient chargés, et ils inspirèrent au Maire de Paris d'insérer dans le décret du 3 mai un article 3 ainsi conçu : « La ville de Paris est autorisée à acquérir en totalité toutes les propriétés qui seront atteintes par le percement, et à revendre les portions

---

[1] Article 60.
[2] Article 50.

qui resteront en dehors des alignements, en les lotissant pour la construction de maisons d'habitation bien aérées. » Ce petit article contenait une énorme innovation : il étendait le caractère légal de l'utilité publique bien au delà des limites posées par la loi de 1841. Il ne s'agissait plus seulement de l'intérêt de la circulation et de la création d'une voie publique, il s'agissait, en outre, du meilleur lotissement des futures propriétés riveraines et de l'aération des habitations. L'article allait plus loin encore dans ses effets : il comprenait dans l'emprise autorisée, toute propriété touchée, quelle qu'en fût la surface et l'immense étendue, alors même qu'il aurait pu rester au propriétaire tout l'espace nécessaire pour y bâtir les maisons les mieux aérées.

La rédaction, improvisée sans doute, comme tout ce qui se faisait à cette époque, péchait évidemment dans la forme et dépassait l'intention même de ses auteurs ; mais elle posait un principe nouveau qui, spécialement appliqué à la rue de Rivoli dans le décret de 1848, reçut, en 1852, une application générale. Pour encourager mieux encore les capitalistes à entreprendre sur-le-champ des constructions nouvelles le long de la rue de Rivoli, le décret affranchissait les maisons qui y seraient élevées de la contribution foncière et de celle des portes et fenêtres pendant sept années, à partir de la promulgation du décret. Enfin, comme la Ville manquait d'argent pour payer les indemnités, on l'autorisait à émettre en cinq ans, jusqu'à concurrence de neuf millions d'obligations municipales, remboursables par annuités.

Tout cela était écrit, proclamé, commenté par les journaux, mais, vain. A ce moment de l'année 1848, aucun capital ne se serait aventuré à s'échanger contre des obligations municipales ou à s'engager dans des travaux productifs à long terme, comme la construction de maisons à gros loyers.

CHAPITRE VII

La première Commission municipale. — Compte rendu de M. Marrast. — Sa démission. — Les appartements en état de dégradation. — L'administration en désarroi.

Après cette analyse des principaux actes de la Mairie de Paris, qui ont eu quelque influence sur l'administration ultérieure de la Ville, il serait superflu de rappeler des faits de détail sans aucune importance réelle. Les événements se précipitèrent et emportèrent rapidement tout ce que la Révolution avait créé d'anormal à l'Hôtel de ville; le Gouvernement provisoire avait disparu devant l'Assemblée; la Mairie de Paris ne survécut pas longtemps aux journées de juin. Dès le 4 juillet, une Commission municipale et départementale fut nommée pour remplir les fonctions de l'ancien Conseil municipal et de l'ancien Conseil général. On n'eut pas recours à l'élection; il eût fallu appeler le suffrage universel à réorganiser ces Conseils. L'Assemblée constituante et le Gouvernement du général Cavaignac, jugèrent l'entreprise trop hasardeuse. On craignit de restaurer l'ancienne Commune de Paris, de sinistre mémoire, ou plutôt, de laisser se constituer, à côté de la représentation générale du pays, une Assemblée exclusivement parisienne, choisie tout entière dans une même opinion, qui, au moindre ébranlement de l'édifice politique incomplétement assis, se portât la rivale de la grande Assemblée, se mît à la tête de quelque mouvement et prétendît gouverner la France.

On se reportait à quelques mois en arrière : on n'avait pas oublié que, le 24 février, une douzaine de conseillers municipaux s'étaient réunis sur une convocation qui avait été adressée par quelques-uns d'entre eux, spontanément, c'est-à-dire illégalement [1], à tous les membres du Conseil municipal, au moment même où s'accomplissait la Révolution. Cette petite réunion avait essayé de tenir séance, même après que la foule eût envahi la salle des délibérations. On avait lu l'acte d'abdication du roi; plusieurs conseillers avaient pris la parole; on avait rédigé une proclamation au peuple; on ne s'était séparé qu'à cause du tumulte effroyable dont la salle et l'Hôtel de ville tout entier étaient remplis. Et cependant, les auteurs de ces actes illégaux étaient des hommes modérés, choisis par des électeurs censitaires, à 200 francs; ils s'étaient d'abord adressés pour demander leur convocation à M. de Rambuteau et auraient dû trouver un avertissement dans son refus. Leur tentative d'intervention, au milieu de la Révolution qui suivait son cours, n'eut pas de suite et n'en pouvait avoir. Ils avaient en général trop de modération pour tenir un rôle dans la circonstance; ils n'avaient point d'influence sur la multitude, qui n'avait pris aucune part à leur élection et ne les reconnaissait pas pour ses chefs. Mais, supposez une Assemblée municipale, composée, même en minorité, d'agitateurs, de membres des clubs et des sociétés secrètes, de députés radicaux, de représentants des doctrines socialistes, la base du Gouvernement révolutionnaire était toute faite : les membres de la majorité relativement modérés auraient, suivant l'usage, ou obéi aux violents par timidité, ou quitté le terrain de l'action, par dignité ou par impuissance. Dans tous les cas, l'Assemblée prenait l'autorité dès le début, se donnait des chefs, organisait son armée, et envoyait au nom de Paris des ordres à la France. Au lieu d'un Gouvernement essentiellement provisoire dont les membres

---

[1] Loi du 20 avril 1834, article 15 : le Conseil municipal ne s'assemble que sur la convocation du Préfet de la Seine.

divisés n'avaient, chacun, d'autre mandat que celui qu'ils s'étaient donné, il y avait une Commune toute élue, se considérant comme légitime et définitive. La Révolution eût été prolongée, et, si les provinces eussent résisté à la tyrannie parisienne, la guerre civile eût été plus terrible, la victoire de l'ordre et de la France eût été plus chèrement achetée.

Par cet exemple, peut-être, et par d'autres considérations du même ordre, on ne confia point la nomination du nouveau Conseil municipal aux électeurs. Le général Cavaignac en fut chargé. Il désigna par deux arrêts successifs [1] :

MM.	Littré.
Arago.	Liouville.
Benazé.	Lejemptel.
Berger.	Ph. Lebas.
Bixio.	Moreau (de la Seine).
Boissel.	Ernest Moreau.
Boulatignier.	Outin.
Bourdon.	Péan.
Boulay (de la Meurthe).	Perdonnet.
Buchez.	Ferdinand de Lasteyrie.
Buisson.	Pelouze.
Chevalier.	Peupin.
Chevallon.	Ramond de la Croisette.
Considérant.	Riant.
Delestre.	Horace Say.
Dupérier.	Ségalas.
Duvergier.	Mortimer-Ternaux.
Froussard.	Ed. Thayer.
Galis.	Thierry.
Guinard.	Tronchon.
Labélonye.	Vaulabelle.
Lanquetin.	Vavin.

[1] 4 juillet, 10 juillet 1848.

A quelques jours de là, M. Berger ayant donné sa démission, fut remplacé par M. Flon, pharmacien; de même, MM. Vaulabelle, Perdonnet, Liouville et Littré, eurent pour successeurs MM. Dumont, Audiat, Manceaux et Martelet. Cette commission était en majorité convenablement composée; elle l'avait été, sur la proposition de M. Marrast, et après avis de M. Arago. Elle renfermait douze ou treize des membres de l'ancien Conseil, naturellement, ceux que l'on pouvait considérer comme des républicains d'ancienne date, et ceux qui avaient manifesté leur opposition au Gouvernement déchu. Les autres étaient, en assez grand nombre, des républicains modérés, pour les circonstances; plusieurs avaient pris une part récente à la lutte contre le désordre. A côté d'eux, il est vrai, se trouvaient des esprits faux et violents, dont l'influence pouvait, dans des occasions données, devenir dangereuse pour la paix publique; mais ils étaient alors enveloppés dans le courant universel de réaction qu'avait fait naître la guerre civile. Si une telle commission commettait des fautes, elle n'aurait du moins ni le prétexte, ni l'appui d'un mandat impératif; elle n'avait de lien électoral avec aucun quartier, avec aucun groupe politique; elle ne pouvait trouver de force que dans le savoir, l'indépendance, les convictions personnelles de ses membres; dans leur appréciation des exigences légitimes de l'opinion générale.

Cette assemblée fut convoquée, pour la première fois, le mercredi 12 juillet; elle choisit M. Arago pour président. Le Maire de Paris ouvrit la séance par un exposé très-étudié de son administration et des desseins qu'il avait conçus. C'était comme une longue excuse de tant d'autorité exercée pour si peu de résultat. Il faisait valoir les difficultés des circonstances : « L'Hôtel de ville, disait-il, a été le point de mire de l'anarchie, un lieu de rassemblements, d'émeutes et de combats, une atelier de charité[1], une caserne, une ambulance, tout, excepté l'asile abrité d'une magistrature municipale occupée des intérêts paisibles et réguliers de la cité. »

Il ne dissimulait pas que la suppression du droit d'octroi sur la viande n'avait pas répondu, par ses effets, à l'espoir qu'on avait entretenu d'amener une diminution du prix de la denrée vendue au détail; il avouait que les promesses faites pour la réforme de l'octroi sur le vin avaient été reconnues comme étant d'une réalisation impossible. Quant aux droits sur les métaux, dont se plaignaient très-vivement les fabricants gênés dans leurs industries, il en maintenait la convenance et la justice, et mettait en avant une théorie qui a été, depuis, reproduite et très-vivement controversée : selon M. Marrast, il n'était pas bon qu'une capitale comme Paris fût principalement manufacturière. Il distinguait, à ce propos, deux sortes d'industries : les unes sont celles de la grande fabrication, et particulièrement celles qu'on désigne vulgairement sous le nom d'industries à marteau, qui produisent des objets usuels, au meilleur marché possible, avec le concours d'un grand nombre d'ouvriers, réunis en ateliers; les autres sont celles que le luxe alimente et que l'art dirige, et qui ont pour but bien plutôt la perfection que la quantité ou le bas prix des produits. Les premières, pensait le Maire de Paris, peuvent être éloignées de la ville sans inconvénient réel, et même avec avantage; les secondes, au contraire, ne peuvent, il est vrai, s'exercer utilement qu'à Paris, parce qu'elles y trouvent à la fois les modèles exquis, les traditions du goût, les ouvriers habiles et l'affluence des acheteurs. Mais, pour celles-ci, la main-d'œuvre tient une si grande place dans la fabrication, et, par conséquent, dans le prix de l'objet manufacturé, qu'un faible droit sur la matière première doit être à peu près indifférent. Nonobstant ces considérations, les réclamations étaient aussi pressantes qu'unanimes.

[1] Le Maire de Paris voulait dire : un atelier de confection de vêtements pour la Garde nationale.

Le Maire de Paris annonçait ensuite l'intention, que l'état des finances municipales n'avait pas encore permis de réaliser, de créer et d'agrandir beaucoup d'écoles, afin qu'elles pussent recueillir toute la population scolaire. Sur quatre-vingt-quatre mille enfants et adultes appelés à les fréquenter, il en comptait quarante-cinq mille qui ne pouvaient encore trouver place dans les établissements existants; il évaluait la dépense à onze millions.

Enfin, M. Marrast entretenait ses conseillers de diverses entreprises de travaux publics projetés pour l'agrandissement et l'isolement des halles, selon les plans adoptés par M. de Rambuteau, pour le prolongement de la rue de Rivoli, pour l'ouverture de la rue de Lyon, pour la construction de réservoirs, etc., etc.

C'était un adieu que cette communication. D'une part, M. Marrast déjà vice-président de l'Assemblée nationale, entrevoyait la présidence; d'autre part, il comprenait fort bien que la Mairie de Paris avait fait son temps, et qu'il était urgent de restaurer la Préfecture de la Seine, dans la modestie et dans la précision de ses attributions légales. Il donna sa démission le 19 juillet et eut pour successeur, comme Préfet de la Seine, M. Trouvé-Chauvel, qui avait depuis deux mois remplacé M. Caussidière à la Préfecture de Police. Le 27 octobre, M. Recurt succéda à M. Trouvé-Chauvel. Ce furent, pour ainsi dire, deux intérim.

Enfin, la constitution nouvelle ayant été votée par l'Assemblée nationale et ayant reçu son application, le prince Louis Napoléon fut nommé président de la République, et l'un des premiers actes de son Gouvernement fut d'achever la réorganisation de l'Administration municipale de Paris. Il confia la Préfecture de la Seine à M. Berger, ancien député, actuellement représentant du peuple, qui avait récemment refusé d'entrer au Conseil municipal pour demeurer Maire du IIe arrondissement. M. Berger, avait pour secrétaire général

M. Edmond Adam, qui avait déjà depuis quelques mois échangé pour ces fonctions son ancien titre d'adjoint au Maire de Paris. M. le colonel Rébillot fut en même temps nommé Préfet de Police. Ainsi se terminait, pour l'Hôtel de ville, cette année 1848, qui y avait pendant dix mois suspendu l'administration régulière et fait régner les tumultes et l'arbitraire changeant des Révolutions. Il en resta des traces profondes, et dans l'Hôtel même, et dans l'administration, et surtout, comme nous allons le voir, dans les finances.

Ce palais magnifique, disposé en grande partie pour des fêtes et non encore achevé, avait bien des dégradations et des souillures. La restauration de la salle du Trône et du beffroi, qui penchait déjà, avait été interrompue; les appartements du Préfet avaient subi, dans leur aménagement intérieur, beaucoup de dommages lors des diverses invasions de l'émeute. La salle des Fêtes était, d'un côté, coupée par des cloisons en planches; de l'autre côté, occupée depuis les journées de juin par des troupes d'infanterie, aussi bien que d'autres localités de l'Hôtel de ville. Les parois de la salle étaient, depuis février, entamées par des coups de crosse et de baïonnette, salies de boue, de poudre, de vin, semées de clous qui supportaient les fournimenrs. Dans la salle Saint-Jean c'était pis encore : les sculptures des grands vestibules étaient calcinées par la chaleur et la fumée des feux de bivouac. Dans une partie du rez-de-chaussée de la façade, au-dessous des salons du Roi, était installé un état-major qui commandait les troupes distribuées dans le palais et dans le quartier environnant. Les salons n'avaient plus qu'un mobilier incomplet ou en désordre; çà et là se remarquaient des taches de sang : dans le salon d'attente, c'était celui du général Négrier, cet héroïque et noble soldat qu'on avait apporté mort et qu'on avait couché sur un divan; dans l'appartement du Préfet, on avait pansé le général Bedeau, qui avait eu la cuisse frappée par une balle; ailleurs, le général Duvivier, l'organisateur de cette brillante Garde mobile, dont il avait enflammé le jeune courage pour la défense de l'ordre, avait été apporté atteint du coup dont il devait mourir. La même ambulance, selon l'expression de M. Marrast, avait reçu le spirituel et brave M. Bixio, qui, le corps traversé d'une balle, narguait la mort, à laquelle disait-il, il était sûr d'échapper, parce qu'en recevant la blessure, il avait fait non pas un seul tour sur lui-même, mais un tour et demi, ce qui était un bien plus favorable indice.

Quant à l'administration même, le personnel, cruellement réduit, attendait quelque juste réparation ; la tradition brisée, malgré les bonnes intentions du Maire de Paris, avait besoin d'être renouée. Les travaux publics, objet des desseins de M. de Rambuteau, hardis pour le temps, et des aspirations du Gouvernement révolutionnaire demeurées impuissantes, préoccupaient tous les esprits ; c'était un des griefs les plus vifs de l'honnête partie de la population parisienne contre la Révolution de février, que l'interruption de ces grandes entreprises qui devaient donner à la capitale un aspect nouveau et continuer l'exécution de ce qu'avait jadis conçu Napoléon Ier, alors si populaire, pour l'embellissement de la cité. Chacun sentait qu'il y avait quelque chose d'urgent dans la reprise vigoureuse de ces travaux afin d'employer utilement l'activité, trop longtemps désordonnée, de la population ouvrière, d'imprimer une direction utile aux esprits, de ranimer toutes les industries, et, en même temps, de mettre la Ville en état de recevoir les flots de visiteurs et le courant de circulation que devaient lui amener bientôt l'achèvement des chemins de fer et le retour de la prospérité publique. Tels étaient les premiers devoirs qui s'imposaient à la nouvelle Administration municipale ; mais il fallait d'abord qu'elle mesurât les ressources qu'on lui avait laissées.

LIVRE DEUXIÈME

CHAPITRE PREMIER

M. Berger, Préfet de la Seine. — Son rôle dans l'ancien tiers-parti. — Batailles électorales autour de son nom. — Ses questions indiscrètes au comité du Banquet. — La bourgeoisie parisienne lui est favorable. — Son chef de cabinet. — Le secrétaire général de sa Préfecture.

Le nouveau Préfet avait été nommé dans des circonstances qu'il importe de ne pas oublier.

Lorsque le prince Louis-Napoléon Bonaparte avait pris possession de la présidence de la République, après le vote du 10 décembre 1848, il avait senti naturellement le besoin de se mettre d'accord avec la majorité de l'Assemblée nationale, qui était encore en possession du pouvoir souverain.

Cette majorité comptait à sa tête quelques hommes qui avaient, dans des camps opposés, joué un rôle considérable sous la monarchie, dont ils avaient contribué à précipiter la chute par leur divisions; mais le péril public venait de les réunir. Tous les hommes d'État qui avaient servi en première ligne le Gouvernement tombé n'avaient pas été portés par les électeurs à l'Assemblée nationale; le suffrage universel, quoique inspiré par un sentiment manifeste de réaction contre la Révolution, avait tout d'abord donné ses préférences à ceux des anciens chefs de parti qui montraient le moins d'antipathie pour le Gouvernement existant, c'est-à-dire à ceux dont l'esprit souple, délié, sceptique, ou conciliant devait s'accommoder le mieux aux circonstances, et qui avaient assez de patience et d'entente des compromis pour manœuvrer au milieu de la tourmente et marcher vers le rétablissement de l'ordre, en divisant la difficulté. C'étaient, en première ligne, M. Thiers, cette intelligence si pénétrante, si habile à mesurer les chances de succès pour ses idées, dans toute situation donnée, si fertile en expédients, si savant pour réunir ou pour séparer les hommes, à son gré, au sein d'une assemblée politique; M. le comte Molé, se plaisant à jouer le rôle de modérateur, regardant toute chose plutôt de près que de haut, inclinant volontiers vers les transactions de la pratique; M. Berryer, grand orateur, passionné moins au fond qu'en apparence, parlant noblement des grands principes, mais nullement doctrinaire ni d'esprit ni de conduite; M. Odilon Barrot, avec un penchant marqué pour les thèses absolues et beaucoup de répugnance pour les actes extrêmes, très-indulgent dans le détail, envers les hommes et les partis, pourvu qu'on lui passât ses généralités favorites. Autour de ces chefs se groupaient d'anciens ministres pleins d'expérience, des généraux illustres, des orateurs brillants et courageux, d'anciens et de nombreux députés jouissant au milieu du parti conservateur d'une certaine influence. Déjà le général Cavaignac, au mois d'octobre 1848, avait fait quelques emprunts à cette majorité conservatrice : il avait pris pour ministres M. Dufaure, à l'intérieur; M. Vivien, aux travaux publics; le général de Lamoricière, à la guerre; et les avait alliés, j'allais dire compromis, avec des républicains plus marqués que la majorité, à laquelle toutefois ils adhéraient dans certains cas. Le prince président fit un pas de plus dans le sens de l'opinion publique qui l'avait élu pour le rétablissement énergique et durable de l'ordre. Il s'entendit, pour la formation de son premier ministère, avec les hommes considérables dont j'ai parlé plus haut, et particulièrement avec M. Thiers et M. Molé. Ceux-ci se récusèrent eux-mêmes ; mais ils engagèrent le chef de l'État à confier le choix et la présidence des ministres à M. Odilon Barrot, contre lequel, disaient-ils, la République ne pouvait pas avoir d'objection sérieuse. Puis, on trouve dans le cabinet, des amis de M. Thiers : M. Léon de Malleville, M. Léon Faucher, M. Drouyn de Lhuys ; un ami de M. Molé : M. Hippolyte Passy ; des amis particuliers du président du Conseil : M. de Tracy, M. Bixio ; un représentant de l'opinion légitimiste et catholique : M. de Falloux, jeune et brillant orateur, qui avait pris une place éminente dans la majorité nouvelle.

C'est le 20 décembre que fut achevée la vérification des pouvoirs du président de la République et que son élection fut proclamée ; c'est le même jour que fut notifiée à l'Assemblée la nomination des nouveaux ministres et que furent nommés le Préfet de la Seine, M. Berger et son collègue le Préfet de Police, M. le général Rébillot.

M. Berger comptait parmi les amis de M. Thiers. Il était né dans le Puy-de-Dôme[1], en 1799 ; il avait donc cinquante ans à peine au moment où il était chargé de la première Préfecture de France. Il avait exercé la profession d'avoué à Paris, et avait été élu, après la Révolution de Juillet, Maire du IIe arrondissement, dont la circonscription comprenait à peu près le IXe arrondissement actuel et, en outre, tout le territoire enfermé entre le boulevard des Italiens, le boulevard Montmartre, au nord ; la rue Saint-Honoré, au sud ; la rue Louis-le-Grand et la place Vendôme, à l'ouest ; la rue Neuve-des-Bons-Enfants, une partie de la rue Vivienne et la rue Notre-Dame-des-Victoires, à l'est ; c'est-à-dire, les quartiers les plus riches et les plus industrieux de l'ancien Paris. Il y exerça d'abord les fonctions municipales pendant dix années, avec un véritable succès.

[1] A Thiers.

En 1837, le département du Puy-de-Dôme l'envoya comme député opposant à la Chambre. Après la chute du ministère de M. Thiers en 1840, la réélection des Maires de Paris ayant lieu, le Gouvernement combattit la candidature de M. Berger, pour lequel les électeurs prirent parti dès lors avec une grande vivacité. Les Maires étaient choisis par le roi, sur une liste de candidats qui était le produit des suffrages électoraux. Le Gouvernement réussit d'abord, quoique très-difficilement, à empêcher le nom de M. Berger de paraître le premier sur la liste; mais bientôt, et dans trois élections successives, il y fut maintenu, après une lutte acharnée. Naturellement, sa popularité s'accrut de tout le bruit qui se faisait autour de lui, si bien qu'en 1846, la majorité électorale, irritée de voir son candidat obstinément écarté de la Mairie par les ministres qui choisissaient toujours un autre nom sur la liste où il figurait, finit par nommer député M. Berger, contre M. Jacques Lefèvre, banquier, et homme d'ailleurs fort recommandable.

Ce fut un combat mémorable sur ce beau champ de bataille du second arrondissement; il semblait que les destinées de la France fussent toutes engagées, tant les partis s'agitèrent, tant la presse montra, à ce propos, de passion et d'insistance. Au second tour de scrutin, M. Berger l'emporta de 79 voix sur 3,000 électeurs censitaires[1] environ. Il venait d'être élu en même temps dans le Puy-de-Dôme; mais l'opposition le fit opter pour Paris. L'année suivante, comme il n'était plus possible de résister à une telle manifestation d'opinion, les fonctions de Maire lui furent rendues; il les remplissait encore en 1848. Il n'avait pas pris d'ailleurs une place très-avancée à la Chambre.

[1] La liste électorale pour la nomination des députés, ne comprenait que les citoyens payant au moins 200 francs de contributions. Pour la nomination des Conseillers généraux, elle s'accroissait de diverses catégories de personnes exerçant certaines professions libérales dans des conditions déterminées. C'est ce qu'on appelait les capacités.

En homme habile qu'il était, comme un sagace enfant de l'Auvergne, comme un praticien exercé, M. Berger s'était rangé de bonne heure dans le tiers-parti, sur la limite de la gauche. portant volontiers les mots d'ordre de M. Thiers, dans les rangs soit de l'opposition, soit de la majorité. Doué d'une certaine bonhomie modeste, qui servait facilement d'enveloppe à une ambition très-résolue, courageux dans la rue contre les émeutes en même temps que circonspect au Parlement, économe des deniers publics comme il l'était des siens propres, parlant le langage des affaires qui ressemble à celui de l'administration, il était considéré comme le meilleur Préfet de Paris qu'on pût choisir dans les circonstances. Ce dont on lui savait le plus grand gré, c'était d'avoir fait battre le rappel à temps, sous le règne de Louis-Philippe comme sous la République, et de s'être mis à la tête de la Garde nationale dans quelques occasions décisives. On pensait, non sans raison, que la révolution ne lui plaisait guère, quoiqu'il eut fait partie du comité du Banquet du XIIe arrondissement, qui la prépara sans le vouloir. Mais, il n'avait guère assisté aux séances ; il avait imité de loin la réserve de M. Thiers et de M. de Rémusat, qui avaient bien prêté aux organisateurs de la démonstration projetée, c'est-à-dire en première ligne à MM. Odilon Barrot et Duvergier de Hauranne, l'armée de leurs adhérents et l'influence des journaux sur lesquels ils avaient du crédit, mais, qui avaient réservé leurs personnes. M. Berger ne s'était engagé qu'à demi dans le mouvement qui allait emporter la monarchie.

Voici à ce propos un de mes souvenirs de 1848. C'était au milieu de février ; il était clair qu'un violent conflit allait éclater entre le Gouvernement et l'opposition, et que la rue en serait probablement le théâtre. Les deux partis en présence marchaient l'un sur l'autre, en le regrettant au fond, mais sous l'action de ces tyrans détestables qui perdent la France : la vanité et la fausse logique. Le Gouvernement aurait bien voulu s'en remettre aux tribunaux, ou aux législateurs, du soin de prononcer sur les limites du droit de réunion ; il aurait volontiers présenté quelque projet de loi pour l'extension du suffrage électoral et pour la diminution du nombre des fonctionnaires éligibles ; d'autre part, l'opposition, au moins dans sa partie modérée, maudissait bien en secret l'invention absurde du député M. Boissel, qui avait été proposer un nouveau banquet à Paris, pour donner aux orateurs parlementaires l'occasion de faire, au dessert, des discours contre le Gouvernement, lorsque la session venait de commencer et lorsque la tribune des deux Chambres était ouverte ! Mais l'opposition, le Gouvernement ne se considéraient déjà plus comme les maîtres de leur conduite. D'abord, l'amour-propre, et la fureur de conquérir ou de garder le pouvoir les poussaient de part et d'autre ; ensuite, il fallait à tout prix qu'ils fussent conséquents avec eux-mêmes et qu'ils eussent le soin d'éviter le ridicule, mortel en France, de se déjuger. L'infernale logique les condamnait également à la faute du lendemain, conséquence de la faute de la veille. Comme des joueurs d'échecs, engagés fatalement par le mouvement de chacune de leurs pièces, ceux-ci visaient au roi, malgré eux ; ceux-là le découvraient de plus en plus en voulant lui plaire, jusqu'à ce qu'ils disparussent les uns et les autres sous la main d'un tiers impitoyable, la Révolution, qui allait se saisir des enjeux.

On était à deux pas de la catastrophe, lorsqu'au sein du comité du Banquet apparut, un soir, le maire du II⁰ arrondissement, posant à brûle-pourpoint cette question : « Je viens vous demander, Messieurs, ce que vous prétendez faire : est-ce une Révolution ? si non, quel parti prendrez-vous dans le cas d'une résistance définitive du Gouvernement ? » Silence général ; puis, un jeune pair de France répond : « Eh, parbleu ! nous irons jusqu'au bout ; il faut que la royauté cède ou succombe ; il faut même qu'elle succombe ! » On protesta

faiblement contre la déclaration de M. d'Alton Shée ; on
allégua qu'on négociait pour se mettre d'accord avec le Gouvernement
même, afin que la lutte fût contenue dans les
limites pacifiques d'un procès. M. Berger, qui insista, ne
put obtenir de réponse plus claire. Il était, d'ailleurs, bien
loin d'avoir la puissance d'arrêter le torrent révolutionnaire
déjà sur la pente. Il condamnait évidemment cette faiblesse
universelle ; mais au fond, il en était le complice. Il imitait,
sans l'approuver, cette bourgeoisie parisienne, formée d'éléments
divers, recrutés de tous les points de la France, mais
admirablement semblable à elle-même dans ses variations,
que l'on voit toujours prête à faire une guerre acharnée au
pouvoir et à se désoler quand il succombe. Elle ne sait pas
assez que les faux principes d'égalité qu'elle appelle immortels
et qui lui ont été inoculés par le siècle dernier,
vivent non-seulement en elle, mais autour d'elle, au-dessous
d'elle, dans la foule innombrable et ignorante ; qu'ils s'étendent,
qu'ils se développent comme un parasite prolifique et
vénéneux, et détruisent dans les entrailles de la Nation les
sources de la vie. Ces bourgeois, ennemis aveugles de leur
repos, de leur famille, de leurs biens, de tout Gouvernement
qu'ils essayent de fonder, travaillent sans cesse à propager
le poison, à souffler le feu. Quand la fièvre éclate dans le
corps social, ils s'arrêtent épouvantés de leur propre ouvrage.
Ils s'efforcent d'en combattre les effets ; mais ils n'en voient
pas la cause, et, à ces principes, d'où vient le mal, ils demandent
encore le remède.

A la fin de 1848, la bourgeoisie de Paris en était à l'effroi
et à la résistance. M. Berger avait été l'objet de ses préférences
pendant d'assez longues années ; elle avait fait de son
nom une pierre d'achoppement pour les ministres ; elle
l'avait choyé à cause de ses votes constants d'opposition ;
elle avait fini par l'avoir pour Maire et pour député ; maintenant,
la Révolution accomplie, elle lui savait un gré

extrême de ne pactiser avec la République que sous bénéfice d'inventaire, et de regretter amèrement la Révolution. Elle approuvait donc pleinement qu'on le mît à sa tête en qualité de Préfet de la Seine. De fait, durant l'époque de transition qui s'écoula de la Révolution à l'Empire, il lutta avec persévérance et souvent avec succès contre les difficultés de sa tâche.

Voici comment était composée son Administration centrale : il avait amené avec lui, en qualité de chef de cabinet, son second fils, M. Amédée Berger, jeune homme de sens et de tact, gardien jaloux du pouvoir préfectoral, ayant pour les arts et les artistes un goût qui le servit assez heureusement, lorsqu'il s'agit d'achever la décoration intérieure de l'Hôtel de ville. Le secrétaire général était M. Edmond Adam, naguère adjoint de M. Marrast, Maire de Paris, et comme lui ancien rédacteur du *National,* c'est-à-dire républicain de la veille. Il avait pris une part active d'abord à l'insurrection de février, ensuite, à la résistance contre l'émeute, principalement dans les journées de juin. Le mouvement de la politique l'intéressait, les détails de l'administration lui plaisaient moins. L'Assemblée constituante, dont il faisait partie, comme député de Paris, et où il comptait beaucoup d'amis, allait nommer les nouveaux conseillers d'État. Il se porta comme condidat et fut élu.

La désignation de son successeur à la Ville appartenait au président de la République. M. Berger s'occupa de préparer ce choix. La place était petite, si l'on considère le traitement, que la Révolution avait réduit à 8,000 francs; les fonctions pouvaient avoir leur importance. Ici, je demande pardon au lecteur de l'entretenir un instant de moi-même. M. Berger songea dès l'abord à moi. Nous nous connaissions de longue date ; j'avais d'ailleurs un mérite particulier à ses yeux : j'étais le rédacteur en chef d'un journal libéral[1] qui

---

[1] Le *Constitutionnel.*

venait de remplir, non sans fermeté, dans le parti de l'ordre, un rôle assez considérable au milieu des troubles révolutionnaires. Le Préfet jugeait qu'il ne serait pas sans utilité d'assurer à son administration le concours d'un tel organe. Après s'en être entendu avec M. Thiers qui, en vertu de conventions expresses, avait sur la direction politique de ce journal un droit d'influence prépondérante, M. Berger fit sa proposition au Ministre de l'intérieur, M. Léon Faucher, mon ancien camarade, et le projet de décret fut bientôt mis sous les yeux du président de la République. J'avais eu l'honneur d'être présenté au prince quelques mois auparavant par M. Thiers.

Il semblait, dans de telles conditions, que ma nomination dût aller toute seule. Je ne l'avais point recherchée ; mais, après dix-huit années du métier de journaliste, dont je connaissais la stérilité trop habituelle et les servitudes politiques, j'envisageais avec plaisir la perspective de me trouver enfin aux prises avec la vérité pratique, dont j'ai toujours été épris. L'avantage considérable de l'administrateur sur l'écrivain, c'est qu'il peut à toute heure voir et apprécier les résultats de l'action qu'il exerce, et conserver une très-large part d'indépendance au sein même de la hiérarchie. Mais cette nomination tarda plusieurs semaines. Personne ne m'indiquait clairement la cause d'un si long retard. Je pris le parti de la demander au prince lui-même. Un soir, le 27 avril, je me rendis à l'Élysée. Au premier mot que je touchai de cette affaire, le prince me prit dans une embrasure de croisée : « J'ai l'intention de vous nommer, me dit-il ; mais, voyez dans quelle situation on me place : chacun dispose autour de moi des fonctions publiques, et on ne m'en parle guère que pour la forme. Si je signe le décret qui vous concerne, vous en saurez gré à tout le monde, excepté à moi ; si je refuse, vous ne vous en prendrez qu'à moi seul. »

Je répondis en remerciant le prince de ce qu'il voulait

bien attacher quelque prix à ma reconnaissance, et en l'assurant qu'elle lui était tout acquise. Alors, il me fit passer dans son cabinet ; il signa le projet de décret qui était sur sa table et me le remit en me chargeant de le porter moi-même au Ministre de l'intérieur. Mon ami, M. Léon Faucher, surpris de recevoir par moi cette nouvelle, ne savait trop s'il devait me faire compliment ou me montrer sa mauvaise humeur. Il fit l'un et l'autre, avec un certain embarras, dont je ne pus m'empêcher de sourire, ce qui le fâcha un peu plus encore. Le prince Louis Napoléon se plaisait déjà à faire mesurer à ses ministres l'étendue de ses prérogatives présidentielles. Comme tous les chefs d'État, il désirait s'acquérir le dévouement personnel des fonctionnaires ; mais, en outre, ce qui est plus rare, il voulait qu'on l'aimât. Son imperturbable bonté que, pendant vingt ans de pouvoir suprême, l'ingratitude n'a jamais découragée, lui suggérait mille délicatesses qui séduisaient presque tous ceux qui l'approchaient.

CHAPITRE II

Le personnel administratif. — Comment il se recrute. — Les protégés. — Les surnuméraires. — Peut-il être composé d'un très-petit nombre d'employés très-largement rétribués ? — Bienfaits de la routine en temps de révolution. — Règles de l'admission et de l'avancement. — Unité de l'administration.

J'entrai immédiatement en fonctions. Le personnel administratif que je trouvai à l'Hôtel de ville avait fait quelques pertes regrettables en 1848 ; toutefois, la tête en était excellente. Les employés inférieurs, choisis trop souvent sur recommandations, à la fin du règne de Louis-Philippe et durant l'année révolutionnaire, ne répondaient qu'en petit nombre, par leur instruction et leur capacité, aux besoins des affaires. Ils avaient hâte, sans doute, de succéder à leurs chefs, mais ne promettaient pas, pour la plupart, de les remplacer.

Les protecteurs, en effet, ne se préoccupent en aucune façon des besoins de l'administration à laquelle ils offrent des recrues, ni du degré d'intelligence, de savoir acquis, et de sentiment du devoir qu'elle a le droit d'exiger de chacun de ses membres. Ils ne songent qu'à mettre leur protégé à la charge du public et à s'en délivrer eux-mêmes. Les candidats qui se présentent aux bureaux, par cette porte des influences, sont souvent des hommes qui ont échoué dans d'autres carrières ou qui ne sont capables de réussir nulle part. Les premiers, déjà hors d'âge, arrivent vite à la retraite, non pour la durée de leurs services, mais pour leurs infirmités, et grèvent la Caisse des pensions sans lui avoir fourni un juste contingent de retenues sur leurs émoluments annuels. Les seconds sont jeunes ; mais bien peu se montrent doués d'une certaine aptitude, et de la bonne volonté nécessaire. S'il est quelque fruit sec du collége, qui n'ait pu traverser l'épreuve du baccalauréat, quelque fils d'un serviteur utile, qu'on veuille récompenser, quelque aspirant à la littérature qui cherche, en attendant le débit de ses productions, un traitement assuré sans travail, on n'hésite pas à les offrir aux Préfets, aux Ministres, qui ne peuvent rien refuser, surtout si le protecteur est un de leurs adversaires politiques. C'est ainsi que se sont composés trop souvent les bureaux.

Le mal est plus grand encore si vous accueillez des surnuméraires gratuits ou des auxiliaires à traitement réduit. Ceux-ci, parasites acceptés pour un temps, se perpétuent, à demi employés, à demi solliciteurs, toujours plaintifs et mécontents ; ceux-là, qu'on a pris à l'essai, sans bourse délier, seulement pour les occuper au sortir du collége, acquièrent des droits, rien que par leur inutile assiduité ; ils sont entrés humblement, et bientôt ils sont vos maîtres. Ils connaissent chaque vacance et le moyen d'en faire naître ; ils savent demander à propos la place d'autrui, si vous tardez trop à leur rendre ce qu'ils appellent justice. Si vous cédez, vous emplissez votre administration d'hommes incapables, habitués à fréquenter les bureaux en amateurs. Je suis loin de dire que l'administration de la Ville, en 1849, fut ainsi formée en majeure partie ; mais le procédé du recrutement par voie de recommandation y avait laissé bien des traces.

Qu'y avait-il à faire pour réformer et reconstituer cette grande administration publique ?

Il ne manquait pas de réformateurs qui eussent répondu, tout d'abord, que les administrations françaises devraient être composées, à l'exemple de celles de l'Angleterre, de peu de personnes, largement rétribuées, faisant chacune un immense travail, avec très-peu de formalités et de papiers.

Pour suivre utilement un tel conseil, il faudrait d'abord changer les lois et les coutumes de la France et emprunter celles du peuple anglais. S'il existait chez nous une aristocratie dont les principaux membres, respectés et obéis, prissent sur eux la gestion d'une grande partie des affaires locales et publiques ; si chaque citoyen faisait, d'ailleurs, le plus souvent ses affaires lui-même, et ne demandait au Gouvernement que le moins de tutelle et de secours possible ; si l'initiative privée, les associations, les compagnies, instituaient, à leurs risques et périls, presque tous les établissements d'instruction, d'assistance, etc., et se chargeaient d'une bonne partie des services qui, chez nous, sont demandés à l'État, aux départements ou aux communes, alors il serait facile de restreindre les bureaux à un fort petit nombre d'employés et les papiers administratifs à quelques feuilles. Mais, jusqu'à présent, rien de semblable en France ; au contraire, tous les partis politiques ou sociaux semblent s'être accordés pour demander aux pouvoirs publics de tout faire. Si l'on décentralise, c'est seulement une portion du Gouvernement qu'on déplace. L'initiative privée ne se manifeste pas plus qu'autrefois par la création d'établissements publics. Ce qu'on rêve, par exemple, en matière d'instruction, c'est précisément la suppression de toutes les associations religieuses, et la main mise de l'État ou des communes sur toute la jeunesse française. Ce que projettent les plus radicaux, c'est de déposséder les compagnies de chemins de fer, de canaux, de ponts, de transports maritimes, d'éclairage ; de mettre le Gouvernement à leur place, et de transformer leurs libres exploitations en administrations publiques. Tout péage est insupportable aux habitants de notre pays ; bien que l'expédient des péages soit, souvent, le seul moyen de doter une population, un territoire, de grands travaux trop onéreux pour des contribuables déjà grevés, et de faire payer directement aux entrepreneurs le service qu'ils ont rendu par les individus qui en profitent. Mettre tout à la charge de l'État, faire tout gérer, tout administrer par l'État, puis s'emparer de l'État même, afin d'être maître absolu des hommes et des choses, telle est chez nous la tendance des partis les plus actifs et des ambitieux les plus résolus. Ainsi, l'action de l'administration, loin de se restreindre, s'étend chaque jour sous l'influence des mœurs et de l'esprit démocratique. Ceux mêmes qui déclament le plus contre elle, lorsqu'ils sont loin du pouvoir, ne manquent pas de la conserver et de s'en servir, lorsqu'ils y sont parvenus.

Le personnel administratif de la Ville, tout imparfait qu'il pouvait être, venait de rendre, en 1848, un grand service ; sans doute il avait été l'instrument trop facile peut-être des hommes de la Révolution ; il avait déguisé, sous des formes traditionnelles, une partie de leur incapacité et de leur ignorance ; mais, en même temps, il avait opposé une résistance victorieuse à ce que leurs idées avaient de trop désorganisateur ; il avait sauvé une part des règles conservatrices et de sens commun que, malgré l'ambition timide et souple de quelques individus, une longue pratique, une salutaire routine avait comme incarnées en lui.

Nous ne songions pas le moins du monde, en 1849, à lui appliquer ces réformes destructives dont il vient d'être question, ni encore moins à réagir politiquement contre les hommes. Je n'ai jamais été, pour mon compte, le partisan du procédé américain, qui consiste à changer tout le personnel administratif chaque fois qu'un parti victorieux amène un nouveau président au Pouvoir. Outre ce qu'il y aurait de souverainement injuste, dans notre pays, à cette façon d'agir, elle m'a toujours paru le moyen infaillible d'inspirer à chacun des administrateurs de passage, qui se rueraient pour quelques années sur les emplois, la pensée d'en faire un objet de spéculation et de fortune : il n'y aurait plus de règles constantes, plus d'honneur collectif, plus de probité traditionnelle, plus de responsabilité dans l'avenir.

Ce qu'il y avait seulement à faire, c'était de réparer quelques injustices commises par le Gouvernement de 1848, de maintenir à peu près la simplification des cadres qu'il avait opérée, de rendre effectives les espérances d'amélioration des traitements qu'il avait fait naître, de poser des règles à l'admission, à l'avancement des employés, de sorte que la carrière fût moins troublée, moins sujette aux alternatives politiques et que la capacité et l'ancienneté eussent leurs parts équitablement assurées. Les mesures furent prises promptement et exécutées de même ; car la rapidité en pareille matière rend tout facile. Une échelle libérale de traitements fut dressée et l'application en fut immédiatement faite, sans que les avantages antérieurement acquis fussent retirés à personne.

Pour l'admission des employés nouveaux, le Préfet consentit à se lier les mains : nul candidat ne peut être désormais accueilli qu'à deux conditions préalables : la première, de justifier du baccalauréat, comme indice d'une certaine éducation et de connaissances générales acquises avec plus ou moins de précision, la seconde, de subir avec succès un examen spécial qui portait principalement, oserai-je le dire, sur l'écriture, l'orthographe et le calcul. Plaisante épreuve, en apparence, dans laquelle on demandait le moins à ceux qui, selon leur diplôme, étaient censés savoir le plus ! Que j'ai vu pourtant de bacheliers échouer misérablement dans ce simple examen sérieusement subi !

L'avancement n'était pas non plus sans conditions. Non-seulement il fallait avoir passé un certain temps réglementaire dans le grade inférieur avant d'être promu au grade supérieur, mais encore on ne pouvait aspirer à prendre rang parmi les employés chargés ordinairement de la rédaction des pièces ou dépêches et de la préparation des affaires, sans traverser une seconde épreuve peu compliquée mais décisive.

Elle consistait : 1° dans une réponse, écrite avec développement, à une question de droit civil et de droit administratif tirée au sort d'après un programme connu de tous les employés ; — 2° dans la rédaction d'un rapport analysant le dossier d'une affaire et proposant des conclusions. Rien n'était plus propre à faire apprécier l'intelligence, la pénétration, l'esprit d'ordre, la logique de chaque concurrent.

Un employé bien élevé, généralement instruit, qui a une bonne écriture, qui compte avec promptitude et sûreté, qui sait le droit dans sa partie applicable au courant des affaires, qui lit promptement un dossier, en saisit tous les points essentiels, en expose l'historique et en résout les difficultés dans un style bref, correct et clair, est sans prix dans une administration.

Ces règles, qui ont été depuis appliquées dans plus d'un ministère, pouvaient presque passer pour des innovations utiles en 1849. On pouvait objecter qu'elles faisaient obstacle à l'admission d'emblée dans les grades supérieurs de l'administration d'hommes d'un mérite éprouvé et d'une longue expérience, dont le Préfet pourrait vouloir s'assurer le concours. En réalité, ce libre choix s'exerce trop souvent au profit de désespérantes médiocrités, surfaites par de puissants protecteurs. Les grandes capacités, au-devant desquelles il faudrait courir, même en sacrifiant les conditions tutélaires et générales d'une bonne organisation des bureaux, sont fort rares. Il y a d'ailleurs toujours moyen de les accueillir, dans quelque service de création nouvelle ou dans quelque fonction que ne comprennent point les cadres proprement dits. Ce sont des admissions exceptionnelles qu'un chef peut faciliter, sans violer les dispositions conservatrices des droits des employés, sans donner prise à de justes plaintes, et en confirmant au contraire les règles par l'exception même.

Au sein du corps administratif, l'avancement était largement ouvert à toutes les intelligences distinguées, à tous les services éclatants. J'ai vu bien souvent dans des administrations publiques tel employé hors ligne, véritable cheville ouvrière de son bureau, rédacteur d'une habileté consommée, calculateur d'une sûreté parfaite, languir pendant de longues années, dans des fonctions inférieures à son mérite, sans pouvoir jamais obtenir la récompense qui lui était due, parce qu'il avait un chef encore jeune et parfois incapable dont il ne pouvait ni attendre la retraite, ni espérer le déplacement, et qu'il ne lui était pas permis de demander, avec quelque chance de succès, d'entrer lui-même dans quelque autre bureau. A la Ville, il fut établi en principe, pour la proposition des promotions à faire, que nul employé ne serait ainsi parqué dans la subdivision d'un service et que chacun pourrait concourir, selon son ancienneté et sa valeur personnelle, pour l'avancement dans tous les bureaux administratifs.

Enfin, comme les vacances sont moins nombreuses que les prétentions les plus légitimes, il y avait, pour les espérances déçues, la consolation de ce qu'on appelait l'avancement sur place, c'est-à-dire des augmentations de traitement par périodes successives d'années passées dans le même grade, de telle sorte qu'on avançât ainsi, par pure ancienneté, sans changer de titre et de fonction.

Il serait fastidieux d'entrer dans de plus grands détails sur ces questions de ménage administratif. Il suffit de dire que le personnel des employés vit cet ensemble de mesures avec reconnaissance et accepta, comme légitime, la sévère exigence de ses nouveaux chefs.

L'administration centrale était composée de vingt bureaux, répartis dans quatre, puis, dans cinq divisions, formant sous la main du Préfet une petite armée toujours disponible et alerte. La distribution des services n'y était point systématique. Dès l'origine, les bureaux avaient été formés au fur et à mesure des besoins pour traiter chacun une matière déterminée : l'instruction publique, ou les contributions, par exemple, et ils avaient été chargés successivement des catégories d'affaires nouvelles qui se rattachaient, au moins par analogie, à leurs attributions primitives.

Le classement des bureaux en divisions s'était fait de la même manière. On s'était proposé de partager à peu près également le travail entre toutes. On n'avait pas cherché à séparer absolument les affaires municipales des affaires départementales ou de celles de l'État, dont le Préfet était chargé. On n'avait pas non plus institué de grandes directions, qui ont souvent le grave inconvénient d'être autant de petites administrations dans la grande, ce qui fait naître entre elles des rivalités de personnes, des conflits d'attributions, des correspondances innombrables et inutiles. Nous prîmes grand soin, en 1849, de ne rien changer à ce que le temps avait fait. Il m'a toujours paru que l'unité d'action est ce qu'il y a de plus nécessaire à une administration centrale. Il n'y a qu'un Préfet, disais-je souvent à mes collaborateurs; il n'y a qu'un seul groupe d'employés; il n'y a qu'une seule affaire, celle que le Préfet a l'obligation de résoudre à un moment donné. Toutes les distinctions d'attributions, bonnes pour la division et la rapidité du travail, disparaissent dès qu'elles deviennent un obstacle à l'expédition de l'affaire essentielle. Tous les efforts doivent se confondre. De fait, nous avons trouvé, bien des fois, un grand avantage à réunir pendant quelques jours ou quelques semaines, en un seul bureau, des employés et même des chefs de bureaux différents, de divisions différentes, pour préparer, sous la direction personnelle du Préfet ou du secrétaire général, la solution d'une question très-importante comme, par exemple, l'application d'une loi nouvelle d'élections, l'extension des limites de Paris, etc.

Cette organisation de l'Administration municipale fut maintenue sans changement notable jusqu'en 1861, et je dois reconnaître la ferme volonté avec laquelle se prêtèrent successivement M. Berger et M. Haussmann à l'exécution des règles qu'ils avaient ainsi consenti l'un et l'autre à s'imposer.

M. Berger, secondé par ce personnel central et bien accueilli par la Commission municipale qu'il avait trouvée toute constituée, avait beaucoup de questions à résoudre et d'exigences à satisfaire. Il fallait rétablir au plus tôt les finances municipales, avoir recours au crédit, réorganiser plusieurs services, reprendre les affaires ordinaires interrompues, liquider celles qu'avait laissées derrière elle la Révolution, exécuter des travaux sans cesse ajournés, plus nécessaires et plus désirés que jamais.

CHAPITRE III

L'emprunt de 25 millions autorisé dès 1847. — Les budgets de M. de Rambuteau. — Tirelire. — Travaux en projet. — Emploi anticipé des 25 millions pour couvrir les frais et les déficit de 1848.

La situation financière de la Ville appelait d'abord l'attention : l'année 1847, à laquelle il faut remonter, avait été grevée, en conséquence de la disette, d'une dépense extraordinaire de 8,753,000 francs pour la délivrance de bons de pain à une partie considérable de la population, et, en outre, de plus d'un million pour la distribution d'autres secours exceptionnels aux nécessiteux. En même temps et pour la même cause, le développement des recettes avait subi un certain temps d'arrêt. Cependant, au début de 1848, les finances municipales étaient réellement prospères.

La dette provenant d'emprunts, dont le remboursement devait prendre fin en 1852, pouvait être considérée comme éteinte. En effet, à partir de 1853, la Ville ne devait plus avoir qu'un créancier, l'administration des Hospices de Paris, pour une somme d'un peu plus de 12 millions, dont le capital n'était exigible qu'à partir de 1874 et dont, jusqu'à cette échéance, il y avait seulement à servir les intérêts.

Le budget de 1848 avait été évalué, en recettes et en dépenses, à la somme de 46 millions dans les conditions d'une extrême prudence. D'un côté, les dépenses avaient été prévues sans illusions, de manière à excéder plutôt les besoins de chaque service qu'à les laisser en souffrance. De l'autre côté, l'évaluation des recettes était en réalité inférieure de plus de 4 millions aux résultats que devait accuser le compte de 1847 [1]. Elle devait être, à plus forte raison, au-dessous de ceux qu'on devait espérer pour 1848, surtout si une récolte favorable venait mettre fin à la cherté des subsistances. En effet, une augmentation presque régulière de ressources se manifestait depuis 1841 dans les comptes de la Ville. Elle était de plus de 6 millions, pour les sept années écoulées, en écartant du calcul les recettes extraordinaires éventuelles et essentiellement variables, soit, de 850,000 francs au moins par exercice.

Ainsi donc, d'après les derniers comptes, on aurait pu prévoir, en dressant le budget de 1848, une recette d'environ 51 millions.

Cette façon de préparer le budget en sous-évaluant les ressources et en estimant la dépense à son maximum probable, était dans les habitudes constantes de l'administration de M. de Rambuteau. Il en résultait nécessairement, chaque année, des excédants qu'on employait, pour partie, dans l'exercice même, en crédits supplémentaires ou extraordinaires, et qu'on affectait, pour le surplus, à des travaux commencés ou projetés. Le Conseil municipal fondait précisément l'exécution de ces travaux sur ces ressources, dites imprévues, dont il avait prévu sûrement la réalisation.

En matière de grands travaux, les décisions du Conseil municipal ont ordinairement deux phases successives : d'abord l'opération est adoptée en principe, dans ses conditions essentielles, avec l'estimation générale de ce qu'elle coûtera pour être menée à bonne fin, et, avec le vote en bloc, des voies et moyens. Mais une telle délibération ne constitue pas, pour le Préfet, l'ouverture d'un crédit. Le Conseil se réserve de voter ensuite des allocations spéciales,

---

[1] Le budget de 1847 était basé sur une recette probable de 46,566,693 fr. Elle s'est élevée en fait à 50,488,080 francs 44 cent. (Compte de 1847, p. 62 et 63.)

imputées sur le crédit d'ensemble et applicables à chaque portion distincte de l'opération, à chaque nature de dépense qu'elle entraîne. C'est ainsi, par exemple, qu'après avoir approuvé les projets qui lui avaient été présentés par M. de Rambuteau pour la réédification de l'Hôtel de ville, après avoir voté une certaine somme pour la construction de la salle et de l'escalier des Fêtes, le Conseil municipal, n'ayant encore attribué aucun sous-crédit déterminé à la décoration sculpturale de cet escalier, refusa, comme on l'a vu, de sanctionner la dépense faite pour ce dernier objet, sans son aveu préalablement obtenu, et en laissa la charge à l'architecte ou au Préfet.

On comprend, par cet exemple, comment des fonds plus ou moins considérables peuvent se trouver mis à part dans le trésor municipal ou déposés, pour le compte de la Ville, au Trésor public, sans que l'administration en puisse disposer et sans que la destination en soit définitive, l'emploi pouvant en être changé par un nouveau vote du Conseil, dûment approuvé, au moment où il s'agit de passer du projet à l'exécution, de l'affectation générale à l'allocation spéciale. C'est par ce procédé et par des reports successifs que l'ancien Conseil municipal avait formé une sorte de fonds de réserve qui, à la fin de 1847, montait encore à 10 millions, malgré les dépenses occasionnées par la disette.

La situation de trésorerie était également des plus favorables et la Caisse municipale, en outre des avances dont il vient d'être parlé, avait de 12 à 14 millions déposés au Trésor public. Cette dernière somme représentait, d'une part, des cautionnements de comptables ou d'entrepreneurs et divers fonds de peu d'importance dont la caisse était dépositaire; d'autre part, des ressources budgétaires, de divers exercices, effectuées et destinées à couvrir des dépenses faites ou certaines, mais dont le payement était ajourné.

Il est de la nature de la plupart des recettes communales

de se réaliser jour par jour, mois par mois, ou par d'autres périodes régulières. Au contraire, la liquidation des dépenses ne se fait presque toujours qu'avec des retards qui proviennent de la difficulté de faire achever les travaux et livrer les fournitures dans les délais stipulés, d'obtenir des entrepreneurs la production, et des réviseurs le règlement des mémoires en temps utile, de constater des droits souvent discutables.

Enfin, un emprunt de 25 millions avait été préparé en 1847, pour former, avec les crédits que l'on pourrait annuellement consacrer sur les fonds généraux aux dépenses extraordinaires proprement dites, une dotation considérable pour de grands travaux dont l'urgence était proclamée par l'opinion publique. Le Conseil municipal en avait délibéré le 26 février 1847; une loi du 1er août suivant avait autorisé cet emprunt, sans déterminer l'époque de l'émission, mais, en fixant le maximum de l'intérêt à 4 1/2 pour 100 et en destinant exclusivement au remboursement le produit de surtaxes d'octroi qui étaient, à cet effet, prorogées jusqu'en 1858.

On affectait spécialement les 25 millions d'emprunt à une série de travaux, dont la délibération du Conseil municipal comprenait l'état [1], et dont la dépense totale devait monter à près de 50 millions.

---

[1] Voici cet état :

Bons de pain à la classe indigente et malaisée.	2,000,000
Agrandissement du Collége Louis-le-Grand.	750,000
Collége Henri IV, appropriation de nouvelles localités.	300,000
Restauration et agrandissement de la Sorbonne.	1,000,000
Appropriation de localités pour le dépôt des farines au grenier de réserve et au marché à fourrage du faubourg Saint-Antoine.	317,075
Casernes pour la Garde municipale aux Célestins et Petits-Pères.	1,016,722
Église Sainte-Clotilde.	3,020,076
Construction de Mairies pour les IIIe, IVe, XIe et XIIe arrondissements.	1,054,668
A reporter.	9,458,541

Le tout devait être exécuté en six années, à raison de 8 à 9 millions par année.

M. de Rambuteau avait joint à son mémoire [1] au Conseil municipal sur la proposition d'emprunt, un curieux tableau qui porte pour titre : *Aperçu de la situation financière de la*

Report.	9,458,541
Agrandissement des cimetières (clôture et constructions).	765,000
Construction de nouvelles écoles.	2,400,000
Hôpital Louis-Philippe (Lariboisière).	2,011,269
Construction d'abattoirs à porcs (travaux et acquisitions).	969,045
Amélioration de la navigation de la Seine (contribution de la ville).	965,000
Formation du boulevard de la Contrescarpe et du bas port de la gare de l'Arsenal.	360,000
Agrandissement des halles centrales (acquisitions).	9,362,126
Agrandissement des halles centrales (travaux).	6,660,000
Prolongement de la rue Soufflot.	182,338
Élargissement de la rue Montmartre, depuis la pointe Saint-Eustache jusqu'à la rue Neuve-Saint-Eustache.	2,084,000
Élargissement du quai Saint-Paul et prolongement de ce quai à la rue des Jardins.	1,022,750
Élargissement de la rue des Mathurins-Saint-Jacques.	615,697
Élargissement de la rue de la Harpe, entre le pont Saint-Michel et la rue des Mathurins.	1,517,000
Percement de la rue de Lyon, de la place de la Bastille au boulevard Mazas.	1,318,000
Substitution d'une rue de 15 mètres de largeur au boulevard Mazas, à partir du carrefour formé par les rues des Charbonniers et Legraverend.	1,000,000
Élargissement de la rue Saint-Denis, de la place du Châtelet à la rue de la Féronnerie.	2,094,000
Percement d'une rue de 15 mètres, en prolongement de celle de Lafayette, et aboutissant au carrefour des rues Montholon, Papillon et Ribouté.	1,071,000
Subvention de la Ville pour les acquisitions à faire dans l'hypothèse de la construction de l'Opéra sur la place du Palais-Royal et de l'achèvement de la rue de Rivoli jusqu'à la place de l'Oratoire.	4,057,323
Travaux d'égouts, de distribution d'eau, éclairage et pavage, par suite de la création ou de l'élargissement des nouvelles voies publiques ci-dessus désignées.	2,000,000
Total.	49,913,089

[1] Du 12 février 1847.

Ville de Paris, de 1847 à 1859, et qui avait pour but de montrer comment il entendait pourvoir à la dépense de 50 millions, prévue dans l'état des travaux. M. de Rambuteau suppose, jusqu'en 1858 inclusivement, une recette annuelle moyenne de 46 millions, dont 30,700,000 francs d'octroi. Il évalue ensuite, pour la même période, les dépenses comme il suit : 1° de 4 millions à 4,700,000 pour la dette ancienne et nouvelle ; — 2° 32,600,000 francs pour toutes les dépenses annuelles ordinaires ; — 3° près de 1,300,000 francs de réserve pour l'imprévu ; — 4° un peu plus de 4,000,000 pour les travaux annuels d'architecture, de ponts et chaussées, de distribution d'eau et de grande voirie ; le tout donnant un total approximatif de 42 millions. Le surplus des ressources, soit 4 millions environ, est attribué aux travaux extraordinaires qui sont l'objet du nouvel emprunt.

Ces 4 millions et un appoint annuel de peu d'importance, donnaient, pour les six années au bout desquelles les travaux devaient être achevés, une somme de 25 millions. Le produit de l'emprunt devait compléter les 50 millions. Mais la Ville n'entendait réaliser cet emprunt qu'à la fin de 1852. Voici pourquoi : c'est à partir de cette époque, en effet, que devaient être complétement remboursés les anciens emprunts, à l'exception de la créance des Hospices. L'annuité, qui servait à ce remboursement et qui était de près de 4 millions, devenait donc sans emploi, à partir de 1853, et pouvait, avec une addition relativement peu considérable, suffire à l'amortissement de la nouvelle dette de 25 millions, dans les années comprises entre 1853 et 1858 inclusivement. En attendant la fin de l'année 1852, et avant d'emprunter au public, la Ville devait, pour faire sur-le-champ ses travaux, s'emprunter pour ainsi dire à elle-même. Elle prélèverait, à titre provisoire, les sommes nécessaires chaque année, sur les fonds qu'elle avait déposés au

Trésor, qui se composaient de ce que j'ai appelé son fonds de réserve, et des avances de l'encaisse sur les dépenses exigibles. On prenait l'engagement, vis à vis de soi-même et de la loi, de reconstituer, dès la fin de 1852, au moyen du produit de l'emprunt à émettre et jusqu'à due concurrence, le fonds de réserve, aussi bien que les avances demandées à l'actif de la Caisse municipale.

Toute cette combinaison, un peu compliquée, était plus ingénieuse que nécessaire. En réalité, elle avait eu pour but bien plutôt de voiler aux yeux de la Chambre des députés, lorsqu'on lui avait demandé l'autorisation de faire un emprunt, les véritables ressources de la Ville, que d'en accuser avec clarté la prévision. La Municipalité parisienne, objet constant d'une sorte de jalousie de la part des départements et de leurs députés, craignait par-dessus tout, lorsqu'elle avait affaire à la Chambre, de se montrer riche, de peur de fournir des arguments aux orateurs toujours disposés soit à lui imposer au nom de l'État des charges nouvelles, soit à diminuer ses recettes par la suppression, la diminution de taxes d'octroi, ou par toute autre mesure. Il est certain que les comptes de 1845, 1846, 1847 accusent plus de 50 millions de recette par année. Si donc l'*Aperçu de la situation financière* avait pris pour base de son calcul anticipé les recettes véritables et constatées, au lieu de 46 millions, il en aurait admis 49 ou 50, ce qui lui aurait donné pour onze ans, de 1848 à 1858 inclus, 33 ou 44 millions de plus. Et je ne fais entrer ici en ligne de compte, ni l'accroissement périodique des recettes qui se manifestait déjà, ni, à plus forte raison, le développement prodigieux qu'elles prirent effectivement, en conséquence d'événements alors tout à fait imprévus. Il est vrai qu'il eût fallu avouer à la Chambre des députés qu'on entendait consacrer, dans Paris, aux grands travaux extraordinaires, non pas seulement une cinquantaine de millions, en quelques années, mais quatre-vingts tout au moins, ce qui était, en effet, la pensée de l'Administration municipale[1].

On eût évité cet embarras, si l'on avait, chaque année, exposé sans aucune atténuation comme sans aucune exagération la vraie situation financière, et si l'on avait entamé les travaux urgents au fur et à mesure des sommes dont on pouvait disposer, ou si, pour accomplir quelque grande œuvre, on avait emprunté plus tôt. Il faut convenir, en effet, que la surabondance des ressources qu'on s'était ménagées était due, en grande partie, à l'ajournement regrettable d'entreprises nécessaires pour l'amélioration du réseau des voies de circulation intérieure et pour le développement des services de l'édilité communale. Déjà, la population s'accroissait avec rapidité : l'ouverture successive des chemins de fer, trop lentement exécutés, mais qui devait s'accomplir pourtant dans un temps assez prochain, l'affluence d'étrangers et d'émigrants, que les gares allaient bientôt verser sur Paris, le besoin de communications rapides que faisait naître l'activité progressive des affaires, la soif de bien-être qui accroissait les exigences de la population parisienne, rendaient périlleuses les lenteurs de la Municipalité. Un Préfet timide au milieu d'une opposition taquine, un Conseil municipal divisé par des jalousies de quartiers, concevaient beaucoup de projets, les discutaient longtemps, s'épuisaient en vains efforts et ne mettaient que de guerre lasse la main à l'œuvre. Et cependant, la population, plus nombreuse et plus riche de jour en jour, faisait croître les recettes de la Ville et surtout celles qui provenaient de l'octroi. La Municipalité, à force de laisser des questions indécises et d'ajourner des travaux, thésaurisait ; elle se faisait comme une tirelire, en employant mille moyens pour cacher au Gouvernement, au public et à elle-même l'importance véritable

---

[1] Préambule du projet du budget municipal pour 1850.

de ses ressources annuelles, qu'il fallait sans doute évaluer avec modération et employer avec sagesse dans la crainte de l'imprévu, car je ne soulève ici qu'une question de mesure, mais qu'il fallait savoir reconnaître pour en user convenablement dans l'intérêt public.

Quoi qu'il en soit, au moment dont nous parlons, Préfet et conseillers manifestaient une grande ardeur pour réparer le temps perdu. Ils avaient des comptes bien réglés, un budget plein de précautions; leurs dettes anciennes allaient s'amortir; ils pouvaient disposer d'un fonds de réserve considérable et se servir d'un encaisse abondant; leur emprunt était prévu avec plus que de la sagesse; un brillant avenir était sous leur main, lorsque la Révolution vint tout à coup arrêter l'essor de cette prospérité : la tirelire fut brisée; l'épargne qu'elle renfermait fut dissipée; le produit de l'emprunt reçut un emploi stérile, en même temps que les administrateurs qui avaient si minutieusement arrangé leur gestion future furent jetés à l'écart. Évidemment ils n'avaient pas compté accumuler des fonds pour le gaspillage révolutionnaire.

Il serait difficile et sans intérêt d'estimer en chiffres le préjudice qui fut causé aux finances de la Ville par la Révolution de février. Il en faudrait rechercher les éléments non-seulement dans les comptes de l'année même et des premières années qui ont suivi, mais encore, comparer ces résultats avec ceux qui se seraient produits, si, par hypothèse, la catastrophe de 1848 n'avait pas eu lieu. Une telle évaluation ne porterait pas d'ailleurs en elle-même un enseignement bien utile. Quelles qu'aient été les pertes causées par ces événements, elles seraient loin d'approcher de celles qui résultent évidemment de nos derniers bouleversements politiques. Aujourd'hui, les révolutions sont hors de prix, et, dans l'avenir, elles coûteront de plus en plus cher, parce qu'elles atteindront chaque fois plus profondément et les communes et l'État, et toutes les parties de la société. Il convient donc de s'en tenir aux faits constatés dans l'exercice de 1848, et, pour le surplus, aux considérations générales que l'expérience et le bon sens suggèrent.

Les comptes de 1848 permettent de relever un déficit de 22 millions et demi [1]. On y pourvut au moyen 1° d'une faible subvention de l'État, inférieure à 1 million; — 2° par l'emploi d'une partie de l'encaisse de 10 millions et demi,

---

[1] Les recettes prévues au budget pour................ 46,024,470,40
n'ont été effectuées que jusqu'à concurrence de........ 36,595,510,46
chiffre formé de l'addition des recettes ordinaires (compte de 1848, chap. Ier à XVII), avec les restes recouvrés des années antérieures (chap. XX) et les recettes non prévues au budget de 1848 (chap. XXI), à l'exception des fonds d'emprunt.

En moins....... 9,428,959,94

Mais cette différence de près de 10 millions sur les recettes n'indique que la moindre partie du découvert de l'exercice. Les dépenses faites et payées dans la même année se sont élevées à................................ 49,855,948,99
(Compte de 1848, page 265) auxquelles doivent s'ajouter des dépenses d'une nature particulière qui ont été qualifiées d'*extraordinaires d'urgence* et qu'on pourrait appeler frais de la Révolution.
La somme payée en 1848 en a été de.............. 9,232,831,97

Total....... 59,088,780,96
Les recettes de l'exercice ayant été de............. 36,595,510,46
Le déficit a été de.......................... 22,493,270,5

On expose ainsi les faits tels qu'ils se présentaient en 1849. Ultérieurement, la liquidation des dépenses extraordinaires, dites d'urgence, en a porté le total à 10 millions au lieu de 9,200,000, ce qui aurait élevé le déficit à plus de 23 millions. Mais l'État est entré dans ces dépenses pour une somme qui a dépassé 3 millions. En outre, la Ville a opéré des rentrées par la vente, la cession ou l'emploi des draps et autres fournitures qu'elle avait d'abord achetés pour l'habillement de la Garde nationale, etc. En fin de compte, le déficit se trouvait donc atténué. La participation de l'État dans les dépenses extraordinaires de 1848 était fort problématique au début, et n'a été rendue possible que par le rétablissement de l'ordre et de la prospérité dans les finances générales.

dont il était possible de changer la destination primitive; — 3° par un emprunt provisoire de 8 millions, que la Ville fit à la Banque de France, à valoir sur le produit de l'emprunt de 25 millions, autorisé le 24 juillet 1848, mais non encore effectué; — 4° par un autre prélèvement de 7 millions sur ce même emprunt, dont le produit fut dès lors appliqué, par un décret de l'Assemblée constituante [1], d'une manière générale, aux dépenses de toute nature que la Ville aurait à faire et, d'une manière spéciale, à l'exécution de l'engagement qu'elle avait pris envers la Banque.

Restait, sur les 25 millions, une somme disponible de 10 millions, que la Commission municipale, en dressant, au mois d'octobre 1848, le budget de 1849, attribua à ce dernier exercice comme complément de ressources, en raison des insuffisances de recettes qu'on ne manquait pas de prévoir.

Ainsi se trouvait dissipé en dépenses presque toutes déplorables ce précieux trésor qu'avait recueilli, avec tant de soins et de persévérance, l'ancienne Administration municipale. De même, l'appel au crédit qu'elle voulait faire pour donner un certain essor aux travaux de la paix changeait forcément d'objet, et les sommes à en provenir étaient consacrées à suppléer aux recettes amoindries. L'excellente situation des finances de la Ville faisait place à de graves embarras et à l'expédient fâcheux, qui consiste à couvrir des dépenses ordinaires par des emprunts.

Sans doute, il avait été opéré quelques économies par l'administration révolutionnaire, et le compte en constate de diverses natures; mais, de ces économies, les unes, volontairement réalisées, furent déplorables : elles atteignirent un personnel recommandable et mutilèrent des services administratifs essentiels; les autres, qui résultèrent naturellement de

---

[1] 24 août 1848.

la stagnation du travail et de la diminution des recettes, furent plus tristes encore. Les écoles, moins fréquentées, occasionnèrent moins de frais matériels; on ajourna tout achat de livres pour la Bibliothèque; on distribua moins d'eau dans Paris; on brûla en conséquence moins de charbon pour alimenter les machines hydrauliques; les architectes et autres employés extérieurs, ayant des loisirs forcés, touchèrent moins d'indemnités pour frais d'agence et de déplacement. Comme il n'y avait guère d'entrepreneurs de travaux publics, la Caisse municipale, ne recevant pas de nouveaux cautionnements, eut moins d'intérêts à servir. On vit diminuer une partie des frais de perception, en raison de la diminution des perceptions mêmes.

Quel fut l'ensemble de ces cruelles atténuations de dépenses? Il serait difficile à évaluer avec quelque précision : il ne dépasserait guère 1,200,000 fr. La partie de cette somme qu'on économisa volontairement n'exerça donc aucune influence sensible sur les résultats financiers de l'année 1848. Le total même ne les modifia pas sérieusement. Qu'il y eût eu 60 millions de dépenses, au lieu de 59, et 23 millions de déficit, au lieu de 22, il n'en fallait pas moins prendre les mesures auxquelles on eut recours pour payer les conséquences de la Révolution et rétablir un certain équilibre.

L'affaire la plus urgente qui saisissait le nouveau Préfet à son entrée à l'Hôtel de ville, c'était donc la négociation d'un emprunt de 25 millions, autorisée quelques mois auparavant par l'Assemblée nationale et dont le produit était dû ou dévoré en grande partie, et destiné, pour le surplus, à assurer le fonctionnement des services municipaux durant l'année 1849 qui s'ouvrait. Il ne s'agissait plus d'émettre l'emprunt à loisir, au bout de trois ou quatre ans, en choisissant le moment le plus favorable. L'émission ne pouvait tarder longtemps. Dans quelle situation allait-on trouver le crédit de la

Ville? Sans doute, en 1847 on y avait eu pleine confiance. Les termes mêmes de la loi d'autorisation qui limitait le maximum d'intérêt à 4 1/2 p. 100 en témoignaient clairement; mais la Révolution avait changé tout cela : l'Assemblée de 1848 avait prudemment accru le taux de l'intérêt autorisé, et, en laissant à l'Administration municipale la liberté d'accepter, pour ses obligations, le capital le plus élevé qu'elle pourrait se procurer par l'adjudication, elle laissait entrevoir ses doutes et ses craintes.

Il n'y avait pas bien longtemps que le crédit de la Ville, entièrement ruiné par la première Révolution était rétabli. Des états dressés par l'administration de M. de Rambuteau et par celle de M. Berger, pour servir de document au Conseil municipal, dans la préparation du projet d'emprunt de 25 millions, résument assez fidèlement l'histoire de la dette de la Ville, c'est-à-dire de son crédit.

CHAPITRE IV

Histoire des emprunts de la Ville, de 1807 à 1849. — Emprunts motivés par des travaux, — par les malheurs de la guerre, — par des disettes, — par des révolutions, — par des épidémies.

Il ne me paraît pas sans intérêt de faire ici un certain retour sur ce passé; il fera mieux comprendre, ne fût-ce que par comparaison, le caractère et la portée des opérations d'emprunt auxquelles la Ville crut pouvoir se livrer à partir de 1849, et permettra de mesurer les progrès de son état financier dans la confiance publique. En mentionnant chaque emprunt, je crois utile pour la clarté, non-seulement d'en rappeler les causes, le montant et la forme, mais aussi de faire connaître tout de suite comment et à quelles époques il a été remboursé.

Du mois de pluviôse an VIII, date de la réorganisation municipale de Paris, à l'an 1807, Paris n'eut aucun recours aux emprunts. Ce n'est pas qu'il n'eût besoin de ressources extraordinaires; seulement, comme dit justement le proverbe, « on ne prête qu'aux riches », et la Ville, dans cette première période, avait des finances très-obérées. L'octroi, rétabli par une impérieuse nécessité en 1798, commençait à donner des produits considérables, 20 millions à peu près par année; mais, comme il constituait presque le seul revenu de la Ville, puisqu'en 1806 tout le surplus ne dépassait guère 700,000 fr., et comme les besoins étaient très-grands et très-pressants, chacun des comptes municipaux se soldait par un déficit, que l'Empereur couvrait par des subventions ou par d'autres expédients. Les deux Préfets, sous l'action énergique du Gouvernement, s'appliquaient avec émulation à augmenter les recettes et à ouvrir de nouvelles sources de revenus. Les produits ne répondaient pas, avec une rapidité suffisante, à l'impatience de l'opinion publique et du Souverain. Tous les projets d'améliorations et d'embellissements, consignés dans les cahiers des électeurs parisiens, toutes les études sans exécution possible, auxquelles s'étaient livrées les commissions administratives sous la Commune et sous le Directoire, tous les travaux de voirie qu'avait conçus particulièrement la commission d'architectes, dite commission des artistes, pour utiliser, en percements bien entendus, les vastes propriétés des émigrés, des couvents et des églises, confisquées dans Paris, tout ce qu'avaient rêvé les écrivains du dix-huitième siècle, depuis Voltaire jusqu'à Lemercier, et surtout ce que Napoléon Ier concevait de plus pratique et de plus urgent pour que la capitale de l'Empire ne fût pas trop inférieure aux autres capitales du monde, préoccupait les imaginations. Ce qui avait déjà été exécuté faisait désirer plus ardemment le reste. Il fallait que la Ville, en attendant le développement régulier de ses ressources ordinaires, fît un certain effort.

En 1807[1] l'Empereur lui prescrivait, en réglant le budget municipal pour l'année suivante, d'emprunter 8 millions à sa Caisse de l'extraordinaire, sorte de trésor à part, d'épargne publique, qu'il avait formée de contributions prélevées sur l'ennemi et de diverses autres ressources d'une nature analogue, pour y puiser, au besoin, des récompenses en faveur de ses soldats. Il savait tirer mille avantages de ce précieux capital : en prêtant à la Ville, par exemple, il le rendait productif d'intérêts et fécond en travaux utiles qui enrichissaient le pays[2]. Il s'agissait, pour cette fois, de faire disparaître sans retard les maisons qui couvraient le pont Saint-Michel, de dégager la place du Châtelet et une partie de la ligne des quais,

---

[1] Décret du 10 novembre 1807.
[2] M. Thiers, *Histoire du Consulat et de l'Empire.*

admirable opération qui a largement contribué à l'assainissement des quartiers riverains de la Seine et à l'embellissement de Paris. La Ville payait à la Caisse de l'extraordinaire un intérêt de 5 p. 100, et remboursait l'emprunt en seize années par un amortissement de 500,000 fr. par exercice. Elle engageait, en garantie de sa solvabilité, tous ses revenus et spécialement ceux qui, peu considérables encore, mais susceptibles d'un grand développement, devaient provenir des droits à percevoir dans les halles et marchés et dans divers établissements municipaux récemment créés ou projetés, tels que l'entrepôt du sel, les bains publics, les abattoirs. Elle versait dans la Caisse d'amortissement, le nombre d'obligations de 10,000 fr. nécessaires pour correspondre à chacune des avances qui lui étaient faites. Ces obligations lui étaient rendues, jusqu'à concurrence de 50 par exercice, contre le payement de l'amortissement partiel. Les avances demandées dans ces conditions à la Caisse de l'extraordinaire ne dépassèrent pas 7,116,000 fr. Deux millions avaient été exactement amortis lorsque survinrent les événements de 1814.

Sous la Restauration, jusqu'en 1825, rien ne fut exigé de la Ville, qui ayant eu de grandes charges à supporter avait, demandé, presque obtenu, que l'État l'exonérât du surplus de cette dette ; mais il n'en fut rien et la Ville fut contrainte de se libérer, ce qui était terminé avant 1847.

Le 24 février 1811, un nouveau décret organisa un second emprunt municipal. Le prêteur désigné fut la caisse des Hospices. L'Empereur s'entendait à merveille à combiner les efforts des établissements publics et à en multiplier l'action. D'ailleurs, l'administration hospitalière avait participé autrefois à certains travaux publics, en employant ses fonds disponibles, soit à la création d'établissements productifs comme pourraient l'être des marchés, soit à la réalisation d'œuvres municipales de leur nature, mais se rattachant à l'Assistance publique par la gratuité absolue du service rendu, comme les écoles primaires. De là à concourir indirectement à d'autres travaux, par un prêt dont la Municipalité devait servir les intérêts, il n'y avait qu'un pas. Le décret ordonna qu'un nombre assez considérable de maisons, qui appartenaient aux Hospices, qui leur coûtaient cher d'entretien et leur rapportaient de faibles loyers, fussent aliénées. Les sommes à en provenir seraient attribuées partie aux Hospices, partie à la Ville. Voici quel emploi elle devait faire de ces avances.

Le commerce des vins [1] demandait alors la création d'un vaste entrepôt où les marchandises pussent être mises à la portée des acheteurs, sans que les marchands fussent dans la nécessité de faire des avances de fonds considérables pour l'acquittement des droits d'entrée; l'Administration municipale dut répondre à cette demande par l'entreprise de l'entrepôt Saint-Bernard.

La boucherie de Paris n'avait aucun lieu déterminé pour l'abatage des bestiaux livrés à la consommation; des tueries particulières existaient seules sur différents points, en sorte que des troupeaux nombreux parcourant les rues venaient trouver la mort dans le centre de la ville et rougir les ruisseaux de leur sang. Pour mettre fin à cet état de choses, qui n'était pas sans danger pour la circulation des passants, et pour la salubrité de la cité, la création de cinq abattoirs généraux pour le service de la boucherie fut ordonnée.

« Les marchés de l'intérieur se tenaient en plein air, sur les places, les carrefours et même dans les rues, ils formaient autant de cloaques d'un abord difficile et d'un aspect repoussant. Il fut décidé qu'ils seraient remplacés par des constructions monumentales appropriées à l'arrivage, à la conservation et au débit des approvisionnements; les grandes halles durent être simplement disposées de manière à répondre aux besoins de l'époque et recouvertes d'abris. La

---

[1] Note administrative, écrite en 1849, par l'ordre de M. Berger, sur les anciennes dettes de la Ville.

construction des marchés couverts fut mise à la charge de la Ville, et l'administration des Hospices dut établir les marchés à simples abris mobiles. » On voyait, il y a peu de temps encore, de ces parapluies ronds ou carrés, défendre contre la pluie et le soleil les marchandes de la rue de Sèvres ou du marché Neuf.

La somme totale avancée à la Ville fut de. . . . . 12,330,577 fr. [1].

Ce qui, ajouté aux avances de la Caisse de l'extraordinaire montant à. . 7,116,000

portait la dette municipale, contractée sous l'Empire, pour de grands travaux à. 19,446,577 fr.

Ce prêt des hôpitaux, d'après le contrat primitif, ne devait pas leur être remboursé. En échange des maisons qu'ils avaient vendues, la Ville leur livrait, en propriété mais sous la condition d'une affectation perpétuelle à leur destination, dix marchés au fur et à mesure de l'achèvement des travaux. Les grands marchés des Innocents, Saint-Honoré, de la Vallée et du Temple étaient du nombre. L'administration hospitalière les régissait, en touchait les revenus nets, qui étaient précomptés sur les intérêts de 5 pour 100 que la Ville devait servir chaque année en raison des sommes avancées.

Un tel arrangement fut du moins régularisé et précisé, à partir de 1820, par un nouveau traité passé entre les deux administrations. Il y avait à cela plus d'un inconvénient : d'une part, la Ville cessait d'être propriétaire de ses marchés, et d'en avoir la libre gestion, contrairement aux vrais

---

[1] Cette somme ne fut pas réalisée tout entière sous l'Empire : des ventes partielles, relativement peu considérables, de maisons furent opérées de 1815 à 1820; mais l'opération doit être rapportée à la période de l'Empire, à laquelle elle appartient par la décision, par l'exécution presque totale et par l'application des fonds réalisés.

principes administratifs ; d'une autre part, les Hospices, même dans le cas d'une nécessité urgente, ne pouvaient jamais tirer parti de leur gage, qui était sous le coup d'une affectation publique. Aussi, en 1843, une Ordonnance royale, provoquée d'un commun accord, remit toute chose à sa place : la Ville rentra dans la pleine propriété des marchés, mais elle redevint débitrice dans le sens véritable du mot. Le remboursement du capital emprunté fut ajourné à trente années, c'est-à-dire à 1874; jusqu'à cette échéance elle dut payer à l'Assistance publique un revenu fixe de 616,500 francs, représentant 5 p. 100 du principal. C'est cette annuité, et ce remboursement stipulé pour l'année 1874, qui, selon les prévisions permises en 1847, devaient former le seul passif de la Ville après 1852.

Les invasions de 1814 et de 1815, l'occupation des armées étrangères, la disette causée par les ravages de la guerre, par l'appel de la jeunesse des campagnes sous les drapeaux, et par la rigueur des saisons, ouvrirent une nouvelle série de malheurs, dont Paris eut à supporter sa part.

L'occupation de 1814 n'imposa à la Ville, pour frais directs, qu'une dépense de 4 ou 5 millions ; mais, celle de 1815 fut horriblement onéreuse ; elle ne coûta pas moins, pour quatre mois et demi, de 47 millions. Les exigences, surtout des troupes prussiennes, avaient été d'abord tout à fait exorbitantes, et le préfet, M. de Chabrol, fut menacé, avec les conseillers municipaux, d'être emmené comme otage au delà de la frontière. Devant la modération relative des autres corps d'armée, et devant la résistance énergique du Préfet, les officiers prussiens modérèrent, dans une certaine mesure, leurs demandes. Malgré ces adoucissements, la Ville n'eut pas moins à nourrir, à loger un nombre immense de soldats et de chevaux ; des états-majors avides et insatiables, des officiers supérieurs hautains et souvent intraitables. Il fallut transformer en casernes de grands bâtiments publics, construire des camps, louer des hôtels, des maisons, des carrosses. J'ai entendu raconter par un ancien employé de la Ville, qui était attaché à la Caisse municipale en 1814 et en 1815, les terribles embarras qu'on éprouvait, les menaces dont on était l'objet, les volontés souvent fantasques et cruelles qu'il fallait subir. Aucune humiliation dans ce genre, aucun abus révoltant ne furent épargnés, malgré les intentions bienveillantes souvent manifestées par les Souverains alliés. Il fallut tout payer, tout, disait ce vieux comptable avec un souvenir plein de colère, jusqu'à des fournitures qui n'avaient pas été faites, jusqu'aux orgies nocturnes des officiers.

On se procurait de l'argent en hâte, et comme on pouvait, avec l'autorisation parfois sommaire du Gouvernement. On recourut d'abord, pour les dépenses de 1814, à un emprunt forcé, c'est-à-dire à un impôt extraordinaire, remboursable aux contribuables, et levé sous le titre de cotisation municipale; il produisit. . . . . 4,613,992 fr.

En 1815, on négocia 212,000 fr. de rentes qui ne furent prises qu'au taux de plus de 8 p. 100. Elles ne produisirent, en effet, que 2,500,000 fr., à peu près; mais elles devaient être remboursées au capital nominal de. 4,240,000

En 1817, on émit 33,000 obligations municipales, portant intérêt et prime, qui furent aussi chèrement placées. 33,000,000

Mais ces émissions, plus ou moins difficilement réalisées, ne purent suffire.

Faute d'autres ressources, on paya avec des bons portant intérêt, et gagés sur l'encaisse du trésorier municipal, c'est-à-dire sur la solvabilité de la Ville en général,

A reporter. . . . . 41,853,992 fr.

Report..............	41,853,992 fr.
car l'encaisse dont il s'agit n'était pas disponible, pour la meilleure partie. C'était donc un emprunt à découvert; il fut de..................	6,703,602
Enfin, on déposa au Trésor public des obligations en échange d'une avance de.....................	10,000,000
	58,557,594 fr.

Toutes ces ressources extraordinaires furent employées, soit pour payer les frais des occupations militaires, soit pour concourir avec l'État à des acquisitions de grains, et à des subventions aux boulangers, dans le but de maintenir à 0,60 c. le prix du double kilogramme de pain.

Ce ne furent pas encore les seuls emprunts que fit la Municipalité parisienne dans ces jours néfastes. On voulut donner quelque occupation aux ouvriers qui avaient à souffrir de l'interruption du travail et de la cherté des subsistances. On songea surtout à poursuivre une des plus belles œuvres de l'Empire, le canal de l'Ourcq, qui, en favorisant la navigation, devait en outre livrer une grande masse d'eau à l'alimentation publique.

Jusqu'alors, les travaux du canal avaient été poursuivis principalement au moyen de prélèvements sur les produits de l'octroi, dont les tarifs avaient été accrus pour cette cause, dès l'an X[1]. Mais d'autres besoins absorbaient aujourd'hui ces ressources. Le canal Saint-Denis et le canal Saint-Martin, qui devaient mettre en communication le canal de l'Ourcq avec deux points différents de la Seine, l'un à travers Paris, l'autre à travers la plaine Saint-Denis, préoccupèrent aussi vers la même époque l'Administration municipale. On

---

[1] Arrêté du 25 thermidor.

traita avec une Compagnie, d'abord pour l'achèvement des canaux de l'Ourcq et de Saint-Denis, puis, un peu plus tard, pour l'établissement du canal Saint-Martin. On lui abandonna, pour de longues années, les droits de navigation, et on lui remit en outre, à titre de subvention, des bons de la Ville, payables à échéance, pour une somme de. . . . . 7,000,000 fr.

En même temps, on obtint, pour subvenir à quelques travaux dans Paris, des avances du Mont-de-Piété, et de la Caisse des dépôts et consignations, dans des conditions dont les bases avaient été posées sous l'Empire, à l'occasion de quelques négociations de ce genre, pour des sommes sans importance. Le montant de ces avances fut de. 2,174,628

Total. . . . . . 9,174,628 fr.

On peut dire que, durant cette première période du fonctionnement de la Municipalité parisienne, organisée depuis le commencement du siècle, le crédit de la Ville fut pénible à établir, gêné de toutes parts et comme torturé. L'exiguïté des ressources ordinaires ; le désir du Gouvernement impérial d'épargner à la Ville de Paris le désagrément de payer de gros intérêts ; l'éloignement que l'on avait alors en France pour tout emprunt public, considéré comme un signe d'embarras, comme une opération désastreuse pour l'emprunteur ; le souvenir que l'on avait des pertes infligées aux prêteurs par la Révolution, firent inventer mille expédients compliqués pour réaliser les fonds dont on avait besoin. On créa comme une sorte d'assistance mutuelle, entre différents établissements publics. Nous venons d'en voir plusieurs exemples.

Les emprunts faits au Mont-de-Piété, sous la Restauration, appartiennent au même système.

Tantôt, la Ville étant forcée d'émettre des obligations, l'administration du Mont-de-Piété est invitée à en souscrire une partie; tantôt, la Ville ayant demandé une avance provisoire à la Caisse d'amortissement, le Mont-de-Piété est appelé à rembourser cette caisse, et perçoit un intérêt de 5 et demi p. 100, en se substituant, pour les époques de remboursement, au premier créancier; tantôt la même administration fait directement des avances à la Ville, moyennant un intérêt de 5 p. 100, et, pour garantie, on pourrait dire pour gage, la Ville dépose les billets souscrits par des marchands de bois envers l'octroi, comme représentation de droits d'entrée payables à terme; tantôt le Mont-de-Piété vend simplement des rentes sur l'État, pour en prêter le capital à la même Ville besoigneuse, et ne reçoit qu'un intérêt modéré. Le remboursement de tous ces prêts du Mont-de-Piété étaient d'ailleurs complétement achevé en 1831.

Ainsi, la Ville, dans ces grandes nécessités, se procurait de l'argent de toute façon. On la voit s'adresser successivement à la Banque de France, à la Caisse des dépôts et consignations, à la Caisse d'amortissement, aux Hospices, au Mont-de-Piété, à l'octroi, puis enfin aux capitalistes, par des émissions de rentes, d'obligations, de bons de caisse, empruntant souvent pour payer des emprunts antérieurs. Mais, chose singulière, on peut dire que c'est précisément au milieu de ses malheurs et de ses embarras, qu'elle commença à fonder son grand crédit. La spéculation ne s'effraye pas toujours des désastres publics; nous en voyons encore la preuve aujourd'hui. Lorsque l'emprunteur, pays en Révolution ou fils de famille, paraît devenu solvable, et qu'il conserve des chances de prospérité future, les capitaux se plaisent à le voir sous le coup de besoins impérieux, et se débattant sous quelque mortelle étreinte. Il ne marchande pas alors les conditions et les prix;

le profit de sa richesse à venir n'est plus tout entier à lui, mais passe, pour partie, entre les mains de ses créanciers qui ont fait une excellente affaire. C'est ainsi que la Ville, ayant accru ses revenus, et ayant observé avec une fidélité ponctuelle tous ses engagements, se trouva, au bout de peu de temps, avoir la confiance complète du public, qui avait pris ses obligations dans les temps malheureux.

D'ailleurs, l'invasion ouvrit la France, non-seulement aux marchandises, mais aussi aux idées et aux progrès des nations étrangères. L'usage plein d'audace et de succès que l'Angleterre venait de faire du crédit, éclaira sur ce point notre pays et ses hommes d'affaires.

C'était près de 70,000,000 que Paris se trouvait avoir empruntés dans les premières années de la Restauration, plus de 58,000,000 pour la guerre et la disette, près de 10,000,000 seulement pour les travaux.

De 1822 à 1830, la paix ayant tout fait refleurir, la Ville, dont les ressources prenaient un assez grand développement, se trouva encouragée à recourir de nouveau à son crédit, mais pour étendre et accélérer le mouvement de ses travaux publics.

L'acquisition des terrains, qu'on devait livrer à la Compagnie concessionnaire du canal Saint-Martin, motiva en 1822 une aliénation de rentes, pour. . .	8,000,000 fr.
Le prix d'une partie du lit supérieur de la rivière d'Ourcq, fut soldé en 1824 par une autre émission produisant.	600,000
En 1828 et en 1829, des travaux intérieurs, dont on pressait l'exécution, nécessitèrent des emprunts au Mont-de-Piété et à la Caisse des dépôts et consignations, pour une somme totale de. . .	4,000,000
A reporter.	12,600,000 fr.

Report.	12,600,000 fr.

En outre, des acquisitions faites sous condition de payements à termes, grevèrent la Ville d'une charge de. 2,757,238

Il s'agissait de terrains achetés pour les canaux; de terrains pour l'établissement d'une halle aux cuirs; de l'achat du Collége Rollin.

Enfin, des terrains livrés à la voie publique, soit pour donner passage à des rues nouvelles, soit pour construire à l'alignement régulier, attendaient pour être payés une expertise. Ils étaient évalués à. 5,402,847

Ensemble. . . 20,760,085 fr.

On voit quelles diverses formes d'emprunts avaient été déjà pratiquées par l'Administration municipale : émissions d'obligations, avec ou sans primes, emprunts sur dépôt de titres, aliénation d'un revenu à une Compagnie d'exécution, acquisitions à termes, etc.

En 1830, nouvelle révolution, nouveaux malheurs, nouvelles dépenses infructueuses, nouveaux emprunts. A la suite des événements, il y eut, comme de raison, des dégâts à réparer, des secours à distribuer, des frais d'opérations militaires à solder. Les émeutes produisirent des chômages, qui jetèrent une partie de la population dans de nouvelles émeutes; le pain devint cher, et le choléra sévit. Les fléaux s'accompagnent ou naissent l'un de l'autre. La Ville eut recours à ses expédients ordinaires : elle obtint du Trésor public une avance de 2 millions, et une loi du 29 mars 1831 l'autorisa à emprunter 15 millions. Mais l'adjudication, cette fois, ne put réussir.

Cependant, les besoins d'argent étaient extrêmes; les recettes étaient fort diminuées; les produits de l'octroi, qui s'étaient élevés en 1829 à 25 millions et demi, tombèrent, en 1831, à moins de 20 millions. Quelques dettes municipales exigeaient un prompt remboursement : on devait au Mont-de-Piété plus de 5 millions, dont il ne pouvait se passer, par suite de la détresse publique; des acquisitions à terme exigeaient un payement d'autant plus ponctuel, que les créanciers se ressentaient plus durement du malaise général. Les années 1830 et 1831 réglaient leurs comptes par un gros déficit. La Banque de France était bien venue au secours de la Ville, et lui avait prêté près de 11 millions, sur le dépôt des 15 millions de titres qu'on n'avait pas pu émettre. Il fallait cependant sortir de ce redoutable provisoire; l'année 1832 s'annonçait, dès son début, comme devant aboutir à un troisième déficit. On reconnut que 15 millions d'emprunt étaient bien loin de suffire, et l'on fut autorisé, après une année, jour pour jour, le 29 mars 1832, à emprunter 40 millions.

L'adjudication d'un emprunt peut faire porter la concurrence entre les soumissionnaires, soit sur le montant du capital qu'ils offrent de verser pour acheter des obligations portant un taux fixe d'intérêts, déterminé à l'avance, ce qui avait eu lieu dans plusieurs occasions antérieures, soit sur le taux de l'intérêt dont ils sont disposés à se contenter pour le versement d'un capital fixe et déterminé. C'est ce dernier mode qui fut suivi dans l'adjudication du nouvel emprunt, qui eut lieu à un intérêt de 4,87 1/2 pour 100, y compris l'évaluation de la chance moyenne appartenant à chaque obligation dans le tirage des lots. Le remboursement devait s'opérer en vingt années. Au jour de l'adjudication, la rente de l'État, 5 0/0, était cotée 97 fr. 85 c., ce qui représentait un intérêt de 5,10 environ. Le crédit municipal semblait dépasser celui de l'État.

L'avance de 2 millions faite par le Trésor public à la

Municipalité, en 1830, ne fut pas comprise parmi celles que l'emprunt de 40 millions était destiné à couvrir, c'est donc 42 millions qui s'ajoutèrent à la dette de la Ville, sous le Gouvernement de juillet.

Si l'on récapitule ces charges on trouve que la Ville a emprunté :

De 1807 à 1814..............	19,446,577 fr.
De 1814 à 1818 pour les frais de guerre et autres...... 58,557,594	
Pour travaux......... 9,174,628	67,732,222
De 1822 à 1828.............	20,760,085
De 1830 à 1832.............	42,000,000
En tout.......	149,938,884 fr.

A la fin de 1848, la Ville, par une observation fidèle des engagements qu'elle avait souscrits, avait amorti :

De 1807 à 1829.............	53,831,796 fr.
De 1830 à 1848.............	71,657,511
Total...........	125,489,307 fr.

On ne devait donc plus, au début de 1849, que 24 millions et demi, dont 12,330,000 francs aux Hospices, et le surplus qui devait être complétement remboursé en 1853 à des titulaires de rentes émises de 1815 à 1822, et aux derniers porteurs des obligations de l'emprunt de 40 millions [1].

---

[1]
Montant des dettes................	149,938,884 fr.
Remboursements effectués.............	125,489,307
Restait dû, en 1848................	24,449,577 fr.
Dont : aux hospices............ 12,330,577 fr.	
En rentes, de 1815 à 1822......... 2,590,000	
Solde de l'emprunt de 40 millions..... 9,529,000	
Total égal...........	24,449,577 fr.

Ce qui paraît digne de remarque, dans cet exposé que j'ai tâché de rendre clair, c'est que les appels faits au crédit municipal dans la première moitié de notre siècle, pour les travaux de la paix, ont constitué la moindre partie des charges de la Ville, un tiers environ, qui se compose de 19 millions et demi avant 1814, de 10 millions au commencement de la Restauration, et d'une vingtaine à la fin, en tout, 50 millions. Si, d'autre part, on récapitule les emprunts dont le produit a été absorbé par suite des troubles, des fautes et des calamités publiques, durant la même période, on trouve 58 millions pour 1814 et 1815, 42 millions pour 1830 et les deux années d'émeutes qui ont suivi ; ensemble, 100 millions, soit les deux tiers de la dette.

Les 25 millions qu'on allait emprunter en 1849, allaient accroître ce dernier chiffre ; ils étaient une part de la rançon de 1848.

CHAPITRE V

Mise à l'enchère de l'emprunt de 25 millions. — Les commissaires municipaux : M. Lanquetin, M. Riant, M. Galis. — Insuffisance de la première soumission. — Correction du cahier des charges; adjudication. — Emprunt départemental de six millions. — Le minimum n'est pas couvert. — Concession directe.

Dès l'ouverture de 1849, peu de jours après son installation, M. Berger réunit le Conseil municipal, ou la Commission qui en tenait lieu, pour délibérer sur le mode d'émission du nouvel emprunt. Au bout de quelques séances, on se mit d'accord.

La Commission formée en 1848 n'avait subi presque point de changements : M. Boulay (de la Meurthe), cet excellent homme, qui, du temps de M. de Rambuteau, avait consacré une bonne partie de son temps et de ses efforts aux progrès de l'instruction primaire et à l'éducation des enfants pauvres, qu'il n'oublia jamais, même dans son testament, avait donné sa démission, en recevant de l'amitié du prince Louis Napoléon les fonctions de vice-président de la République. Il fut remplacé par M. Germain Thibaut, négociant de la rue du Sentier, partisan de l'ordre, s'il en fut, et qui ne suscita jamais d'embarras au Préfet. Les membres influents de cette assemblée, surtout en matière de finances, avaient appartenu, pour la plupart, à l'ancien Conseil et ne manquaient ni de bonnes intentions ni d'expérience. Je ne parle pas de M. Arago, qui dominait tout par l'illustration de son nom, par l'autorité de sa parole; les dispositions du cahier des charges de l'emprunt n'attirèrent pas son attention. Je ne crois pas non plus que M. Horace Say, le savant économiste, secrétaire du Conseil, se soit occupé de ces détails, quoiqu'il eut approuvé le projet d'emprunt, dans une brochure publiée en 1847. Mais d'autres personnes concoururent, avec le Préfet, à préparer et à diriger l'opération financière.

Je vois parmi les commissaires spéciaux, qui assistèrent M. Berger pour la fixation du minimum des soumissions admissibles, et qui surveillèrent l'adjudication, MM. Lanquetin, Riant, Galis.

M. Lanquetin, négociant en vins, homme studieux, attentif aux détails, capable de traiter une affaire avec plus de circonspection que de profondeur, modéré, quoique opiniâtre, jouissait, dans l'enceinte du Conseil, d'une confiance que lui méritaient son application laborieuse et la netteté de ses avis.

M. Riant, ancien notaire, était le chef d'une famille fort riche en immeubles productifs, mais aussi, en terrains situés à la place de l'Europe et aux environs, qui ne donnaient aucun revenu. Il devait attacher légitimement un grand prix à la prospérité de la Ville et à la reprise des travaux ; en attendant, il était, comme la plupart de ses collègues du Conseil, très-méticuleux sur les clauses des contrats qu'avait à passer la Ville. Il montrait d'ailleurs, dans sa verte vieillesse, beaucoup de vivacité et d'entrain. Je le vois encore expliquer, en langage imagé, comment, dans l'ancien Conseil général, il avait fait adopter, pour la création des routes départementales et des chemins vicinaux de grande communication, le système des trois cercles concentriques unissant entre elles les communes échelonnées le long des routes royales qui rayonnaient autour de Paris, de sorte que le réseau de ces communications fût une toile d'araignée gigantesque. Rien n'était plus sensé, pour le Département de la Seine, dont le centre projetait dans toutes les directions, vers les extrémités du territoire, de magnifiques voies, sans qu'on pût facilement passer de l'une à l'autre dans la banlieue, même la plus voisine, à moins de traverser Paris, c'est-à-dire de faire le chemin double. C'est ce que nous voyons aujourd'hui pour les chemins de fer, qu'il est indispensable de relier entre eux, à de courtes distances de Paris, par des lignes circulaires. Mais, les idées de M. Riant, surtout en matière de finances, n'étaient pas toujours aussi justes.

M. Galis, ancien avocat, était de tous le plus habile. Il exerçait la plus grande influence, sur ses collègues par une sorte d'intimidation, sur les affaires, par la critique la plus clairvoyante et la plus obstinée. Personne n'a jamais mieux représenté à l'imagination un de ces anciens et rudes échevins, gardiens inquiets des prérogatives municipales, ardents à la recette, avares à la dépense, contradicteurs infatigables du Prévôt des marchands et des gens du Roi, toujours prêts à la fronde, volontiers factieux en paroles et en même temps durs aux faibles. Voici comment le dépeignait devant moi un de ses collègues : « M. Galis est un homme robuste et trapu. Son front est intelligent; ses yeux sont petits mais pleins de feu. Sa bouche, large et dont la mâchoire inférieure est proéminente, semble faite pour mordre et ne point lâcher sa proie. Quant il parle, il accentue ses paroles avec une fermeté cassante. Il a de l'esprit, mais ne sourit que de ses malices et de celles d'autrui. Il est doué d'une dialectique subtile et implacable; mais il s'élève rarement aux idées généreuses et bienveillantes. Blâmer est sa joie; refuser est sa conclusion favorite. Ce qu'il aime par-dessus tout, c'est découvrir un abus auquel personne n'a songé, s'en faire un triomphe et désoler quelqu'un. »

Mais, il s'agit de l'emprunt de vingt-cinq millions. Je ne dois pas m'arrêter plus longtemps à ces portraits, auxquels il y aurait lieu d'ajouter tous ceux des autres conseillers qui faisaient partie du comité des finances. Il y faudrait, pour qu'ils fussent ressemblants, le pinceau de quelque Largillière. Je demande même pardon aux personnes ayant quelque lien avec les honorables originaux d'en avoir esquissé plusieurs. M. Galis lui-même, j'en suis sûr, s'amusera de voir raviver le souvenir de ses anciennes campagnes municipales; il rira du trouble que cause encore peut-être son nom à quelques-uns de ses anciens collègues, et même, au delà de la tombe, à l'ombre du bon M. de Rambuteau.

Quoi qu'il en soit, dans la préparation de l'emprunt, on était, à l'Hôtel de ville, trop animé de cet esprit municipal un peu exclusif, un peu étroit, qui avait parfois paralysé l'ancienne administration par une économie excessive et des précautions superflues. Il s'agissait de faire la première épreuve du crédit de la Ville, après les désordres révolutionnaires. Le succès importait, pour mille raisons. Mais, en rédigeant le cahier des charges qui devait servir à l'adjudication, on parut se préoccuper moins de réussir que de prendre des sûretés contre des adjudicataires futurs. On stipula, par exemple, que, en cas de non-exécution des clauses du contrat, la Ville pourrait procéder contre eux par la folle enchère, sans songer qu'on avait le droit d'éliminer par avance les soumissionnaires qui ne seraient pas jugés sérieux; qu'on avait contre eux la garantie de leur cautionnement; qu'il est bien difficile d'avoir recours à la forme sommaire de la folle enchère, lorsqu'il s'agit d'une affaire de 25 millions; enfin, que, même dans l'hypothèse d'un tel contrat à dénouer, une nouvelle adjudication au rabais ne ruinerait pas seulement les adjudicataires primitifs, mais aussi, du même coup, le crédit de la Ville.

Il n'était pas bien prudent, peut-être, dans le temps encore agité où l'on se trouvait, de montrer tant de défiance aux hommes d'affaires à qui l'on demandait d'être confiants.

L'emprunt devait être adjugé le 26 mars; il comportait un intérêt fixe de 5 pour 100, des primes et des lots, tirés au sort chaque semestre et représentant dans le calcul administratif un pour 100 par an. Le remboursement devait être complet en 1858. La concurrence était ouverte entre les soumissionnaires sur le montant du capital qu'ils consentiraient à verser pour chaque obligation de mille francs.

Le jour fixé, M. Berger assisté de MM. Galis, Riant et Lanquetin, tint la séance d'adjudication dans la salle du Trône, qu'on appelait, sous la République, salle de l'Horloge. Une seule soumission était présentée : la maison de banque Bechet et Dethomas, offrait pour chaque obligation 1,005 fr. 50 c., c'est-à-dire le pair avec un appoint insignifiant. C'était de l'argent à 6 pour 100 à peu près. L'orgueil de la Ville vivement ressenti par le Préfet et les vieux conseillers, n'avait pu admettre un pareil résultat. Le minimum qui avait été préalablement fixé et déposé sur le bureau, sous pli cacheté, était supérieur à l'offre unique qui était faite. L'adjudication fut renvoyée au 26 avril. Cet échec au début de son administration, ne laissa pas de causer quelque ennui à M. Berger, qui fit aussitôt envoyer une note assez embarrassée à tous les journaux. La Ville, disait-on, n'était pas pressée; ses revenus s'amélioraient sensiblement [1]; elle pouvait attendre, avec l'aide de la Banque de France, des circonstances plus favorables.

Toutefois, on s'empressa de corriger les inutiles dispositions du cahier des charges; on retrancha la clause de la folle enchère, en cas de non-versement, et, pour couvrir cette concession, on porta de 1 million à 2 millions le cautionnement à verser par les soumissionnaires, ce qui ne

---

[1] L'octroi qui avait reçu, du 1er janvier au 23 mars 1847, 7,122,985 francs, et seulement 6,173,503 francs pendant la même période de 1848, quoique la révolution n'eût éclaté qu'à la fin de février, avait donné en 1849, pour le même temps, une recette de 6,772,443 francs. La recette totale de l'année 1847 avait atteint 34 millions et demi; elle était descendue, en 1848, à 26 millions et demi, elle remontait en 1849 à 33 millions.

pouvait ni arrêter ni gêner aucune maison sérieuse. Dans l'intervalle, une concurrence s'était formée. Le 26 avril, on eut deux soumissions : l'une, de MM. Cusin et Legendre à 1,066 fr. 65 c.; l'autre, de MM. Bechet et Dethomas à 1,105 fr. 40 c. Ces derniers furent déclarés adjudicataires. Cette fois le succès était obtenu : l'emprunt, au lieu de 25 millions, devait donner 27,635,000 francs, et l'intérêt à payer s'abaissait par le fait de 6 pour 100 à 5,43. Ce même jour, le 5 pour 100 était coté à la bourse 87 fr. 65 c., soit 5 fr. 70 c. d'intérêt. L'Hôtel de ville, grâce à l'appât de la loterie, conservait encore l'avantage sur le crédit de l'État.

Une autre opération d'emprunt faite, non par la Ville, mais par le Département de la Seine, se rattache étroitement à l'emprunt municipal de 25 millions. Il convient d'en dire ici quelques mots.

Les affaires du Département de la Seine, qui sont toujours presque connexes à celles de Paris, y étaient, en 1849, plus étroitement unies que d'ordinaire, puisque la même Commission, instituée en 1848 sous le nom de Commission municipale et départementale, décidait des unes et des autres. Le Département de la Seine avait subi naturellement, et de plus près que tout autre, le contre-coup des événements de 1848. Ses embarras avaient été les mêmes que ceux de la Ville. Ses recettes avaient diminué, ses dépenses extraordinaires, par suite des troubles et de la misère publique, avaient augmenté. Il avait été autorisé à emprunter 6 millions. En attendant, la Banque de France, cette providence secourable des caisses publiques en détresse, avait avancé 3 millions au Département, sur la garantie de la Ville.

Cet emprunt départemental ne fut mis en adjudication que le 31 juillet, quelques mois après l'emprunt municipal. Il éprouva tout d'abord le même échec. Le taux du minimum fixé ne fut pas couvert. MM. Béchet et Dethomas entrèrent en pourparlers avec M. Berger, au sujet d'une concession directe. La situation générale des choses était moins bonne qu'au mois d'avril. Les espérances d'ordre et de sécurité, qu'avait fait naître le nouveau gouvernement, avaient été affaiblies par des élections en partie démagogiques et par des symptômes de lutte qui se manifestaient entre l'Assemblée nationale et le Président de la République. Le Préfet ne put s'entendre avec les honorables banquiers, sur le prix de l'émission. La Commission municipale et départementale parlait déjà d'avoir recours à une souscription publique, système dont le Gouvernement conseillait l'emploi, lorsque les maisons Rougemont de Lowemberg et Sellière offrirent de prendre les obligations au prix de 1040 francs chacune. L'intérêt ressortait ainsi à 5 fr. 77 c. à peu près, soit 1/3 pour 100 de plus que l'intérêt attribué à l'emprunt municipal. Cette offre n'en fut pas moins acceptée.

CHAPITRE VI

Extension de la dette par le rachat du péage des ponts. — Construction des ponts. — Concessions. — Dégâts révolutionnaires. — Rachat.

La nouvelle dette municipale résultant de l'emprunt de 25 millions ne fut pas la seule que la révolution de 1848 laissât après elle. Il y faut ajouter les annuités que la Ville dut s'engager à payer pendant un long espace de temps pour le rachat du péage des ponts, et qui forment encore aujourd'hui une de ses charges.

Il existait à Paris, lors des événements de février, dix ponts à péage. C'étaient les ponts et passerelles d'Austerlitz, de la Cité, des Arts, de l'Allée-d'Antin (des Invalides), de la Grève (plus tard nommé pont d'Arcole), de l'Archevêché, Louis-Philippe, du Carrousel, de Damiette et de Constantine. L'insurrection ne manqua pas de détruire, soit en les démolissant, soit en y mettant le feu, les édicules qui servaient sur chacun de ces ponts à la perception des droits de passage. Plusieurs ponts furent endommagés par suite de ces violences et de ces incendies. Les Compagnies réclamèrent naturellement, du Gouvernement et de la Ville, la réparation des destructions matérielles, une indemnité pour tout le temps que durerait la suspension de leur perception, et les mesures nécessaires pour qu'elles fussent rétablies sans trouble et sans péril dans la jouissance de leurs concessions. Tout d'abord, la chose était plus aisée à demander qu'à faire. La population armée et sans cesse ameutée n'aurait pas souffert la restauration du péage. Les Compagnies n'entendaient faire d'ailleurs que des actes conservatoires, et n'étaient pas pressées de courir les chances d'une lutte. On se mit donc promptement en pourparlers au sujet du rachat des péages. Ce ne fut pourtant qu'au commencement de 1849 que l'on tomba d'accord avec l'une des Compagnies, la plus importante du reste, dite Compagnie des anciens ponts, et qui était concessionnaire des ponts d'Austerlitz, de la Cité et des Arts; les autres traités suivirent à divers intervalles.

L'opération considérée au point de vue financier était, pour la Ville, une bien mauvaise affaire. Les trois ponts dont il s'agit avaient été construits sous le Consulat et l'Empire. Avant leur établissement, on ne traversait la Seine que sur un petit nombre de points : 1° par le pont Notre-Dame et le Petit-Pont, dans le prolongement de la grande artère, de la rue Saint-Martin à la rue Saint-Jacques, à travers la Cité; 2° par le pont au Change et le pont Saint-Michel, construits également sur les deux bras du fleuve et mettant en communication la ligne de la rue Saint-Denis avec celle de la rue de la Harpe; 3° par le Pont-Neuf, à la pointe de la Cité; 4° par le Pont-Marie et le pont de la Tournelle, dans la traverse de l'île Saint-Louis; 5° par le pont Royal; 6° par le pont Louis XVI, depuis, pont de la Concorde. Hormis ces deux derniers, tous les autres, comme on voit, desservaient la vieille Lutèce et les communications manquaient évidemment en amont et même en aval de ce centre de Paris. L'Empereur fit construire entre le faubourg Saint-Antoine et le quartier du jardin des Plantes le pont d'Austerlitz. Il ordonna l'établissement du pont des Arts, qui ne sert qu'au passage des piétons du Louvre à l'Institut, sur la partie du fleuve comprise entre le Pont-Neuf et le pont Royal. Il fallait aussi mettre en communication la Cité et l'île Saint-Louis, car on ne pouvait jusqu'alors aller de l'une à l'autre, quoiqu'elles se touchassent presque, si ce n'est en faisant un trajet très-considérable par l'une des deux rives de la Seine.

Le pont d'Iéna, élevé dans l'axe du Champs de Mars en face de l'École militaire, est dû aussi au premier Empire; il fut construit tout entier en pierre et aux frais de l'État.

Les trois autres furent concédés à une société anonyme, en exécution d'une loi du 24 ventôse an IX. D'après le projet tout d'abord adopté, les culées et les piles du pont d'Austerlitz devaient être en maçonnerie, les arches, en bois. Le tarif du péage était réglé par la loi : chaque personne à pied, chargée ou non, payait 0,05 c.; un carrosse à deux chevaux 0,25 c.; une chaise ou cabriolet à un cheval 0,15 c., le conducteur compris; chaque cheval d'augmentation 0,05 c., etc. La concession des trois ponts ne devait pas durer au delà du 1er vendémiaire an XXXVI (23 septembre 1827). Mais l'emploi de la fonte, pour ces sortes de travaux, était déjà répandue en Angleterre. On ne voulut pas demeurer en arrière de ce progrès, et l'on demanda à la Compagnie de substituer la fonte au bois, pour l'établissement des arches. Une modification analogue fut faite au projet des autres ponts et, en échange, on prolongea la durée de la concession, à raison d'une année pour chaque somme de 40,000 francs qui serait dépensée au delà de 1 million, évaluation primitive des déboursés. On croyait que ce supplément de frais, nécessité par l'emploi de la fonte, n'excéderait pas 630,000 francs [1]; d'où serait résulté pour la Compagnie un accroissement d'environ seize années de jouissance. C'était déjà fort considérable, car on devait prévoir un développement progressif des produits. Mais, en fin de compte, les ingénieurs de l'État, sous la direction desquels les travaux furent exécutés, constatèrent une dépense totale de 3,790,997 fr. 81 c. La concession se trouva ainsi prorogée de droit, non plus, comme on l'avait pensé, jusqu'à 1842 ou 1843, mais, jusqu'au 30 juin 1897. Une telle erreur d'appréciation s'explique dans une

---

[1] *Notice historique sur les ponts de Paris*, par M. Féline-Romany, ingénieur en chef des ponts et chaussées, 1864, p. 38.

certaine mesure, par cette circonstance que le pont d'Austerlitz a été le premier pont en métal construit à Paris. Il n'est pas moins regrettable qu'on se soit trompé à la fois sur l'évaluation de la dépense, sur le développement probable de la circulation et sur la proportion raisonnable des avantages accordés à la Compagnie, en compensation de ses sacrifices. Lorsqu'en 1848, les péages furent violemment supprimés, ils rapportaient aux actionnaires près de 270,000 francs par année. L'annuité stipulée par le traité de rachat passé en 1849 fut basée sur la moyenne du revenu annuel des ponts, déduction faite des frais d'entretien et autres charges. Elle ressortit à 268,380 francs, ce qui formait, du 24 février 1848 au 30 juin 1897, un total de 13,243,052 fr. 50 c.

D'autres ponts à péage furent élevés, soit par le gouvernement de la Restauration, soit par le gouvernement de Louis-Philippe. Le 6 décembre 1827, une Ordonnance royale concéda à une Compagnie, qu'on appela Compagnie des nouveaux ponts, la construction et l'exploitation de trois ponts : 1° un pont suspendu à deux voies en face de l'allée d'Antin; 2° une passerelle suspendue, mais pour piétons seulement, entre la place de l'Hôtel-de-Ville et l'île de la Cité, à peu près au point où est aujourd'hui le pont d'Arcole; 3° un pont fixe à la pointe de la Cité dans le prolongement de la rue des Bernardins, et qui fut nommé pont de l'Archevêché. Le droit de péage était concédé à la Compagnie pour une durée de quarante-cinq ans, à partir du 1er janvier 1831. Le traité de rachat ne fut conclu que le 10 mai 1850. Il stipula de la part de la Ville une indemnité annuelle de 101,320 francs payables jusqu'au 1er janvier 1876.

Enfin, deux autres ponts et deux passerelles avaient été également concédés, moyennant péage, sous la monarchie de

---

[1] Laurent, *Résumé statistique des recettes et des dépenses de la ville de Paris*, p. 103.

juillet : un pont suspendu en fil de fer appelé, du nom du Roi régnant, pont Louis-Philippe, unissait le quai de la Grève à l'île Saint-Louis et complétait ainsi, avec les ponts de la Cité et de l'Archevêché, une communication d'une rive à l'autre de la Seine, en passant par les pointes voisines des deux îles de la Cité et Saint-Louis; le pont du Carrousel ou des Saints-Pères, dont le nom indique la situation; les passerelles de Damiette et de Constantine qui unissaient, la première, le quai des Célestins, l'île Louviers et l'île Saint-Louis; la seconde, l'île Saint-Louis et le quai Saint-Bernard, en face de la Halle aux vins.

Voici, en résumé, quels furent les engagements contractés par la Ville, en conséquence de ces rachats :

	Annuités.	Total.
Compagnie des trois anciens ponts.	268,380 fr. jusqu'au 30 juin 1897.	13,243,052 » »
Compagnie des trois nouveaux ponts.	101,320 fr. jusqu'au 1er janvier 1876.	2,708,327 » »
Pont Louis-Philippe.	50,000 fr. jusqu'au 26 juillet 1883.	1,770,822 » »
Pont du Carrousel.	100,000 fr. jusqu'au 1er novembre 1867.	1,766,656 » »
Passerelles de Damiette et de Constantine.	Somme une fois payée.	194,945 25
		19,683,802 25

J'emprunte une bonne partie de ces détails à une brochure, pleine de renseignements techniques et historiques d'un grand intérêt, qui a été publiée par M. Féline-Romany, ancien ingénieur en chef de la navigation, aujourd'hui inspecteur général en retraite. Il remarque que l'établissement de ces ponts, dans des conditions de durée et de stabilité parfaite, n'aurait certainement pas coûté la moitié des 20 millions qu'aura payés la Ville, indépendamment de l'impôt prélevé sur le public antérieurement à 1848. Il en conclut, avec beaucoup de raison, que ce mode de concession n'est guère praticable, quand il s'agit de l'établissement de ponts dans une ville comme Paris, où la circulation prend nécessairement, avec le temps, des proportions impossibles à prévoir et à calculer. Si l'on eût maintenu, pour terme de la concession des trois anciens ponts, la date du 23 septembre 1827, on aurait ruiné les actionnaires; tandis que, par une prorogation jusqu'à 1897, on les a enrichis hors de toute mesure.

L'Administration municipale ne s'était pas résignée, sans de vifs débats, à supporter seule le poids de cette opération. Les ponts sur la Seine sont la propriété de l'État, ils sont construits ordinairement de compte à demi aux frais du Trésor public et de la Municipalité. D'ailleurs, les dommages que les ponts avaient soufferts et la suppression violente des péages étaient le fait d'insurrections. Or, les conséquences des troubles publics, dans la capitale, retombaient, d'après la jurisprudence, à la charge de l'État. Mais le Gouvernement opposa à ces réclamations une résistance invincible; il accorda seulement à la Ville, comme à titre de transaction, que la part de l'État, dans l'entretien du pavé de Paris qui n'était à cette époque que de 550,000 francs par an, serait augmentée d'une somme de 250,000 francs. Cette satisfaction n'était qu'apparente. En effet, il semble juste que l'État supporte la moitié de la charge de l'entretien du pavé dans Paris, qui est traversé en tous sens par les routes nationales. Le compte de 1849 constate [1] que les frais de cet entretien n'ont pas été moindres de 1,740,000 francs dans le cours de l'exercice, quoique le service ait été fait d'une manière incomplète. La moitié de cette somme dépasse les 800,000 francs que l'État consentait à payer. Il n'y avait donc point, en réalité, de transaction au sujet des rachats de péage; mais la Ville se contenta d'obtenir gain de cause sur un des points qui étaient alors contestés.

Si l'opération était très-onéreuse, il faut bien convenir

---

[1] Page 149.

qu'elle était indispensable, non pas qu'on eût raison de céder à la crainte d'émeutes, mais les besoins de la circulation étaient de toute évidence : on ne pouvait pas, dans une capitale dont la population croissait selon une proportion énorme, continuer à exiger une redevance pour communiquer d'une rive à l'autre de la Seine, sur des points aussi fréquentés que ceux qui avoisinent le jardin des Plantes, la Halle aux vins, les abords de l'Hôtel de Ville, le Louvre, le Carrousel, les Invalides. On pouvait encore moins se résoudre à interdire ces passages aux pauvres gens, qui avaient à les pratiquer chaque jour et qui se trouvaient hors d'état de payer un impôt, considérable à force d'être répété. Il est probable qu'au bout d'un certain délai, le rachat eût été effectué spontanément par les pouvoirs publics, sans le fait criminel de la brutalité populaire. Quoi qu'il en soit, à la dette nouvelle de 25 millions, que les intérêts, les lots et les primes portaient à 36 millions, s'ajoutaient désormais 20 millions, conséquence du rachat des péages.

CHAPITRE VII

Étendue de la tâche imposée au nouveau Préfet. — Projet de l'achèvement du Louvre, — de l'ouverture de la rue de Rivoli, — de l'isolement de l'Hôtel de ville. — Temps perdu en négociations parlementaires et municipales. — Boulevard Mazas et rue de Lyon. — Deux tendances contraires.

La réalisation de l'emprunt avait dégagé les finances de la Ville et fourni à son administration les moyens indispensables pour subsister, et pour agir dans une certaine mesure.

Il y avait à reprendre les projets du temps de M. de Rambuteau : la création des halles centrales, l'élargissement des rues Montmartre, Saint-Denis, de la Harpe, des Mathurins, du quai Saint-Paul ; l'ouverture de plusieurs rues nouvelles pour commencer le dégagement des gares de Lyon et de l'Est ; l'agrandissement de la Sorbonne, des Colléges Louis-le-Grand et Henri IV, la continuation de l'église Sainte-Clotilde et de l'hôpital Lariboisière ; la construction de diverses mairies, etc. Il y avait aussi à répondre au vif désir exprimé par le Gouvernement d'entreprendre immédiatement, avec le concours de la Ville, l'achèvement du Louvre et le prolongement de la rue de Rivoli. Il y avait enfin à prévoir, pour un temps très-prochain, un développement prodigieux de la circulation dans Paris, aussitôt que les chemins de fer y feraient affluer les voyageurs, les marchandises et les affaires. Je ne parle pas de l'amélioration des services municipaux dont plusieurs laissaient beaucoup à désirer. Les lenteurs trop économiques de l'administration du dernier règne, l'ajournement forcé de toute entreprise en 1848 avaient démesurément grossi la tâche de la nouvelle Administration municipale.

Dès les premiers jours de janvier, on s'occupait d'un projet pour l'achèvement du Louvre. Le roi Louis-Philippe avait échoué dans sa tentative pour terminer ce palais magnifique, l'une des œuvres les plus patiemment poursuivies de la monarchie française. Le Gouvernement provisoire de 1848 avait eu la prétention d'en venir à bout. L'intention était louable ; mais l'entreprise dépassait les forces de ceux qui la tentaient. Rien ne témoignait mieux de leur impuissance que les termes ridicules auxquels ils croyaient devoir recourir pour excuser leur décret devant une démocratie inintelligente et jalouse. « Considérant, disaient-ils, que le concours du peuple et son dévouement donnent au Gouvernment provisoire la force d'accomplir ce que la monarchie n'a pas pu faire......, décrète : Art. 1er. Le palais du Louvre sera achevé ; 2° il prendra le nom de palais *du Peuple* ; 3° il sera destiné à l'exposition de peinture, à l'exposition des produits de l'industrie, à la Bibliothèque nationale ; 4° le peuple des travailleurs est appelé tout entier à concourir aux travaux de l'achèvement du Louvre ; 5° la rue de Rivoli sera continuée d'après le même plan..... »

Malgré ces flatteries envers le Souverain qu'on s'était donné sous le nom de Peuple, on ne parvint point à émouvoir l'opinion en faveur d'une œuvre qui peut être le luxe et l'orgueil d'une nation florissante, mais qui ne saurait plaire à la foule animée seulement par des instincts envieux, grossiers et destructeurs. Il est à peine besoin de dire qu'aucune suite ne fut donnée à ce décret. Plus tard, le président de la République n'avait pas beaucoup plus de chance de réussir, ayant à traiter avec une majorité parlementaire moins accommodante et plus divisée que celle devant laquelle s'était brisée la volonté de Louis-Philippe. Cependant, le nouveau projet était conçu dans des conditions suffisamment républicaines et reproduisait les dispositions principales de celui de 1848. Il ne s'agissait nullement de disposer le Louvre pour la convenance d'un Souverain, mais seulement d'y établir des services publics. On devait transférer la Bibliothèque dans la galerie septentrionale à élever du côté de la rue de Rivoli, et aménager dans des constructions annexes et dans une partie de la galerie du bord de l'eau les localités nécessaires pour l'exposition annuelle de peinture et de sculpture et pour les expositions périodiques des produits de l'industrie. La rue de Rivoli s'arrêtait alors à la rue de Rohan. On se proposait, d'après le nouveau plan, conforme en ce point à un autre décret du Gouvernement provisoire [1], également demeuré sans exécution, de pousser en avant cette grande voie publique le long de la nouvelle galerie, jusqu'à la place de l'Oratoire, où elle aurait abouti en faisant retour d'équerre, sans dépasser ainsi les limites du palais à l'est.

La dépense était évaluée comme il suit :

Acquisitions de terrains pour l'achèvement du Louvre..................	6,380,000 fr.
Travaux de construction............	23,000,000
Acquisitions de terrains pour le prolongement de la rue de Rivoli.......	3,120,000
Total.........	32,500,000 fr.

Une Commission avait été formée pour préparer le projet[2]. A la fin de janvier, elle présentait un rapport favorable ; elle proposait d'accepter l'offre de Compagnies qui se chargeaient de faire l'avance, à l'État, des sommes nécessaires pour l'entreprise et consentaient à recevoir en payement certains immeubles nationaux. La partie de la dépense applicable au prolongement de la rue de Rivoli, soit, par évaluation,

---

[1] Décret du 3 mai 1848.
[2] Composée de MM. Havin, Bavoux, Jobez, Boulatignier, Buffet.

3,120,000 francs, devait être mise à la charge de la Ville. Le Conseil municipal fut immédiatement consulté par les soins de M. Léon Faucher, Ministre de l'intérieur, qui avait pris le projet fort à cœur. Le Conseil ne fit pas attendre sa délibération. Seulement, il ne voulut consacrer à cette dépense la somme qu'on lui demandait qu'à titre de forfait, en rejetant sur l'État les risques de l'entreprise. Il demandait en outre que des passages publics fussent ouverts, pour les voitures ou pour les piétons, vis-à-vis de la rue de Rohan, du pont du Carrousel et du Palais-Royal; qu'un second guichet fût établi pour les voitures en face de la rue de l'Échelle et un guichet pour les piétons sur le quai du Louvre, dans l'axe des passages à ouvrir devant le Palais-Royal. Enfin, il exprimait le désir que le Gouvernement réservât à l'avenir la possibilité d'un prolongement de la rue de Rivoli au delà de la place de l'Oratoire et jusqu'à l'Hôtel de ville. Il importait, pour cette cause, qu'on ne donnât pas suite à la pensée que laissait entrevoir le Ministre des finances, d'aliéner l'Hôtel de la Caisse d'amortissement et l'Hôtel d'Angivilliers sur le terrain desquels devait passer la rue de Rivoli, dans l'hypothèse d'un prolongement ultérieur.

Ce n'était là qu'un commencement de négociations. Le Gouvernement avait à traiter non pas seulement avec la ville de Paris qui était, dans une certaine mesure, placée sous sa dépendance, mais encore avec l'Assemblée nationale, de qui il dépendait à son tour. Ces deux puissances étaient difficiles à mettre d'accord : l'Assemblée ressentait presque tout entière, à l'égard de Paris, cette disposition jalouse qui empêche souvent les départements de reconnaître ce qu'il y a de national dans les merveilles de l'architecture et des arts dont s'enorgueillit la capitale; la Municipalité parisienne éprouvait la crainte de se voir trop mal partagée dans la répartition de la dépense; elle se retranchait dans son droit et se hérissait de difficultés, comme on le fait quand on suspecte l'équité d'autrui dans la rédaction d'un contrat.

On présenta à l'Assemblée un projet qui, après certaines rectifications dans le calcul de la dépense, mettait 31 millions à la charge de l'État, prévoyait l'exécution de l'entreprise en trois ans et demandait 12 millions pour la première année, en écartant l'intervention des Compagnies comme devant être onéreuse.

Les ressources proposées consistaient dans l'aliénation de divers immeubles, au nombre desquels étaient compris des lots de forêts et même quelques parties du bois de Boulogne et du bois de Vincennes. Les détails et l'ensemble furent assez mal accueillis dans les bureaux. Des financiers, comme M. Achille Fould, protestaient contre les aliénations de bois. Des lettrés, des orateurs, comme M. de Montalembert, s'opposaient à la démolition du bâtiment de la Bibliothèque nationale et à la translation des livres dans le Louvre où était déjà la galerie des tableaux. En cas d'incendie du monument, quel regret n'aurait-on pas d'avoir entassé tous les trésors de la littérature et des arts dans le même palais! Beaucoup de députés de la province jugeaient que 31 millions consacrés à un seul monument de Paris pèseraient lourdement sur les finances publiques. Ne valait-il pas mieux que l'État employât son argent à presser l'exécution des chemins de fer, qui répandraient la vie sur toute la surface du territoire? Quant à la Ville de Paris, on lui conseillait d'ajourner l'opération, toute de luxe, du prolongement de la rue de Rivoli et de faire, pour ses 3 millions, des percements plus utiles aux quartiers pauvres. En résumé, le projet ne trouvait nulle part dans l'Assemblée un accueil favorable.

Cependant, la Commission parlementaire ne se prononça pas négativement sur le tout. Elle voyait bien que l'opinion éclairée désirait l'achèvement du Louvre. C'était une honte que, depuis si longtemps, un des plus beaux palais du monde fût déshonoré par le hideux quartier dont il renfermait les restes dans son enceinte et qu'une galerie complémentaire, qui devait clore l'édifice, ne fût pas construite au bout d'un demi-siècle! D'ailleurs, la Commission ne pouvait disconvenir que le percement projeté fût précisément un de ceux que l'on recommandait à la Ville pour faciliter la circulation et aboutir à des quartiers pauvres.

Ballottée entre des sentiments contraires, la Commission se décida pour un contre-projet qui ajournait toute construction, c'est-à-dire la très-grande part de la dépense, et qui réduisait provisoirement l'entreprise aux démolitions et aux travaux indispensables pour le déblai de la place du Carrousel et de l'emplacement de la future galerie, ainsi que pour le prolongement de la rue de Rivoli. Le tout devait être terminé en trois années, par les soins de la Ville, qui ferait l'avance de la dépense et qui en supporterait la moitié. Les commissaires avaient mis toute leur habileté dans cette dernière clause. Le projet primitif ne portait, au compte de la Ville, que la rue de Rivoli pour 3,120,000 francs, et laissait au compte de l'État les acquisitions de terrains pour le Carrousel et le Louvre, évaluées à 6,380,000 francs. Il s'agissait donc de 10 millions pour la totalité, ce qui, dans le second projet, portait à 5 millions la part de la Ville. Le Conseil municipal ne manqua pas de se rejeter en arrière, et, sur le rapport du plus subtil et du plus obstiné de ses membres, M. Galis, il repoussa la proposition et se cantonna dans son vote de 3,120,000 francs payables à forfait, sous la condition de quelques dispositions accessoires dans la construction de l'édifice.

Les choses en étaient encore à ce point, c'est-à-dire qu'on était plus loin que jamais de s'entendre, lorsque l'Assemblée nationale fut amenée à se dissoudre et à laisser librement fonctionner la constitution qu'elle avait faite.

M. Berger dut se borner à ordonner quelques travaux d'assainissement aux abords des Tuileries et du Louvre:

c'étaient des conduites à poser pour l'écoulement des eaux, des portions de chaussées à niveler, des palissades à enlever, des cloaques à faire disparaître, etc. On avait à réparer de longues négligences, l'ajournement de dépenses d'entretien indispensables, qui avaient fini, comme toujours, par rendre les réparations tardives bien plus dispendieuses que si elles avaient été opérées en temps utile.

A peine installé, le Corps législatif reçut communication d'un nouveau projet de loi, qui différait peu de l'ancien, si ce n'est par quelques modifications du plan et surtout de l'exposé des motifs. On tâchait de répondre aux susceptibilités républicaines en consacrant les Tuileries à des collections de tableaux précieux, et de calmer les jalousies départementales, en appelant la Chambre à discuter en même temps un grand projet de chemins de fer.

Les anciennes objections reparurent et ne se laissèrent pas désarmer. Les députés-commissaires choisirent pour rapporteur M. Vitet, savant critique, mais législateur peu inventif, et ingénieux arrangeur de compromis, au moyen de l'ajournement des questions difficiles. L'avis adopté fut qu'on renverrait à d'autres temps l'achèvement du Louvre, mais qu'on ouvrirait, avec le Conseil municipal, un nouveau protocole de négociations. Après plusieurs pourparlers, après une conférence entre le Préfet de la Seine et des délégués du Conseil municipal d'une part, et la Commission parlementaire de l'autre, on tomba d'accord que la Ville exproprierait et démolirait les immeubles à renverser, soit pour le déblai du Carrousel, soit pour l'ouverture de la rue de Rivoli ; qu'elle imposerait aux constructions à élever le long de cette voie, des hauteurs et des façades uniformes avec arcades ; que cette servitude ne s'étendrait pas, comme la Commission parlementaire le demandait d'abord, jusqu'à la rue de la Bibliothèque, c'est-à-dire jusqu'à l'extrémité orientale de la nouvelle galerie du Louvre ; qu'elle s'arrêterait au

Palais-Royal; que l'opération serait faite en quatre années et que la Ville se chargerait, non plus de la moitié, mais du tiers de la dépense, quel qu'en fût le montant. Un traité fut passé en ce sens. M. Vitet en proposa la sanction à l'Assemblée législative et déclara, en ce qui concerne l'achèvement et la destination des bâtiments du Louvre, qu'il y avait de nouvelles études à faire, ce qui, selon l'expression usitée, enterrait cette partie du projet. Le vote fut conforme : à la place de la galerie ajournée on décida l'établissemeut d'une simple grille de clôture.

On était au 4 octobre; toute cette diplomatie, qui durait depuis le mois de janvier, avait opposé un obstacle insurmontable à l'ardeur du Gouvernement. L'accomplissement des prescriptions légales, en matière d'expropriations, prolongea nécessairement les délais. L'enquête sur l'utilité générale du projet avait été faite aussitôt qu'on avait pu. La seconde enquête, celle qui porte sur un plan parcellaire indiquant toutes les propriétés atteintes et qui met les propriétaires et les locataires en demeure de défendre leurs intérêts, fut faite le 15 décembre. Je trouve dans une note, que fit rédiger M. Berger pour combattre l'accusation imméritée d'agir avec trop de lenteur, l'énumération suivante des autres formalités indispensables qui devaient précéder l'exécution, avec la date de leur accomplissement :

19 décembre 1849. — Délibération d'une Commission spéciale pour la fixation des indemnités à proposer aux expropriés;

21 décembre. — Délibération de la Commission municipale sur ces propositions;

27 décembre. — Arrêté de cessibilité ou arrêté du Préfet déclarant que les expropriés sont tenus de céder à la Ville les immeubles possédés ou occupés par eux;

27 décembre. — Approbation de cet arrêté par le Ministre de l'intérieur;

28 décembre. — Jugement d'expropriation ;

Premiers jours de janvier 1850. — Offres d'indemnités ;

Du 28 janvier au 2 février. — Décision du Jury d'expropriation ;

Du 22 au 28 février. — Payements des indemnités ou dépôts à la Caisse des consignations.

Enfin, après plus de quatorze mois de préliminaires, on put procéder à l'exécution. Et il ne s'agissait encore, il ne faut pas l'oublier, que de la première section de l'opération, c'est-à-dire du prolongement de la rue de Rivoli, non pas jusqu'au bout de la galerie du Louvre, mais seulement à moitié chemin, jusqu'à la rue du Musée. Certes, on ne pouvait rendre responsables de ces délais ni le Préfet, ni la Commission municipale. Toute la faute en était aux assemblées parlementaires. Un seul reproche pouvait être légitimement adressé à la Municipalité, celui d'avoir, au dernier moment, arrêté à une limite trop restreinte, soit aux deux tiers de la longueur du Louvre, le prolongement des arcades. Rien ne justifiait une telle décision.

Il est bien vrai que les entrepreneurs de constructions n'aiment point à border d'arcades les rez-de-chaussée des maisons qu'ils élèvent : ils disent qu'une partie du terrain, le plus précieux, se trouve ainsi perdu pour eux ; que les boutiques en deviennent obscures et sont moins chèrement louées. Mais il était facile de répondre d'abord, que la question n'était pas entière, la rue de Rivoli étant commencée le long du palais dans ces conditions de splendeur monumentale ; ensuite, qu'il s'agissait de compléter, pour le public nombreux qui se presse dans ce riche quartier, une promenade couverte et une sorte de refuge contre le mauvais temps, ce qui manque presque partout à Paris ; enfin, que cette affluence même d'innombrables passants sous les arcades, rendrait aux boutiques une grande valeur. D'ailleurs, la vente de terrains en eût-elle été un peu moins fructueuse, un Conseil municipal composé d'hommes de goût ne pouvait hésiter à faire du premier coup ce sacrifice. On s'y décida plus tard, on y dépensa plus d'argent et on y recueillit quelque ridicule.

Un autre projet, également considérable, dans lequel la rue de Rivoli était encore intéressée, je veux dire l'isolement de l'Hôtel de ville, subit de semblables lenteurs et, cette fois, la faute principale paraît en avoir été à la Commission municipale. L'ancien Conseil dont les membres avaient, en grand nombre, repris place dans le nouveau, avait laissé presque tout à faire autour de l'Hôtel de ville, au moins sur trois côtés : à l'est, au nord et à l'ouest. Les déblais indispensables pour établir l'édifice avaient été opérés, mais rien de plus ; si bien que sur deux de ses faces, celle qui borde aujourd'hui la rue Lobau et celle qui longe la rue de Rivoli, le palais était comme enterré dans la tranchée qu'on avait faite à l'ancienne butte du Monceau-Saint-Gervais. La chaussée de la rue de la Tixeranderie, soutenue par une muraille provisoire, montait à plus de deux mètres et s'approchait tellement de l'angle nord-est du monument, qu'elle ne laissait au devant du rez-de-chaussée ainsi transformé en sous-sol, qu'un passage étroit, un fossé humide et malsain. L'église de Saint-Gervais, les places du Marché-Saint-Jean et Baudoyer étaient, par suite de mêmes différences d'altitude, difficilement accessibles à tout ce qui venait de la place de l'Hôtel-de-Ville. Quant à cette dernière place, elle était fort insuffisante. Tout un tiers de la façade principale du palais n'était séparée des maisons voisines que par la largeur d'une rue. C'était là qu'était, entre autres, l'établissement connu sous le nom Dépôt de l'encre de la Petite-Vertu. Des fenêtres des étages supérieurs de ces maisons, le regard plongeait jusqu'au fond des salles et des bureaux où s'étaient naguère proclamés tant de gouvernements provisoires. Au premier jour d'émeute, quelques coups de fusil, tirés des mêmes maisons, pouvaient rendre toute une partie du palais inhabitable. Le reste de la façade principale était serré de moins près. Toutefois, la place était fort étroite, très-irrégulière et ne s'ouvrait que sur les petites rues infectes et tortueuses de Jean-de-l'Épine, de la Vannerie et de la Tannerie. A dire vrai, on ne pouvait aborder l'Hôtel de ville que par le quai.

M. Berger songea tout d'abord à changer un tel état de choses. Dès les premiers mois de son administration, il proposa à la Commission municipale de commencer cette grande opération par un point : il s'agissait d'exproprier, derrière l'Hôtel de ville, l'ilot de maisons circonscrit par les rues Lobau, François-Miron, du Pourtour-Saint-Gervais et de la Tixeranderie. Les propriétaires consentaient presque tous à n'exiger le payement des indemnités, qui leur seraient allouées par le Jury, que dans un espace de cinq années. La Commission municipale accueillit ce projet[1]; elle stipula que les sommes dues porteraient 5 pour 100 d'intérêt, et que la Ville pourrait se libérer par anticipation; puis, elle demanda l'étude d'un plan d'ensemble, comportant la disposition générale des abords de l'Hôtel de ville, en ce qui concerne les alignements et les nivellements, et résolut de n'entamer qu'ensuite l'exécution, même partielle, du travail.

Peu de temps après[2], le Préfet revint au Conseil avec la proposition suivante : de l'angle de la rue des Coquilles qui, prolongeant la rue du Temple, débouchait sur la place de l'Hôtel-de-Ville à la place du Marché-Saint-Jean, on tracerait une ligne droite, parallèle à la façade nord de l'Hôtel de ville, à trente-cinq mètres de la grille de cette façade; on exproprierait toutes les maisons de la rue de la Tixeranderie atteintes par cet alignement, aussi bien que les maisons qui formaient le côté sud et le côté ouest du Marché-Saint-Jean. On renversait ainsi cinquante et un immeubles en entier et

---

[1] Délibération du 20 avril 1849.
[2] Séance du 11 mai 1849.

dix-huit autres en partie. On ne touchait point à la partie ouest de la place. On avait d'ailleurs négocié, avec les propriétaires des maisons comprises dans la ligne d'expropriation, un arrangement par lequel ils consentaient, comme ceux de la rue Lobau, à ne recevoir le montant de leurs indemnités qu'en cinq ou même en dix termes, avec un intérêt de 5 pour 100.

Mais les alignements, indiqués par ce projet, supposaient la solution d'une question qui n'avait pas encore été examinée en elle-même, à savoir : la direction que suivrait la rue de Rivoli. Si l'on jugeait à propos de l'amener jusqu'à l'Hôtel de ville et de la continuer au delà, elle pouvait se diriger sur trois points différents : 1° vers le milieu de la place de la Bastille et la colonne de Juillet, en épousant la rue Saint-Antoine à la hauteur de la place Birague, au-devant de l'église Saint-Paul, avec faculté de redresser cette rue ou de lui laisser ses courbes actuelles, si la dépense était jugée trop considérable ; 2° vers la place Birague encore, mais en s'inclinant un peu plus au nord, pour suivre l'alignement donné par la façade septentrionale de l'Hôtel de ville ; 3 en obliquant au sud vers le quai, selon un projet dont je vais parler.

La première direction aurait eu pour avantage de détourner la rue un peu moins de la ligne droite, et de lui donner pour perspective la colonne de Juillet, qu'elle n'aperçoit aujourd'hui que de côté. C'eût été le meilleur parti au point de vue de l'art spécial qui doit présider à ces sortes de travaux. Il laissait la faculté de redresser la rue Saint-Antoine, sans rendre cette rectification nécessaire. Mais la question n'était plus entière, si l'on s'imposait l'obligation de suivre l'alignement de l'Hôtel de ville. En le construisant, M. de Rambuteau ne s'était point préoccupé de la grande ligne de communication qui devait, un jour ou l'autre, relier le monument au Louvre d'un côté, à la Bastille de l'autre. On avait donné au périmètre des nouveaux bâtiments la forme d'un parallélogramme régulier, en prenant pour donnée fondamentale l'alignement de la vieille Maison de ville, tandis qu'il eût été facile et inaperçu de faire fléchir légèrement la ligne nord du plan, de manière à diriger la rue de Rivoli, déjà comprise dans des projets d'embellissement, vers l'objectif de la colonne de la Bastille.

On ne saurait croire que de problèmes difficiles ont rencontré dans la région centrale de Paris les ingénieurs et les architectes, par suite de l'indépendance qu'y affectaient depuis longtemps les monuments entre eux. Les Tuileries et le Louvre n'étaient point parallèles; l'église Saint-Germain l'Auxerrois, non-seulement n'était point placée dans l'axe de la porte principale du Louvre, mais tournait obliquement sa façade vers l'aile méridionale; le vieil Hôtel de ville, comme je viens de le dire, avait aussi son inclinaison à part, et l'église Saint-Gervais, qui en était si voisine, se posait de côté et regardait au nord. On aurait pu dispenser l'Hôtel de ville, en le reconstruisant, de concourir, par le tracé de son périmètre agrandi, à cet ensemble d'irrégularités.

En ce qui concerne la rue de Rivoli, la meilleure direction qu'on pouvait lui donner était donc gênée par l'alignement du nouvel Hôtel de ville. Toutefois, comme la distance du monument à l'autre côté de la rue devait être exceptionnelle, et comme une grille de forme circulaire pouvait aider à dissimuler le défaut de parallélisme, il eût été facile encore de diriger de ce point l'axe de la rue de Rivoli vers la colonne de Juillet. On n'y songea seulement pas; ce ne fut qu'ensuite, lorsqu'il n'était plus temps, qu'un autre préfet, M. Haussmann, se préoccupa de ces délicatesses.

Restait au moins, pour l'administration de M. Berger, à choisir entre les deux autres directions. Mais la question du prolongement de la rue de Rivoli parait avoir été, dans cette occasion passée sous silence, même au sein de la commission municipale. Elle s'imposa d'elle-même, dans l'enquête ouverte sur le projet d'isolement de l'Hôtel de ville. Les habitants voisins demandèrent qu'après avoir contourné l'édifice, la rue s'inclinât vers le sud, pour aboutir au carrefour formé par les rues de Jouy et Saint-Antoine, au premier quart à peu près de cette dernière rue.

On invoquait d'abord, à l'appui de ce système, le précédent du décret improvisé le 3 mai 1848, qui, ordonnant en principe le prolongement de la rue de Rivoli, du Louvre à la rue Saint-Antoine, brisait deux fois l'axe de cette grande voie publique, premièrement à la tour Saint-Jacques, afin de le faire passer par le point central de cette tour, avant de toucher la façade nord de l'Hôtel de ville, secondement, à la rue Lobau, au coin de cette façade, pour le faire aboutir à l'intersection des rues Tiron et Saint-Antoine, au point précisément où celle-ci se rencontre avec la rue de Jouy. On alléguait ensuite que la ligne des rues de Jouy, du Figuier et des Barres, qui aboutit au quai des Célestins, pouvait être élargie, et qu'on donnerait ainsi deux issues, au lieu d'une, à la rue de Rivoli, l'une telle quelle, vers la place de la Bastille, par la rue Saint-Antoine, l'autre, par les rues qui viennent d'être indiquées, vers l'Entrepôt des vins, le chemin de fer de Lyon, et le chemin de fer d'Orléans.

Il est évident que ce système était loin d'être économique. La transformation des petites rues étroites et sinueuses de Jouy, du Figuier et des Barres, équivalait à l'ouverture d'une ligne magistrale. En outre, il y aurait eu nécessité impérieuse d'élargir tôt ou tard le tronçon de la rue Saint-Antoine, du carrefour de Jouy à la place Birague. C'étaient donc deux opérations au lieu d'une.

Mais, la bifurcation demandée vers le quai des Célestins était-elle d'une utilité véritable? Nullement. Il suffit d'examiner un plan pour voir que, de la place de l'Hôtel de ville à l'Entrepôt des vins et à la gare d'Orléans, le chemin le plus court et le plus large est celui des quais. Un cocher de voiture publique ou un conducteur de charroi, qui aurait préféré tourner l'Hôtel de ville au nord, gagner la place du Marché-Saint-Jean, et redescendre, par une ligne oblique, au quai des Célestins, n'aurait guère su son métier. Quant au chemin de fer de Lyon, on pouvait aussi bien, et aussi rapidement s'y rendre par la rue de Rivoli prolongée, comme elle l'est aujourd'hui, et par la rue de Lyon, qu'en allant chercher par la rue de Jouy, les quais, la place et le boulevard Mazas.

Évidemment, les personnes qui déposaient à l'enquête étaient surtout préoccupées de leur voisinage et faisaient un plan de localité. Le fond des choses était que des groupes de propriétaires et de commerçants s'agitaient, pour détourner vers leurs immeubles et leurs magasins un grand courant de circulation, et dans tous les cas, un autre flot non moins bienfaisant, celui des indemnités d'expropriation et d'éviction.

Au sein de la Commission municipale siégeaient plusieurs membres qui représentaient depuis longtemps, à divers titres, les quartiers dont les prétentions s'étaient formulées dans l'enquête. Ils entraînèrent la commission [1].

Mais la délibération ne pouvait avoir d'effet qu'avec l'approbation ministérielle, et le Gouvernement, qui avait d'autres vues, en référa au Conseil des bâtiments civils. Le conseil fut d'avis de revenir à la proposition primitive de M. Berger, qui pouvait être considérée comme laissant entière la question de la direction ultérieure à donner à la rue [2]. Il demanda, comme seul changement, que l'on créât derrière l'Hôtel de ville un vaste emplacement pour une caserne qui commanderait la rue de Rivoli et protégerait la Maison commune, trop souvent insultée par l'émeute.

---

[1] Délibération du 27 juillet 1849.
[2] Avis du conseil du 1er octobre 1849.

Jusqu'alors, le Préfet semblait s'être tenu sur la réserve ; mais, tout en adoptant dans sa partie essentielle l'avis du Conseil des bâtiments, qui confirmait sa première proposition, il crut devoir entrer tout à coup dans la question, qu'il avait d'abord négligée, du prolongement de la rue de Rivoli au-delà de l'Hôtel de ville. Inquiet de voir cette terrible rue, poussée en avant, par le Gouvernement, dans un sens, par des intérêts de localité, dans un autre, et menaçant, dans les deux cas, de faire une large trouée à travers les finances municipales, il essaya de couper court à tout prolongement ultérieur. Il proposa à la commission : 1° d'adopter définitivement le tracé d'isolement du palais, admis par le Conseil des bâtiments civils ; 2° de relier ce percement nouveau à l'entrée de la rue Saint-Antoine, par un simple pan coupé, à partir du marché Saint-Jean. Ce quatrième système fut repoussé par la Commission. Elle adopta purement et simplement la direction parallèle à l'Hôtel de ville jusqu'au marché Saint-Jean, et se contenta, par des considérants longuement motivés, de combattre le prolongement vers la place Birague, et de recommander de nouveau à l'avenir le prolongement oblique jusqu'à la rue de Jouy[1].

Le décret d'expropriation, rendu en 1850, sanctionna la délibération, en laissant de côté les considérants. Ainsi, pour commencer ce grand travail de l'isolement de l'Hôtel de ville, plus d'une année s'écoula en pourparlers, en conflits et en discussions.

Le chemin de fer de Lyon allait être ouvert jusqu'à Tonnerre. La gare était en construction à Paris, et appelait des communications soit avec la Bastille, par la future rue de Lyon, soit avec le quai et le pont d'Austerlitz, par le boulevard Mazas. Ces deux voies étaient depuis longtemps projetées. Une ordonnance de 1814 prescrivait la formation du

---

[1] Délibération du 9 novembre 1849. Rapporteur, M. Flon.

boulevard Mazas, sur une largeur de 31 mètres 80 centimètres, du quai de la Râpée à la barrière du Trône. Plus tard, en 1845, par une autre ordonnance [1], le boulevard avait été transformé en une simple rue de 15 mètres de large ; puis, deux ans après [2], une troisième ordonnance avait fait une cote mal taillée entre les deux précédentes : elle rétablissait le projet de boulevard de 31 mètres 80 centimètres, mais seulement du quai aux abords de la prison cellulaire et de l'embarcadère de Lyon, et laissait subsister la rue de 15 mètres de ce point à la barrière du Trône.

En même temps, cette dernière ordonnance, autorisait l'ouverture d'une autre rue, aujourd'hui la rue de Lyon, de la gare à la place de la Bastille. Les formalités nécessaires pour les deux opérations avaient été accomplies, partie au commencement de février 1848, par les soins de M. de Rambuteau, partie en mars, par un arrêté de cessibilité du Maire de Paris. L'exécution n'eut lieu qu'un an après, sous l'administration de M. Berger. Du reste, il ne s'agissait guère que de traverser des terrains cultivés en jardins maraîchers ; la Ville n'expropriait que la zone strictement nécessaire pour le passage de la chaussée et des trottoirs, et laissait le reste au hasard des spéculations à venir. Les expropriations et les démolitions étaient faites pour la rue de Lyon et pour le boulevard Mazas jusqu'à l'embarcadère, lorsqu'on s'avisa que le maintien d'une simple rue, en prolongement du boulevard, était une idée bien mesquine. On s'aperçut que les abords d'une gare et d'une prison ne sauraient être trop dégagés ; qu'il y avait bien plus de raisons encore en 1849 qu'au commencement du siècle d'ouvrir largement sur ce point, au nord comme au midi, le quartier du faubourg Saint-Antoine. On revint donc, avec l'avis de la commission munici-

---

[1] 29 octobre 1845.
[2] 27 novembre 1847.

pale, au projet de 1814[1], et les dispositions contraires de l'ordonnance de 1847 furent rapportées.

On voit, dans tout ce qui précède, se manifester deux tendances diverses, au sujet des travaux de Paris : d'un côté, le gouvernement de Louis-Napoléon désire, prépare, demande de grandes entreprises; de l'autre, les représentants de la Ville de Paris résistent, retranchent, ajournent, et s'en tiennent, autant qu'ils le peuvent, à la continuation des projets déjà adoptés par une partie d'entre eux, sous le gouvernement de Louis-Philippe.

Le Préfet, M. Berger, désirait complaire au gouvernement, et ne pas déplaire à la Commission municipale. Il s'était très-franchement rallié au Prince-Président, et commençait à s'attacher à sa fortune. Mais, il était l'ennemi de la dépense, et penchait le plus souvent vers l'avis de la Commission, à laquelle d'ailleurs l'unissaient des amitiés personnelles et beaucoup d'affinités. Il résistait directement le moins possible à l'énergique impulsion qui lui venait de l'Élysée; mais il se servait avec assez d'adresse de l'Assemblée communale comme d'une forte objection et d'un bouclier. Il la représentait convaincue, opiniâtre, presque unanime, et demandait qu'elle fût ménagée. Il alléguait la pauvreté des finances municipales, que les troubles politiques et l'incertitude générale ne contribuaient pas à rétablir. On lui répondait, avec raison, que l'un des meilleurs moyens de calmer les agitations populaires était de ranimer, par un puissant effort, l'activité des ouvriers; que la population reprendrait confiance, si l'on voyait le gouvernement nouveau montrer, par des entreprises d'avenir, sa confiance en lui-même; qu'enfin, le réveil du travail et le retour de la sécurité rendraient tout leur essor aux finances de la Ville. C'était un cercle vicieux à rompre : il y a des dépenses productives, et des économies désastreuses.

[1] 13 juillet 1849.

LIVRE TROISIÈME

DIFFICULTÉS. — LA CONSTITUTION, LES ÉMEUTES
ET LE CHOLÉRA. — FIN DE L'ANNÉE 1849.

CHAPITRE PREMIER

La Constitution source de conflits. — Dernières convulsions de la Constituante. — Projets de coups d'État parlementaire. — Projet de contre-coup d'État conservateur et bonapartiste. — M. Thiers; une page d'histoire à tourner.

Cependant, les débuts du nouveau gouvernement étaient en vérité entourés d'obstacles et de périls, et la Ville ressentait le contre-coup de chaque secousse politique. Le public voulait se rassurer et ne pouvait y parvenir. On avait élu à la présidence le prince Louis-Napoléon Bonaparte, dans un sentiment passionné d'ordre et d'avenir. Le Président, qui avait confiance en lui-même et dans sa cause, et qui voulait consolider son pouvoir en ranimant sur-le-champ la prospérité, montrait, en matière de travaux publics, une ardeur extrême. Mais l'opposition qu'il rencontra immédiatement dans l'Assemblée nationale, le désappointement hostile des républicains modérés, qui croyaient n'avoir défendu l'ordre en juin qu'au profit de leurs idées et de leurs ambitions, l'humeur secrète des libéraux parlementaires, qui n'avaient appuyé qu'à regret, pour ne pas heurter l'opinion, l'élection du chef du parti bonapartiste, les retours offensifs de la démagogie vaincue, mais reprenant courage à la vue des conflits qui éclataient au-dessus d'elle, le scandale des élections parisiennes, le choléra sévissant avec fureur, et d'autres causes paralysèrent longtemps l'effort du Gouvernement pour replacer le pays dans une situation normale.

Le principal embarras naissait de la Constitution même. Ses auteurs avaient cru fonder la République; ils n'avaient fait que perpétuer la révolution. Un préambule en huit, ou même, en dix-neuf articles proclamait d'abord des généralités, des axiomes, des droits absolus et imprescriptibles, que chacun pouvait comprendre à sa manière, et dont toute loi devait être l'application; de telle sorte que, chaque jour, dans les débats législatifs, l'interprétation de la Constitution devenait désormais la question première, la difficulté essentielle; c'était un terrain hérissé de piéges pour le Gouvernement, de thèses pour l'opposition, de prétextes pour les révolutionnaires qui pouvaient s'écrier à chaque pas que la Constitution était violée [1]. La loi fondamentale créait ensuite deux pouvoirs, non pour s'accorder, mais pour se combattre :

---

[1] Le législateur ne doit point proclamer de principes et ne doit point inscrire de généralités en tête des constitutions et des lois. « Ces sortes d'in-
» troductions sont le désespoir des jurisconsultes, dit avec une haute raison
» mon ancien président et ami, M. Duvergier[1]; les idées qui s'y trouvent
» exprimées, les principes qui y sont énoncés, ont un caractère vague, une
» forme indécise qui servent merveilleusement à alimenter les controverses,
» qui fournissent des arguments à tous les systèmes, et qui jettent bien peu
» de lumière sur les difficultés qui peuvent se présenter dans l'application du
» texte proprement dit. »

J'ajouterai que ces formules de ce qu'on appelle le droit naturel, les droits de l'homme et du citoyen ne sont pas autre chose, dans la pratique, qu'une réserve faite contre la loi positive en faveur du prétendu bon sens individuel qui discute tout et détruit tout. C'est notre goût pour les généralités de notre invention et la prétention que nous avons de les croire absolument vraies et de les faire partout prévaloir, qui est la cause principale de notre amour du changement. Nous courons sans cesse après l'absolu, et nous ne faisons que passer d'une généralité à l'autre, c'est-à-dire d'une erreur à l'autre.

[1] *Collection des lois*, **48**, pages 360 et suivantes.

l'un, l'Assemblée, qui était émanée du suffrage universel, inviolable, permanente, étrangère aux fonctions publiques; qui disposait des forces militaires pour sa garde; qui faisait les lois en toute matière, même ce qu'on appelle des lois de circonstances; qui avait la pleine initiative et était constituée pour tout dominer, pour tout interdire à son gré, pour tout régler définitivement; l'autre, le Président de la République, également issu du suffrage universel, investi de la plénitude de l'autorité exécutive, nommant les ministres et les fonctionnaires, disposant de la force armée, représentant, dans la généralité des cas, la France au dehors, responsable, c'est-à-dire couvrant ses ministres et les pouvant maintenir malgré un vote parlementaire. Ainsi, l'Assemblée, autorisée à croire qu'elle exerçait la pleine, la complète puissance au nom du Peuple, et le Président de la république, autorisé à croire qu'il tenait du même Peuple le droit de gouverner avec indépendance, sous sa responsabilité, étaient mis en présence et en conflit permanent.

Par suite, la lutte probable était l'objet de dispositions nombreuses et expresses, comme si une constitution ne devait pas être faite pour prévenir et rendre impossible toute guerre intestine entre les pouvoirs établis. Ici, l'impartialité de la loi constitutionnelle disparaissait pour ne laisser place qu'à son imprévoyance. Elle prenait d'avance parti pour l'Assemblée; elle édictait une sorte de code pénal contre le Président de la République; elle définissait ses torts et ses crimes possibles; elle instituait la procédure de son jugement et déterminait ses châtiments. Mais l'Assemblée pouvait prévariquer aussi. Qui la jugerait, qui réprimerait ses tentatives illégales? Entre les deux, où serait la présomption du droit? — Les deux adversaires étaient également délégués de la Souveraineté nationale. — Où était la raison probable? — Les deux parties étaient trop hautes pour qu'il y eût entre eux d'autre arbitre écouté que la Nation. — Où était la force?

L'une et l'autre disposaient de la puissance militaire. —
C'était donc la guerre civile organisée, à moins que, en cas
de conflit, la Nation souveraine ne fût appelée à dire son
sentiment, à prononcer, à titre égal, entre l'Assemblée et le
Président de la République.

Il n'en était rien. Elle pouvait sans doute, à la fin d'une
Législative, réélire ses représentants si elle approuvait leurs
actes; mais, elle ne pouvait réélire le Président dans aucune
circonstance et sanctionner sa conduite. Tout était arrangé
dans la Constitution pour qu'il ne pût être nommé de nouveau qu'après quatre ans d'intervalle. Si même le suffrage
universel hésitait et se partageait en groupes inférieurs chacun à deux millions de voix, l'élection du chef du pouvoir
exécutif était faite, en fin de cause, par l'Assemblée législative. Il y avait là une sorte d'usurpation sur les droits du
Peuple, proclamé souverain par la Constitution même. Il
était clair que, si un dissentiment violent venait à éclater
entre les deux pouvoirs, où l'Assemblée essayerait de se prévaloir des dispositions constitutionnelles pour mettre le Président en jugement et s'assurer ainsi la victoire; ou le Président, se croyant dans le droit et la raison, ferait appel à la
Nation qui l'avait élu et à la force dont il était dépositaire.
Les deux suppositions pouvaient même se réaliser à la fois.

Des législateurs à longue vue eussent pris l'un de ces deux
partis : ils auraient nettement subordonné le dépositaire du
pouvoir exécutif à l'Assemblée, en le faisant, comme un
simple premier ministre, désigner par elle, selon la proposition de M. Grévy; ou bien, ils auraient institué, par l'élection nationale, un pouvoir exécutif fort et incontesté, en
cantonnant l'Assemblée dans des attributions nettement définies et circonscrites, dont elle n'aurait pu être tentée de
franchir le cercle. La Constitution telle qu'on l'avait faite ne
pouvait évidemment être mise en pratique qu'avec une extrême
sagesse de la part de l'Assemblée, comme une machine

délicate et explosible que peuvent manœuvrer seulement les plus prudents ingénieurs. Mais il n'est pas dans notre caractère national d'user de la loi avec réserve : nous poussons tout d'abord l'exercice de notre droit jusqu'à l'extrême limite et nous allons souvent au delà.

Il aurait fallu du moins que la Constitution fût très-facile à corriger; il est vrai que les constituants y avaient pourvu, mais, à contre-sens. La révision était soumise à des conditions préalables d'épreuves, de délais, de nombre de votants et de suffrages, presque impossibles à réaliser. On avait travaillé pour l'éternité. De fait, la première pensée des auteurs de la Constitution avait été d'organiser dans la République un pouvoir exécutif fort et libre, selon le goût de la Nation ; mais le mouvement populaire, qui s'était prononcé de bonne heure en faveur de l'héritier du nom de Napoléon, les avait troublés dans leur œuvre, et ils avaient comprimé, annulé, par divers articles, le même pouvoir qu'ils avaient grandi et fortifié dans d'autres. Ce résultat, indigne du nom de Constitution, était devenu un tissu de contradictions inspirées par la frayeur et la ruse, un arsenal de soupçons, de précautions, d'instruments de luttes et d'engins de guerre civile.

Parmi les hommes d'ordre qui siégeaient dans l'Assemblée, beaucoup avaient été surpris et contrariés de l'élection d'un Bonaparte. Cette élection déconcertait leurs projets de restaurations dynastiques ou leurs calculs d'ambition personnelle. Toutefois, la plupart se contentaient d'ajourner leur espoir. Quant aux républicains agitateurs et agités, témoins ravis de ces mécontentements, ils voulaient employer sur l'heure les armes que la Constitution leur donnait. Ils accusaient, dès l'abord, le Prince-Président d'aspirer au pouvoir suprême. Ils ne songeaient pas que rien n'est plus périlleux qu'un soupçon injuste ou prématuré : il suggère bien souvent ce qu'il suppose; il accoutume les esprits à ce qu'il prétend dénoncer. Quoi qu'il en soit, ils parlaient d'arrêter immédiatement le Prince dans sa marche, par un coup de force, et s'imaginaient pouvoir compter sur une majorité pour l'accomplissement d'un tel dessein.

L'occasion semblait favorable. En dehors de l'Assemblée, les partisans de Louis-Napoléon, ceux qui l'avaient élu, soit pour fonder, s'il était possible, par une simple modification de la Constitution nouvelle, un pouvoir énergique et stable, soit pour préparer l'Empire, demandaient par des pétitions que la Constituante considérât son mandat comme expiré et prononçât sa propre dissolution. Ces pétitions se signaient dans le département de la Seine, comme dans tous les autres. Un représentant, M. Rateau, fit régulièrement une proposition en ce sens. Or, nulle puissance n'abdique volontiers; personne n'aime à s'entendre dire qu'il est temps de transmettre son héritage. On se persuade aisément qu'on est nécessaire. La perspective d'une dissolution prochaine rangea parmi les mécontents plusieurs de ceux qui ne devaient pas être réélus. La majorité devint tout à fait incertaine; on se partageait parfois en deux groupes d'égale force : 400 voix contre 396, par exemple. Le hasard, l'indisposition de quelques membres, un moment d'entraînement ou de surprise suffisaient pour déplacer la prépondérance.

Ces espérances des ennemis du Président de la République arrivèrent au comble. Les plus ardents se mirent à préparer une journée. Les sociétés secrètes, les clubs, les associations politiques reçurent le mot d'ordre et remplirent Paris et la province de leurs déclamations factieuses. Le Gouvernement crut devoir présenter un projet de loi interdisant toute réunion périodique ayant la politique pour objet, et demanda un vote d'urgence. Ce fut comme un signal. Les meneurs allèrent rechercher l'article 8 de la Constitution qui, par une formule générale, reconnaissait aux citoyens « le droit de s'associer, de s'assembler paisiblement et sans armes..., de manifester leur pensée par la voie de la presse ou autrement. » La présentation du projet dont il s'agit était donc une violation de la Constitution! N'y avait-il pas lieu d'inviter l'Assemblée à ressaisir tous ses pouvoirs, à se déclarer en permanence et à décréter d'accusation le gouvernement tout entier? Le droit de requérir la force armée ne manquait pas au Président de l'Assemblée, pour faire exécuter une telle décision. On croyait remarquer, dans les bataillons de l'ancienne garde mobile, quelques symptômes d'indiscipline, et le soulèvement d'une partie de la population de Paris ferait le reste. C'est ainsi du moins que l'on raisonnait dans les clubs.

On était au samedi 27 janvier 1849; l'urgence de la loi proposée par le Gouvernement fut rejetée par 418 voix contre 342. Un semblable échec, en pareille matière, était une terrible tentation pour les agitateurs. M. Ledru-Rollin déposa une proposition pour la mise en accusation des ministres, en attendant celle du Prince Louis-Napoléon qui devait évidemment suivre. Le jour de la discussion, c'est-à-dire du conflit, fut fixé au lundi 29 janvier. Les journaux démagogiques publièrent en même temps une protestation collective contre les illégalités commises par le pouvoir, sorte de parodie de la protestation de 1830. L'émeute grondait déjà dans Paris. L'inquiétude était extrême. On disait que le Président de l'Assemblée était le centre et l'âme du complot dont M. Ledru-Rollin était le héros. Si le gouvernement se fût abandonné lui-même, on avait, le 29 janvier, une révolution nouvelle et la France se trouvait reportée aux plus mauvais jours de 1848.

Que faisait le Gouvernement ainsi mis en danger? D'abord, il se tenait prêt même à opposer un coup d'État défensif au coup d'État offensif que l'on montait contre lui. J'en ai une preuve toute particulière. M. Thiers, le principal chef de ce qu'on appelait le parti de l'ordre, et qui appuyait encore le gouvernement de Louis-Napoléon, sous bénéfice d'inventaire, me fit appeler le 29 janvier de grand matin. Il se rendait à l'Élysée; il me pria de l'accompagner jusqu'au palais, et, en route, il me dit avec une certaine solennité : Pouvons-nous compter sur vous et sur le *Constitutionnel?* — Sans nul doute, répondis-je ; mais de quoi s'agit-il ? Il m'exposa alors rapidement ce que l'on savait des desseins agressifs d'une partie notable de l'Assemblée, les mesures qu'on avait prises pour résister à un vote de mise en accusation et l'obligation où l'on serait peut-être de disperser, par la force, les conspirateurs parlementaires. On réorganiserait ensuite du mieux possible le pouvoir, dans l'intérêt de l'ordre et du salut public. — Si vous en venez là, repris-je alors, ce sera un 18 brumaire et, après, l'Empire? Je n'y ai pas d'ailleurs d'objection. — Cela n'est peut-être pas aussi certain que vous le pensez, dit M. Thiers; toutefois, s'il le faut, l'on s'y résignera en effet, plutôt que de subir de nouveau l'oppression révolutionnaire. Si l'Empire est inévitable, eh bien, ce sera une nouvelle page d'histoire à tourner !

Il ne me vint pas à l'esprit de lui demander ce qu'il espérait écrire un jour au revers de cette page. Je ne doutais pas alors que ce ne fût la restauration de la monarchie constitutionnelle et de la famille de Louis-Philippe, qu'il avait contribué, sans le vouloir, à renverser. Je me trompais, je crois. Peut-être M. Thiers commençait-il à pencher vers l'idée républicaine, quoique la République eût, peu de mois auparavant, menacé sa maison et sa personne, sur l'air des *Lampions*. Peut-être songeait-il, pour toute revanche, à la faire conservatrice et à l'épouser en fin de compte, en qualité de Président. J'indiquerai plus tard divers symptômes de ce commencement d'inclination.

Cependant, au moment même où M. Thiers allait à l'Élysée, le général Changarnier, d'accord avec le Gouvernement, faisait battre le rappel. La garde nationale se rassemblait aussitôt ; l'armée occupait toutes les positions principales de

Paris et surtout celles qui étaient les plus voisines du Palais législatif. L'Hôtel de ville n'avait pas cessé d'avoir une garnison ; cette fois elle fut renforcée. D'énormes patrouilles, accompagnées de pièces d'artillerie, parcoururent la ville. Le Président de la République, à cheval, suivi d'une escorte nombreuse, traversa la place de la Concorde, la rue de Rivoli, les boulevards. La population applaudit à son attitude résolue, et bien des gens se demandèrent ce jour-là pourquoi il n'entrait pas aux Tuileries.

Ce qui montrait le plus clairement que telle n'avait pas été sa pensée, c'était précisément l'immense appareil militaire qu'on venait de déployer. Il décourageait, en effet, toute démonstration démagogique ; il faisait pénétrer dans l'Assemblée la certitude qu'aucune provocation imprudente ne trouverait au dehors ni un écho ni une chance de succès. Un gouvernement qui eût projeté quelque usurpation ne s'en serait pas ainsi retiré l'occasion, en ôtant par avance à ses adversaires tout espoir de succès et toute velléité d'attaque. La proposition de mise en accusation des ministres n'obtint pas même les honneurs de la discussion, et, quelques jours après, l'Assemblée adopta la proposition qui lui était faite de se dissoudre dans un délai déterminé. Mais elle s'en vengea de mille manières : tantôt, en infligeant maint échec au ministère, que le Président de la République, fort de son droit constitutionnel, persistait à maintenir ; tantôt en refusant le crédit de 50,000 francs qui formait le traitement du général Changarnier, en qualité de commandant supérieur des gardes nationales de la Seine, ce qui inspirait au général cette réponse : que « l'émeute serait désormais réprimée *gratis* » ; tantôt en frappant d'un blâme le ministre de l'intérieur, M. Léon Faucher, pour avoir écrit dans une circulaire que « les perturbateurs n'attendaient qu'un vote de l'Assemblée, hostile au ministère, pour courir aux barricades » ; tantôt, enfin, en désorganisant le budget de l'État, et particulièrement celui des travaux publics.

Les derniers jours de la Constituante furent surtout marqués par de graves péripéties. Ses pouvoirs expiraient le 27 mai, et l'Assemblée qui devait lui succéder était nommée depuis le 15. Pendant ces douze jours, ce furent comme les convulsions d'un vaincu qui essaye un effort suprême pour ressaisir la vie, ou pour entraîner son vainqueur avec lui. Et, cependant, la Constituante ne succombait que sous la loi qu'elle avait faite. Il y eut même, de sa part, une tentative de coup d'État, *in extremis*, auquel le Gouvernement, encore aidé cette fois, ou même poussé en avant par les chefs du parti de l'ordre, finit par se préparer à répondre.

La droite cherchait le moyen de paralyser l'action de l'Assemblée jusqu'à l'arrivée de la Chambre nouvellement élue ; c'était l'affaire de quelques jours. On imagina, dans la réunion des députés conservateurs, qui se tenait rue de Poitiers, de s'abstenir de voter, et d'empêcher ainsi, pour chaque question politique, la formation d'une majorité suffisante. On imitait, en ce point, ce que la Montagne avait tenté deux mois auparavant à l'occasion de la loi sur les clubs. Ce plan réussit d'abord le 21 mai, dans une question de peu d'importance. Mais, pour le lendemain 22, on s'attendait à une lutte décisive. L'opposition s'armait d'un certain manifeste de l'empereur de Russie pour prétendre, ce qui n'était pas fondé, qu'une menace de guerre était adressée à la République française. Là-dessus, les Montagnards présentaient un ordre du jour qui était véritablement une déclaration de guerre à la Russie. Le Gouvernement opposait à cette motion et à d'autres moins dangereuses, un ordre du jour pur et simple. Les chefs principaux de la droite, MM. Thiers, Molé, de Montalembert, etc., s'étaient entendus avec le Gouvernement. Il était convenu que, dans l'hypothèse de résolutions révolutionnaires de la part de l'Assemblée, en face d'une usurpation des représentants actuels sur les droits de leurs successeurs déjà élus, en cas de péril flagrant pour l'ordre et la paix, le parti conservateur devait se réunir autour du chef du pouvoir exécutif, sous la protection de l'armée, commandée par le général Changarnier. On ne se laisserait pas mettre hors la loi, et l'on agirait hardiment contre une majorité factieuse. Les destinées de la France semblaient suspendues entre deux coups d'État. Au sein de l'Assemblée étaient demeurés quelques représentants conservateurs pour faire parvenir à leurs collègues des informations certaines. Parmi eux, M. Rouher, l'un des plus jeunes, des plus avisés et des plus courageux, s'était chargé de prévenir M. Thiers à propos. L'ordre du jour pur et simple demandé par le Gouvernement fut mis aux voix; la droite était absente; 40 voix manquaient pour la validité du scrutin. Il est aussitôt proposé que l'Assemblée se déclare en permanence, si le nombre réglementaire des votants n'est pas complété dans un délai déterminé. C'était entrer dans la voie extra-légale; car, pour voter cette résolution menaçante, il fallait être aussi nombreux, selon le règlement, que pour adopter ou rejeter un ordre du jour. Néanmoins, la majorité relative passe outre, et accomplit ce premier acte révolutionnaire [1]. On était à deux pas du conflit décisif.

Tout à coup des conservateurs, plus modérés ou plus timides que les autres, s'effrayent d'une telle perspective, et viennent deux à deux, trois à trois, apporter leurs bulletins résignés, au milieu des huées de la Montagne; ils votent na-

---

[1] Selon la remarque qui en fut faite, M. Sarrans, qui avait interpellé le Gouvernement, n'était pas réélu; M. Joly, qui avait proposé l'ordre du jour belliqueux, n'était pas réélu; M. Bastide, qui avait proposé un autre ordre du jour sur lequel on devait délibérer le lendemain, n'était pas réélu; M. Goudchaux, qui avait demandé que l'Assemblée se déclarât en permanence, n'était pas réélu; M. Marrast, qui avait mis la proposition aux voix, n'était pas réélu; beaucoup des membres, qui avaient voté l'ordre du jour pur et simple, n'étaient pas réélus; l'Assemblée, qui avait voté la proposition de M. Goudchaux, n'était pas en nombre. Était-ce assez d'irrégularités, assez d'usurpations?

turellement pour l'ordre du jour pur et simple; mais la présence de leur petite minorité sert à compléter le nombre sacramentel et à régulariser le triomphe de leurs adversaires : 459 voix rejettent la proposition du Gouvernement, 53 l'approuvent. La majorité opposante se contente de cette victoire, et ne se déclare pas en permanence; M. Rouher court prévenir M. Thiers, et la rue de Poitiers perd l'occasion de faire un coup d'État conservateur.

Le lendemain, on vota un ordre du jour relativement modéré, qui ne mettait pas immédiatement la paix en péril. Mais quelques jours après une proposition d'amnistie générale, embrassant tous les insurgés de juin, partageait de nouveau la Chambre. L'opposition voulait ouvrir à ce sujet une discussion qui eût fourni à l'Assemblée constituante un prétexte pour prolonger ses pouvoirs au delà du terme légal. 286 voix, contre 282, firent échouer cette manœuvre. Ainsi l'état de guerre instestine dura jusqu'au dernier jour de la Constituante. Nous verrons plus tard qu'il se prolongea tant que vécut la nouvelle Assemblée législative. Les adversaires du président de la République furent différents et plus habiles, mais aussi nombreux et aussi ardents. La Constitution de 1848, fécondée par l'anarchie des esprits, par l'ardeur des compétitions personnelles et dynastiques, porta ses fruits jusqu'à la fin.

On vit souvent, pendant ces luttes, le désordre éclater dans la rue. Tout mouvement d'une assemblée souveraine a son retentissement au dehors, surtout à Paris. Comme un foyer électrique, elle condense en elle-même les sentiments, les passions qui, au moment de son élection, ont prévalu dans le public, et qui, longtemps après, alors même que l'opinion générale a changé, vivent encore dans une partie de la population. Toutes les fois que l'Assemblée ressent une impression, l'opinion extérieure correspondante reçoit une secousse. L'étincelle part du centre, l'éclair et l'incendie sont à l'extrémité.

CHAPITRE II

Élection des députés de Paris pour l'Assemblée législative. — L'Union électorale. — Candidats membres de la commission municipale. — Proclamation des résultats sur la place de l'Hôtel de ville. — Insurrection. — Le Conservatoire des arts et métiers rendez-vous des chefs insurgés. — Pourquoi. — Description du plan des barricades de juin. — Stratégie des émeutes. — Plan de bataille du général Changarnier.

Les élections des députés de Paris, par leur caractère radical et menaçant, n'avaient pas contribué à diminuer le danger. Elles eurent lieu le 13 et le 14 mai. La Préfecture de la Seine avait attentivement surveillé, dans les mairies, la révision de la liste électorale. On avait opéré avec une grande conscience, mais aussi avec le dessein, non dissimulé, de rayer le nom de toute personne qu'on aurait le droit de considérer comme ayant perdu la qualité d'électeur. Il n'y avait pas bien longtemps encore que l'insurrection de juin avait été vaincue. Un certain nombre de coupables avaient disparu par la mort dans le combat, par le châtiment, par la déportation, ou par l'éloignement volontaire. C'étaient autant d'électeurs de 1848 qui avaient perdu le domicile en 1849. En outre, beaucoup de déplacements s'étaient effectués dans l'intérieur de Paris, et chaque maire, ignorant presque toujours la nouvelle demeure de ses anciens administrés disparus, avait dû effacer bien des noms.

L'autorité judiciaire et la police avaient été amenées à compulser beaucoup de dossiers judiciaires, et à signaler, par suite, aux mairies un grand nombre d'incapacités électorales [1]. Le personnel des maires avait encore, pour une notable partie, le cachet du gouvernement de 1848 ; on peut dire cependant que partout on s'était appliqué à dresser des listes sincères. Seulement, le faux libéralisme de la loi électorale, au lieu de soumettre la qualité d'électeur à des conditions précises et faciles à constater, ouvrait un accès commode, surtout dans les grandes villes, à toutes les fraudes et à toutes les erreurs. Il n'y avait donc nulle possibilité de dresser les listes d'une manière sérieuse et exacte.

Quoi qu'il en soit, le département de la Seine avait 28 représentants à nommer. Le comité de l'Union électorale pour le département avait proposé à tous les comités des quartiers de Paris et des communes de la banlieue, qui lui étaient affiliés, un premier choix de 50 noms, parmi lesquels, après divers scrutins préparatoires, on avait désigné les 28 candidats suivants : MM. Odilon Barrot, général Bedeau, Bixio, Boissel, maréchal Bugeaud, Chambolle, Coquerel, de Falloux, Faucher, Fould, Garnon, Victor Hugo, Molé, Montalembert, Moreau (de la Seine), Lucien Murat, Hippolyte Passy, Peupin, général Rapatel, Roger (du Nord), Thiers, Vavin, Wolowski, général Cavaignac, général de Lamoricière, Dufaure, Marie, Ferdinand de Lasteyrie.

Il n'y avait aucun des candidats qui n'eût donné des gages à l'ordre, car M. Victor Hugo était au premier rang dans le parti conservateur. Cependant ces désignations n'avaient pas une couleur de politique exclusive, et les républicains de la veille y tenaient une place assez notable. Quant à la Commission municipale, elle comptait

---

[1] Si l'on compare les élections faites en avril 1848, pour l'Assemblée constituante, à celles qui eurent lieu en mai 1849, pour l'Assemblée législative, on voit que le nombre des électeurs inscrits était descendu, dans Paris, de 323,718, à 253,753, et, dans l'ensemble du Département, de 426,313, à 343,277.

six membres parmi les candidats : MM. Bixio, Boissel, Moreau (de la Seine), Peupin, Ferdinand de Lasteyrie et Vavin.

Quoique les partisans de la république radicale, communiste ou sociale, dussent-être, à ce moment, sous l'impression d'une sorte de crainte, par suite de leurs défaites récentes, les candidatures proposées par eux eurent un singulier caractère de hardiesse.

Quelques jours avant l'élection, un sergent, nommé Boichot, appartenant au 7e léger, avait été mis aux arrêts pour des propos tenus contre la discipline. Dans la soirée du 2 mai, des soldats de son régiment, pris de vin pour la plupart, tentèrent sans succès de le délivrer; les plus compromis furent punis; le 7e léger dut quitter Paris pour tenir garnison à Marseille, et le sergent Boichot, qu'on supposa d'intelligence avec les révoltés, fut mis à Vincennes. De là, grand bruit dans les journaux du parti, qu'on appelait déjà le parti rouge, de la couleur du drapeau qu'il avait voulu inaugurer en 1848, et que l'insurrection de juin avait adopté. M. Boichot venait d'être inscrit sur la liste des candidatures révolutionnaires; on en concluait que le Gouvernement violait la liberté électorale en mettant un candidat en prison. Le Gouvernement céda, fit relâcher M. Boichot, qui devint plus que jamais populaire et qui fut élu le quatrième, après MM. Ledru-Rollin et Lagrange, le coryphée de la révolution de février, avant le général Bedeau et le général de Lamoricière.

M. Rattier, un autre sous-officier, fut aussi nommé représentant de Paris; MM. Félix Pyat, de Lamennais, Bac, Considérant, Pierre Leroux, obtinrent également la majorité, et il s'en fallut de très-peu de voix qu'une dizaine d'autres révolutionnaires des plus ardents, hommes d'action ou hommes de théorie, ne fussent nommés. En effet, MM. Madier de Montjau, d'Alton-Shée, Greppo, Lebon, Demay,

Thoré, Proudhon, ne réunirent pas moins de 103 à 105,000 suffrages, et le dernier des élus, le général Rapatel, n'en avait que 107,825! Si la République démocratique et sociale s'était bien rendu compte d'avance des forces électorales dont elle pouvait disposer, si une partie des voix de ses adhérents ne s'étaient pas dispersées sur quelques noms très-populaires, tels que celui du prince Lucien Murat, qui figuraient sur la liste du parti de l'ordre, si une certaine hésitation mêlée de crainte n'avait pas régné dans les rangs des anciens insurgés de juin, l'avantage du parti révolutionnaire eût été plus grand encore.

Le dépouillement du scrutin s'était fait solennellement, comme en 1848, dans la salle Saint-Jean, par les maires assemblés, tous les résultats annoncés par les sections électorales ayant été préalablement classés, vérifiés, résumés, par les soins des employés de la Ville mis, dans cette circonstance, à la disposition des maires (19 mai 1849). M. Lemor, maire du 4ᵉ et doyen, présidait; M. Vautrain, maire du 9ᵉ, aujourd'hui président du Conseil municipal, remplissait les fonctions de secrétaire. La séance dura de 8 heures et demie du matin à 5 heures du soir.

Il était alors d'usage, quoique la salle Saint-Jean eût été toute la journée ouverte au public, de proclamer les noms des élus sur la place de l'Hôtel de ville. On avait procédé ainsi pour toutes les élections de 1848, et M. Berger, après s'être mis d'accord avec le Gouvernement, ne dérogea point à cette coutume. Une estrade garnie de velours rouge, à crépines d'or, était élevée devant la porte centrale, au-dessus de la grille d'isolement, et était mise, par un plancher, en communication avec les marches les plus hautes de l'escalier qui montait de la place à la cour de Louis XIV. Une foule innombrable remplissait depuis plusieurs heures la place de l'Hôtel de ville et les quais. M. Lemor, accompagné du bureau et de tous les maires, fit la proclamation, tandis que, derrière, au fond de l'estrade, se tenaient M. Berger, des conseillers municipaux, et divers fonctionnaires de la Ville, curieux d'assister à ce spectacle. Les noms de MM. Ledru-Rollin, Lagrange, Boichot surtout, furent salués par des applaudissements et des cris divers. Puis, la foule, qui n'avait pu éprouver ni curiosité ni surprise, puisque les résultats lui étaient parfaitement connus d'avance, s'écoula paisiblement. Une bonne partie de ceux qui la composaient, électeurs démocrates et socialistes, avaient voulu seulement faire parade de leur nombre, et constater leur triomphe. Rien n'était d'ailleurs moins raisonnable et plus périlleux que ces proclamations, en place publique, du résultat des élections du département de la Seine. On donnait ainsi une importance exceptionnelle aux suffrages de Paris, et on semblait placer les députés qu'il avait choisis au-dessus de tous les autres. De plus, on pouvait, dans certains cas, provoquer des manifestations tumultueuses.

L'effet de ces élections fut considérable. Le parti révolutionnaire s'en trouva fort encouragé. Il ne pouvait pas plus compter sur la majorité de l'Assemblée législative, que sur celle de l'Assemblée constituante, pour faire un coup d'État parlementaire; aussi ne l'essaya-t-il pas cette fois; mais il crut pouvoir disposer de Paris, en regardant ses cent mille électeurs comme une armée toute prête à descendre dans la rue. Il pensait avoir de nombreux partisans dans la troupe régulière, qu'il s'appliquait à démoraliser et à séduire. L'exemple du sergent Boichot paraissait montrer la discipline comme fort compromise; le moment lui parut favorable pour donner le signal d'une insurrection nouvelle. Au sein même du Corps législatif, les irréconciliables d'alors, car, en France, tout gouvernement a les siens, firent entendre une sorte d'appel aux armes. Le 13 et le 14 juin, peu de jours après la première réunion de la Chambre, éclata le complot dit du Conservatoire des arts et métiers, parce que les chefs qui entendaient se constituer, comme de coutume, en gouvernement provisoire, se réunirent dans cet établissement populaire, à défaut de l'Hôtel de ville qui était occupé militairement depuis une année.

Si l'on veut se rendre compte de l'intérêt qu'avaient toujours attaché les chefs d'émeutes à occuper, dès le début, ce quartier de Paris, il suffit de jeter les yeux sur une des cartes des barricades de juin, cartes qui ont été dressées après la grande lutte civile dans laquelle la démagogie, ayant sous la main l'armée des ateliers nationaux, avait déployé toutes ses ressources[1]. Cette étude rapide est d'autant plus opportune que, depuis la transformation de Paris par les grands travaux de voirie exécutés sous l'Empire, les insurrections ont dû changer leur tactique et leur champ de bataille. C'était à peu près l'avant-dernière fois qu'elles tentaient la fortune sur l'ancien terrain qu'elles avaient depuis si longtemps pratiqué.

Le réseau des barricades de juin coupe Paris en deux parties à peu près égales, de la barrière Saint-Jacques, derrière l'Observatoire, par les rues du faubourg Saint-Jacques, de la Harpe, de la Cité, Planche-Mibray, des Arcis, Saint-Martin, du faubourg Saint-Martin, à la barrière de la Villette, vers le point où le canal entre dans l'ancien Paris. Le chantier de construction de l'hôpital Lariboisière, situé en avant de ce point, au nord de l'église Saint-Vincent de Paul, et qui servit si longtemps d'abri aux insurgés, n'était, pour ainsi dire, qu'un ouvrage avancé. Sur le milieu de cette ligne fortifiée, en descendait une autre perpendiculaire, suivant le faubourg Saint-Antoine, et aboutissant à l'Hôtel de ville, objectif commun de tous les corps insurrectionnels.

Voici, en peu de mots, l'aspect qu'offre sur la carte cette longue suite de retranchements : sur la rive gauche, la mon-

---

[1] On a calculé que quarante à quarante-cinq mille insurgés ont été engagés dans les quatre journées du 23 au 26 juin 1848.

tagne Sainte-Geneviève était occupée, ainsi que tout l'espace compris entre le bas de la rue de la Harpe et de la rue Saint-Jacques, le Panthéon, les rues Saint-Victor et de Poissy. Plus les rues sont petites, étroites et tortueuses, plus les barricades y étaient multipliées. La place Maubert et le Panthéon servirent tour à tour de quartier général à cette aile gauche de l'armée insurrectionnelle qui s'était ménagé deux voies de communication avec les barrières, par la rue Saint-Jacques, d'un côté, et par la rue Mouffetard, de l'autre. Les barricades s'y dressaient à chaque pas. Les deux extrémités de ces voies, la barrière d'Arcueil au bout du faubourg Saint-Jacques, la barrière de Fontainebleau à l'extrémité de la rue Mouffetard, étaient reliées l'une à l'autre par une sorte de fortification embrassant les barrières intermédiaires de la Santé, de la Glacière et de Croulebarbe, et s'appuyant sur le mur d'octroi. C'était donc un triangle dont la pointe touchait la Seine.

Dans la Cité, la rue de ce nom, et plusieurs des petites rues voisines barricadées, servaient de lien entre les deux rives, et faisaient face à la Préfecture de police.

Sur la rive droite, les insurgés entouraient, autant que possible, l'Hôtel de ville, et l'assiégeaient de leur mieux. Ils avaient barricadé, à l'ouest du palais municipal, les rues Planche-Mibray et des Arcis, qui ont pris depuis le nom de la rue Saint-Martin, le quai de Gèvres, et plusieurs points environnants; au nord, les alentours de l'église Saint-Merry, la rue de Rambuteau, la rue des Blancs-Manteaux, jusqu'à la rue Vieille-du-Temple. A l'est, la ligne d'attaque du faubourg Saint-Antoine, atteignait l'église Saint-Gervais, qui s'élève sur le reste de la butte du Monceau, derrière l'Hôtel de ville; une forte barricade était en même temps dressée à l'entrée de la place Baudoyer. La rue Geoffroy-Lasnier, la rue de Jouy, étaient également coupées, et achevaient par leurs barricades cet investissement qui ne fut jamais complet; car l'Hôtel de ville, bien défendu, sut maintenir ses communications avec le reste de la ville. Tel était le centre de la ligne d'insurrection.

L'aile droite, plus au nord, fut vraiment formidable. Nous retrouvons d'abord le quartier du Conservatoire des arts et métiers. Le Conservatoire, l'église Saint-Nicolas des Champs, et, derrière ces deux monuments, tout un dédale de petites rues environnant le carré Saint-Martin, emplacement d'un ancien marché démoli, ainsi que le marché plus nouveau qui dessert cette portion de la ville, occupaient l'ancien territoire du prieuré Saint-Martin des Champs, au penchant d'une sorte de colline qui s'élevait au nord jusqu'au boulevard, et dont la rue Meslay indique encore la courbe par sa double rampe. La rue du Vert-Bois, qui conserve le souvenir d'un petit bois bordant jadis le prieuré, la rue du Temple, les rues des Gravilliers et Jean-Robert, et la rue Saint-Martin, forment à peu près les limites extérieures de ce quartier.

Dans l'espace que ces rues circonscrivent, existait encore un grand nombre de ruelles dont plusieurs sont devenues célèbres, à diverses époques de notre récente histoire, par des luttes sanglantes. Ce sont principalement : la rue Transnonain, qui se prolongeait, au sud, par la rue Beaubourg dans la direction de l'église Saint-Merry, les rues Vaucanson, Montgolfier, Volta, Réaumur, Aumaire, toutes fort étroites autour desquelles s'enlaçaient, se tordaient, s'entre-croisaient, se pliaient en retour d'équerre, les ruelles Saint-Paxent, Saint-Marcoul, Saint-Henri, Japy, Bailly, Frépillon, et de nombreux passages resserrés, voûtés, impraticables. Tout cet ensemble avait été tracé et construit avec la plus extrême économie, soit au dernier siècle, soit au commencement de celui-ci, pour mettre en valeur des terrains très-peu étendus, en y élevant des demeures, ou plutôt des réduits, pour la nombreuse population spéciale qui se presse toujours autour des marchés. On ne s'était guère préoccupé du soin d'ouvrir des issues, sur les points les plus difficiles et les plus fréquentés, autrement que par des portes basses et des passages ménagés au travers de quelques maisons.

On comprend combien il était aisé, à un nombre d'hommes peu considérable de s'y défendre avec quelques barricades. C'était comme un impénétrable refuge. Là, en même temps qu'au cloître Saint-Merry, se sont livrés les combats meurtriers du commencement du règne de Louis-Philippe, dont le théâtre le plus célèbre a été la rue Transnonain; là, l'insurrection de juin s'était fortement établie. Elle s'étendait, vers le nord, jusqu'aux boulevards voisins, Saint-Denis, Saint-Martin, dont les pentes permirent de soutenir, contre l'armée de l'ordre, une longue et terrible lutte. L'insurrection avait sa retraite par le faubourg Saint-Martin, entre la tranchée du chemin de fer de l'Est et le canal, derrière lequel, après ses premières défaites, elle essaya de trouver une seconde ligne de combat.

En effet, le mur d'enceinte qui touchait le canal, précisément au point où vient y aboutir le faubourg Saint-Martin, circonscrivait avec cette ligne d'eau et la Seine comme un dernier camp défensif qu'il était difficile de forcer. Pour s'y protéger, l'insurrection avait élevé d'immenses barricades sur les deux points où le passage du canal était le plus largement ouvert, c'est-à-dire au bas du bassin de la Villette, au point où le canal pénètre dans l'ancien Paris, et à la place de la Bastille. Le premier passage était défendu par les obstacles dont le faubourg Saint-Martin était hérissé, par un demi-cercle de fortifications improvisées autour des barrières de la Villette et de Pantin, et par un système de barricades établies au pied des buttes Chaumont et au penchant de Belleville. Le second, c'est-à-dire la place de la Bastille, avait un cercle de feux convergents; les maisons environnantes étaient occupées par des insurgés. Le faubourg Saint-Antoine, les rues

Moreau et de Charenton étaient fortifiés presque de maison en maison ; les rues Grange-aux-Belles, du Faubourg-du-Temple, des Trois-Bornes, de Ménilmontant, qui commandaient les passages secondaires, étaient aussi barricadées.

D'après cette description des champs de bataille du juin, il est facile de comprendre pourquoi toute émeute à son début, alors qu'elle n'avait pas de forces suffisantes pour embrasser la ligne entière, de la montagne Sainte-Geneviève aux pentes de Belleville, faisait tête d'abord dans les quartiers du Conservatoire et sur les boulevards voisins jusqu'au Château-d'Eau. La force défensive de ces positions, et la facilité soit de descendre en masse vers l'Hôtel de ville, en cas de victoire, soit de se retirer derrière le canal, en cas de défaite, explique naturellement cette tactique. Il a fallu la large ouverture de la nouvelle rue Réaumur, croisée obliquement par la rue Turbigo, pour faire disparaître presque complétement l'antique quartier du Conservatoire des arts et métiers et pour déconcerter, en cet endroit, les vieilles habitudes des entrepreneurs d'agitations populaires. En 1849, rien n'avait été détruit de ce redoutable repaire. C'est pourquoi l'état-major de l'insurrection choisit le Conservatoire des arts et métiers, pour essayer d'organiser un gouvernement provisoire.

Cependant, les insurgés, réunis en foule sous le prétexte d'une pétition à porter à l'Assemblée, comme dans les beaux jours de la première révolution, défilèrent sur les boulevards, escortés, selon l'habitude, d'une foule immense de curieux. Le général Changarnier leur fit l'honneur d'un plan de bataille. Déjà la tête de l'émeute approchait de la Madeleine ; on ne voyait de troupes nulle part, et il semblait que l'autorité s'abandonnât elle-même. Le Préfet de la Seine envoya au général un projet de proclamation à la population de Paris, en lui demandant conseil sur les termes. Le général Changarnier montait à cheval ; il se prit à rire et répondit qu'on pouvait bien envoyer la proclamation à l'imprimerie, mais qu'il aurait terminé sa besogne avant que les imprimeurs eussent achevé la leur. En effet, il prit en flanc la manifestation, la coupa en deux à la hauteur de la rue de la Paix, la fit disparaître des deux côtés au pas de course, et la couvrit de honte et de ridicule. En même temps, la ville fut occupée tout entière et comme instantanément par des groupes de soldats. Tout pavé fut maintenu à sa place par la présence ou par le voisinage de la force armée; toute barricade fut impossible; quant au gouvernement du Conservatoire, il prit la fuite en passant par un vasistas.

Il est certain que la masse des honnêtes gens s'effrayait de toutes ces causes de désordre et d'instabilité. La plupart prenait parti, chaque jour davantage, pour le Président de la République, contre les assemblées politiques, dans les conflits qui éclataient entre eux. On savait gré au pouvoir exécutif de l'extrême énergie avec laquelle il réprimait les mouvements populaires. On arrivait en même temps à désespérer de la République, que l'on rendait responsable de toutes les agitations et de tous les malaises; on croyait bien que ses partisans proprement dits se pouvaient distinguer en modérés, en passionnés, en perturbateurs; mais ces trois sortes de républiques paraissaient se tenir par la main, s'entraîner l'une l'autre, se rapprocher même après s'être combattues, comme on avait vu M. de Lamartine restaurer au gouvernement M. Ledru-Rollin, après l'insurrection du 15 mai 1848, et comme on venait de voir M. Marrast tout prêt de pactiser avec les agitateurs au sein de la Chambre même, en oubliant trop vite l'insurrection de juin. C'était comme une sorte de chaîne, une farandole, jamais complétement rompue, où les plus violents emportent jusqu'aux paisibles et aux fatigués, dans leur tourbillon vertigineux.

Ces appréciations avaient quelque chose de fondé. On retrouvait chez le groupe modéré, à l'égard du groupe radical, et chez celui-ci, envers le groupe socialiste et jacobin, une disposition sympathique, indulgente au moins, une préférence, une sorte de penchant fraternel. La haine de tout ce qui avait été monarchique, l'esprit d'exclusion, l'habitude de considérer comme un progrès tout ce qui était une destruction ou un changement les unissaient entre eux. Il y avait cependant bien quelques exceptions à faire. J'aurai l'occasion, tout à l'heure, d'en montrer, dans la Commission municipale, un exemple éclatant.

Je ne rappelle ici ces souvenirs politiques déjà lointains que parce que les faits auxquels ils se rattachent avaient une influence inévitable sur l'administration et sur les finances de la Ville de Paris.

Cette succession de troubles et d'inquiétudes, qui remplirent une bonne partie de l'année 1849, n'était pas de nature à rendre au crédit de la Ville sa puissance, à la seconder dans l'opération toujours délicate de l'émission d'un emprunt, ou à la mettre en mesure d'entreprendre des travaux extraordinaires. Il est à peine besoin de faire remarquer que le produit de l'octroi, ainsi que presque tous les autres revenus municipaux, s'accroissent ou diminuent en raison du nombre des habitants et des visiteurs étrangers de la quantité des consommations, de la somme des dépenses, et, par conséquent, de la richesse des individus et de l'usage ou de l'épargne qu'ils en font, selon qu'ils ont plus ou moins de confiance dans la paix intérieure et dans l'avenir du gouvernement. L'administration et la commission municipale trouvaient, dans les circonstances et dans la lenteur avec laquelle se réalisaient les ressources dont ils pouvaient disposer, des motifs plausibles pour ne seconder qu'à demi le vif désir que manifestait l'administration supérieure de la reprise des travaux.

CHAPITRE III

Le choléra. — En 1832, organisation défectueuse de l'Assistance publique; longues études; mesures tardives. — En 1849, réorganisation du service hospitalier; M. Davenne. — Statistique des deux épidémies. — Quartiers décimés. — La Salpétrière, foyer de mort. — En 1832, maladresse du préfet de police; sottise et cruauté de la foule. — En 1849, expérience mise à profit. — Mort du maréchal Bugeaud. — Embarras et fautes du service des inhumations.

Une autre cause, non moins redoutable que l'agitation révolutionnaire, contribuait à rendre difficile la tâche des pouvoirs publics, surtout à Paris; c'était l'invasion du choléra. De même que dix-sept ans auparavant, le fléau succédait à la guerre civile et sévissait en même temps que les émeutes, qui sont comme les dernières vagues soulevées après la tempête révolutionnaire.

Il n'est pas sans intérêt d'établir ici une sorte de parallèle historique entre l'épidémie de 1832 et celle de 1849.

En 1832, l'administration municipale et l'administration des Hospices montrèrent, il faut l'avouer, moins de prévoyance et de calme qu'il n'aurait été nécessaire. Cela, il est vrai, s'explique fort naturellement. En 1832, le choléra apparaissait pour la première fois en France. Ce mal mystérieux et terrible, qui défie encore toutes les recherches de la science, dont nul ne sait ni la nature ni le remède, était alors inconnu chez nous, même dans ses effets. La frayeur publique en était accrue, et il semblait que les médecins et les administrateurs, troublés non par leur périls, mais par leur ignorance, fussent au premier moment comme frappés de stupeur.

D'ailleurs, une circonstance fâcheuse aggravait leur impuissance : je veux parler de l'organisation même de l'administration des Hospices. Elle était alors entre les mains d'un Conseil général, composé de quinze membres qui décidaient, sous le contrôle du Préfet de la Seine, de toutes les mesures à prendre pour la gestion du bien des pauvres, pour la tenue des hôpitaux et des hospices, et pour la dispensation des secours publics. Les fonctions de ces conseillers étaient gratuites. Au-dessous d'eux était instituée une commission administrative de cinq membres salariés, qui exécutait les délibérations du Conseil. On devine aisément les inconvénients d'une telle combinaison. En temps ordinaire, les quinze membres du Conseil, hommes de bien et de mérite, mais tous occupés ailleurs, trop nombreux pour administrer avec esprit de suite et avec vigueur, se contentaient d'entendre des rapports, de discuter des projets, de prendre des décisions, plus ou moins générales, et d'exercer une sorte de surveillance intermittente, en laissant aux cinq administrateurs l'initiative et le pouvoir proprement dits. Ces derniers se partageaient les attributions, sans se gêner l'un l'autre; la responsabilité et, par conséquent, la volonté dirigeante, n'étaient nulle part. En temps difficile, en cas d'épidémie, par exemple, lorsqu'il y avait quelque grand parti à prendre, personne ne se mettait en avant; le Conseil se divisait, consultait, hésitait; les administrateurs se retranchaient dans leur obéissance, et rien ne se faisait de considérable avec promptitude et avec énergie. Le choléra le fit bien voir.

On était averti de ses approches : parti de l'Orient, il avait traversé l'Europe en près de deux années. En février 1832, il était à Londres; c'est en mars seulement qu'il atteignit Paris. Qu'avait fait le Conseil général des Hospices ? Il avait nommé deux commissions : l'une, de membres pris dans son propre sein; l'autre, de médecins presque tous célèbres. Les médecins croyaient que le mal se propageait par le contact, comme la petite vérole, par exemple, ou, du moins, ils inclinaient à le croire, et ils proposèrent, en conséquence, les mesures suivantes : affecter exclusivement trois ou quatre hôpitaux, Beaujon, Saint-Louis, Saint-Antoine et Cochin, au traitement des malades cholériques; créer, en dehors de Paris, des maisons de convalescence; distribuer de larges secours à la classe pauvre; interdire dans Paris toutes les grandes réunions d'hommes; supprimer la vente de la friperie; transporter les marchés sur les boulevards extérieurs non loin des barrières; placer à toutes les maisons où il y aurait des personnes atteintes du choléra un signe particulier et reconnaissable qui demeurerait huit jours après la cessation de la maladie [1].

Il était bien difficile d'affecter exclusivement un petit nombre d'hôpitaux au traitement d'une maladie qui devait frapper à la fois, sur tous les points de la ville, beaucoup de personnes et qui exige le transport immédiat du malade à l'hôpital le plus voisin, tout délai pouvant être un péril, tout ajournement une cause de mort. Mais que dire de l'interdiction des grandes réunions d'hommes, dans les églises, dans les théâtres, dans les promenades ou ailleurs? Quant à désigner par un signe public les maisons qu'aurait touchées le choléra, c'eût été répandre une effroyable panique et décourager l'humanité même; je comprends difficilement comment une telle pensée a pu être admise un instant par les hommes considérables que le Conseil général des hôpitaux avait choisis [2].

---

[1] Je cite ici presque textuellement le remarquable rapport de M. Blondel, récemment directeur de l'Assistance publique, sur les épidémies cholériques de 1832 et 1849, page 45. — Voir, en outre, le rapport sur la marche et les effets du choléra dans Paris et les communes rurales du département de la Seine. 1834, page 13.

[2] Je vois, parmi les membres de cette commission, MM. le baron Portal, Antoine Dubois, Lisfranc, Chomel, Cruveilhier, Parent-Duchâtelet, Gueneau de Mussy.

L'autre commission[1] recherchait des locaux pour créer des hôpitaux temporaires. Pour que ce système de commissions fût complet, M. le Préfet de police avait formé une commission centrale de salubrité comprenant 43 membres. 12 commissions d'arrondissements, correspondant avec 48 commissions de quartiers, étaient en communication avec la commission centrale. Ce personnel délibérant était recruté parmi les médecins, les chimistes, les pharmaciens, les citoyens honorables présentés par les maires. L'avis de la commission centrale, recommandé par le Préfet de police, était qu'il y avait lieu d'établir 12 hôpitaux spéciaux, 4 maisons de convalescence, 48 ambulances !

Enfin, le ministre du commerce demandait provisoirement l'évacuation complète de deux hôpitaux, pour y placer les cholériques dès le début de l'épidémie.

Au milieu de tant d'opinions divergentes et comme effarées, le Conseil discuta et temporisa. Il fit remarquer que la caisse des Hospices avait déjà un million de déficit, et il rejeta la dépense extraordinaire sur la Ville ou sur l'État. La Ville, qui prévoyait aussi un déficit dans son budget, ne s'empressait guère de consacrer ses fonds à des préparatifs sur lesquels il y avait si peu d'accord.

Pendant qu'on délibérait encore, le choléra éclata subitement comme la foudre. Il frappa ses premiers coups le 26 mars; six jours après, aucun des quarante-huit quartiers de Paris n'était épargné; au bout de quinze jours, l'épidémie était à son maximum; puis elle commença à décroître, reprit une marche ascendante à la fin de juin, diminua de nouveau d'intensité à la fin de juillet, et ne disparut qu'en octobre. Dans ces six mois, elle atteignit 39,473 personnes, sur lesquelles 18,402 succombèrent. Beaucoup ne vécurent que quelques heures après la première atteinte du mal; plus de

---

[1] Elle était composée de MM. le comte Chaptal, le baron Cornet de la Bonardière, Cochin père, Jourdan et Desportes, administrateurs des hôpitaux.

la moitié expirèrent dans le premier jour de leur maladie ; plus des deux tiers dans les quarante-huit heures.

Le fléau, en se jetant sur Paris avec cette soudaineté et cette violence, réveilla comme en sursaut les administrations, qui déployèrent aussitôt la plus grande activité. Il leur rendit en même temps le service, par ses effets mêmes, de dénoncer sur-le-champ leurs erreurs, de rendre impossible toute fausse mesure et d'indiquer quelle aurait dû être la direction de leurs efforts. Ainsi, on avait voulu d'abord ne recevoir de cholériques qu'à Beaujon et à Saint-Antoine ; on essaya ensuite de placer au moins les malades dans des salles séparées, d'interdire toute communication entre eux et les malades ordinaires, de refuser aux parents et aux amis l'entrée des établissements. On avait prescrit de ne point présenter à l'église les corps des décédés, et de ne point les rendre à leurs familles. On se proposait de les enlever, même avant l'expiration des vingt-quatre heures qui suivaient le décès. On voulait soumettre tous les objets qui avaient appartenu aux cholériques à des fumigations de chlore, et ne point les restituer aux héritiers. On avait consigné les vieillards des hospices et fermé les cantines. Toutes ces dispositions gênantes et dures parfois, furent bien vite abandonnées.

Avec un empressement qui ne suffit point à réparer le temps perdu, l'administration municipale vota des crédits extraordinaires ; celle des hospices acheta un matériel immense, improvisa des hôpitaux temporaires, des ambulances, des services multipliés. On dépassa même le but : 2,500 lits devinrent bientôt disponibles et inutiles par la décroissance du choléra. Voilà, en abrégé, l'histoire administrative de l'épidémie de 1832.

En 1849, l'expérience ne fut pas perdue. On avait pris d'avance des précautions, généralement bien entendues, exemptes de cette lenteur, suivie de précipitation, qui jadis avait fait faire tant de fautes.

Lorsqu'on se trouva en présence du danger, les défauts que j'ai signalés dans l'organisation de l'administration hospitalière avaient disparu. Déjà le gouvernement de 1848 avait supprimé le Conseil général des Hospices, et l'avait remplacé par trois délégués que, mieux inspiré qu'à l'ordinaire, il avait bien choisis[1].

Le 18 janvier 1849, deux mois avant la réapparition du fléau à Paris, l'administration des hospices fut réorganisée. Elle prit le nom d'administration générale de l'Assistance publique. La loi plaçait ce grand service entre les mains d'un directeur responsable, sous l'autorité du Préfet de la Seine et du Ministre de l'intérieur, et sous la surveillance d'un Conseil. La commission administrative était supprimée. Ses membres devinrent chefs de division ou inspecteurs sous les ordres du directeur. Le Conseil n'avait plus qu'à émettre des avis et à exercer un contrôle de surveillance, au lieu de décider de toutes choses. La Ville de Paris, c'est-à-dire non-seulement le Préfet, mais aussi le Conseil municipal, qui avait chaque année à voter d'énormes subventions à l'Assistance publique, continuaient à étendre sur la gestion du bien des pauvres une influence modératrice. Quant aux médecins, aux chirurgiens et aux pharmaciens des hôpitaux et hospices, leur nomination, qui continuait à être faite au concours, devait être soumise à l'approbation du ministre de l'intérieur, par qui seul ils pouvaient être révoqués, sur l'avis du Conseil de surveillance et sur la proposition du Préfet de la Seine. On donnait ainsi une satisfaction à la juste susceptibilité des hommes de l'art et de la science, qui auraient difficilement accepté de devoir leur nomination à un simple directeur et de pouvoir être révoqués par lui. Cette organisation était excellente. Aux divisions, aux hésitations inévitables d'une assemblée, la loi nouvelle substituait l'ac-

---

[1] MM. Thierry, Dumont et Voillemier.

tion prompte d'un seul administrateur, trouvant sans doute un appui et un contre-poids nécessaires dans les avis d'un conseil consultatif, mais, ayant l'initiative des mesures, le pouvoir sur les subordonnés et la pleine responsabilité de ses actes, sous l'autorité de ses chefs naturels, le Préfet et le Ministre.

Le premier directeur fut M. Davenne, un des employés supérieurs du ministère de l'intérieur, qui s'était fait connaître par des écrits intéressants sur les matières administratives et qui, par sa parfaite honnêteté, par la bienveillance de son caractère et sa capacité, méritait qu'on lui confiât l'administration délicate de la charité publique. La composition du Conseil de surveillance ne fut faite qu'en avril, par un arrêté réglementaire, pris en Conseil d'État. Il comprenait vingt personnes devant être choisies, pour la plupart, dans des corps tels que le Conseil municipal, le Conseil d'État, la Cour de cassation, la Faculté de médecine, sur des listes de présentation dressées par ces corps eux-mêmes. Pour les autres membres, des formalités analogues étaient prescrites. Il résulta de ce mode de procéder que les nominations ne purent être faites avant le 21 juin. Le directeur de l'Assistance publique fut donc privé de ce concours pendant trois mois, après l'apparition du fléau. Il ne s'en troubla point : éclairé par la connaissance du passé, il ne proposa au Préfet de la Seine, et ne prit sous sa responsabilité que des mesures simples, de détail et sans éclat, ce qui est presque toujours le plus courageux comme le plus sage. Point d'hôpitaux spéciaux; point d'hôpitaux temporaires; point de petites ambulances; point de séquestration des cholériques; aucune modification aux règles accoutumées en ce qui concerne l'admission des parents, l'enlèvement des morts, etc.; mais, des précautions hygiéniques multipliées, de larges modifications du régime alimentaire, selon l'avis des médecins, des secours abondants à domicile.

L'administration municipale et celle de la préfecture de police ne manquèrent pas de donner au public tous les avertissements et toutes les instructions nécessaires, d'encourager et de diriger convenablement la charité. Les fonds demandés à la Ville furent votés sans délai par le Conseil municipal. Le compte de 1849[1] mentionne l'emploi d'un crédit supplémentaire de 140,000 francs. Il y faut joindre 50,000 francs alloués à la Préfecture de police pour l'établissement, dans divers quartiers, de commissions sanitaires et de bureaux de secours, et une partie des suppléments attribués à l'Assistance publique pour achats extraordinaires de linge, de vêtements et de mobilier. Le tout n'a pas excédé 400,000 francs, tristement compensés, pour une partie, par des augmentations de recettes résultant d'inhumations et de concessions dans les cimetières beaucoup plus nombreuses.

La marche de la maladie, en 1849, fut bien moins rapide au début qu'en 1832. Les deux épidémies avaient commencé en mars ; la première avait atteint son maximum d'intensité dès les premiers jours d'avril; la seconde n'y parvint qu'au mois de juin. En 1849, sur une population totale de 945,504 habitants, 35,449 personnes furent frappées ; 19,069 moururent. En 1832, sur 753,987 habitants, on avait compté, comme je l'ai dit, plus de 39,000 attaques et 18,400 décès. Toute proportion établie, le choléra sévit donc avec un peu moins de violence dans sa seconde invasion que dans la première. La statistique détaillée de l'une et de l'autre épidémie paraît montrer que les quartiers les plus aisés, ceux dont les habitants ont les ressources nécessaires pour se préserver des intempéries et observent habituellement les lois d'hygiène, ont été les moins maltraités. Des douze arrondissements qui composaient l'ancien Paris,

---

[1] Chap. 17, art. 12.

ceux qui ont le plus souffert aux deux époques sont le neuvième, comprenant les quartiers de l'Hôtel de ville, de l'Arsenal et des Iles ; le huitième, renfermant le faubourg Saint-Antoine ; le septième, c'est-à-dire les environs des rues Saint-Martin, du Temple et Vieille-du-Temple ; le douzième, au sud de la Seine, traversé par la rue Mouffetard et le faubourg Saint-Jacques ; en un mot, l'est et une partie du centre de la ville. Mais, en même temps, comme par une étrange contradiction, le dixième arrondissement, où se trouvent le faubourg Saint-Germain, les Invalides, le Gros-Caillou, quartiers ouverts cependant par de larges voies de communication, dont la population était en partie pauvre, il est vrai, mais en partie fort riche, compte parmi ceux qui ont éprouvé la plus grande mortalité. Les premier, deuxième et troisième arrondissements ont, au contraire, perdu proportionnellement le moins grand nombre d'habitants. C'était la brillante et prospère région du nord-ouest de Paris. Enfin le milieu, du nord au sud, soit les quatrième, cinquième, sixième et onzième arrondissements, sont classés dans la moyenne.

C'est à peu près tout ce qu'on peut conclure des chiffres nombreux recueillis par l'Assistance publique et par les journaux spéciaux sur la topographie du fléau. Et encore, on se tromperait si l'on voulait donner à ces observations une portée trop grande et en tirer des conséquences trop précises. Le curieux rapport, dont ces lignes contiennent l'analyse, constate que, si l'on regarde aux détails, ni la largeur des voies publiques, ni leur direction, ni l'orientation et l'aération des hôpitaux ou des maisons, ne semblent avoir influé directement sur le développement et sur la malignité de l'épidémie. Si les grandes opérations de voirie qui plus tard se sont accomplies dans Paris ont contribué en quelque chose à rendre le choléra moins meurtrier, lors de ses retours offensifs en 1853, en 1865, ce n'est donc que parce qu'elles ont placé l'ensemble de la population parisienne dans de meilleures conditions hygiéniques et qu'en imprimant une grande activité aux travaux de toutes sortes, elles ont répandu dans toutes les classes plus d'aisance et de bien-être.

Un fait singulier et terrible, qui a sans nul doute attiré l'attention des savants, et qui ne peut être passé sous silence, s'est produit dans l'épidémie de 1849 ; c'est l'espèce de rage avec laquelle le choléra s'est acharné sur l'hospice de la Salpêtrière :

« Vainement les médecins rivalisaient de zèle et d'efforts ; vainement l'administration, que cette calamité publique jetait dans les plus pénibles angoisses, cherchait incessamment, avec le corps médical, les moyens d'arrêter la marche du fléau ; vainement le chef de l'État, le premier pasteur du diocèse, les plus hauts fonctionnaires, apportaient des témoignages de sympathie à cette malheureuse population et cherchaient à l'encourager, en venant partager en quelque sorte son danger ; le mal ne s'arrêtait point, et, un moment, tous les habitants de cette cité en deuil purent se croire dévoués à une mort prochaine, que les uns ne pouvaient fuir à cause de leurs infirmités, que les autres tenaient à honneur de braver par un noble sentiment de devoir [1]. »

L'hospice de la Salpêtrière, ou de la Vieillesse-Femmes, renfermait de 4 à 5,000 habitants : employés, indigentes, aliénées. 1,859 personnes furent malades du choléra ; 1,402 moururent, et, dans le nombre, le directeur de l'établissement, qui, quoique souffrant, refusa de quitter son poste.

Le Préfet de la Seine, voyant les efforts les plus généreux échouer dans cette lutte de la science et du dévouement contre la peste, se décida à autoriser le renvoi dans les familles ou le déplacement d'un très-grand nombre des femmes infirmes qui n'avaient pas encore été atteintes. On pouvait

---

[1] Rapport, page 112.

craindre que, loin de les préserver, on répandit plus universellement encore dans la ville les ferments de la maladie dont l'hospice était comme le foyer le plus intense, et qu'on en activât ainsi la propagation. Par le fait, il n'en fut rien, cette fois du moins. L'évacuation partielle des hôpitaux et hospices, avec les précautions et les secours que l'humanité recommande, fut alors considérée comme une mesure sans inconvénients et qui présentait, au contraire, l'avantage, soit de rendre disponibles promptement un certain nombre de lits, soit de soustraire à une influence obstinément localisée le plus de victimes possible.

On avait admis, en 1832, le caractère contagieux du choléra; on le niait absolument en 1849. Plus tard, divers faits donnèrent naissance à une sorte d'opinion intermédiaire, qui semble aujourd'hui trouver crédit parmi les savants. Lorsqu'on vit, dans la guerre de Crimée, un corps expéditionnaire partir de Marseille dans un état sanitaire satisfaisant, mais embarquer, pour ainsi dire, avec lui l'influence cholérique; lorsqu'on remarqua que les caravanes de la Mecque promènent le choléra et le répandent sur leur passage, on conçut la pensée que l'épidémie peut, dans certains cas, s'attacher, comme un miasme délétère, à des agglomérations d'hommes ou même à des individus et se développer, à leur suite, dans telle ou telle localité. Diverses mesures ont été conseillées par des médecins ou mises en pratique par des gouvernements, conformément à ces observations.

Quoi qu'il en soit, les terribles effets du fléau causaient, en 1849, une émotion bien facile à comprendre; mais ici encore, les administrateurs qui étaient en fonction à cette époque ont tout à gagner à être comparés à leurs anciens prédécesseurs.

En 1832, le Préfet de la Seine, M. le comte de Bondy, n'avait peut-être pas montré toute la promptitude de résotion nécessaire; mais le Préfet de police, qui ne manquait pourtant ni de décision ni d'esprit, M. Gisquet, s'était laissé bien plus profondément troubler dans cette circonstance qui demandait, de sa part, plus de sens encore et de fermeté qu'à l'ordinaire. Le bruit courait, parmi le peuple, que les effets attribués au choléra avaient pour cause l'empoisonnement des fontaines publiques, des boissons, des denrées les plus usuelles. Quelques journaux accréditaient ces stupides inventions et ne craignaient pas d'accuser le gouvernement d'avoir organisé un tel crime pour décimer la population et décourager les émeutes. Au lieu de combattre directement ces absurdités, le Préfet de police crut habile de retourner d'une certaine manière l'accusation contre les partis, en affirmant, dans une circulaire rendue publique, que « des misérables avaient conçu le projet de parcourir les cabarets et les étaux de boucheries, avec des fioles et des paquets de poison, soit pour en jeter dans les fontaines ou dans les brocs et sur la viande, soit même simplement pour en faire le simulacre et se faire arrêter, en flagrant délit, par des complices qui, après les avoir signalés comme attachés à la police, favoriseraient leur évasion et mettraient ensuite tout en œuvre pour démontrer la réalité de l'odieuse accusation portée contre l'autorité. »

Toute cette polémique, de part et d'autre, n'avait véritablement pas le sens commun. Je me suis bien souvent demandé, sans pouvoir trouver une réponse supportable, comment on s'y serait pris pour empoisonner les fontaines publiques, c'est-à-dire de vastes réservoirs, desquels l'eau s'écoule sans cesse par le puisage aux orifices extérieurs et qui sont perpétuellement alimentés par des conduits souterrains. Une rivière qui passe! Quelle immense quantité de poison il y faudrait incessamment verser! Que d'agents municipaux devraient être occupés à cet abominable travail! Quelle étrange fureur de la part des fonctionnaires, des ingénieurs et des ouvriers du service, risquant ainsi d'empoisonner toute leur famille, tous leurs amis et eux-mêmes avec le reste! Quant à saupoudrer d'arsenic les viandes chez les bouchers ou à délayer quelque substance vénéneuse dans le vin des cabarets, l'entreprise n'eût été guère moins difficile et moins extravagante. Nonobstant, ces suppositions trouvèrent quelque créance. La foule ignorante et cruelle s'empressa de les adopter. Plusieurs passants, porteurs de paquets de camphre, de fioles de vinaigre, dénoncés par quelque sot effaré ou méchant, furent saisis, mutilés, mis en lambeaux, jetés à la Seine. Il fallut de nouvelles affiches, des arrestations, des analyses de chimie, des démonstrations plus claires que le jour et, parfois, l'intervention de la force, pour faire cesser ces atrocités.

En 1849, on ne vit heureusement rien de pareil. Les Préfets conservèrent leur sang-froid, au milieu des embarras multipliés que causaient à leur administration les émeutes, la peste, l'insuffisance des ressources, l'obligation d'entreprendre de grands travaux, la lutte intestine des pouvoirs et des partis. Si la tourbe, que l'agitation révolutionnaire secoue incessamment sur la place publique, ne commit pas cette fois, à l'occasion du choléra, des actes sanguinaires, ce ne fut pas qu'elle eût acquis plus de bon sens ou perdu le goût de la violence. Les journées de février et celles de juin montrent assez que cette infime partie de la nation, décorée si volontiers du nom de peuple par l'esprit démagogique, n'avait fait, en dix-sept années, aucun progrès moral; mais l'expérience du choléra, plusieurs fois répétée, ne permettait plus à personne d'espérer crédit pour le conte absurde de l'empoisonnement public. Ce qu'il y eut de semblable dans les deux circonstances, ce fut le dévouement et la générosité de ce qu'on nomme les classes supérieures, qui comprennent toute cette masse d'honnêtes gens, riches ou pauvres, qu'une raison éclairée et un inflexible sentiment du devoir élèvent au-dessus de la sottise et de la perversité du vulgaire. En 1849, au plus fort de la maladie, le Prince-Président donna l'exemple; il se rendit dans les hôpitaux civils et militaires; il les visita longuement, surtout la Salpétrière, montrant partout cette bienveillance et cette tranquillité d'âme, qui voilaient un imperturbable courage, et qui lui attiraient dès lors la sympathie de la population. Les Préfets avec les principaux fonctionnaires de leur administration, les ministres, chacun dans les établissements soumis à leur vigilance spéciale, le directeur de l'Assistance publique, les médecins les plus illustres, toutes les personnes qui avaient dans les hôpitaux quelques fonctions à remplir, se prodiguèrent pour soulager, pour rassurer les malades, pour combattre au moins la peur, cet auxiliaire meurtrier de la peste.

L'administration de l'Assistance publique perdit 187 personnes, en y comprenant les parents ou serviteurs d'employés domiciliés dans les hôpitaux. Dans le nombre, on compte 2 directeurs, 6 élèves, 10 religieuses, 1 aumônier, 77 surveillants, infirmiers ou infirmières, etc. C'est comme après une bataille : on relève le nombre de ceux qui ont succombé au champ d'honneur. Jamais, d'ailleurs, le personnel ne fit défaut. De pieuses dames du monde, des jeunes gens appartenant aux meilleures familles s'offrirent, et furent souvent agréés, pour affronter le péril du service des malades. C'est ainsi que, dernièrement, on a vu les mieux doués des avantages de la fortune aller combattre au premier rang et mourir pour le pays.

En 1832, l'appel fait à la charité par le Préfet de la Seine avait produit 750,000 francs; en 1849, M. Berger crut devoir imiter son prédécesseur : une souscription fut ouverte dans toutes les mairies. Mais chacun savait que, cette fois, elle n'était pas nécessaire. Les dépenses, comme on l'a vu, ne furent pas considérables, et la Ville y avait suffisamment pourvu. Cependant, on réunit encore plus de 100,000 francs qui furent employés, avec d'autres ressources, par le Conseil municipal, pour recueillir les orphelins du choléra dans l'asile de Vaujours.

La plus illustre victime de l'épidémie de 1849 fut le maréchal Bugeaud. Perte immense pour la France et pour le règne de Napoléon III. M. le comte Molé le caractérisait ainsi en prononçant des paroles de regret sur sa tombe : « Né guerrier, doué de ce merveilleux instinct qui fait les grands capitaines, il avait aussi toutes les aptitudes de l'homme politique et surtout ce courage, ces vertus civiques qui l'ont rendu le défenseur le plus puissant et le plus habile de la cause de l'ordre, de la civilisation et de la liberté. »

Peu de jours avant de mourir, le maréchal Bugeaud disait à M. Molé : « Les factieux ne parviendront jamais à pervertir nos soldats; l'armée sauvera la France. » Il disait aussi, à l'auteur de ce livre, cette parole non moins remarquable : « Notre pays a besoin de vingt ans de compression! » Aussi cet homme énergique était-il exécré des démagogues, qui saluèrent sa mort par des cris de joie[1].

D'utiles améliorations dans deux services municipaux furent la conséquence du choléra. A son approche on s'était hâté de réorganiser de la manière la plus heureuse, comme je l'ai dit, l'administration hospitalière. Durant ses plus grands ravages, on reconnut la nécessité de réformer, le

---

[1] Voici comment s'exprimait un des journaux démocratiques du temps : « Le maréchal Bugeaud n'est plus. Le peuple tardait trop à décréter d'accusation cet instrument brutal de toutes les tyrannies. Dieu s'est impatienté : il a appelé à sa barre le héros de la rue Transnonain. Il a dit au choléra : Cet homme que tu vois là-bas, appuyé sur son grand sabre, se croit invincible ; il a beaucoup empoigné; va l'empoigner à ton tour, et jette-le dans ce noir cachot qu'on appelle la tombe : je l'ai jugé. . . . .
. . . . Bugeaud fut l'un des fléaux de la démocratie. Dans les champs du Périgord, sa patrie, il s'était truffé d'une haine stupide contre le peuple. »

De notre temps (par exemple, en janvier 1873), on insulte aussi les tombes, au moment même où elles s'ouvrent; il y a même cette aggravation qu'on ne parle plus de Dieu.

plus tôt qu'il serait possible, le service des pompes funèbres [1]. Depuis longtemps, une compagnie industrielle était chargée d'effectuer les inhumations à Paris. La dernière adjudication avait été faite en 1843, et la concession devait expirer en 1852. Dans les conditions du contrat était comprise pour l'entrepreneur l'obligation de pourvoir, à ses frais, à tous les besoins, en cas d'augmentation de la mortalité.

On avait l'expérience de 1832 et l'on savait quels embarras la brusque invasion du fléau avait causés aux anciens entrepreneurs et, par suite, à l'administration municipale. Le nombre des inhumations, qui pouvait être alors, en moyenne, de 50 par jour, dans les temps ordinaires, monta rapidement, dans le premier mois, jusqu'à 850 et au delà. Le nombre des voitures et des chevaux, ainsi que le personnel, avaient été maintenus, avec peu de prudence, dans les limites nécessaires pour le service habituel, sans aucun matériel de réserve. Aussi, l'épidémie ayant, dès l'abord, atteint son maximum d'intensité, on fut contraint d'avoir recours à toutes sortes d'expédients pour le transport des cadavres. On loua, par exemple, des voitures de déménagement [2] dans lesquelles on recueillait, de maison en maison, les décédés placés dans leurs cercueils; on les distinguait par un numéro d'ordre dont les familles avaient le double et on les transportait ainsi, comme des colis accumulés, au cimetière. Les corbillards même reçurent triple charge, au risque des confusions les plus douloureuses. Ces moyens improvisés ne contribuèrent pas peu à semer l'épouvante dans la ville.

L'emploi des voitures de déménagement blessait surtout

---

[1] M. Husson, alors chef de division à la Ville, prit, quelque temps après, la plus grande part à cette réforme. Les règles qu'il proposa sont encore aujourd'hui la loi de service.

[2] On trouve, au compte de 1832, page 122, la mention d'un reliquat de dépense à payer de 12,900 francs environ, à la charge de la Ville, pour l'allocation de chars funéraires.

la susceptibilité publique. On eut alors l'idée de demander au ministre de la guerre qu'il voulût bien mettre à la disposition du maire de chaque arrondissement un certain nombre de fourgons d'artillerie, au moyen desquels l'administration des pompes funèbres compléterait provisoirement son service. On en fit l'essai une nuit, « mais, dit le rapport d'une commission spéciale qui fut chargée plus tard de constater la marche et les effets du choléra[1], le bruit de ferrailles particulier à ces sortes de voitures, ce bruit si bien connu et que leur nombre augmentait encore, interrompait douloureusement le sommeil des habitants, et, d'ailleurs, un accident grave que l'on n'avait pas prévu se manifesta presque aussitôt. Ces voitures ne sont pas suspendues ; les fortes secousses imprimées, dans la marche, aux cercueils qu'elles portaient, en déclouaient les planches, en chassaient les corps et, brisant le tissu sans ressort des viscères, en laissaient échapper un liquide infect qui se répandait dans l'intérieur des voitures et, de là, sur le pavé. Dès le lendemain, il fallut abandonner ce moyen. »

L'entreprise des pompes funèbres commanda à la hâte cinquante caisses à peu près semblables à celles des corbillards actuels, mais plus courtes, et agencées de telle sorte qu'on les pouvait placer sur des trains de berlines ordinaires. Le pied des cercueils excédait parfois la longueur de la voiture de quelques centimètres. On pouvait atteler d'un seul cheval ces grossiers appareils de la mort. Pour les construire, on avait embauché sept cents ouvriers, auxquels on offrait une haute paye s'ils voulaient travailler jour et nuit. Ces hommes, effrayés par la violence du fléau, refusèrent le travail de nuit, et l'embarras dans lequel on se trouvait fut prolongé d'autant. Ce n'était pas la seule difficulté que ren-

---

[1] *Rapport sur la marche et les effets du choléra-morbus dans Paris et dans les communes rurales du département de la Seine.* Paris, Imprimerie royale, 1834. In-8°, chap. III, p. 44 et suivantes.

contrât l'administration dans ces lugubres circonstances.
Pour les inhumations, on avait prescrit des précautions particulières : on voulait que, dans chacun des trois cimetières de la capitale, la profondeur des fosses fût rigoureusement portée à 1 m. 50 c. au moins; que la terre recouvrant les morts fût foulée avec un soin particulier; que, dans les fosses communes, sur chaque lit de cadavres, on étendît une couche de chaux vive, immédiatement recouverte de 1 m. 50 c. de terre fortement pressée ; 800 mètres cubes de chaux furent ainsi employés. Mais il fallait un grand nombre d'ouvriers pour cette besogne. Bientôt la terreur se répandit parmi les anciens fossoyeurs comme parmi les nouveaux. Un jour, ils désertèrent tous ensemble, laissant là les morts épars sur la terre. D'horribles émanations s'exhalaient de ce champ de bataille de la peste. Le Préfet, M. de Bondy, ordonna à l'inspecteur des cimetières de remplacer les ouvriers déserteurs par d'autres qui manqueraient d'ouvrage. On eut recours, pour en déterminer quelques-uns, aux exhortations, aux offres, aux récompenses ; on leur donna l'exemple du courage; on établit près de chaque cimetière un poste médical spécial; enfin on rassura le plus grand nombre, et les inhumations furent reprises. Tous ces incidents avaient lieu dans la première moitié du mois d'avril 1832 et redoublaient la frayeur générale. Aussi, la ville fut-elle subitement abandonnée par un grand nombre d'habitants, comme en temps de révolution.

Le souvenir de ces faits tint, en 1849, l'administration municipale en éveil ; elle multiplia les avis et bientôt les injonctions à l'entreprise des pompes funèbres. Quoique le choléra ne progressât que lentement cette fois, cependant la mortalité, qui n'était, les années précédentes, que de 65 à 68 personnes en moyenne par jour, atteignit, dès le début de l'épidémie, un chiffre double et ensuite plus considérable. Mais l'entreprise des pompes funèbres était alors dirigée avec une médiocre intelligence, avec des ressources insuffisantes peut-être, et certainement avec une économie mal entendue. Elle se laissa surprendre, et, au bout de deux mois, au commencement de juin, alors que l'intensité du mal était extrême, l'entreprise n'était pas en mesure d'assurer le service. Elle fut obligée d'user de quelques-uns des expédients qu'on avait employés en 1832 : elle loua des voitures de déménagement, plaça plusieurs cercueils sur le même corbillard et construisit des chars à un seul cheval.

M. Berger, après des instances multipliées, voyant sa responsabilité près d'être engagée devant le public, saisit incidemment le Conseil municipal de la question : il demandait un crédit pour assurer le service des inhumations et celui du transport des malades dans les hôpitaux. Parmi les dépenses proposées, il comprit celle de la création d'un service de voitures auxiliaires pour les enterrements. Plusieurs membres de la Commission municipale, témoins de l'effet produit dans Paris par les inhumations collectives, firent entendre à cette occasion les plaintes les plus vives. On accorda le crédit, en louant le zèle du Préfet, mais en même temps on manifesta, par un vote, un vif mécontentement au sujet de la « négligence de l'administration des pompes funèbres qui, dans ces douloureuses circonstances, ne s'était point tenue à la hauteur de la mission qu'elle avait à remplir. » On prit en même temps quelques mesures d'ordre. L'article 77 du Code civil dispose qu'aucune inhumation ne peut être faite sans l'autorisation du maire, qui ne la peut accorder que vingt-quatre heures après le décès. La fixation de l'heure des enterrements est donc à la disposition des maires. Mais, en temps de grande mortalité, les douze maires qui existaient à Paris en 1849, — et l'observation s'appliquerait aux vingt maires que comporte l'organisation actuelle, — n'ayant aucun moyen de s'entendre pour l'indication de l'heure des convois, pouvaient choisir le même moment pour un très-grand nombre d'inhumations dans des quartiers différents et mettre ainsi l'entrepreneur des pompes funèbres dans l'impossibilité d'accomplir ses obligations, faute d'un personnel et d'un matériel assez considérables. On décida que, pour le temps de la mortalité exceptionnelle, les demandes de convois qui ne pourraient être faites aux mairies dans de certains délais, seraient portées par les familles au siége de l'entreprise des pompes funèbres, alors rue de Miroménil, et que là, les heures seraient fixées, sauf l'approbation des maires, ce qui sauvegardait l'exécution de la loi.

La concession de l'entreprise avait encore près de trois ans de durée; mais on comprit que le service exigeait d'importantes réformes et, avant l'échéance fixée, on nomma une commission d'études.

CHAPITRE IV

Budget de 1850. — Sera-t-il proposé en déficit? — Deux évaluations différentes des recettes. — Le budget est proposé en équilibre.

Ainsi s'avançait péniblement, durant cette première année de l'institution républicaine, l'administration municipale, au milieu des troubles politiques, des angoisses causées par une épidémie formidable, des embarras financiers que tout le concours d'un gouvernement bien intentionné, mais entravé dans son action, ne suffisait pas à aplanir. On préparait de grands travaux, sans pouvoir encore s'entendre sur la façon de les diriger ; les ressources qu'on avait espérées ne se réalisaient qu'avec lenteur. Il fallait pourtant dresser le budget de 1850; la tâche avait été rendue moins difficile par le succès de l'émission de l'emprunt de 25 millions; l'équilibre des recettes et des dépenses se présentait cependant encore comme un problème.

Il était d'usage que, pour préparer le budget, le Préfet, après avoir fait recueillir tous les éléments d'appréciation nécessaires dans les différentes branches de son administration, réunît autour de lui, pour coordonner ces éléments, le secrétaire général, les chefs de divisions intérieures et, au besoin, les chefs des services administratifs spéciaux, tels que le trésorier municipal, le directeur de l'Assistance publique, celui de l'Octroi, etc. Dans cette commission, on repassait tous les articles du budget, on en discutait contradictoirement les chiffres, on en rédigeait l'explication, et le chef de la division de comptabilité était chargé de centraliser le travail, de le soumettre à l'approbation définitive du Préfet et de surveiller l'impression du projet, avant la réunion de la Commission municipale.

La première base des évaluations de recettes et de dépenses qui composent un budget est ordinairement dans les résultats comparés des comptes des exercices antérieurs. En 1849, on était presque privé de cette donnée fondamentale. 1848 n'avait pas été une année normale; 1847 et 1846 pouvaient fournir un point de départ, mais déjà lointain, et pris dans des circonstances profondément différentes de celles au milieu desquelles on était placé. On trouvait d'utiles indications dans les faits qui venaient de se produire durant les neuf premiers mois de l'année 1849. Ils ne se présentaient pas sous un aspect trop défavorable, malgré les causes multipliées qui retardaient l'essor de la prospérité publique.

Les recettes de 1849 n'avaient été prévues que pour 38,240,000 francs. On calculait qu'elles atteindraient 3 millions de plus si, dans les trois derniers mois de l'exercice, rien ne venait troubler gravement la marche des choses. On fondait cette supposition sur un accroissement des produits de l'octroi, qui devait être de 4 millions, mais que l'on compensait, en partie, par des moins-values supposées sur les autres recettes. La progression des produits de l'octroi était due, pour une certaine part, au double décime établi en 1848, aux taxes nouvelles créées à la même époque, et, pour la majeure partie, à un certain développement de la consommation.

En partant de ces résultats de l'année qui s'achevait et en y ajoutant la prévision de diverses autres recettes réalisables dans l'année qui allait s'ouvrir, on inscrivait au budget de celle-ci 43,500,000 francs de ressources ordinaires. Les dépenses de même nature, convenablement assurées, ne paraissaient pas devoir excéder 41,100,000 francs; ce qui laissait, pour les dépenses extraordinaires, une marge de

2,400,000 francs. Pouvait-on se contenter d'un tel chiffre? Il était à peine suffisant pour fournir un crédit raisonnable aux dépenses imprévues, ainsi que pour payer les grosses réparations jugées indispensables dans les bâtiments municipaux et considérées comme extraordinaires. Or, après avoir passé l'année entière à préparer péniblement les grandes opérations de l'isolement de l'Hôtel de ville et du prolongement de la rue de Rivoli aux abords du Louvre; après s'être engagé envers un grand nombre de propriétaires et envers l'État, pouvait-on faire tout à coup retraite et se déclarer dénué de ressources? L'isolement de l'Hôtel de ville demandait au moins 1,500,000 francs, comprenant, d'une part, la première annuité exigible par les expropriés qui avaient d'avance accepté des délais, d'autre part, le prix intégral des immeubles au sujet desquels aucun atermoiement n'avait été consenti. Quant au Louvre et à la rue de Rivoli, on devait le tiers de la dépense. Le Corps législatif venait de voter 1,600,000 francs pour la campagne prochaine; la Ville devait donc trouver 800,000 francs.

On voulait, en outre, poursuivre l'élargissement de plusieurs rues commencé ou annoncé par l'administration de M. de Rambuteau; il s'agissait principalement de sections des rues Montmartre, des Mathurins-Saint-Jacques, de la Harpe, Soufflot. Il fallait continuer l'église Sainte-Clotilde, construire ou améliorer quatre mairies, sept écoles, agrandir des cimetières, contribuer à la restauration du Pont-Neuf, du pont d'Iéna, du pont Marie, des quais de la rive gauche, du quai de Billy. Les égouts, les trottoirs, le pavage, la distribution des eaux réclamaient aussi, comme toujours, leur assez large part. Il y a des dépenses qu'on nomme extraordinaires, parce que le montant et l'objet en sont variables d'une année à l'autre, mais qui, en bloc, exigent à peu près la même somme tous les ans et pourraient, pour cette cause, être qualifiées d'ordinaires.

Même en se contentant d'attribuer à chacun des articles qui viennent d'être énumérés une allocation bien inférieure aux besoins probables, une sorte d'à-compte au marc le franc, comme à des créanciers concordataires, on arrivait forcément à un total de près de 7,600,000 francs, y compris les dépenses imprévues. Et encore, dans ces limites, on ne pouvait attaquer presque aucune des entreprises projetées avec la vigueur et la promptitude qui, en de telles matières, sont la condition essentielle du succès et de l'économie.

Au fond, il y avait plus d'un moyen de combler cette insuffisance, et, dans la Commission, on les indiquait sommairement. Mais, avant tout, le Préfet crut devoir poser la question que voici : lequel est le plus prudent et le plus politique, de présenter le budget de 1850 en déficit, ou de l'équilibrer avec effort? Vaut-il mieux mettre en relief la gêne à laquelle la révolution a réduit la Ville, ou manifester, au contraire, le ferme espoir du retour de l'ancienne prospérité?

Les avis furent partagés; le mien ne fut pas incertain. Sans doute, pour mieux se défendre contre des projets de travaux qui ne pouvaient s'accomplir qu'avec de grandes dépenses, il pouvait sembler habile d'afficher la pauvreté; mais il importait bien plus de seconder l'essor de la confiance publique qui ne demandait qu'à renaître, et de rendre au travail cette activité dont l'effet inévitable devait être le rétablissement des finances municipales. Si la Ville affectait des craintes sur l'avenir, si elle exagérait ses embarras, si elle paraissait douter du développement de ses ressources, elle propagerait dans les régions commerciales et industrielles l'inquiétude et l'hésitation; elle agirait dans un sens contraire à l'intérêt général et au sien propre.

D'ailleurs, le déficit n'existait pas. On avait besoin d'environ 7,600,000 francs pour l'extraordinaire et l'imprévu. Le reliquat déjà certain de 1849 et les ressources probables de 1850, mieux appréciées, suffiraient à les fournir. On supputait, en effet, que 1849 laisserait un reliquat disponible de 3,200,000 francs environ, composé comme il suit :

D'abord, l'exercice avait profité de l'élévation du prix de l'emprunt et encaissé 12,635,000 francs au lieu de 10 millions qui lui avaient d'abord été attribués sur cette ressource extraordinaire, d'où résultait un boni de. . 2,635,000 fr.

Ensuite, on admettait que les recettes ordinaires atteindraient 41 millions, ce qui produirait un excédant sur les dépenses à couvrir, de 565,000

Ensemble. . . 3,200,000 fr.

On était fort au-dessous de la vérité : ce n'était pas seulement 41 millions de recettes ordinaires, qu'il fallait attendre de l'exercice de 1849, d'après les réalisations déjà constatées, mais, 43 millions et demi au moins [1]. On devait considérer d'ailleurs que tous les crédits ouverts ne seraient pas employés à beaucoup près. Le reliquat serait donc, non plus de 3,200,000 francs, mais de 5,700,000, et de 6 millions probablement, en comptant les crédits ou portions de crédits non employés.

En ce qui concerne 1850, on évaluait les recettes en prenant pour base celles de 1849; mais, comme on calculait celles-ci au-dessous de la réalité, on évaluait celles-là au-dessous de la probabilité. Au lieu de 43,500,000 francs, on devait attendre au moins 46 millions [2]. Ainsi, ce n'était pas seulement 2,400,000 francs qui, du fait de 1850, resteraient en excédant des ressources ordinaires sur les dépenses du même ordre; ce serait sans doute le double. On aurait

---

[1] Elles furent, en effet, de 43,919,358 francs. (Compte de 1849.)
[2] On eut 48,821,018 francs. (Compte de 1850.)

donc, comme applicables aux dépenses extraordinaires de 1850 :

1° Le reliquat de 1849.	6,000,000 fr.
2° L'excédant disponible de 1850.	5,000,000
Total.	11,000,000 fr.

En conséquence, on devait aligner hardiment le budget, stimuler par des travaux publics toutes les industries; on verrait bientôt les caisses de l'octroi se remplir et on serait en mesure de faire les dépenses que le Gouvernement demandait ; ce qui était bien plus habile que de se dire pauvre pour s'y soustraire.

Cette conclusion ne fut pas adoptée tout entière dans la commission. Le Préfet décida en principe qu'on n'accuserait point de déficit; mais on se maintint dans le système traditionnel de l'évaluation très-amoindrie des recettes, de telle sorte que, en ajoutant le reliquat restreint de 1849 aux sommes qu'on jugeait seulement pouvoir affecter aux travaux projetés, sur les ressources de 1850, on n'obtenait que 5,600,000 francs. Il fallait encore 2 millions pour parfaire la modeste dotation de l'extraordinaire. Voici l'expédient auquel on eut recours pour masquer cette insuffisance.

La Ville possédait pour près de 5 millions d'immeubles inutiles aux services municipaux et qui pouvaient être aliénés. C'étaient des terrains situés rue Grange-Batelière, dans l'île Louviers, dans la plaine d'Ivry, dans le clos Saint-Lazare, au quai d'Austerlitz, sur l'emplacement des anciens marchés, de la Roquette, de la Santé et d'Aval, etc. On inscrivit aux recettes extraordinaires une somme de 2 millions, à provenir de la vente d'une partie de ces immeubles. On reconnaissait bien que les circonstances n'étaient point favorables pour trouver des acheteurs, à un prix convenable; mais, dans le fond, on savait bien que ces aliénations ne seraient pas nécessaires et qu'on ne serait pas réduit à l'extrémité de les réaliser à vil prix. On se déclarait seulement prêt à le faire, plutôt que d'interrompre les grands travaux. M. Berger me pria d'exposer tout ce système dans le préambule du budget, et ce fut la première fois, depuis de longues années, que la situation financière de la Ville et le résumé des desseins de son administration furent publiés avec quelque développement, au moment de la présentation du budget municipal. M. de Rambuteau n'avait point cet usage. Il ne faisait consister la préface de ses budgets que dans un résumé de chiffres. C'était d'ordinaire en ouvrant les opérations pour le renouvellement partiel de la Chambre ou du Tribunal de commerce, qu'il faisait le compte rendu périodique de son administration et l'exposé de ses projets.

Le travail préparatoire du budget de 1850 était terminé dans les derniers jours de septembre 1849, pour être soumis immédiatement à la Commission municipale, qui venait d'être reconstituée.

CHAPITRE V

Nouvelle Commission municipale régulièrement organisée. — Modifications du budget. — Comptes de la Révolution. — Créances de la Ville sur l'État. — Traitements de l'ex-maire de Paris. — Les deux gardes prétoriennes. — Les trois polices.

L'ancienne Commission s'était réunie, pour la dernière fois, à la fin du mois de juillet, et s'était ajournée pour un mois, mais sans aucune illusion. Elle avait bien compris elle-même que son personnel devait être nécessairement renouvelé.

Quelques-uns de ses membres se trouvaient compromis dans les dernières menées révolutionnaires. M. Guinard était arrêté et accusé d'avoir mis la légion d'artillerie de la garde nationale, dont il était le colonel, à la disposition des chefs de l'insurrection du 14 juin, réunis au Conservatoire des arts et métiers ; M. Considérant était également poursuivi comme complice de ce mouvement insurrectionnel et avait cru devoir se retirer en Belgique. D'autres conseillers municipaux s'étaient engagés dans une opposition révolutionnaire.

Il y avait, d'ailleurs, un autre motif plus général de refondre la Commission : elle existait depuis une année, en vertu d'un décret de l'Assemblée nationale [1]; mais rien n'était régulier dans sa composition et dans son fonctionnement. Le décret n'avait eu qu'un seul but, comme je l'ai dit plus haut : substituer, pour la nomination des conseillers, le choix du pouvoir exécutif à l'élection ; il laissait subsister

---

[1] Décret du 3 juillet 1848.

toutes les autres dispositions de la législation antérieure et particulièrement de la loi du 20 avril 1834, relativement à la distinction du Conseil général et du Conseil municipal, celui-ci composé de 36 personnes domiciliées dans Paris et représentant les douze arrondissements de la ville ; celui-là, formé de ces 36 conseillers avec l'adjonction de 4 membres choisis dans l'arrondissement de Saint-Denis, et de 4 membres choisis dans l'arrondissement de Sceaux.

Mais les termes du décret de 1848 étaient peu exacts et peu clairs : au lieu de mentionner les deux Commissions à constituer, en remplacement des deux Conseils congédiés par le gouvernement révolutionnaire, il prescrivait seulement la formation « d'une Commission municipale et départementale » remplaçant « l'ancien Conseil dissous ». Sur une interprétation trop littérale et erronée de ces expressions, le général Cavaignac n'avait constitué qu'une Commission unique. Il avait nommé 44 membres siégeant indistinctement et à titre égal comme conseillers généraux et comme conseillers municipaux ; il n'avait tenu aucun compte de leur domicile. Ainsi, d'un côté, on voyait délibérer sur les affaires de Paris des hommes qui étaient étrangers à cette ville ; d'un autre côté, les huit cantons des arrondissements de Saint-Denis et de Sceaux ne trouvaient point, dans la commission, un nombre égal de membres suffisamment instruits de leurs besoins et mêlés à leurs affaires par un séjour habituel ou par un établissement de quelque importance. Lorsqu'il arrivait que les intérêts du Département fussent opposés à ceux de Paris, ils n'avaient plus les représentants exclusifs que leur ménageait la loi de 1834.

D'autres règles légales n'avaient point été observées : on avait placé dans la Commission des membres qui étaient déjà conseillers municipaux dans d'autres communes et des membres qui recevaient un salaire de la Ville. « Quelques professions avaient obtenu une représentation si nombreuse [1] qu'elle était hors de toute proportion avec la place que ces professions occupent dans la population parisienne. » M. Dufaure en s'exprimant ainsi faisait sans doute allusion aux 6 médecins, aux 3 pharmaciens, aux 4 notaires ou anciens notaires, aux 5 avoués que comptait la Commission municipale. En effet, 9 médecins ou pharmaciens et 9 officiers ministériels étaient trop nombreux dans une assemblée représentative de Paris, où 7 négociants seulement trouvaient place [2].

Cette disproportion s'expliquait fort bien, d'ailleurs : les professions favorisées par les choix du Maire de Paris et du général Cavaignac contenaient un très-grand nombre de républicains de la veille, plus ou moins ardents, candidats naturels aux fonctions publiques sous le régime de 1848.

Les pharmaciens aiment les fonctions municipales, et on les voit se mettre en avant dans beaucoup de communes. Seulement, ce qui est fâcheux, c'est que, au lieu de s'y montrer conservateurs, ils sont trop souvent agités et dissolvants. La cause en est-elle à l'état qu'ils exercent? Peut-être. Exécuteurs obéissants des prescriptions d'autrui dont ils ne se font pas faute de contester le mérite, sollicités sans cesse à pratiquer la médecine qui leur est interdite, semi-docteurs, semi-industriels, retenus sur la frontière des professions libérales et du commerce, oracles des pauvres, leur rendant mille services qu'ils ne se font payer que sur le prix de leurs fournitures, arrivant à la fortune plus souvent par l'habile emploi de la publicité que par la nouveauté et la valeur de leurs combinaisons pharmaceutiques, n'ayant presque rien à craindre des désordres publics et trouvant même à y gagner quelquefois, ils sont naturellement enclins à la critique, ils aiment la renommée facile; ils en connaissent

---

[1] Rapport de M. Dufaure, ministre de l'Intérieur, au Président de la République, du 8 septembre 1849.
[2] *Revue municipale* du 16 août 1849. (Louis Lazare.)

le profit; ils appartiennent de droit à l'opposition. Ceux d'entre eux qui n'ont pas un caractère fort élevé au-dessus de toutes ces faiblesses, prennent rang en tête des bourgeois frondeurs, hostiles aux supériorités, flatteurs de la foule, instruments merveilleux des révolutions. Je me hâte pourtant de dire que ces généralités satiriques ne s'appliquent pas à plusieurs pharmaciens, conseillers municipaux, que j'ai connus et pour qui j'ai toujours professé une entière estime. J'ai vu également, dans l'ancienne Commission municipale, des médecins fort modérés par caractère. Mais, en général, ceux qui n'ont point de malades ont un penchant malheureux à se distinguer dans les troubles civils.

On pourrait dire des avoués que leur position, à l'égard du barreau, a quelque analogie avec celle des pharmaciens vis-à-vis des médecins. Toutefois, si quelques-uns d'entre eux ont trop de penchant pour les agitations politiques, s'ils ont beaucoup de scepticisme au sujet des causes qu'ils défendent ou qu'ils attaquent, un goût prononcé pour blâmer l'autorité qui décide et qui juge, une tranquille indifférence au sujet des révolutions qui ne suppriment pas les procès, ce n'est pas par un sentiment de rivalité envers les avocats, mais, au contraire, par émulation et par imitation. Encore ici, cependant, je ne saurais faire une application trop personnelle ; j'aurai même peut-être l'occasion de rendre justice à la sagesse, au bon sens, non moins qu'au talent d'avoués très-distingués, qui ont été mêlés, à divers titres, aux affaires municipales de Paris [1].

---

[1] Je pourrais citer ici, entre autres, le regretté M. Tronchon, le plus modéré des hommes, le plus obligeant des fonctionnaires ; M. Picard, le héros des expropriations, qui, pendant de longues années, tint tête, presque seul, à une notable partie du barreau de Paris, pour défendre l'intérêt communal et public, à force d'esprit, de sagacité, de ferme modération ; qui traversa avec une intégrité reconnue le flot abondant des indemnités, et qui ne se départit jamais du sens conservateur, ne prenant nul souci de se faire pardonner, par des opinions populaires, son énergique et journalière résistance à l'avidité des expropriés.

On se demandera peut-être, après ce qui vient d'être dit, comment il se trouvait si peu d'avocats dans une commission ainsi faite. C'est que les avocats, en leur qualité d'orateurs, visent plus haut, et qu'ils remplissaient, en 1848, l'Assemblée nationale et les ministères.

Mon observation ne s'applique pas aux notaires et surtout à ceux qui ont cédé leur charge. Mais ces derniers recherchent volontiers les fonctions municipales, et ils y sont placés on ne peut mieux. On les y voit figurer en assez grand nombre dans tous les temps. Les anciens notaires ont l'aisance et le loisir qui permettent les occupations gratuites. Il ne leur manque habituellement ni la connaissance des affaires, ni la science des accommodements, ni l'habitude de rédiger avec précision les clauses les plus délicates d'un contrat, les considérants les plus difficiles d'une délibération ou d'un arrêté.

Quant aux négociants, quoiqu'ils abondent dans Paris, dont ils forment la bourgeoisie, que l'on sait être d'esprit impressionnable et mobile, ils ont tout à risquer et à perdre dans les bouleversements politiques. Les principaux d'entre eux sont donc conservateurs, et il n'est pas étonnant qu'en 1848 on n'ait pas tenu un compte suffisant de cet important élément de la population parisienne.

Lorsque cette ancienne Commission municipale tint ses dernières séances à la fin de juillet 1849, elle se rendait compte de toutes les objections qui pouvaient s'élever contre sa composition. Aussi, avant de se séparer pour prendre vacances, ses membres, principalement ceux qui craignaient d'être écartés, ne purent s'empêcher d'aborder incidemment la question. Quelques-uns ne voulaient point entrer en vacation ; d'autres, redoutant le choix du Gouvernement et n'osant pas réclamer l'élection, avaient imaginé d'émettre le vœu, comme moyen terme, que le Conseil fût désormais élu par l'Assemblée législative, à l'instar du Conseil d'État.

La grande majorité rejeta cette proposition et déclara ses travaux suspendus jusqu'à la fin de septembre, comme le désirait le Préfet.

Un mois après, M. Dufaure, ministre de l'intérieur, arrêta, d'acord avec M. Berger, la formation régulière d'un Conseil général et d'un Conseil municipal au sein desquels l'ancien élément révolutionnaire était amoindri et l'élément conservateur renforcé. Plusieurs républicains de la veille, très-prononcés, y avaient gardé leur place, mais, somme toute, le personnel des deux commissions était à peu près, dans son ensemble, en harmonie avec le gouvernement d'alors.

Le projet de décret fut mis sous les yeux du Président de la République. Il y fit quelques objections : il n'y trouvait guère d'ennemis ; mais très-peu de ses amis dévoués y figuraient. Sa signature se faisait donc attendre. Cependant, l'affaire était pressante, si l'on voulait réunir les deux Conseils à temps, pour que le budget municipal et le budget départemental fussent discutés convenablement et votés sans précipitation avant l'ouverture de l'exercice 1850, auquel ils se rapportaient. M. Dufaure manda le Préfet de la Seine pour lui faire part des objections du Président et chercher le moyen de faire admettre intégralement leur liste. Le Préfet, craignant peut-être de se trouver jeté tout à coup dans les difficultés d'un conflit entre le chef de l'État et son ministre, m'envoya chez celui-ci pour sonder le terrain. Mais M. Dufaure, après m'avoir demandé tous les renseignements qu'il jugeait utiles, m'exprima tout à coup le désir que j'allasse les porter moi-même à l'Élysée, où il semblait hésiter à se rendre, de crainte d'y être entraîné à faire, au sujet de ces questions de personnes, trop de concessions ou trop de résistance. De ricochets en ricochets, je me trouvai donc investi des pouvoirs nécessaires pour terminer, avec le Président, cette affaire qu'on jugeait si épineuse. Je trouvai le

Prince plein de bonté et de confiance; il écouta avec une grande attention les courtes mais nombreuses biographies que je dus esquisser pour justifier chacun des choix proposés; il sourit, lorsque je lui dis que plusieurs hommes de 1848 avaient déjà été mis à l'écart, et que les éliminer tous ou à peu près, c'était peut-être compromettre le succès d'une Commission qui n'était plus élue, mais nommée, et dont on accuserait alors la couleur exclusivement réactionnaire et la trop grande complaisance.

Le Prince n'insista pas et me demanda seulement, avec une sorte de bonhomie et comme un service, de trouver place pour ses deux anciens et intimes amis, M. Vieillard et M. de Chabrier. Celui-ci, déjà pressenti, avait fait connaître d'avance son refus à M. Berger. Restait M. Vieillard; je me bornai, pour l'inscrire, à écarter le nom du candidat auquel tenait le moins le ministre de l'Intérieur et je lui rapportai approuvé le décret du 8 septembre 1849.

Il était ainsi conçu :

« Article 1ᵉʳ. La Commission départementale provisoire de la Seine est composée, pour Paris, de MM. :

Arago, membre de l'Institut.
D'Argout, gouverneur de la Banque.
Bixio, représentant.
Boissel, ancien représentant.
Boulatignier, conseiller d'État.
Bourdon, négociant.
Bonjean, avocat à la Cour de cassation.
Buchez, ancien représentant.
Chevalier, ancien juge au tribunal de commerce.
Delestre, peintre.
Delaroche (Paul), membre de l'Institut.
Dupérier, négociant.
Eck, membre du conseil des prud'hommes.
Devinck, président du tribunal de commerce.
Fleury, vice-président au tribunal de première instance de la Sene.
Flon, pharmacien.
Galis, avocat.

Lanquetin, négociant.
Manceaux, négociant.
Moreau (de la Seine), représentant.
Moreau (Ernest), avoué.
Pelouze, membre de l'Institut.
Périer, juge de paix.
Peupin, représentant.
Ramon de la Croizette, colonel de la 4ᵉ légion de la garde nationale.
Riant, ancien notaire.
Riberolles, conseiller à la Cour des comptes.
Horace Say, conseiller d'État.
Ségalas, médecin.
Mortimer-Ternaux, représentant.
Édouard Thayer, directeur général des postes.
Thibaut (Germain), négociant.
Thierry, médecin.
Tronchon, avoué.
Vavin, représentant.
Vieillard, représentant.

» Pour l'arrondissement de Saint-Denis, de MM. :

Ferdinand de Lasteyrie, représentant. Prélard, maire de la Villette.
Possoz, ancien maire de Passy. A. Thayer, propriétaire.

» Pour l'arrondissement de Sceaux, de MM. :

Garnon, maire de Sceaux, représent^t. Labbé, maître de poste à Alfort.
Lejemptel, maire de Vincennes. Picard, maire d'Yvry.

« Art. II. Les trente-six membres de la Commission départementale nommés pour Paris formeront la Commission municipale provisoire de cette ville, conformément à l'article 14 de la loi du 20 avril 1834. »

Le Conseil municipal, ainsi réorganisé, conservait encore vingt-huit conseillers de la Commission de 1848 ; il recevait huit conseillers nouveaux : MM. d'Argout, Bonjean, Delaroche, Eck, Devinck, Fleury, Riberolles, Vieillard, quelques-uns éminents, tous très-honorables et portant avec eux les plus sérieuses garanties de prudence et de savoir.

Le Conseil général, ou plutôt la représentation spéciale des huit cantons extra-muros, ne conservait que trois personnes ayant fait partie de l'ancienne Commission unique, et était complété par MM. Possoz, Prélard, A. Thayer, Labbé, Picard ; c'est-à-dire, un grand propriétaire, M. Thayer, et quatre maires, appartenant à ce qu'on nommait le grand parti de l'ordre.

Dans les deux Commissions on comptait en tout douze négociants ou industriels.

Les anciens conseillers écartés, soit pour des raisons d'incompatibilité, soit pour les motifs que j'ai indiqués, étaient MM. Audiat, de Bénazé, Buisson, Chevallon, Considérant, Dumont, Froussard, Guinard, Labélonye, Philippe Lebas, Martelet, Outin, Péan.

La nouvelle Commission municipale, convoquée pour le 28 septembre, ne se trouva en nombre que le 3 octobre. Elle choisit M. Arago pour président, MM. Thierry et Périer pour vice-présidents, MM. Lanquetin et Horace Say pour secrétaires.

M. Vieillard donna sa démission avant d'avoir siégé, comme avait fait M. de Chabrier, et fut remplacé peu de temps après par M. Firmin Didot[1].

Le projet de budget fut adopté par la Commission, à peu près comme il avait été présenté; cependant, un article important des recettes, celui qui concerne les produits de l'octroi, subit une certaine modification. Le Préfet avait évalué es produits à 33 millions, à la condition : 1° du maintien u second dixième qui avait été ajouté, en 1848, à toutes les taxes, à l'exception de celles qui frappaient les vins en ercles, les cidres, les bières fabriquées dans l'intérieur de Paris, et la viande, 2° d'un certain accroissement des droits imposés au charbon de terre et au sel gris et blanc. Le Conseil n'hésita pas à demander, pour 1850, la prolongation du second dixième; mais les plus vives objections s'élevèrent contre les accroissements de taxes proposés. On ne manqua pas de dire que le charbon de terre est le combustible du pauvre; il en devait cependant résulter, pour le petit consommateur, une si faible surcharge que là n'était pas le vrai motif de la réclamation. Elle était sortie des usines assez nombreuses qui existaient dans Paris; elle fut assez puissante pour déterminer un vote négatif de la part de la Commission. Quant au sel, on craignait de rencontrer le vieux préjugé qui a survécu en France aux anciens abus dont il était né, et qui s'est opposé longtemps à l'établissement de toute contribution sérieuse sur cette denrée, quoique, par son extrême utilité, par son bon marché initial et le caractère universel de sa consommation, elle semblât essentiellement propre à la supporter. D'ailleurs le fisc est jaloux;

---

[1] Décret du 3 octobre 1849.

il ne souffre pas que les communes lèvent des contributions sur des matières imposables dont il se réserve l'exploitation, en cas de besoin, même lorsqu'il n'en tire actuellement aucun revenu.

Il s'agissait, d'après les prévisions, de 4 ou 500,000 francs. La Commission s'efforça d'y pourvoir au moyen de quelques autres taxations. Elle demanda, sur le thé, un droit de 1 fr. 20 c. par kilogramme, qui ne devait rien produire. Cette boisson n'est pas dans les habitudes françaises; elle est toute de luxe dans notre pays. La recette, pour neuf mois de l'année 1850, n'atteignit même pas 4,000 francs et la taxe dut être supprimée. D'autres impositions furent plus fructueuses. Les œufs qui arrivaient sur le carreau des halles et qui y étaient vendus par le ministère des facteurs, subissaient un droit proportionnel à leur prix de vente; ceux qui étaient introduits en immense quantité dans la ville, pour être expédiés directement à domicile, chez les marchands en gros, par exemple, étaient absolument exempts de tout droit. Ils furent soumis à la règle qui avait été appliquée, en 1848, à la plupart des denrées introduites dans les mêmes conditions. On rehaussa du même coup la taxe du beurre, celles des truffes, du gibier et de quelques poissons qui furent élevés de la catégorie des poissons ordinaires au rang de poissons de luxe. Moyennant ces compensations, l'équilibre du budget fut maintenu.

L'Administration municipale avait alors dans ses comptes un assez gros embarras : il venait de la difficulté de recouvrer certaines créances fort considérables, légitimes au fond, mais que le principal débiteur, l'État, ne se pressait pas de reconnaître.

La Ville réclamait d'abord plus de 3,700,000 francs, qu'elle avait avancés pendant la révolution, pour payer des dépenses dites d'urgence, dont elle ne croyait pas devoir supporter définitivement la charge.

C'étaient en chiffres ronds :

Pour la solde et les dépenses de la garde républicaine..........	1,400,000 fr.
Pour la fourniture de vivres à la garde nationale et aux corps armés pour la défense de l'ordre.........	660,000
Pour la réparation de dégâts causés à la voie publique et aux établissements municipaux..........	1,620,000
Pour les frais de séjour du gouvernement provisoire à l'Hôtel de ville..	44,000
Total.........	3,724,000 fr.

La première somme représentait la moitié des frais de solde, de nourriture, d'habillement, d'équipement, de ce qu'on appelait la garde républicaine instituée en remplacement de l'ancienne garde municipale licenciée. Il semblait juste que la dépense de l'une fût, comme l'avait été celle de l'autre, partagée également entre la Ville et l'État. Ce qu'il y a de curieux ici, c'est que, sous le nom de Garde républicaine, on comprenait, d'une part, les corps militaires organisés à l'Hôtel de ville dès les premiers jours de la révolution, pour la sauvegarde du gouvernement provisoire, et, d'autre part, les corps que M. Caussidière avait créés à la Préfecture de police, sous le nom de Bataillon lyonnais, de Montagnards, etc., pour faire, comme il l'a dit ensuite, de l'ordre avec du désordre. Dans le dessein de ceux qui les avaient organisées, ces deux milices étaient destinées bien plutôt à se combattre qu'à se prêter un secours mutuel. A l'Hôtel de ville, la partie modérée du gouvernement avait cherché à se recruter des défenseurs ; à la Préfecture de police, la partie la plus violente de ce même gouvernement avait voulu se former un corps de prétoriens, et, au besoin, une avant-garde pour l'insurrection. Mais, durant les premiers temps, tous ces soldats improvisés, tirés également du personnel de l'émeute, ne valaient guère mieux les uns que les autres et n'avaient guère fait autre chose que de vivre aux dépens du public. Dans tous les cas, il avait fallu payer les frais des deux organisations, et, après coup, on les confondait avec raison sous le même nom, dans le même compte et dans le même article de dépense.

La réclamation de la Ville ayant pour objet la réparation, aux frais de l'État, des dégâts causés à la voie publique et aux établissements municipaux, appelle aussi quelques observations. Il s'agissait ici des sommes avancées pour remettre en place les pavés soulevés en février et en juin par les constructeurs de barricades. En février, la Ville en avait été couverte et la restauration des voies publiques avait coûté 300,000 francs. En juin, la moitié de la Ville seulement avait été envahie par la guerre civile, et la dépense ne s'élevait guère au-dessus de 150,000 francs. Il avait fallu, en outre, faire des travaux de réparation aux casernes, aux corps de garde, aux barrières, aux bâtiments d'octroi, aux édifices religieux, aux halles et marchés, aux lycées, aux écoles, au palais de la Bourse et aux autres bâtiments endommagés ou détruits par le peuple ameuté.

Il semble, au premier abord, singulier que la Municipalité parisienne prétendit se faire indemniser par l'État des dégâts causés à ses propres établissements par les habitants de son propre territoire. En règle générale, chaque commune est responsable des attentats commis chez elle, soit envers les personnes, soit contre les propriétés privées ou publiques, par suite de rassemblements ou d'attroupements, pour peu que la commune n'ait pas fait tous les efforts possibles pour prévenir ces attentats. En pareil cas, tous les citoyens habitant la commune sont garants civilement des dommages-intérêts et des réparations exigibles. Telles sont les dispositions de la loi du 10 vendémiaire an IV (2 octobre 1795), rendue par la Convention nationale, afin de mettre un terme aux violences qui désolaient tout le pays, et surtout aux insurrections sans cesse renouvelées, d'abord, par la Commune de Paris, ensuite, par un certain nombre de Sections, essayant tour à tour de lutter par la guerre civile contre l'Assemblée alors souveraine.

La loi du 10 vendémiaire était, dans l'origine, essentiellement applicable à Paris. Plus tard, il en fut tout autrement, et Paris fut précisément la seule commune à laquelle la loi parut, selon la jurisprudence, ne devoir jamais être appliquée. On en trouve les motifs dans un éloquent réquisitoire prononcé, en 1836, devant la Cour de cassation par M. Dupin, procureur général. Selon l'illustre jurisconsulte, la loi du 28 pluviose an VIII, et l'arrêté consulaire du 12 messidor de la même année, en mettant à la tête de l'Administration parisienne, non plus un maire et une municipalité unique, mais deux Préfets qui exercent la plupart des attributions municipales, en confiant à l'un d'eux la police, sous l'autorité directe des ministres, ont enlevé à la Ville de Paris le pouvoir de prévenir et de réprimer les troubles civils, et, par suite, la responsabilité des conséquences. L'autre raison alléguée par M. Dupin, c'est que la ville de Paris était le séjour des grands pouvoirs publics; que toute insurrection, véritable guerre civile, avait pour but de les renverser, et qu'ils se défendaient eux-mêmes en défendant l'ordre.

La Cour suprême adopta, en grande partie, cette doctrine. Elle ne se prononça pas précisément sur les effets de l'organisation de l'an VIII en ce qui concerne la responsabilité de la ville de Paris dans les troubles publics, mais elle considéra que la capitale était « le siége du gouvernement, des grands corps de l'État, des ministres et notamment du ministre de l'intérieur, chargé spécialement de la police du royaume, de la surveillance et de la direction de la force publique; que la tentative criminelle des 5 et 6 juin 1832 (au sujet de laquelle elle délibérait) avait pour but le renversement à main armée du trône constitutionnel et des lois du royaume. Elle prononçait que, dans de telles circonstances, la ville de Paris se trouvait en dehors des conditions ordinaires qui constituent la base de la responsabilité établie par la loi de l'an IV. » La Cour suprême ajoutait que la garde nationale, dans les journées de juin 1832, avait fait tous ses efforts et versé son sang pour la défense de l'ordre, ce qui aurait suffi, à défaut des autres considérations, pour exonérer la commune. Ces principes, la Ville de Paris les invoquait en 1848. Sans doute, cette fois, dans les journées de février, la garde nationale n'avait pas fait son devoir : elle avait, sur plusieurs points, paralysé, par une sorte de délibération armée, l'action des forces militaires et livré passage à l'émeute. Mais les autres conditions essentielles de l'irresponsabilité de la Ville de Paris dans les désordres civils, telles qu'elles sont posées par la jurisprudence de la Cour suprême, se retrouvaient là tout entières, et, à plus forte raison, dans les journées de juin. La Communauté parisienne était donc en droit de se prévaloir de cette jurisprudence.

Je ne vois ni dans la discussion ouverte à l'Assemblée nationale en 1848 au sujet des dépenses du gouvernement provisoire, ni dans le rapport de M. Ducos, sur le même sujet, déposé au Corps législatif en 1851, ni plus tard, lorsqu'en 1853 la Ville obtint gain de cause devant la Chambre, qu'il se soit élevé aucune objection contre le principe de ses réclamations.

Et, en effet, dès le 24 février, le Gouvernement provisoire, résumant en lui la révolution, s'était installé dans le Palais municipal, avait brisé le conseil de la commune, et n'avait pas craint d'investir un de ses propres membres d'une dictature absolue sur les affaires et sur les deniers de la Ville, en le chargeant de régler à lui seul les budgets et les comptes. De l'Hôtel de ville, ce gouvernement prétendait dominer Paris, et, au moyen de Paris, la France; il réussit, pour quelque temps du moins, car les départements subirent ses actes principaux et les sanctionnèrent même par leurs votes. Les dommages et les dégâts commis en février étaient l'œuvre de l'armée insurrectionnelle, qui avait porté les nouveaux dictateurs [1] sur le pavois. Plus tard, ce furent les ennemis de l'Assemblée et du gouvernement, devenu légal, qui avaient renouvelé en juin les violences de février. La ville de Paris, opprimée, absorbée, ravagée, n'avait-elle pas droit de demander à l'État une juste indemnité de ce qu'elle avait souffert? Voilà quelle était la thèse de l'administration et de la Commission municipale.

Un dernier point était hors de toute contestation : l'État ne pouvait se refuser à payer les 44,000 francs qui étaient portés en compte par la Municipalité, pour les frais de séjour du Gouvernement à l'Hôtel de ville. M. Ducos, dans le rapport que j'ai déjà mentionné, n'opposa à cette prétention aucune difficulté. Seulement, la Commission dont il était l'organe ouvrit, sur ces dépenses ou plutôt à l'occasion de ces dépenses, une enquête qui lui révéla des faits curieux. Elle établit que, du 9 mars au 18 juillet 1848, c'est-à-dire en quatre mois et neuf jours, un peu plus du tiers de l'année, M. Armand Marrast avait touché, à divers titres, comme Maire de Paris, remplaçant le Préfet de la Seine, comme membre du gouvernement provisoire, ou sur les fonds secrets des ministères de l'intérieur ou des affaires étrangères, une somme de plus de 50,000 francs. La Commission re-

---

[1] Ce n'était pas, comme nous l'avons vu depuis, les seuls députés de Paris, mais des représentants de plusieurs départements et quelques publicistes. M. Arago était député des Pyrénées-Orientales; M. Dupont et M. Garnier-Pagès, de l'Eure; M. Ledru-Rollin, de la Sarthe; M. de Lamartine, de Saône-et-Loire; M. Crémieux, d'Indre-et-Loire, et M. Marie, de la Seine.

marquait que, avant la révolution, le Préfet de la Seine recevait par année :

Traitement fixe (budget de l'État)...	50,000 fr.
Frais de représentation (budget départemental).............	48,000
Frais de voitures (budget municipal)..	10,000
A distribuer en secours de la main à la main (budget départemental)....	9,000
Total......	117,000 fr.

Comment le Maire de Paris avait-il accepté des allocations qui représentaient, pour l'année entière, une somme de 150,000 francs? On relevait, même dans ce compte personnel, quelques irrégularités de détail. L'explication, évidemment sincère, donnée par M. Marrast, qui était alors président de l'Assemblée constituante, fut des plus singulières : il ne cacha pas à ses collègues de l'Assemblée que la plupart de ces fonds avaient été employés par lui, non pour ses dépenses personnelles, mais pour solder les agents d'une police secrète ayant pour principal objet de garantir une partie du gouvernement contre les menées et les attentats de l'autre. Le ministre de l'intérieur, M. Ledru-Rollin, avait, de son côté, sa police politique pour surveiller ses collègues modérés. La Préfecture de police, bien entendu, exerçait son métier sous la direction de M. Caussidière. Il y avait donc au moins trois polices. C'est ainsi que nous avons vu, plus haut, deux sortes de gardes républicaines, opposées l'une à l'autre, sans compter les soldats de la rue toujours prêts à se lever en armes. Au milieu de ce conflit de polices, M. de Lamartine faisait personnellement la sienne; il se mettait en communication avec les grands agitateurs de l'époque, pour pénétrer et déjouer leurs projets ; c'est ce qu'il appelait « remplir le rôle du paratonnerre qui conspire avec la foudre. » Mais cette police-là n'inspirait pas à ses collègues une grande sécurité [1].

L'anarchie ne pouvait être plus complète. Il paraît que, dans cette lutte intestine, le Maire de Paris était encore le plus adroit. Il soudoyait, à son profit, les agents de son adversaire, le ministre de l'intérieur, au moyen de petites places. Il parvint de la même manière à conjurer les mauvais desseins du Bataillon lyonnais de M. Caussidière. L'Hôtel de ville avait besoin de toute cette habileté, car il était sans cesse menacé. On y découvrit, vers la fin d'avril, en 1848, vingt-huit barils de poudre dans un des sous-sol. Une dalle avait même été enlevée, pour donner accès à une mèche, à laquelle il ne manquait plus que de mettre le feu pour faire sauter tout l'édifice, un jour que les membres modérés y eussent seuls été présents avec le Maire de Paris et ses adhérents. On avait d'ailleurs bien peu d'hommes pour défendre le palais municipal; aussi, obligeait-on cette petite troupe à sortir et à rentrer fréquemment, comme, dans les théâtres, on fait passer vingt fois les mêmes comparses d'une coulisse à l'autre pour figurer toute une armée aux yeux des spectateurs.

On allégua, dans la commission d'enquête de l'Assemblée nationale, ces périls et cette absence de forces pour justifier la formation d'une police secrète aux ordres du Maire de Paris. En réalité, les meilleurs protecteurs de la partie modérée du gouvernement provisoire furent, en 1848, tantôt le général Duvivier, avec sa garde mobile qu'il avait si bien disciplinée et qu'il tenait dans sa main, tantôt le général Changarnier qui fit faire, si à propos, à M. Marrast un utile usage de la garde nationale.

Mais les dépenses extraordinaires du Maire de Paris, dont il vient d'être question en dernier lieu, n'avaient pas été avancées par la Ville et n'étaient pas comprises dans la récla-

---

[1] Rapport de M. Ducos. Analyse de la déposition de M. Garnier-Pagès.

mation. Alors même que la Chambre ne les eût point couvertes par un bill d'indemnité, les prétentions de l'Administration municipale au remboursement des autres dépenses d'urgence de 1848, n'en auraient été infirmées ni dans leur ensemble, ni pour partie. La Chambre ne repoussa pas celles-ci, et ne les admit pas non plus par un vote définitif. La question demeura pendante jusqu'en 1853, où elle fut tranchée par l'énergique intervention de M. Haussmann.

La Ville avait d'autres créances dont le recouvrement n'était pas plus facile. Elle avait avancé au département de la Seine, qui n'avait pu obtenir du gouvernement des allocations suffisantes sur le fonds commun, une somme totale de 3 millions, destinés à couvrir principalement les dépenses du service des aliénés indigents, et, pour une faible partie, celles du service des enfants trouvés et abandonnés. Elle avait aussi à réclamer, des compagnies d'éclairage par le gaz, des droits de location et le remboursement de frais de pavage qu'elle évaluait, en tout, à près de 600,000 francs; mais elle rencontrait là, depuis plusieurs années, un litige persévérant. Le Conseil municipal ne put, cette fois, que faire des vœux pour la prompte rentrée de ressources qui auraient si à propos assuré l'équilibre de ses finances.

CHAPITRE VI

Premières fêtes. — Raout des Anglais. — Soirées annuelles. — Plateaux blindés. — Anniversaire de la proclamation de la République. — Dix décembre, banquet et bal. — Le dessous du parquet de la salle des fêtes. — Ouverture de la salle Saint-Jean sur la rue Lobau. — Discours remarquable de Louis Napoléon. — M. Arago grand officier de la Légion d'honneur. — Sa démission de la présidence du Conseil municipal. — Ce qu'il pense des révolutions.

Parmi les moyens divers qui pouvaient être employés pour ranimer le commerce parisien et tourner les esprits vers la confiance, le gouvernement nouveau ne croyait pas devoir négliger les fêtes, les réceptions publiques, qui suscitent et encouragent les réceptions privées. Sous tous les régimes, la Ville s'est toujours montrée disposée à donner des fêtes et à servir ainsi les intérêts des mille industries que le luxe fait prospérer chez elle.

L'Hôtel de ville était presque tout entier construit pour cette destination traditionnelle. Dans l'une des ailes, M. de Rambuteau avait déjà donné de charmantes soirées, de proportions restreintes. L'un des deux grands côtés de l'édifice situé sur la rue Lobau, récemment achevé, mais non décoré, et qui contenait une grande salle de fêtes, avec des salons accessoires, des galeries, deux escaliers magnifiques et l'immense salle Saint-Jean pour premier vestibule, n'avait servi jusqu'alors qu'à loger des soldats.

En attendant qu'il fût possible d'achever l'appropriation intérieure de ce corps de bâtiment, M. Berger avait repris les soirées de l'ancienne préfecture, comme il lui avait été possible de le faire après une révolution si profonde. La première

Commission municipale s'était empressée de lui ouvrir, pour 1849, un crédit de 50,000 francs qu'il devait employer à donner dans l'hiver six dîners, six bals, quatre concerts. Le vote avait eu lieu à l'unanimité; mais M. Berger, loin de se prévaloir de cet empressement et de s'exposer à des retours de critiques, à des suppositions malveillantes contre lesquelles il demeurerait sans défense, s'il dépensait cet argent sans contrôle, s'engagea spontanément à rendre au Conseil un compte, de clerc à maître, des frais de chaque soirée. Il fit sagement : c'était le moyen le plus simple d'obtenir aisément tous les fonds qu'il jugerait nécessaires. D'ailleurs les dépenses qu'il fit dépassèrent ses prévisions, quoiqu'il n'ait pu remplir tout son programme. Tantôt l'émeute, tantôt la recrudescence du choléra, tantôt quelque autre cause imprévue, l'obligèrent d'ajourner quelque réception projetée. C'est ainsi que, vers le milieu d'avril, cinq cents Anglais étant venus visiter Paris pour répondre par une manifestation sympathique à la visite que des gardes nationaux avaient faite à Londres en 1848, le préfet de la Seine avait cru devoir donner un bal en leur honneur. Mais un deuil de famille le contraignit de modifier le caractère de la réunion : le bal fut remplacé par un simple raout auquel assistèrent l'ambassadeur d'Angleterre, Lord Normanby, le président du Conseil des ministres, le ministre des affaires étrangères et le général Changarnier, le lion du jour. Les honorables hôtes se montrèrent fort enthousiastes de la France, si promptement relevée après ses récents malheurs, et du champagne frappé que l'Hôtel de ville leur offrit avec de nombreux rafraîchissements.

La bourgeoisie parisienne, avide de distractions et d'espérances, se pressait dans les salons de l'Hôtel de ville et se disputait les invitations. Pour les distribuer, on avait d'abord consulté les listes de M. de Rambuteau, laissées aux archives, et l'on avait engagé les anciens habitués de ses soirées. Un grand nombre avaient repris volontiers le chemin du palais municipal ; les amis les plus dévoués et les moins consolés du gouvernement déchu se tinrent à l'écart. On ajouta à l'ancienne catégorie d'invités, les personnes d'opinions diverses qui appartenaient à la société parisienne et que les événements récents avaient mises en évidence ; enfin, on dut répondre, dans la mesure du possible à l'affluence de sollicitations qui ne manqua pas de se produire. Il ne s'agissait plus seulement de satisfaire des électeurs privilégiés. Le suffrage universel multiplie les compétitions en toutes choses. Il en peut résulter, pour les choix qu'on y fait, plus de variété, mais, plus de mélange. Tout Paris, dans le vrai sens du mot, se croyait chez soi à l'Hôtel de ville. Pour recevoir la foule, il fallut ouvrir, à côté des anciens salons aux arcades, la salle du Trône, qu'on appelait alors salle ou galerie de l'Horloge, et qui portait encore les traces de l'invasion populaire de l'année précédente. On la tendit, tant bien que mal, en damas rouge.

M. Berger mêlait au désir d'être agréable à ses invités, celui de maintenir ses fêtes si courues dans les conditions de grande réserve que chacun apporte dans les réunions privées. Il voyait, par exemple, avec quelque impatience, le pillage des nombreux plateaux de rafraîchissements qu'il faisait incessamment circuler, et qui n'arrivaient qu'à grand'peine au milieu d'un salon ou d'une galerie. On imagina de défendre plusieurs de ces plateaux, à l'aide de couvercles en métal, sorte de carapaces, et de les faire porter à travers les premiers rangs de la foule trop altérée, par de grands valets qui les élevaient sur leur tête, hors de l'atteinte des mains envahissantes. Et encore, on ne réussissait pas toujours à faire parvenir jusqu'aux danseuses les plus éloignées, les glaces et les sorbets ainsi blindés. Quelques-unes de ces citadelles volantes étaient toujours prises dans le trajet.

Deux anniversaires furent, dès la première année, l'occasion de fêtes exceptionnelles à l'Hôtel de ville. On y célébra le 4 mai, le souvenir de la proclamation de la République par l'Assemblée nationale, alors plus troublée que convaincue. L'État fit les frais d'une cérémonie commémorative et d'un *Te Deum* sur la place de la Concorde. La Ville dépensa une grosse somme, à peu près 170,000 francs, en illuminations, en feux d'artifice, en distributions de secours à domicile; il y eut un banquet de près de deux cents personnes dans la galerie de l'Horloge, où l'on avait dressé une table en fer à cheval. A l'exemple des rois qui, lorsqu'ils venaient à l'Hôtel de ville, y étaient considérés comme étant dans leur propre palais et maîtres de la maison, le président de la République fut placé au milieu de la table, devant la grande cheminée qu'on apercevait à gauche en entrant, et qui était adossée aux appartements réservés, en pareille circonstance, aux souverains. Le président de l'Assemblée nationale était à la droite du chef de l'État et M. François Arago, président du Conseil municipal, était à la gauche. En face, en dedans du fer à cheval, était le préfet qui porta un toast à la République et à son président, et parla avec assez de développement de la République, qui était le saint du jour. Le président répondit en quelques mots témoignant de son dévouement aux grands principes de la Révolution, que l'ordre, la loyauté et la fermeté du gouvernement peuvent seuls consolider.

Le 10 décembre, en souvenir du vote qui avait appelé le prince Louis Napoléon aux plus hautes fonctions de l'État par six millions de suffrages, il y eut également un banquet et un bal à l'Hôtel de ville. L'invitation au président de la République avait été faite, au nom de la ville de Paris, par M. Arago, président, et par M. Horace Say, secrétaire de la Commission municipale, délégués à cet effet. On avait fait six mille invitations pour le bal. La galerie de l'Horloge et les salons aux Arcades ne pouvaient suffire. On entreprit d'inaugurer la grande salle des fêtes dont l'architecture était terminée, mais qui n'avait aucune décoration intérieure. L'architecte de l'Hôtel de ville, M. Baltard, ne put en prendre possession qu'assez peu de jours d'avance. Des soldats y bivouaquaient encore à la fin de novembre. Lorsqu'ils eurent été délogés, on put voir toutes les dégradations que cette galerie avait souffertes par la présence de tant de corps armés, depuis les vainqueurs de février jusqu'au régiment de ligne qui, naguère encore, y séjournait. Les cannelures des magnifiques colonnes qui supportaient la voûte étaient brisées; les arêtes des pierres sculptées étaient écornées; les murailles étaient salies, enfumées, chargées de supports pour les fourniments. De place en place, s'exhalaient des émanations infectes dont on ne devinait pas d'abord la cause. Il fallut soulever le parquet, d'ailleurs à demi brisé, et l'on découvrit, au-dessous, des amas d'immondices qu'y avaient déposés, faute d'aménagements à portée, les défenseurs primitifs de l'Hôtel de ville, aussi peu soucieux de la propreté que de la discipline.

Avec une merveilleuse promptitude, tout fut assaini, réparé, décoré de tentures, de glaces, d'arbustes, de fleurs, de lustres à profusion.

On avait remarqué, dans les réceptions précédentes, qu'il était difficile, à une certaine heure de la nuit, de ménager à la fois et par les mêmes issues l'arrivée des invités retardataires et le départ de ceux qui, entrés les premiers, commencent à se retirer vers minuit. Il était résulté, de cette sorte de conflit de voitures, de longs retards et quelque embarras. Les journaux en avaient fait la remarque. « Beaucoup de personnes, disait l'un d'eux, ne sont arrivées qu'après quatre heures de voyage! Ce qui fait qu'en pareille circonstance, il y a aussi loin du faubourg du Roule à l'Hôtel de ville que de Paris à Rouen. » Pour éviter de tels inconvénients, on ouvrit au milieu de la salle Saint-Jean une porte sur la rue Lobau, en démolissant l'appui d'une croisée. C'est par là qu'on devait sortir ; on entrait aux deux bouts par les portes latérales. Seulement, le froid pénétrait plus aisément dans l'édifice, et ce fut, dans la suite, une des préoccupations constantes des ordonnateurs des fêtes municipales, que d'atténuer cet inconvénient.

Le banquet eut lieu, comme de coutume, dans la galerie de l'Horloge. Cent soixante personnes y prirent place. A la fin, le Président de la République parla d'une manière remarquable. M. Berger, qui avait pris soin de s'inspirer de ses désirs, n'avait pas manqué de dire dans son toast, selon l'indication qu'il en avait reçue, que le calme et la prospérité publique pouvaient seulement être maintenus par l'accord des deux grands pouvoirs : l'Assemblée nationale et le premier magistrat de la République. Le Président répondit par le développement de cette thèse. Il le fit avec beaucoup d'élévation et d'autorité.

« L'année qui commence, dit-il, sera, je l'espère, fertile en heureux résultats, surtout si, comme l'a dit M. le Préfet de la Seine, les grands pouvoirs restent intimement unis. J'appelle grands pouvoirs ceux élus par le peuple : l'Assemblée et le Président. Oui, j'ai foi dans leur union féconde ; nous marcherons, au lieu de rester immobiles ; car, ce qui donne une force irrésistible, même au mortel le plus humble, c'est d'avoir devant soi un grand but à atteindre, et derrière, une grande cause à défendre.

» Pour nous, cette cause, c'est celle de la civilisation tout entière. C'est la cause de cette sainte et sage liberté qui, tous les jours, se trouve de plus en plus menacée par les excès qui l'accompagnent. C'est la cause des classes laborieuses, dont le bien-être est sans cesse compromis par ces théories insensées qui, soulevant les passions les plus brutales et les craintes les plus légitimes, feraient haïr jusqu'à la pensée même des améliorations. C'est la cause du Gouvernement représentatif qui perd son prestige salutaire par l'acrimonie du langage et les lenteurs apportées à l'adoption des mesures les plus utiles. C'est la cause de la grandeur et de l'indépendance de la France ; car, si les idées qui nous combattent pouvaient triompher, elles détruiraient nos finances, notre armée, notre crédit, notre prépondérance, tout en nous forçant à déclarer la guerre à l'Europe entière...

» Quant au but que nous avons à atteindre, il est tout aussi noble que la cause. Ce n'est pas la copie mesquine d'un passé quelconque qu'il s'agit de refaire ; mais il s'agit de convier tous les hommes de cœur et d'intelligence à consolider quelque chose de plus grand qu'une charte, de plus durable qu'une dynastie, les principes éternels de religion et de morale, en même temps que les règles nouvelles d'une saine politique.

» La Ville de Paris, si intelligente, et qui ne veut se souvenir des agitations révolutionnaires que pour les conjurer, comprendra une marche qui, en suivant le sentier étroit tracé par la Constitution, permette d'envisager un vaste horizon d'espérance et de sécurité.

» On a dit souvent que lorsqu'on parle honneur, il y a écho en France. Espérons que lorsqu'on y parle raison, on retrouvera un retentissement égal dans les esprits comme dans les cœurs des hommes dévoués avant tout à leur pays. »

Tout le monde fut frappé de la fermeté et de la netteté de la voix du Président, lorsqu'il prononça ces paroles. On les entendit jusqu'au bout de la galerie. Elles avaient un grand sens quoiqu'elles fussent parfois enveloppées, comme on pouvait l'attendre d'un homme surveillé par tant d'ennemis, attaqué de tant de manières, et placé entre une volonté nationale évidente qui lui commandait d'assurer l'avenir, et une Chambre jalouse, dont les chefs, pour la plupart, l'appuyaient malgré eux. C'est que, tout en servant leur intérêt fondamental, comme défenseur de l'ordre, il contrariait, par sa présence, leurs visées de parti ou leurs ambitions personnelles.

Chacun commenta ce discours à sa manière. Je crois que le prince faisait sincèrement appel au concours de l'Assemblée législative, concours qu'il ne désespérait pas d'obtenir pour asseoir son pouvoir au delà des trois années que lui laissait encore la Constitution du 4 novembre 1848, et pour donner en même temps toute sécurité au pays. Sans doute la Constitution avait été faite avec un art infini pour fonder l'instabilité, pour perpétuer le changement. La volonté nationale y était comme garrottée d'avance, et les obstacles avaient été merveilleusement multipliés dans l'étroit sentier où l'on marchait. Mais rien n'était légalement impossible, par l'entente des grands pouvoirs élus, d'accord avec le sentiment public.

Les conseillers municipaux approuvaient presque tous l'allusion que contenait le discours aux lenteurs parlementaires. Ils se souvenaient d'avoir passé toute l'année à modifier et à remanier les projets du prolongement de la rue de Rivoli et du dégagement du Louvre, pour complaire à des commissions successives de l'Assemblée, dont la dernière avait laborieusement abouti à ne rien faire de ce qui regardait essentiellement l'État.

Après le banquet, les convives, repassant dans leur esprit cette harangue politique, faite à la façon de plusieurs de celles que rapportent les historiens de Rome ou de Florence, suivirent le Président dans la galerie des Fêtes. Il en fit le tour, au milieu d'un respectueux empressement, et revint s'asseoir dans le salon contigu à cette galerie, où l'on avait placé, en trumeau au-dessus de la cheminée, un beau portrait de l'Empereur Napoléon Ier peint par Gérard. On avait retrouvé cette toile roulée au fond d'un magasin de l'Hôtel de ville et dormant dans la poussière depuis 1815. Ce salon prit dès lors le nom de salon de l'Empereur. Le plafond en fut décoré plus tard par Ingres.

Cependant, en une heure à peu près, on avait enlevé tout

l'appareil du banquet de la salle où il avait eu lieu, et l'on y avait installé un orchestre. Il y en avait déjà un dans la grande galerie et un autre dans le principal des salons aux arcades ; ce fut la première fois qu'une fête occupa ainsi trois des façades du palais municipal : celle de la rue Lobau, celle du Quai, celle de la place de l'Hôtel-de-Ville.

Plusieurs fonctionnaires municipaux venaient d'être l'objet de promotions dans la Légion d'honneur. Déjà au 4 mai, M. Berger avait été nommé officier, M. Bixio, chevalier, ainsi que plusieurs maires ; cette fois, M. François Arago fut nommé grand-officier, M. Galis, officier, etc. C'était une bonne fortune pour le nouveau gouvernement que d'avoir une récompense à décerner à l'illustre secrétaire perpétuel de l'Académie des sciences. M. Arago, d'ailleurs, dont la santé était sérieusement atteinte, annonçait depuis longtemps l'intention de renoncer à toute occupation publique et de quitter les fonctions municipales qu'il avait exercées pendant dix-neuf ans. Peu de jours après, le 28 décembre, la Commission municipale reçut communication d'une lettre écrite en ce sens par son président ; elle prit à l'unanimité une délibération pour lui exprimer ses sentiments de regrets et d'affection, et elle se rendit tout entière, avec le Préfet de la Seine, les conseillers généraux et les principaux fonctionnaires de la Ville, chez M. Arago. Celui-ci, visiblement ému de ce témoignage solennel de sympathie, trouva pour remercier, malgré son évidente souffrance, des paroles éloquentes. Mais ce qu'il y eut surtout de remarquable, c'est l'énergie avec laquelle il s'exprima contre les révolutions, dont la meilleure, à son avis, est toujours désastreuse : « Je vous souhaite, dit-il à ses anciens collègues, de n'en plus voir aucune. Je fais des vœux pour que vous ne soyez point exposés à des épreuves douloureuses, semblables à celles que nous avons naguère traversées. » Il parla ainsi assez longtemps, montrant les plaies inguérissables que laisse après elle, dans la société et dans l'État, toute crise révolutionnaire. En effet, M. Arago, après février, s'était vu sur-le-champ débordé, menacé, outragé ; il avait vu les journées de juin sortir de celles de février, comme une conséquence naturelle et inévitable ; il avait à peine échappé à la mort, au moment où il s'efforçait de défendre l'ordre.

Son grand esprit ne l'avait certes pas préservé de fausses doctrines politiques et de méprises étranges dans le jugement des hommes. Il s'était laissé entraîner par l'influence d'amitiés contre lesquelles il lui déplaisait de se défendre ; par les conseils d'un orgueil, légitime d'ailleurs, mais qu'abusaient des flatteries intéressées ; par l'habitude d'appliquer à toute étude les procédés purement scientifiques, sans songer que ce qui dépend des libres volontés et des passions humaines, des causes innombrables et inaperçues qui font mouvoir les individus ou les masses, échappe à toute mesure exacte et à tout calcul. Mais il ne pouvait cesser d'être sincère avec lui-même.

L'expérience qu'il venait de faire en personne était trop concluante. Il ne pouvait pardonner aux hommes de son temps et de son parti de lui avoir fait perdre ses illusions libérales, et de l'avoir convaincu d'erreur, par leur perversité et leur sottise.

Je n'oublierai jamais l'amère et hautaine expression que prenait cette belle figure encadrée d'abondants cheveux gris, pâlie par la maladie, où étincelaient des yeux brillants d'intelligence et de fièvre, lorsqu'il faisait allusion à ces souvenirs, et prononçait ces vérités tardivement aperçues.

Le successeur de M. Arago, comme président de la Commission municipale, fut M. Lanquetin, dont j'ai dit ailleurs le mérite spécial et les aptitudes.

LIVRE QUATRIÈME

APPLICATION A PARIS DES DEUX LOIS ORGANIQUES DE 1850 SUR L'ENSEIGNEMENT, SUR LES ÉLECTIONS.

CHAPITRE PREMIER

L'enseignement primaire. — Effets à Paris de la loi du 28 juin 1833. — Organisation défectueuse du Comité central. — Son vice-président, M. Périer. — Préparation de la loi du 15 mars 1850. — M. de Parieu.

Ainsi, en 1849, l'Administration municipale s'était tout entière reconstituée. Par un emprunt de 25 millions, elle avait liquidé les frais de la révolution de février; elle avait remis ses finances en équilibre, et s'était ménagé quelques ressources extraordinaires pour reprendre de grands travaux interrompus. Elle avait pu même, au milieu des troubles et des malheurs publics, répondre au désir du chef de l'État, en accomplissant quelques améliorations et en poursuivant quelques entreprises utiles; elle avait préparé, malgré des difficultés sans nombre, le projet de l'ouverture de la rue de Rivoli et celui de l'isolement de l'Hôtel de ville. L'exécution de ces deux projets devait être, pour elle, l'œuvre principale de 1850. Mais une affaire d'une toute autre nature, et non sans importance, la réforme et le développement de l'enseignement primaire, que l'Assemblée législative entreprenait de réglementer par une nouvelle loi, vint occuper toute son attention dès le début de l'année.

Le Conseil municipal était encore, à cet égard, dans la situation particulière où l'avait placé l'ancienne loi du 28 juin 1833 sur l'instruction primaire. Cette loi avait constitué en France, dans chaque arrondissement, subdivision de département, une autorité distincte de toutes les autres, un comité investi de pouvoirs très-étendus. Il n'avait pas seulement l'inspection et la surveillance des écoles; il déléguait, dans chaque municipalité, un certain nombre de personnes notables qui, avec le maire et le curé, formaient une petite assemblée locale, chargée d'exercer de plus près cette surveillance. Il nommait les instituteurs communaux sur la présentation des conseils municipaux, et sauf l'institution du ministre. Il jugeait disciplinairement ces instituteurs. Il donnait son avis sur les secours et les encouragements à accorder aux établissements scolaires, et provoquait les réformes et les améliorations qu'il jugeait nécessaires.

Chaque Comité renfermait un maire, un juge de paix, un curé, un ministre de chacun des autres cultes reconnus, un fonctionnaire de l'Université, un instituteur, ainsi que trois membres du conseil d'arrondissement, et « *tous les membres du Conseil général du département* ayant leur domicile dans la circonscription du comité »; enfin, le procureur du roi y siégeait de droit; le préfet en prenait la présidence.

Il est évident qu'il y avait là les éléments d'un corps considérable et indépendant, qui pouvait parfois balancer utilement l'influence des conseils municipaux et même des conseils généraux, en réservant à l'autorité préfectorale ou universitaire un rôle d'arbitre et une certaine action directrice.

Mais, Paris a une organisation communale et administrative exceptionnelle qui appelle, pour toute matière, des dispositions particulières; le régime qui convient à la France entière peut rarement être appliqué, sans modifications, à la Capitale; c'est ce que le législateur a trop souvent oublié.

Dans le cas dont il s'agit, voici quels furent à Paris les étranges effets de la loi de 1833.

Comme tous les membres du Conseil municipal étaient en même temps *membres du Conseil général de la Seine,* et qu'ils avaient leur domicile dans l'enceinte de la ville, qui forme un arrondissement ou subdivision départementale, ils avaient le droit de siéger tous, au nombre de trente-six, au sein du comité d'instruction primaire, et y formaient ainsi une énorme majorité. Les personnes qui, d'après la loi, y avaient également voix délibérative, au lieu d'exercer une sorte de prépondérance, n'y étaient qu'un appoint et ne pouvaient contre-balancer un instant, par leur nombre, le poids de la volonté municipale. Le comité, loin d'être constitué en dehors et au-dessus de la commune, était donc complétement absorbé par elle. C'était, sous deux noms divers, le Conseil municipal qui nommait les comités du premier degré et prononçait en appel sur leurs décisions; qui se surveillait lui-même; qui se donnait des avis, et s'empressait de les suivre; qui se proposait des mesures, et ne manquait pas de les adopter; qui se présentait des candidats instituteurs, et les agréait; qui, enfin, avait en même temps la délibération, l'action administrative, le contrôle. Il n'avait au-dessus de lui que le ministre pour instituer les maîtres, et le conseil de l'Université pour réformer en appel ses sentences excessives. Quant au Préfet de la Seine, entre deux corps délibérants formés des mêmes personnes, ses mains étaient liées, et il ne pouvait ni repousser une dépense, ni combattre une mesure, sollicitées d'avance par ceux mêmes qui devaient les voter.

Ce comité d'enseignement avait été organisé à Paris par une ordonnance du 8 novembre 1833; il ne prenait point le titre de comité d'arrondissement, comme dans les autres parties de la France. Il aurait pu être confondu, par cette appellation, avec les simples comités locaux qui étaient institués, sous son autorité, près de chaque mairie d'arrondissement municipal ; il s'appelait exceptionnellement *le comité central.*

Une telle institution, née de la lettre de la loi, mais contraire à son esprit, présentait deux inconvénients absolument opposés et aussi graves l'un que l'autre. D'un côté, elle concentrait dans un petit nombre de mains, presque irresponsables, une autorité sans limite sur les écoles et sur les instituteurs. On comprend, en effet, que dans une assemblée de quarante à cinquante membres, quelques-uns aient le temps et le goût de suivre de près les affaires, de se charger des démarches et des rapports, et que tout se décide le plus souvent selon leur dire et leur volonté. D'un autre côté, cependant, il ne pouvait s'établir, dans le Comité central, aucune règle permanente de conduite, aucune jurisprudence administrative. Si les conseillers municipaux, en grand nombre, qui s'abstenaient habituellement des séances peu récréatives du Comité central, ne s'y fussent jamais présentés, l'espèce de despotisme du petit groupe de ceux qui, au contraire, y étaient assidus se fut exercé, du moins, avec une certaine suite. Mais, dès qu'une question un peu grosse agitait les esprits, dès que la politique était indirectement en jeu, dès qu'il s'agissait d'intérêt de personnes ou de quartiers, une quinzaine, une vingtaine de membres du Conseil municipal faisaient passagèrement irruption dans le comité et y déterminaient une majorité de circonstance et de caprice. Les traditions se trouvaient rompues et les agents spéciaux aussi bien que les instituteurs ne savaient plus quelle règle ils avaient à suivre. Tout cela était évidemment à changer ; la nouvelle loi, dont l'Assemblée législative était saisie, ne pouvait manquer de le faire.

D'autres motifs plus généraux avaient déterminé les préparateurs de la loi nouvelle en ce qui concerne l'instruction primaire. Beaucoup d'instituteurs en France s'étaient compromis, au milieu des troubles civils, soit par la manifestation de doctrines antisociales, soit par des actes coupables. Des hommes ayant acquis quelque savoir, assez pour se sentir plus instruits que la foule au milieu de laquelle ils vivent, pas assez pour compter dans les classes vraiment éclairées, partagés entre le dédain et l'envie, se croyant à la hauteur de tous les problèmes et de toutes les fortunes, n'obtenant presque jamais qu'une situation humble et de faibles émoluments, sont une proie facile pour les sophistes et les agitateurs. On leur dit qu'en apprenant à lire et à écrire aux petits enfants ils exercent le premier des sacerdoces, et ils se font volontiers les adversaires des prêtres auxquels on les compare ; on met en parallèle la médiocrité des traitements dont ils jouissent avec la grandeur de leur mérite, et ils conçoivent naturellement de la haine contre une société ingrate qui les méconnait ou les délaisse. Subordonnés, dans mainte commune, au maire dont ils font le travail, dont ils corrigent parfois l'orthographe, ils prennent en pitié leur chef et, par suite, tous les chefs.

Rien même, disons-le en passant, ne prouve mieux que la conduite d'une partie des instituteurs en France, la fausseté de cette idée fort répandue : que rendre dans notre pays l'instruction primaire universelle suffira pour moraliser le peuple et faire de tous les Français de vrais citoyens. Voilà précisément une classe d'hommes qui possèdent, à un degré supérieur, l'instruction dite élémentaire. On voit ce qu'ont pensé et fait un certain nombre d'entre eux. Assurément, lire, écrire, compter, développent les facultés de l'intelligence et sont, pour chacun, de puissants instruments d'étude et de travail; mais le point capital est de savoir l'usage qu'on en sait faire.

En 1848 et dans l'année qui suivit, la tentation pour les instituteurs était plus forte que jamais, parce qu'ils étaient de toutes parts environnés de suggestions funestes. Il n'est pas surprenant que bon nombre d'entre eux fussent devenus alors les sous-officiers de l'armée du désordre, ou, en matière de religion et de morale, « les commis de Satan », comme l'écrivait l'un d'eux dans l'enthousiasme de l'orgueil et de la perversité.

Le mal n'était pas moindre à Paris qu'ailleurs. C'était, dès cette époque, un fait éclatant, que plus un esprit s'engageait avant dans le jacobinisme et dans les utopies sociales, plus il s'éloignait de toute religion. Chaque révolution a fait faire au parti démagogique un pas de plus dans ce sens ; et, en effet, à mesure que l'on examine de plus près les vrais principes sociaux, on trouve au fond le christianisme, dont la société moderne est sortie.

On se demande alors comment, lorsque de graves abus étaient relevés dans la conduite d'une partie des maîtres de la jeunesse, c'était par la liberté que les conservateurs et le clergé prétendaient en prévenir le retour? Voici la réponse à cette question : Depuis longtemps le clergé, par l'organe de l'Épiscopat, annonçait le dessein, pour remédier au mal, d'intervenir plus directement que par le passé dans l'instruction publique et d'y faire pénétrer ainsi plus profondément l'élément religieux en créant et en dirigeant, par lui-même ou par les congrégations religieuses, des écoles, des institutions, des colléges, des facultés. Il rencontrait, comme obstacle, l'autorité à peu près exclusive de l'État, qu'exerçait l'Université, et il demandait à en être affranchi : plus d'autorisation préalable pour l'instruction secondaire, par exemple, plus d'inspection sur les matières enseignées, plus de juridiction du Conseil royal sur les personnes qui se consacrent à l'enseignement, plus de grades obligatoires, etc., en un mot, le clergé voulait la liberté pour lui et pour les congrégations enseignantes.

On lui opposait deux grosses objections : la première, c'est qu'une telle liberté ne pouvait lui être donnée en privilège ; qu'il faudrait l'étendre à tous les citoyens et abandonner par conséquent la jeunesse à tous les professeurs d'athéisme et de démagogie ; la seconde, c'est que l'État a tout le moins le devoir absolu de surveiller l'enseignement, et qu'il n'y peut renoncer sous aucun prétexte.

La querelle était encore fort animée à la veille de 1848. La révolution l'éteignit tout à coup. D'une part, l'Épiscopat ne dénia plus à l'État le droit de surveillance, pourvu que l'Université n'en fût pas seule investie ; de l'autre, les hommes politiques qui avaient été naguère les champions de l'Université, concédèrent la liberté à tout le monde, en constituant la surveillance d'une manière qu'ils crurent efficace, tout en admettant à l'exercer, conjointement avec l'État, le clergé et une certaine représentation des pères de famille. La liberté de l'enseignement, ainsi entendue, est donc bien, pour chaque citoyen, la faculté d'ouvrir école ; mais il est placé alors sous une inspection incessante qui ne lui permet pas d'enseigner *quoi que ce soit de contraire à la religion et à l'ordre social*, et ces deux droits sont organisés contre lui dès qu'il cesse de les respecter.

C'est dans ces termes qu'un projet de loi avait été préparé, dès le lendemain de la révolution, par une commission parlementaire, de concert avec M. de Falloux, alors ministre, l'un des membres les plus brillants de ce parti catholique-libéral, qui comptait M. de Montalembert dans ses rangs et qui formait si naturellement un trait d'union entre le clergé et les conservateurs coalisés de l'Assemblée. Au 31 octobre 1849, M. de Falloux avait cessé d'être ministre. Le Président de la République lui avait d'abord choisi pour successeur à l'Instruction publique et aux Cultes M. Dumas, savant célèbre et professeur éloquent. Dans cette première combinaison M. Esquirou de Parieu était appelé au Commerce et aux Travaux publics. Ses opinions libérales en matière économique et le talent qu'il avait montré à la Chambre lui avaient sans doute valu cette désignation. Mais, le 30, au moment où il recevait avis de sa nomination, il demanda au Président de changer de ministère avec M. Dumas. M. de Parieu, qui comptait dans le parti catholique, représenta que la loi sur la liberté de l'enseignement était fort attendue, que les catholiques en espéraient une certaine satisfaction, et qu'il fallait la leur donner sincère et sans exagération. M. Dumas, disait-il, par ses antécédents universitaires, serait peut-être, à tort, suspecté de quelque partialité et obligé, par suite, à plus de concessions; tandis que lui-même pourrait plus facilement tenir une balance égale et défendre, dans la juste mesure, les droits de l'État.

L'arrangement fut consenti immédiatement par M. Dumas, et M. de Parieu fut chargé de la lourde et honorable tâche de mener à bien la loi nouvelle. Il avait pour y réussir plus d'une qualité : il était orateur, quoique fort enclin à philosopher; il était légiste et religieux, éminemment propre à bien discuter les principes de la loi et à en bien rédiger le texte. Il s'en tira, à son honneur, avec les qualités et les défauts qu'on lui connaît. Quoiqu'il ait un grand talent de parole, beaucoup d'élévation et de force, surtout lorsqu'il est échauffé par la discussion et piqué au jeu par une contradiction un peu vive, il semble n'aimer pas beaucoup la tribune. Très-croyant en matière de religion, il est volontiers sceptique sur le reste ; il voit les inconvénients de toutes choses et s'y laisse arrêter; aussi, quoique doué d'une juste ambition, il ne se livre qu'à regret, avec une sorte d'ennui, comme on fait les choses qu'on ne voudrait pas faire. C'est d'ailleurs l'écueil de quelques honnêtes gens, timorés en matière politique, de se réserver sans cesse, comme s'ils attendaient quelque gouvernement immaculé et parfait qui n'existe pas sur cette terre, et une situation si limpide que leur esprit puisse y voir parfaitement clair à tout moment. Voilà peut-être les causes qui déterminèrent M. de Parieu, malgré des facultés éminentes, à s'abstenir d'un rôle politique qu'il aurait pu jouer dans le ministère, et à s'enfermer tout entier dans le problème de la liberté de l'enseignement.

Pendant que s'élaborait la loi dont il s'agit, le Comité central[1] voyait bien que ses pouvoirs allaient passer en d'autres mains et que son existence tirait à sa fin ; il se recueillit, et considéra attentivement dans quelle situation il allait laisser à Paris l'instruction primaire qu'il avait souverainement dirigée depuis 1835. Cette sorte d'examen de conscience n'était point sans doute de nature à inspirer des regrets à ceux qui s'y livraient. L'instruction primaire était prospère dans Paris ; l'esprit d'exclusion n'avait pas prévalu dans l'action municipale : des écoles laïques, des écoles congréganistes florissaient également sous le patronage de la Ville. Ce n'est pas que le Comité central fût indifférent entre elles. Il comptait parmi ses chefs influents beaucoup de voltairiens, vieux libéraux du régime de Juillet, nouveaux républicains, toujours prévenus contre la religion et surtout contre les congrégations.

Le vice-président du comité, en 1850, était M. Périer, juge de paix du VIIIe arrondissement, que je vois encore au fauteuil, dirigeant les débats d'un ton maussade et bourru, comme à son prétoire, s'irritant jusqu'à bredouiller lorsqu'un de ses collègues semblait le prendre à partie ; gourmandant

---

[1] En 1850, dernière année de son mandat, le comité central était composé ainsi qu'il suit : MM. le Préfet, président; PÉRIER, vice-président; Horace SAY (membre du Conseil général et du Conseil municipal), vice-secrétaire; Victor FOUCHER, procureur de la République; MONNIN-JAPY, maire du VIe arrondissement; ROULLION, juge de paix du XIe arrondissement; FRASEY, curé de Saint-Nicolas des Champs ; CUVIER, pasteur de l'église consistoriale de la confession d'Augsbourg; JUILLERAT, pasteur de l'Église réformée; ISIDORE, grand rabbin; POIRSON, proviseur du lycée Charlemagne; BOULET, directeur de l'École mutuelle (halle aux draps); puis tous les membres du Conseil général ayant leur domicile dans Paris, et par conséquent en première ligne tous les membres du Conseil municipal : MM. d'Argout, Bixio, Boissel, Bonjean, Boulatignier, Bourdon, Buchez, Delaroche, Delestre, Devinck, Didot, Dupérier, Eck, Fleury, Flon, Galis, Lanquetin, Legendre, Manceaux, Moreau (de la Seine), Moreau (Ernest), Pelouze, Peupin, Ramond de la Croisette, Riant, Riberolles, Ségalas, Thayer (Édouard), Thibault (Germain), Thierry, Tronchon, Vavin. J'ai indiqué plus haut MM. Périer, Say et Chevalier.

entre ses dents les instituteurs qui comparaissaient, et parfois les inspecteurs dont les rapports ne le satisfaisaient pas entièrement. Dans le particulier il ne jurait que par Voltaire, Béranger ou Paul-Louis Courier. Il ne disait jamais que : *nos* écoles, en désignant les écoles laïques. Les établissements congréganistes, quoique également municipaux, semblaient n'être à ses yeux que des concurrents dont les succès lui faisaient tort. Mais, comme c'était un honnête magistrat, il triomphait ordinairement de lui-même et s'appliquait à montrer des intentions bienveillantes aux Frères de la doctrine chrétienne ainsi qu'aux autres instituteurs. M. Périer représentait fidèlement les dispositions d'une bonne partie de ses collègues. Quelques-uns pourtant, formant une minorité, étaient du parti catholique. Je dois dire à l'honneur de tous que, voltairiens et catholiques, lorsqu'il s'agissait du gouvernement de l'instruction primaire, se montraient animés d'un esprit d'impartialité et de zèle pour le bien public.

Le Comité central, à la veille de se dissoudre, n'avait donc point à s'accuser d'injustice ou de tiédeur. Mais il était un point sur lequel une réforme lui paraissait depuis longtemps urgente, et qu'il se hâta d'entamer. Il s'agissait de corriger profondément la méthode d'enseignement mutuel, qui était alors exclusivement pratiquée dans toutes les écoles laïques de Paris, et dont le maintien commençait à menacer sérieusement leur succès et leur popularité.

CHAPITRE II

Origine et développement de l'enseignement mutuel à Paris. — Engouement du public. — Faveurs de la Ville. — Les trois méthodes. — Progrès de l'institut des Frères de la Doctrine chrétienne. — Émulation. — Succès de la méthode simultanée. — Le système mutuel abandonné par le Comité central.

Quelques mots sur les origines de l'enseignement mutuel et sur l'institut des Frères de la Doctrine chrétienne feront mieux comprendre ce qu'il y avait d'intéressant dans le problème qu'il s'agissait de résoudre.

Jusqu'en 1814, toutes les écoles gratuites de Paris étaient entretenues par l'administration des Hospices et par des sociétés charitables qui les avaient fondées; plusieurs étaient dirigées par des laïques; il y en avait une de garçons et une de filles par chaque arrondissement, en tout vingt-quatre. D'autres avaient à leur tête des membres de congrégations religieuses, Frères de la Doctrine chrétienne, Sœurs de charité, etc.; on en comptait trente-deux. Ces cinquante-six écoles donnaient l'instruction à six mille huit cent quatre-vingt-neuf enfants des deux sexes. La Ville de Paris ne prenait aucune part directe à cette organisation primitive des écoles publiques.

A ce moment, beaucoup d'esprits généreux, en France, en Angleterre, en Suisse et en Allemagne, tournaient leurs plus ardentes préoccupations vers l'enseignement populaire. Des écrits pleins d'observations et de savoir paraissaient de toutes parts; des méthodes plus ou moins ingénieuses étaient proposées et mises en pratique; des sociétés se formaient pour en propager l'emploi et pour multiplier les classes primaires. Depuis quelques années, un Écossais, nommé Bell, avait essayé un mode d'enseignement « des enfants par les enfants », ou d'enseignement mutuel, dont il disait avoir emprunté l'idée à des écoles indiennes. A Londres, un instituteur du nom de Lancaster en fit, de son côté, l'application en la perfectionnant de son mieux, et obtint d'abord, aux yeux du public, un assez grand succès.

Aussitôt qu'il fut permis aux Français de visiter les divers pays de l'Europe, si longtemps fermés par la guerre, quelques-uns de nos philanthropes libéraux se rendirent en Angleterre, se mirent en relation avec une société formée à Londres pour la diffusion de l'instruction élémentaire, s'éprirent de la méthode qu'on appelait alors Lancanstrienne, et revinrent à Paris résolus de fonder des écoles semblables à celles qu'ils venaient d'admirer. C'étaient, entre autres, M. le comte Alexandre de Laborde, M. l'abbé Gaultier, M. Jean-Baptiste Say, M. Jomard. En même temps, quelques membres de la société anglaise qui patronait la méthode mutuelle, sir Henry Bennett, M. Schaw, etc., leur apportèrent le concours de leur expérience.

On songea tout d'abord à créer une société spéciale, selon l'usage britannique ; un peu plus de trois mois furent employés à la former : Du 1er mars 1815, au 16 juin, c'est à-dire durant les Cent jours. Carnot avait été appelé par l'Empereur au Ministère de l'intérieur. On lui parla de la nouvelle méthode d'enseignement, et il s'employa avec le plus grand empressement à l'introduire dans ce pays. La nouvelle société avait M. de Gérando pour président, M. de Lasteyrie pour vice-président, et comptait parmi ses membres, outre les hommes distingués nommés plus haut, MM. Ampère, de Broglie, de Larochefoucault-Liancourt, Maine de Biran. Elle prit le titre de : *Société pour l'instruction élémentaire,* et ouvrit bientôt trois écoles ; son exemple stimula le zèle de personnages considérables qui fondèrent aussitôt de semblables établissements : Madame Adélaïde, sœur du duc d'Orléans, madame la duchesse de Duras, madame la marquise de Pastoret, M. Delessert, M. Cochin.

La Ville de Paris ne fut pas la dernière à concourir à une si louable entreprise et, dès la fin de 1815, une première école du même genre était instituée, à ses frais, par les soins du Préfet, M. de Chabrol, que M. de Vaublanc, Ministre de l'intérieur, félicitait à cette occasion. Trois ans après, il existait à Paris dix-neuf écoles, dans lesquelles l'instruction était donnée à 3,132 enfants selon la méthode mutuelle. La Ville en avait créé ou subventionné un certain nombre [1].

On voit que, dans ces premiers temps, l'enseignement mutuel n'était point une affaire de parti et rencontrait des protecteurs dans les opinions les plus opposées, de Carnot à M. de Vaublanc. Il en fut à peu près de même jusqu'en 1821, sous les ministères de MM. Lainé, Decazes, Siméon, et grâce à une certaine faveur du Roi Louis XVIII. Toutefois, comme l'introduction de cette innovation en France avait été faite sous l'Empire, avec le premier appui d'un ministre révolutionnaire, par les soins des libéraux, par des instituteurs laïques, en concurrence naturelle avec les congrégations enseignantes, elle était suspecte aux amis les plus passionnés de la Restauration. Le Gouvernement finit même par retirer sa bienveillance à la Société pour l'instruction élémentaire et à son œuvre. Dès lors, l'enseignement mutuel fut l'objet d'attaques violentes et aveugles : bien des gens y virent une

---

[1] *Bulletin de la société pour l'instruction élémentaire* (année 1830, numéro d'avril). *Rapport sur la troisième édition du manuel des écoles élémentaires d'enseignement mutuel, par M. Sarrazin, et sur le manuel des écoles primaires communales de filles, par mademoiselle Sauvan, fait au Conseil de la Société pour l'instruction élémentaire,* par M. Boulay (de la Meurthe), secrétaire général (séance du 4 septembre 1839). *Coup d'œil sur la situation de l'instruction primaire en France, envisagée sous le point de vue politique et moral,* par M. Boulay de la Meurthe (4 juin 1840).

machine de guerre contre la Religion et la Royauté, un procédé pour recruter parmi les enfants, de futurs soldats de la Révolution et de l'Empereur. En revanche, la majeure partie du public parisien, toujours porté vers l'opposition, se prit d'un engouement, qui n'était guère plus réfléchi, pour la nouvelle méthode dont on commençait à peine à étudier la pratique et à constater les résultats. Les écoles mutuelles furent à la mode; les gens du monde s'y donnaient rendez-vous. C'était, pour eux, un spectacle amusant et curieux que de voir, dans de grandes salles disposées à cet effet, des centaines d'écoliers, répartis en groupes de dix ou douze, autour de demi-cercles métalliques incrustés dans le parquet, devant des tableaux où étaient imprimés des lettres, des mots et des chiffres. Au milieu de chaque groupe se tenait un petit moniteur, à l'air grave, armé d'une baguette, indiquant successivement les caractères imprimés sur les tableaux, et interrogeant ses camarades, dont parfois quelques-uns étaient plus âgés que lui. Au milieu de la salle, se promenait le maître, surveillant tout, faisant passer les plus savants d'un groupe à l'autre, révoquant parfois le moniteur, pour le ranger parmi les simples auditeurs, n'intervenant jamais de sa personne dans l'enseignement. Lorsqu'il s'agissait de passer d'un exercice à l'autre, il donnait un signal, et tout le monde de l'école se mettait en marche, par files régulières, les mains derrière le dos, marquant le pas à grand bruit, décrivant avec précision, entre les bancs, hors des bancs, non sans quelque poussière, diverses évolutions, comme des soldats.

Cet ensemble paraissait une machine merveilleuse, dégageant automatiquement l'instruction de tous ces petits cerveaux, y faisant pénétrer l'habitude de la discipline et de l'émulation, de l'obéissance et du commandement! On proclama ces bons effets comme véritablement acquis; on s'extasia, et l'on mit en contraste la routine des vieilles écoles de quartier, ou de charité, et, surtout, de celles que tenaient les

Frères de la Doctrine chrétienne, ridiculisés sous le nom d'ignorantins. Ainsi, les classes primaires devenaient un champ de bataille politique ; comme s'il y avait un alphabet ministériel et un alphabet d'opposition. On ne craignait pas de mêler l'enfance à ces tristes luttes qui, si elles sont inévitables, devraient être réservées pour les dangereux plaisirs de l'âge mur. Au lieu de disputer seulement à qui inculquerait le plus sûrement aux enfants, avec un peu de science, les meilleures mœurs et les sentiments les plus honnêtes, on se servait d'eux, non sans grand dommage pour leurs âmes, comme d'instruments de calomnie et de haine. C'est ainsi que les jeunes lutteurs de la fable se jettent à la tête, en guise de projectiles, les pauvres petits oiseaux qu'ils ont dérobés à leur nid, et dont ils se disputent la possession.

Les écoles mutuelles se multiplièrent avec rapidité. En 1830, la Ville de Paris en avait déjà fondé treize ; elle en subventionnait cinq ; il en existait en tout vingt-huit, ouvertes à plus de cinq mille enfants. Peu de temps après, en 1834, le Comité central fut légalement institué. Son premier vice-président fut M. Cochin, membre du Conseil général [1] ; M. Boulay (de la Meurthe), secrétaire général de la Société pour l'instruction élémentaire et l'un des plus actifs propagateurs de l'enseignement mutuel, ne fut élu membre du Conseil municipal qu'en 1835. Il succéda quelques années après à M. Cochin, comme vice-président du Comité central. En exécution de la loi, toutes les écoles publiques devinrent communales ; en conséquence, les vingt-quatre anciennes écoles de quartier, les

---

[1] Voici quelle fut la composition du premier Comité central : MM. Cochin, membre du Conseil général, vice-président; DE JUSSIEU, secrétaire général de la Préfecture de la Seine, secrétaire; DESMORTIERS, procureur du Roi; ROUSSEAU, pair de France, maire du III⁰ arrondissement; FORCADE DE LA ROQUETTE, juge de paix; DE PIERRE, curé; GOEPP, pasteur; MONOD, pair de France, président de consistoire; MARCHAND; LIEZ, proviseur du collége Henri IV; POMPÉE, instituteur; LAHURE, membre du Conseil général; LEBEAU, membre du Conseil général, et tous les autres membres du Conseil municipal.

écoles de charité, et tous les établissements scolaires qu'avait fondés l'administration des Hospices, passèrent sous l'administration du Conseil municipal et sous la direction du Comité central. L'un et l'autre ne manquèrent pas de décider que, dans les écoles laïques, il n'y aurait plus qu'une seule méthode, la méthode mutuelle, libérale par excellence, ce qui entraîna la transformation successive des anciennes écoles de quartier, au fur et à mesure de la retraite ou du décès des instituteurs et des institutrices existants. Rien ne fut épargné, ni les allocations budgétaires, ni les perfectionnements successifs du mode d'enseigner, ni les inspections et les encouragements, pour faire prospérer les écoles favorites.

Cependant, les hommes de bonne foi, qui dirigeaient ce mouvement, ne cessaient d'étudier ce procédé autour duquel on avait tant discuté depuis vingt années, et qui ne méritait ni tout le blâme ni toute la louange dont il avait été l'objet. Son insuffisance commençait déjà à apparaître.

Les écrivains pédagogiques reconnaissaient alors trois méthodes principales pour l'enseignement primaire : 1° l'individuelle, c'est-à-dire, l'instruction donnée par le maître à un seul disciple à la fois, tandis que les autres écoliers présents étudiaient pour leur propre compte, en attendant d'être interrogés à leur tour, ou devenaient tout au plus auditeurs bénévoles ; c'était le système suivi dans les écoles de quartier ; 2° la simultanée, qui se pratiquait surtout dans les écoles congréganistes ; elle consistait dans la participation de tous les élèves d'une même classe à la leçon ; tous se livraient ensemble à la même étude, au même exercice ; tous écoutaient le maître, quand il parlait, ou l'élève qui répondait à une interrogation ; tous se tenaient prêts à continuer la récitation, à corriger une réponse erronée, à satisfaire incontinent aux questions qui pouvaient leur être adressées ; 3° la mutuelle, dont le principe était que le maître ne donnait lui-même la leçon qu'à une élite d'élèves, pour former un état-major de moniteurs qui transmettaient ensuite l'instruction reçue par eux à un très-grand nombre d'écoliers moins avancés.

Laquelle était la préférable? Pour le savoir, il faut se rendre compte du problème qui était posé. Il se présente dans les écoles nombreuses de deux cents à trois cents enfants par exemple, comme celles qu'on créait à Paris, des enfants d'âge différent, de six à treize ans, et de tous les degrés d'instruction, depuis l'ignorance absolue de l'alphabet jusqu'à la connaissance de la lecture, de l'écriture, de la grammaire, du calcul, etc. Il y a là évidemment les éléments d'une douzaine de petites classes différentes, si l'on veut grouper ces enfants, d'après les notions qu'ils possèdent et leur degré d'avancement. Comment un seul maître peut-il remplir cette tâche? S'il emploie la méthode individuelle, la journée ne sera jamais assez longue pour qu'il puisse consacrer avec profit quelques minutes à chaque élève; la masse perdra son temps et sera difficilement tenue dans l'ordre et le silence. S'il emploie la méthode simultanée, ses leçons seront meilleures et plus écoutées du groupe d'élèves auquel il s'adressera, mais il sera contraint de diviser son école en un très-petit nombre de classes, d'adresser par conséquent la même leçon a des élèves ou trop peu instruits pour en profiter, ou déjà trop avancés pour qu'elle leur soit utile; il devra en même temps abandonner tour à tour à elles-mêmes les classes auxquelles ne s'adressera pas son enseignement. C'est pour cette cause, que les écoles des Frères ont toujours deux maîtres, ou trois maîtres à la fois, de sorte qu'aucun écolier ne demeure un instant sans recevoir la leçon ou sans être l'objet de la surveillance. Enfin, par la méthode mutuelle, un seul maître semble pouvoir résoudre la difficulté. Il instruit à part, le matin, ou à des jours fixes, vingt ou trente élèves qu'il met ensuite à la tête d'autant de groupes; chacun de ces groupes reçoit l'instruction qui lui est appropriée, et le maître se contente d'une direction et d'une surveillance générale.

L'enseignement mutuel était donc le meilleur procédé pour instruire, d'une manière quelconque de grandes masses d'enfants, par le moins grand nombre de maîtres possible, et aux moindres frais. Mais que valait cette instruction par intermédiaires? Bien peu de chose : c'était une traduction presque toujours infidèle ou incomplète, mêlée d'erreurs, altérée par la faiblesse de l'interprète. Est-ce qu'il ne faut pas posséder une connaissance à fond pour en bien enseigner les éléments? Est-ce qu'il y a des maîtres trop savants, trop habiles, trop supérieurs? Est-ce qu'un mécanisme, si ingénieux qu'il soit, peut remplacer cette action directe et stimulante du professeur qui s'empare des esprits et des volontés?

Dans la vérité des choses, puisque l'enseignement individuel n'est pas praticable dans les écoles, c'est l'enseignement simultané qui convient le mieux. Seulement, il a ses inconvénients auxquels il est possible de remédier par de sages emprunts aux autres méthodes. Je dirai plus loin comment on est arrivé à cette solution.

Les faits n'avaient pas beaucoup tardé à démontrer la vérité de ce qui vient d'être dit. Quoique puissamment soutenues, les écoles mutuelles périclitèrent : les enfants en sortaient mal instruits ; les moniteurs croyaient perdre le temps qu'ils donnaient à leurs camarades; les parents se désenchantaient et laissaient un grand nombre de places vacantes dans les classes.

Une circonstance contribua surtout à éclairer sur ce point le Comité central : C'est le progrès extraordinaire qui s'accomplit dans l'enseignement des Frères de la Doctrine chrétienne et la faveur dont jouirent bientôt leurs écoles dans tous les quartiers de Paris, malgré l'esprit révolutionnaire si développé dans une partie de la population.

Leur institut, chassé de Paris par la première révolution,

n'y avait fait rentrer quelques-uns de ses membres qu'en 1803. Ils s'établirent tout d'abord dans une maison de la rue Saint-Dominique, qui avait appartenu à l'Ordre, sous l'ancien régime, et qui lui était rendue par la munificence des possesseurs actuels [1]. L'administration des Hospices appelait les Frères à fonder diverses écoles gratuites, dites de charité. Ils y firent l'application de leur système d'enseignement, un peu suranné alors par certains détails, mais au fond très-raisonnable, très-conforme à la nature des enfants, et perfectible, comme l'avait voulu le pieux et sagace fondateur de la Congrégation. En 1819, une quinzaine d'écoles environ dirigées par les Frères existaient dans Paris.

C'est à ce moment que des écoles mutuelles s'y établissaient en assez grand nombre, sous le patronage du libéralisme. L'enseignement religieux n'était point menacé dans ces nouvelles écoles. Ceux qui les instituaient s'appliquaient, au contraire, à les préserver d'un tel reproche et prétendaient enseigner le catéchisme avec plus de soin et de succès que partout ailleurs. Toutefois, soit par préjugé, soit par la faute de quelques instituteurs, beaucoup d'ecclésiastiques, beaucoup de personnes chrétiennes s'inquiétèrent et entreprirent de donner un développement plus considérable à l'enseignement congréganiste. L'administration des Hospices fut ardemment sollicitée de multiplier ses écoles de charité; des curés de Paris prirent l'initiative, et bientôt, ce qui valait mieux que toutes les récriminations et toutes les polémiques, une concurrence féconde s'anima entre les deux méthodes, au grand profit de l'instruction populaire.

Les partisans des frères jugèrent qu'il y avait lieu de faire un grand effort dans Paris, et, pour en mieux assurer les résultats, ils pressèrent les chefs de l'Ordre d'établir dans la capitale le siège de la congrégation, qui était alors à Lyon.

---

[1] Madame la marquise de Trans.

La Ville de Paris fut engagée par le Gouvernement à seconder ce projet. Elle s'y prêta avec une intelligente impartialité. Tandis que, d'une main, elle fondait ou subventionnait un assez grand nombre d'écoles mutuelles, de l'autre, elle livrait à l'institut des Frères, pour y installer leur principal établissement et leur noviciat un immeuble situé rue du faubourg Saint-Martin, n° 165, qu'elle acquit à cet effet des Hospices moyennant 115,000 francs. L'ordonnance d'autorisation du 30 mai 1821, contre-signée : Siméon Ministre de l'intérieur, stipulait que la Ville ne rentrerait en possession de la maison que dans le cas ou la congrégation cesserait de l'occuper, ce qui constituait pour la Ville cette sorte de propriété qui est grevée d'une affectation indéfinie à un service public.

La même impartialité qu'avait montrée la Ville dès l'origine, fut professée par le Comité central lorsque, en exécution de la loi de 1833, toutes les écoles publiques de Paris, devenues communales, passèrent sous sa direction. Le Comité ne dissimulait pas sa préférence pour les établissements mutuels et laïques ; mais il n'en apparaissait rien de bien sensible dans les allocations budgétaires. En peu d'années, il développa parallèlement les deux services. En 1835, les écoles publiques coûtaient, à la Ville 220,000 francs, aux Hospices, 100,000 francs, et des frais de loyer dont il n'est pas possible aujourd'hui de chiffrer l'importance. En outre, les bureaux de bienfaisance faisaient, pour les mêmes écoles, une certaine somme de sacrifices qu'il n'est guère possible d'évaluer non plus. Le tout ne devait pas dépasser de beaucoup 400,000 francs. En 1841, le compte de la Ville mentionne déjà, pour l'instruction primaire, une dépense totale de 889,000 francs.

Des vingt-quatre écoles de quartier, il n'en restait plus que trois[1] ; les écoles mutuelles étaient au nombre de quarante-

---

[1] La dernière n'a été supprimée qu'en **1848**.

huit, dont vingt-trois de garçons et vingt-cinq de filles, n'ayant chacune qu'un seul instituteur ou une seule institutrice. Mais on avait créé six instituteurs suppléants. Les écoles simultanées, ou congréganistes, étaient au nombre de cinquante-cinq dont vingt-neuf de garçons tenues par quatre-vingt-trois Frères, et vingt-six écoles de filles que dirigeaient soixante-douze Sœurs.

Une quinzaine de classes d'adultes étaient annexées, moitié aux écoles mutuelles, et moitié aux écoles simultanées.

La Ville avait ouvert ou adopté vingt-trois salles d'asile, ou petites écoles, pour les enfants de deux à six ans.

Elle avait complété tout ce système, selon l'indication de la loi, par la création de deux écoles primaires supérieures; l'une de garçons, qui, bien conçue dès l'origine, est devenue plus tard, entre les mains d'un ami de la jeunesse, dont la modestie égale le rare mérite, M. Marguerin, un admirable modèle d'enseignement professionnel sous le nom d'école Turgot; l'autre de filles, qui, jusqu'à présent, n'a pas tout à fait répondu aux espérances qu'avaient conçues ses fondateurs. Dans cet ordre d'idées, elle avait adopté sous le même nom d'école primaire supérieure, une institution de garçons, tenue par M. Goubaux, et qui est devenue le collége Chaptal.

Les écoles, comme les salles d'asile de Paris, étaient absolument gratuites, à partir de 1835; quant aux écoles supérieures, elles furent pourvues d'un assez grand nombre de bourses qui, par une ingénieuse combinaison, servirent à exciter l'émulation entre les élèves des écoles primaires proprement dites. Chaque année, elles étaient mises au concours. On ne pouvait pas inventer une plus intelligente distribution de prix.

Le premier concours pour l'obtention de ces bourses eut lieu entre les meilleurs élèves des écoles mutuelles et des écoles simultanées, à la fin de l'année 1841, sous la présidence de M. Boulay (de la Meurthe), vice-président du Comité central. Il y avait vingt-neuf places offertes et quatre-vingts concurrents.

Le Comité central attendait tous ses instituteurs à cette épreuve solennelle. On avait longtemps comparé les deux méthodes; on allait en juger les résultats. Le succès fut cette fois tout à fait éclatant en faveur des écoles mutuelles. Celles-ci avaient présenté leurs meilleurs moniteurs; les Frères n'avaient point songé, à ce qu'il paraît, à préparer des élèves pour cette expérience. Leurs adversaires triomphèrent. Les élèves des écoles mutuelles obtinrent 23 bourses et ceux des écoles simultanées seulement 6. Le Comité central crut avoir résolu le problème du meilleur enseignement élémentaire, et il laissa menacer dans le *Journal général de l'Instruction publique* les congrégations enseignantes de voir les écoles mutuelles obtenir désormais de la Ville une plus grande protection [1].

La Congrégation fut piquée au vif. Elle avait déjà fait beaucoup d'efforts, pour profiter des critiques dont elle avait été l'objet, en améliorant son mode d'instruction; elle redoubla d'activité. Dès 1843, elle avait reconquis l'égalité dans cette lutte. Depuis lors, elle y obtint une supériorité, qui ne s'est pas une seule fois démentie. En vingt-cinq années, de 1848 à 1871, sur neuf cent soixante-quinze bourses mises au concours par la Ville de Paris, les élèves des Frères en conquirent huit cent deux; cent soixante-treize seulement furent obtenues par les élèves des écoles laïques; c'est à peu près une proportion de cinq contre un. Précisément en 1849, au moment où le Comité central cherchait à se rendre un compte approfondi de l'état comparatif des écoles municipales, la congrégation des Frères de la Doctrine chrétienne remportait un triomphe sans

---

[1] « Les succès des deux méthodes employées dans les écoles de Paris n'ont pas été balancés cette année; les écoles mutuelles ont obtenu vingt-trois bourses et les écoles simultanées n'en ont obtenu que six; il est à désirer que celles-ci s'évertuent et prennent leur revanche l'année prochaine; car, si une infériorité si marquée continuait de se manifester dans les concours, on conclurait que les écoles simultanées sont plus faibles que les écoles mutuelles, et qu'ainsi celles-ci ont plus de droit à la protection de la Ville et du Gouvernement. » (*Journal général de l'Instruction publique*, 1841, p. 484.)

égal. Trente-deux bourses étaient proposées aux concurrents ; les Frères eurent les trente et une premières ; les écoles laïques n'arrivèrent qu'au dernier rang et ne remportèrent que la trente-deuxième [1].

Les partisans de la méthode mutuelle cherchaient à expliquer cette prodigieuse inégalité par des causes étrangères à l'un et à l'autre mode d'enseignement. On disait que, si les instituteurs laïques avaient joui, durant le Gouvernement de juillet, de la faveur marquée des autorités municipales, les congréganistes avaient eu pour eux des protecteurs plus ac-

---

[1] Voici un tableau résumé que je trouve dans une note rédigée récemment par les soins de la congrégation :

ANNÉES.	NOMBRE DE BOURSES.	AUX FRÈRES.	AUX LAÏQUES.	NUMÉROS DES LAÏQUES.
1848	31	27	4	7, 8, 11, 29.
1849	32	31	1	32.
1850	32	24	8	4, 17, 20, 23, 25, 26, 27, 31.
1851	40	28	12	1, 7, 16, 18, 19, 22, 25, 26, 30, 35, 37, 39.
1852	40	33	7	16, 20, 26, 33, 36, 39, 40.
1853	40	31	9	1, 3, 9, 16, 18, 31, 32, 39, 40.
1854	40	32	8	5, 10, 20, 23, 24, 26, 31, 36.
1855	40	32	8	4, 8, 14, 21, 27, 29, 39, 40.
1856	40	36	4	9, 13, 18, 38.
1857	40	31	4	34, 36, 37, 40.
1858	40	38	2	3, 25.
1859	40	34	6	4, 9, 23, 36, 38, 32.
1860	40	34	6	9, 17, 18, 25, 27, 35.
1861	40	35	5	4, 11, 19, 26, 38.
1862	40	35	9	3, 5, 7, 19, 20, 25, 30, 34, 39.
1863	40	34	6	9, 13, 19, 23, 31, 38.
1864	40	30	10	4, 7, 8, 15, 16, 25, 27, 28, 29, 33.
1865	40	37	3	16, 23, 37.
1866	40	29	11	7, 12, 19, 21, 29, 30, 31, 33, 36, 37, 39.
1867	40	35	5	2, 8, 11, 17, 38.
1868	40	32	2	34, 38.
1869	40	38	15	1, 5, 6, 7, 11, 20, 23, 24, 26, 27, 28, 30, 31, 37, 39.
1870	40	35	5	5, 8, 16, 22, 36.
1871	40	29	11	14, 15, 16, 18, 26, 27, 28, 29, 30, 38, 40.
Lycées	40	38	12	3, 7, 8, 19, 20, 33, 26, 23, 34, 37, 38, 40.
En 25 ans.	975	802	173	La proportion est de 4,64 à 1.

tifs et plus puissants encore, les membres du clergé et de fervents catholiques qui, présents partout dans chaque quartier, ne manquaient pas de vanter le savoir des Frères et leurs succès, de recruter pour leurs classes les enfants les mieux élevés, les mieux doués et appartenant aux meilleures familles, de leur attacher les élèves pauvres mais studieux, par des secours multipliés en vêtements, en livres, en objets de toutes sortes, d'ajouter chaque année, dans leurs écoles, des prix à ceux que distribuait la Ville. On alléguait d'autres avantages qui dérivaient, pour les Frères, de leur situation même de religieux et qui font d'ailleurs la force de toute congrégation enseignante. Pauvres par devoir, et vivant en commun, ils pouvaient se contenter d'une allocation de 750 francs par instituteur, le tiers à peu près de ce qui était nécessaire à un maître laïque, pour lui et sa famille. C'est ce qui leur permettait de n'être jamais moins de trois pour diriger une même école; ils pouvaient ainsi répartir les élèves en plusieurs divisions, selon le degré d'instruction de chacun. Si, après de longs travaux, l'un d'eux affaibli par l'âge ou l'infirmité devenait moins capable, ses supérieurs le pouvaient transporter dans quelque petite école de province ou de l'étranger, facile à tenir, ou bien lui donner un emploi dans l'intérieur d'une des maisons de l'ordre et le remplacer instantanément dans la grande école de Paris par un maître jeune, habile et valide.

Rien de tout cela n'était praticable pour les instituteurs laïques; la Ville était tenue de leur donner un traitement à peu près suffisant, un peu plus de 2,000 francs en moyenne. Aussi, jusqu'en 1856, elle n'en avait qu'un par école, fut-elle composée de trois cents élèves. Si, d'ailleurs, ils venaient à subir les atteintes de l'âge et devenaient moins capables, l'humanité défendait de les révoquer. On ne pouvait, en effet, leur procurer ni une autre occupation, ni une retraite.

Toutes ces observations sur les causes de la prépondérance des écoles congréganistes dans les concours étaient plus ou moins fondées; mais il existait encore une autre explication aussi simple qu'évidente, c'était la supériorité de l'enseignement que donnaient les Frères. Leur méthode était la meilleure, et ils n'avaient négligé aucun moyen de la perfectionner. Ils n'avaient reculé ni devant un remaniement de leurs livres, ni devant quelques emprunts, très-restreints mais bien entendus, au mode mutuel. Ils faisaient moins d'appels qu'autrefois à la mémoire, et s'appliquaient à former le jugement des enfants. Chacune de leurs classes était divisée en deux ou trois sections, qui recevaient alternativement la leçon du maître, et qui continuaient ensuite à travailler sous la direction d'un répétiteur, pris parmi les élèves les plus instruits, et ordinairement dans la division supérieure. Les commençants, particulièrement pour la lecture, étaient répartis en petits groupes de huit ou dix; ils étudiaient leur leçon, avec l'intervention d'un moniteur et allaient ensuite la redire devant le maître qui approuvait ou redressait, obligeait à recommencer l'étude ou faisait passer plus avant, et agissait ainsi directement sur tous les élèves, avec le concours de quelques-uns d'entre eux. C'était, comme on le voit, un peu d'enseignement mutuel, mêlé à beaucoup d'enseignement simultané. Les frères trouvaient le principe de cette sage combinaison dans le livre *De la conduite des Écoles chrétiennes* écrit, en 1679, par leur Vénérable fondateur, l'abbé de la Salle, et ils le développaient un peu dans la pratique; ils arrivaient ainsi, à force de sagacité et de bon sens, au meilleur mode d'enseignement primaire que l'on connût.

Ils devaient, en grande partie, c'est justice de le dire, de tels résultats à la direction pleine de vigueur, de persévérance et de sagesse de leur supérieur, le vénérable frère Philippe qui, sans bruit, avec le conseil d'administrateurs aussi modestes qu'habiles, a plus fait pour l'instruction et la civilisation de la jeunesse française que n'ont demandé ou rêvé tant de réformateurs. Vivre en soumission avec les lois du pays, céder à la volonté de toutes les autorités établies, lorsqu'elles ne demandent rien de contraire à la conscience, ne point entreprendre au delà de leur humble mission, regarder les attaques comme des conseils, tirer parti du mal pour le bien, se montrer amis du peuple sans flatterie, pieux sans intolérance, courageux jusqu'à la mort en demeurant anonymes, voilà le grand secret de l'immense succès des Frères de la Doctrine chrétienne.

En 1850, le Comité central eut la sagesse d'imiter leurs méthodes, lorsqu'il s'aperçut de l'irrémédiable infériorité des écoles mutuelles, qui lui étaient si chères. Sur l'avis d'une commission, qui avait employé près de deux années à expérimenter contradictoirement les méthodes dans quatre écoles municipales, il s'exécuta : il décida en principe la substitution presque complète de l'enseignement simultané à l'enseignement mutuel, en ne conservant de ce dernier procédé que peu de chose, à peu près ce qu'en admettaient les Frères. Mais, comme un seul maître ne pouvait instruire de cette façon deux ou trois cents écoliers, on reconnut la nécessité de donner un maître-adjoint à chaque école laïque. Il devait être nommé, conformément à l'article 34 de la loi de 1833, par l'instituteur titulaire, avec l'agrément du recteur; on prévenait ainsi, autant que possible, les conflits au sein de l'école.

CHAPITRE III

Application à Paris de la loi de 1850 sur l'enseignement. — Comment on entend la liberté en France. — Impartialité effective de l'ancien Comité central et du nouveau Conseil académique. — Statistique de l'enseignement primaire à Paris, en 1852. — Ajournement des réformes dans les écoles de filles. — Insistance triomphante de mademoiselle Sauvan. — L'Orphéon.

Peu de temps après, le Comité central disparut devant la nouvelle loi sur l'instruction publique. Cette fois, le législateur n'avait pas méconnu la nécessité d'organiser d'une manière spéciale, pour Paris et pour le département de la Seine, les autorités qui devaient avoir, dans leurs attributions, la direction et la surveillance de l'enseignement primaire.

La loi du 15 mars 1850 avait pour objet de constituer la liberté de l'enseignement primaire et de l'enseignement secondaire, dans les conditions que j'ai dites.

En préparant cette partie de la loi nouvelle, M. de Parieu s'était inquiété des besoins particuliers de la ville de Paris, et il avait demandé au Préfet des propositions que je fus chargé de rédiger, que le Ministre et ensuite la Chambre approuvèrent et qui devinrent les articles 11 et 43 de la loi. L'article 11 organisait le Conseil académique de la Seine de manière : 1° à augmenter le nombre des membres qui devaient le composer, en raison de l'importance et du nombre des affaires qu'il aurait à traiter ; 2° à donner au Conseil municipal de Paris, au sein du Conseil académique, une part d'influence convenable, sans être prépondérante. Au lieu de quatre membres, que la loi chargeait le Conseil général de désigner, il y en avait six ; mais quatre des élus devaient faire partie du Conseil municipal. L'article 43 substituait, dans Paris, aux délégations cantonales, auxquelles la loi confiait ailleurs la surveillance de l'enseignement primaire, de petites assemblées de délégués du Conseil académique qui siégeaient auprès de chaque mairie d'arrondissement, avec le maire et des représentants de l'autorité religieuse, pour exercer à peu près les fonctions des anciens comités locaux.

Le Conseil académique de la Seine avait une plus grande importance que l'ancien Comité central, et par sa composition et par l'étendue de ses attributions, qui comprenaient une partie de l'instruction secondaire; mais il était loin de disposer d'un pouvoir égal, en ce qui concerne l'instruction primaire. Sans doute, il exerçait le droit d'inspection, de discipline, de blâme ou de récompense, de direction pédagogique sur les instituteurs et les écoles; mais, d'abord, il ne nommait pas les instituteurs, il se bornait à dresser chaque année une liste de candidatures, dans les limites de laquelle les choix devaient être faits; ensuite, il n'avait pas, comme le Comité central se confondant avec le Conseil municipal, le vote des fonds. La véritable répartition des pouvoirs et des responsabilités se trouvait rétablie.

L'un des premiers usages que fit le Préfet de la liberté d'action qui lui était rendue fut de mettre en œuvre avec vigueur les dernières volontés du Comité central expirant. La méthode d'enseignement devint, dans les écoles laïques, à peu près semblable à celle qui prévalait dans les écoles congréganistes. Le nom d'école mutuelle fut effacé désormais du budget, des comptes, des documents municipaux, du frontispice des établissements scolaires. Instituteurs laïques et Frères furent mis, plus complétement que jamais, sur le même pied dans la faveur de la Ville.

Ainsi se termina cette guerre des méthodes qui dura vingt ans, mais qui eut l'avantage d'allumer une généreuse émulation entre les instituteurs de l'enfance, d'intéresser jusqu'à l'amour-propre des administrateurs municipaux au développement rapide de l'enseignement populaire, de donner une immense impulsion à la congrégation des Frères de la Doctrine chrétienne et de fonder dans Paris la véritable liberté de l'instruction primaire.

A ce propos, en effet, je ne puis m'empêcher de faire une remarque qui peut servir à caractériser une fois de plus notre pays. Dans tout ce que je viens de raconter, voit-on quelque part une forte expansion de l'initiative individuelle, un fruit saisissable de la liberté de l'individu, ou un résultat considérable de l'esprit d'association? Nullement. Il semblait un moment, en 1815, qu'on allait emprunter chez nous à l'Angleterre cette source si féconde d'œuvres excellentes et que la Société pour l'instruction élémentaire, en serait un exemple éclatant. A lire les noms si honorables des premiers fondateurs, on pouvait espérer que, sous une telle excitation, des fonds considérables seraient promptement réunis, et que des écoles innombrables allaient naître sans la participation des corps constitués et des autorités publiques. Il n'en fut rien. La société enfanta trois ou quatre écoles qui, bientôt, furent adoptées ou subventionnées par la Ville. Quelques particuliers en ouvrirent à leurs frais quatre ou cinq, qui devinrent plus tard communales. Les sociétaires les plus zélés firent des livres, des discours, des articles de journaux; l'excellent M. Jomard prit la peine de faire la classe aux moniteurs dans l'école de la rue Saint-Jean-de-Beauvais, la première école mutuelle qui ait été fondée en France; le vénérable abbé Gauthier ne manqua pas, tant qu'il vécut, d'instruire, par une sorte de cours normal, tous les moniteurs de Paris; des prix furent fondés par la société de l'instruction élémentaire, pour être distribués chaque année dans l'école mutuelle de la Halle aux draps, et M. Boulay (de la Meurthe) présidait habituellement cette cérémonie.

Tous ces efforts convergèrent vers un seul but, celui de déterminer la Ville à adopter une méthode dans ses écoles, à ouvrir beaucoup de classes populaires, à y consacrer beaucoup d'argent et de soins. Tout le monde en France, pour le bien comme pour le mal, s'encadre dans le Gouvernement ou cherche à s'en emparer ; personne n'agit comme citoyen d'un État libre.

On trouve certainement, du côté des écoles simultanées, plus d'initiative féconde; seulement, elle part d'un corps constitué, le clergé, et des congrégations religieuses qui se meuvent dans le sein de l'Église. Là encore, c'est l'autorité établie qui agit beaucoup plus que la liberté. Il faut même dire, pour résumer exactement ce que je viens de raconter, que le principal effort des ministres du culte et des congrégations a été sans cesse de faire accepter leurs œuvres, leur système, leur procédé d'enseignement par l'administration des Hospices, par les bureaux de bienfaisance, par la Ville, enfin, de telle sorte que le plus grand nombre d'écoles communales fussent sous leur influence. J'ai vu, à plusieurs reprises, à la voix de Mgr Sibour, par exemple, les curés de Paris fonder des écoles paroissiales libres, au moyen de quêtes, de souscriptions, avec le concours de petites associations formées tout exprès. L'œuvre prospérait d'abord ; puis, malgré les sacrifices et les efforts du curé, la charité des paroissiens changeait d'objet et on finissait par solliciter ce qu'on appelle la *communalisation* de l'école, car il a fallu créer un mot exprès pour un fait si souvent répété.

Je n'ai garde de dire qu'il n'y ait point d'exceptions ; mais telle est la règle générale, et les partis les plus démocratiques n'y font point défaut, au contraire. En cette matière, comme en tout le reste, ce n'est point la liberté qu'ils demandent ; ce n'est point par la liberté qu'ils veulent réussir. Ils aspirent à mettre toute chose sous le pouvoir public, puis, à se saisir de ce pouvoir pour tout diriger à leur guise. Tel est, en particulier, le sens de leur dernière formule si connue : Instruction gratuite, laïque, obligatoire! En d'autres termes : que l'école soit ouverte gratis à toute la population de six à treize ans, aux dépens des communes, des départements et de l'État; que l'enseignement religieux en soit absolument banni; que tous les enfants soient tenus de s'y rendre, à l'exception de ceux qui seront assez riches pour se faire instruire à leurs frais! Les pauvres qui voudront avoir l'instruction religieuse, surtout dans les communes rurales, n'auront d'autre ressource que d'y consacrer, outre le dimanche, leur soirée, leur nuit, le temps de leur travail ou de leur repos au sein de la famille; mais point de catéchisme pour eux dans l'école! Qu'ils aillent se faire chrétiens ailleurs. Cette fois, il ne s'agit plus de recourir à l'autorité publique, comme les rivaux de méthodes, dont je racontais l'histoire, pour lui faire adopter un procédé d'enseignement, et lui faire payer les frais des classes mutuelles ou simultanées; il s'agit de l'employer tout entière pour opprimer la liberté d'autrui, et pour organiser une ingénieuse proscription.

Voilà comment l'on comprend la liberté de l'enseignement dans notre pays!

La Ville de Paris, sous le régime de la loi de 1833, comme sous celui de la loi de 1850, se garda scrupuleusement de toute mesure qui parût, je ne dirai pas oppressive, mais même partiale. Elle avait réalisé, pour le compte du public, et à son défaut, en fait d'instruction primaire, ce qu'on peut appeler la liberté à la française, c'est-à-dire qu'elle avait organisé administrativement la liberté du choix, pour tous les pères de famille, en instituant, à côté des écoles congréganistes et des écoles laïques, des écoles protestantes et des écoles israélites.

J'ajouterai que si, par impossible, une loi finissait par admettre, en règle générale, que l'instruction morale et religieuse cesse d'être obligatoire pour devenir facultative, ce serait alors pour l'Administration municipale le plus impérieux des devoirs, d'ouvrir, comme par le passé, des écoles de toutes sortes, congréganistes ou laïques, protestantes ou israélites, afin que chacun y trouvât facultativement la satisfaction de sa conscience, et que la base de la morale ne fût pas détruite dans les jeunes intelligences par la négligence des parents.

Plus les écoles municipales gratuites se mutiplieront, plus elles feront disparaître devant elles, par leur irrésistible concurrence, les écoles privées et payantes, plus la Municipalité sera tenue de satisfaire aux besoins des consciences religieuses.

En 1852, après que le Conseil académique, par un sage règlement, et l'administration de M. Berger, par des mesures efficaces, eurent exécuté, en ce qui concerne les méthodes, le testament réformateur du Comité central, la Ville comptait soixante-cinq écoles, jadis mutuelles, désormais désignées sous le titre d'écoles laïques parmi lesquelles trente et une de garçons, toutes pourvues de maîtres-adjoints, et trente-quatre de jeunes filles. Les instituteurs titulaires avaient un traitement de 1,800 fr. qui s'élevait à 2,400 fr. par des augmentations périodiques, au fur et à mesure des années de service ; les adjoints touchaient un minimum de 1,200 fr. ; les institutrices recevaient, par année, de 1,500 fr. à 2,100. Des suppléants et des suppléantes complétaient ce personnel. Les écoles, anciennement dites simultanées, dorénavant congréganistes, étaient au nombre de soixante : vingt-neuf pour les garçons, dirigées par cent huit frères, au traitement de 750 fr., et trente et une pour les filles, dirigées par quatre-vingt-dix Sœurs, aux appointements de 600 fr.

Ces cent vingt-cinq écoles recevaient plus de vingt-huit mille élèves ; un peu plus de la moitié se pressaient dans les écoles congréganistes[1]. Aux principaux de ces établissements, par-

---

[1] Ces chiffres sont extraits ou déduits des comptes de la ville de Paris.

ticulièrement aux écoles laïques, étaient annexées une trentaine de classes d'adultes, recevant le soir plus de cinq mille élèves. On accordait aux maîtres une indemnité annuelle de 10 fr. par élève.

Il faut ajouter à cette énumération trente-huit salles d'asile, recevant sept mille cinq cents enfants de deux à six ans, tenues chacune par une surveillante titulaire, une adjointe et une femme de service.

Ce que j'ai dit des écoles de garçons, à propos des méthodes d'enseignement, s'applique également aux écoles de filles. Seulement les réformes ne s'y accomplirent que plus lentement. Ici la comparaison des écoles laïques et des écoles congréganistes était tout à l'avantage des premières. Les bonnes sœurs de charité avaient toutes sortes de mérites ; mais elles ne se consacraient pas exclusivement à l'étude ; beaucoup d'œuvres de charité les occupaient à la fois et partageaient, comme aujourd'hui, leur attention et leur temps. Elles donnaient à coup sûr une éducation maternelle et chrétienne aux jeunes filles et leur apprenaient à coudre, ce qui est l'essentiel ; mais l'instruction péchait par plus d'un côté. Pour les institutrices laïques, l'école est l'unique préoccupation.

Deux autres causes contribuaient à faire ajourner en partie la transformation des écoles de filles. La première était l'économie, qu'il était facile d'invoquer lorsque le bon état de ces établissements scolaires pouvait fournir une réponse dilatoire à toutes les instances des réformateurs. La seconde était singulière, mais néanmoins fort puissante : c'était l'insinuante et inflexible volonté d'une femme, aussi originale que distinguée, mademoiselle Sauvan. Après de longues années consacrées déjà à la carrière de l'instruction, elle avait contribué avec éclat à fonder et à répandre l'enseignement mutuel en France ; puis, elle avait été adoptée comme inspectrice par la Ville. Elle écrivait à merveille et parlait de même.

Chargée depuis longtemps de l'inspection des écoles municipales, elle avait publié, sur l'éducation des filles, de petits livres dont le style élégant et maniéré, les traits emmiellés mais incisifs, les préceptes clairs, la morale parfaite, avaient obtenu l'estime générale, l'approbation de l'Université et les couronnes de l'Académie française [1].

La ville de Paris n'avait point d'école normale ; elle y suppléait par des cours réguliers qui s'ouvraient chaque année, et que pouvaient suivre les jeunes candidats des deux sexes, qui, étant déjà pourvus de leur brevet de capacité, se faisaient inscrire à l'Hôtel de ville comme aspirant aux fonctions d'instituteurs ou d'institutrices primaires à Paris. Ces concours avaient pour objet la pédagogie. On y enseignait, au temps du Comité central, la méthode mutuelle, si compliquée par les exercices, les marches, les contre-marches et la multitude des tableaux. Nul n'était appelé à diriger une classe qu'il n'eût suivi ces leçons spéciales. Deux personnes en étaient chargées : un homme de beaucoup d'intelligence et de dévouement, M. Sarrazin, inspecteur de la Ville, et l'inspectrice, mademoiselle Sauvan.

L'inspecteur se plia vite aux prescriptions qu'il reçut concernant les modifications apportées à la méthode ; l'inspectrice entreprit une résistance prolongée. Ses livres étaient faits ; elle se résignait difficilement à les voir rendus inutiles. Les prétextes pour résister ne lui manquaient pas ; des appuis, elle en avait en grand nombre. Beaucoup de dames du monde, de fort grand mérite, avaient été ses élèves. Qui, d'ailleurs, ne connaissait pas mademoiselle Sauvan de temps immémorial ? Toujours vieille de visage et jeune d'esprit, pleine de malice, sans y toucher, petite fée n'ayant

---

[1] *Manuel pour les écoles primaires communales de jeunes filles.* — *Cours normal des institutrices primaires, ou direction relative à l'éducation physique, morale et intellectuelle dans les écoles primaires,* par mademoiselle Sauvan.

point d'âge, dont la toilette et les manières semblaient d'un autre siècle, que redoutaient ses subordonnées, que personne n'aimait à contredire? Elle tint pied longtemps pour l'enseignement mutuel, qui ne fut que peu à peu modifié dans les écoles de filles.

Jusqu'au compte de 1858, on ne trouve pas mention d'institutrices adjointes et, au contraire, une dizaine de mille francs sont encore annuellement dépensés pour la rétribution des monitrices. Ce n'est guère qu'en 1859 ou 1860 qu'on voit apparaître les maîtresses adjointes, et que le montant des indemnités allouées aux monitrices s'amoindrit d'une manière notable.

Depuis 1835, date importante dans l'histoire de l'enseignement primaire à Paris, des cours de chant étaient professés dans toutes les écoles. On avait conçu le dessein de rendre musicien le peuple de Paris, à l'instar des populations italiennes ou germaniques, qui chantent facilement en partie et se plaisent à des exercices de ce genre. On s'imaginait qu'on moraliserait ainsi les apprentis et les ouvriers, qu'on les éloignerait du cabaret, en occupant agréablement leur temps de loisir, et que bientôt les bords de la Seine retentiraient d'accords harmonieux, qui feraient naître dans les âmes des sentiments de concorde et de fraternité. Il y avait de grandes difficultés à instituer l'enseignement du chant dans des écoles de trois ou quatre cents élèves, et, surtout, à y appliquer la méthode mutuelle selon le désir du Comité central. On proposa le problème à un des amis de Béranger, à Wilhem, musicien très-médiocre, mais qui avait le feu sacré comme professeur. Il se mit à l'étude avec acharnement, fit des tableaux très-bien conçus, un peu trop analytiques, c'est-à-dire détaillant trop les premiers éléments, mais bien clairs, bien faciles, et ayant le grand mérite de mettre les élèves en pleine pratique du chant, avant d'exiger d'eux l'étude entière de ce qu'on appelle les principes, étude peu intelligible et fastidieuse, lorsqu'elle demeure à l'état de grammaire et de théorie. La musique est un langage qu'on apprend comme l'autre, en le parlant.

Wilhem imagina, en outre, tout un système de réunions des élèves suffisamment préparés des diverses écoles, en les groupant d'abord par parties séparées, puis en formant des ensembles pour aboutir à l'exécution de chœurs sans accompagnement. C'est ce qu'il appela l'Orphéon. L'usage des instruments était absolument banni de ses classes : le maître ne devait employer que la voix et le diapason. Le plan soumis par Wilhem fut accueilli avec transport par le Comité central ; le 6 mars 1835, une délibération du Conseil municipal fit les fonds nécessaires pour l'introduction de l'enseignement du chant dans toutes les écoles, sous la direction de l'auteur de la nouvelle méthode. Il mourut quelques années après, en 1842, laissant son œuvre en pleine activité.

A la fin de 1852, on comptait; dans le service de l'instruction primaire, un directeur de l'Orphéon, un sous-directeur, une quarantaine de répétiteurs de chant, réduits ensuite à vingt-cinq, appointés sur un crédit de 40,000 fr. environ. Une commission supérieure, mi-partie de musiciens, presque tous membres de l'Institut et de conseillers municipaux, ou de fonctionnaires de la Ville, surveillait cet enseignement spécial. Il était encore fort à la mode dans la jeunesse des écoles municipales ; il prit un plus grand essor, quelques années après, et les séances publiques de l'Orphéon furent souvent très-brillantes. Je demande toutefois si les fruits qu'a produits cet enseignement ont répondu à toutes les espérances de ceux qui l'ont fondé et soutenu, et si l'Orphéon n'a pas fourni plus de recrues aux théâtres et aux cafés-concerts, qu'il n'a enlevé de consommateurs aux cabarets. La somme d'efforts et d'argent qui a été consacrée au chant choral étant appliquée, dès l'origine, à l'étude du dessin ou à celle des langues vivantes, dans les classes primaires, eût donné, peut-être, de plus utiles résultats.

En ajoutant à ces divers chefs de dépenses celles qui avaient pour objet l'enseignement primaire supérieur, les salles d'asile, les ouvroirs, les subventions aux écoles de dessin, etc., le budget de l'instruction primaire en 1852 était de 1,350,000 fr.

CHAPITRE IV

Troubles dans Paris. — Histoire des arbres de la liberté. — Les arbres de MM. Marrast, Louis Blanc, Caussidière. — Suppression. — Élections politiques.

Mais il convient de revenir aux autres faits qui concernent la ville de Paris, et qui ont rempli les années 1850 et 1851. L'armée insurrectionnelle, quoique décimée en juin 1848, était toujours prête à se relever pour prendre une revanche. Ce qui décourage les partis violents, ce n'est ni le sang versé, ni la rigueur des châtiments ; c'est le sentiment qu'ils prennent de leur impuissance, en présence d'un pouvoir ferme et durable, appuyé sur l'union des classes conservatrices de la société. Nous avions bien tort, au milieu du règne de Louis-Philippe, de tourner à mal cette pensée de M. Guizot, qu'une compression salutaire, résultant de l'égale sévérité des lois et de l'énergie persévérante d'une autorité incontestée, peut seule maintenir l'ordre comme la pression de l'atmosphère contribue à tenir chaque chose à sa place. La lutte sans cesse renaissante des pouvoirs publics, en 1850, entretenait l'espoir des agitateurs et les empêchait de licencier leurs bandes. Ils croyaient d'ailleurs utile de perpétuer l'état de troubles jusqu'au moment marqué par la Constitution même et qui s'approchait, où le renouvellement presque simultané de tous les pouvoirs publics leur ménagerait une nouvelle chance de révolutionner le pays. Aucune occasion d'agitation n'était donc négligée. Une mesure de police, prise dans les premiers jours de février, au sujet des arbres de la Liberté, servit de prétexte à l'émeute.

Deux ans auparavant, à la fin de mars 1848, les populations ouvrières de Lyon, de Paris et d'autres villes avaient été saisies tout à coup d'une grande passion pour la plantation d'arbres de la Liberté. C'était le moment où la portion radicale du Gouvernement provisoire venait d'obtenir une grande victoire, en amenant le Gouvernement à décréter, bon gré mal gré, l'ajournement des élections. Il s'agissait de profiter du délai pour intimider les conservateurs, pour les éloigner du scrutin, par une sorte de terreur, pour entraîner la foule, en l'enivrant de bruit et de tumulte, et pour arracher, s'il se pouvait, à la France des élections démagogiques. Dans Paris, les promenades des corps de métiers vers l'Hôtel de ville, les députations, les manifestations se multiplièrent au delà de toute mesure ; les clubs s'ouvrirent de toutes parts et retentirent de déclamations furibondes. La place publique se remplit incessamment de planteurs d'arbres commémoratifs.

Ce fut le grand atelier national réuni au Champ de Mars qui donna le signal des plantations. Un groupe d'ouvriers alla déraciner un des gros arbres d'une avenue latérale et le transporta tout orné de drapeaux et de banderoles au milieu du champ de manœuvres. Mais le trou qu'ils creusèrent ne fut pas assez profond ; l'arbre tomba et brisa la jambe d'un des maladroits planteurs. Il fallut recommencer. On fit cette fois une fosse plus convenable ; on alla chercher le maire de Grenelle et le curé à qui on demanda de faire la bénédiction de l'arbre. Tous deux s'y rendirent ; le curé jeta l'eau bénite, dit quelques paroles ; on lui fit crier : Vive la République !

L'armée des ateliers nationaux était une grande force populaire toute constituée, dont chacun se disputait la direction. Il y eut émulation, pour imiter l'exemple qu'elle venait de donner, entre M. Marrast, qui gouvernait la Mairie de Paris à l'Hôtel de ville, et M. Louis Blanc, qui tenait, au Luxembourg, les assises de l'organisation du travail.

M. Marrast prit les devants : il fit une proclamation, avec ses deux adjoints, MM. Recurt, Buchez et le secrétaire général, M. Flottard ; il se fit demander, par une des nombreuses députations qui affluaient à l'Hôtel de ville, la plantation d'un arbre ; il s'entoura de Garde mobile et de Garde nationale ; il appela le concours du curé de Saint-Gervais et de son clergé, et fit dresser solennellement un peuplier sur la place de Grève, au point à peu près où l'on élevait jadis la guillotine, et où les quatre sergents de la Rochelle avaient été exécutés en 1822. Tout prétexte est bon pour ces sortes de démonstrations.

Le lendemain, le 25 mars, M. Louis Blanc prit sa revanche. En plein Luxembourg, dans le jardin, en face du Palais, entouré des délégations des ouvriers, de pelotons de Garde mobile et de Garde nationale, avec M. le curé de Saint-Sulpice, qui vint précédé du suisse, de la croix et d'une partie de son clergé, M. Louis Blanc planta un peuplier beaucoup plus haut que celui de M. Marrast [1] ; on lui présenta une pioche pour creuser la fosse, en lui donnant le titre de premier ouvrier de France, titre que, modestement, il n'accepta qu'à demi.

Le même jour d'autres arbres, devenus mémorables, furent plantés dans la rue Royale Saint-Martin et dans le carré de ce nom. Le curé de Saint-Nicolas des Champs [2] fit la bénédiction. Deux jours après, le Préfet de Police, M. Caussidière, célébra aussi sa cérémonie ; il eut le concours du clergé de Notre-Dame, et fit une petite allocution qu'il termina par cette phrase d'un prix infini dans sa bouche : « Oui, dit-il, » l'esprit de Dieu est descendu parmi nous ; vous saurez le » garder toujours, et la République universelle naîtra de vos » efforts fraternels. » On ne peut pas dire que les démo-

---

[1] Les journaux du temps disent qu'il mesurait au moins dix mètres.
[2] M. l'abbé Frasey, doyen des curés de Paris.

crates, successeurs de M. Caussidière, aient gardé toujours l'esprit de Dieu ; car aujourd'hui c'est l'athéisme qu'ils professent, et c'est sur la suppression de toute religion qu'ils fondent en partie l'espoir de la République universelle. Mais, n'était-il pas curieux de voir les coryphées de 1848 invoquer tout à coup l'assistance de Dieu, se faire une arme de la complaisance d'une partie du clergé, et exiger, au pied des arbres de la Liberté, la bénédiction de ces prêtres que leurs adeptes et les héritiers de leurs doctrines devaient plus tard égorger ?

Quoi qu'il en soit, les plantations d'arbres se multiplièrent : on en mit au milieu des rues, au bas des ponts, dans les places publiques, à la porte des monuments [1]. Des bandes avinées firent des quêtes dans le voisinage, la menace à la bouche ; on tira des pétards et des coups de fusil ; on imposa des illuminations en criant : Des lampions ! sur le rhythme du rappel. Place Saint-Georges, par exemple, une foule de gens se présentèrent chez M. Thiers qui, averti à temps, s'était absenté. Madame Dosne, femme dévouée et courageuse, donna un de ses peupliers, le moins beau, en représentant aux planteurs qu'étant plus jeune, il reverdirait plus aisément. Elle ajouta quelque argent, dont on se servit pour boire, et le tapage dura fort avant dans la soirée sur la place Saint-Georges.

Ces plantations bruyantes et désordonnées témoignaient bien de l'esprit révolutionnaire ! En février, on avait abattu, sous prétexte de barricades, mais, en réalité, presque partout, pour le plaisir de détruire ou pour faire, sans frais, du bois à brûler, plus de quatre mille arbres [2], alignés sur les boule-

---

[1] A l'angle de la rue Duphot et de la rue Richepanse, rue de Château-Landon, place Notre-Dame de Lorette, place Saint-Eustache, place Dauphine, place du Châtelet, place Saint-Georges, place des Petits-Pères, place Lafayette, ronds-points des barrières, rue Bréda, île Saint-Louis, place de la Bourse, place Saint-Germain l'Auxerrois, cour de l'Opéra, gare du Nord, quai Voltaire au bas du Pont-Royal, jardin du Palais-Royal, place de l'Odéon, etc.
[2] 4013.

vards, sur les quais, le long de quelques grandes voies publiques, et dont les régimes antérieurs, et principalement le Préfet, M. de Rambuteau, avaient pris soin d'orner la Ville. Au lieu de ces ombrages, régulièrement distribués, la Révolution érigeait çà et là une centaine de pauvres arbres, transplantés sans soin, destinés pour la plupart à mourir avant le printemps, gênant presque partout la voie publique, coupant d'une manière disgracieuse la façade des monuments; le tout pour complaire à une foule imbécile ou pour donner occasion à des scènes d'ivresse et de tapage nocturne.

C'est dans de telles circonstances que furent plantés les arbres de la Liberté. Voici maintenant comment ils disparurent. En 1850, le Préfet de Police, M. Carlier, ordonna de déblayer la voie publique de ceux de ces arbres qui n'étaient que du bois mort et qui entravaient la circulation. Il n'en fallut pas davantage pour donner lieu à des rassemblements et à des tentatives d'émeute. Ce fut l'arbre de la rue Royale Saint-Martin qui eut les préférences. Cela se comprend à merveille. Il était situé aux abords du point stratégique favori de toutes les insurrections, le Conservatoire des arts et métiers.

Entre le Conservatoire et l'église Saint-Nicolas des Champs, sur la rue Saint-Martin, s'ouvrait une sorte de petite place qui portait le nom de Royale Saint-Martin, parce que l'étroite rue de ce nom partait du fond de cette place et allait aboutir au Carré, sur lequel s'élevait jadis le vieux marché Saint-Martin. Les deux places avaient reçu chacune un arbre. Sur le Carré, la résistance fut vive contre les agents chargés d'enlever le symbole révolutionnaire; et, après des clameurs, des collisions, des arrestations, une foule considérable s'amassa sur les boulevards voisins et dans toutes les rues jusqu'à la rue Transnonain. Sur la petite place Royale, un amas de pavés avait été placé dès le matin au pied de l'arbre pour servir à la réparation de la voie publique. On y vit la menace du renversement du peuplier sacré, et du pavage de l'endroit qu'il occupait.

Un groupe de gens irrités s'était formé tout autour; des sergents de ville ayant voulu rétablir la circulation furent assaillis par des ouvriers armés de marteaux de forge et de bêches; huit agents furent blessés; un d'eux fit usage de son épée et tua un des assaillants. L'agitation, naturellement, n'en fut que plus violente; il fallut recourir à la troupe pour déblayer la voie publique. Le lendemain, de nouveaux rassemblements encombraient le boulevard Saint-Martin; le général de Lamoricière qui, en simple passant, traversait la chaussée en voiture, fut reconnu, maltraité, traîné au pied d'un arbre, sommé, avec d'horribles menaces, de crier : *Vive la République démocratique et sociale!* et sauvé seulement par l'intervention de quelques courageux citoyens. Le procureur de la République, M. Victor Foucher, fut aussi, pendant quelques instants, prisonnier de l'émeute, au milieu de laquelle il reconnut des transportés de juin, des repris de justice, dont plusieurs venaient d'être graciés sur sa proposition. Deux de ces derniers, moins ingrats que les autres, l'entraînèrent dans une maison particulière et le mirent à l'abri.

Cependant l'autorité publique ne fléchit point : tous les arbres morts ou gênant la voie publique, ou ayant servi de prétexte à des désordres, à des manifestations séditieuses, furent abattus. Le reste disparut peu à peu.

L'agitation n'était pas seulement dans la rue. Des élections partielles devaient avoir lieu pour remplacer, dans seize départements, trente et un représentants qui, en novembre 1849, avaient été condamnés, soit contradictoirement, soit par contumace, à la déportation, après la tentative de guerre civile du 13 juin 1849, qui s'était terminée précisément au Conservatoire des arts et métiers. Le département de la Seine avait pour son compte trois députés à remplacer [1]; et, sous prétexte de réunions électorales, les clubs étaient rouverts. On y tenait, comme d'usage, les discours les plus incendiaires. Un rapprochement s'était fait pour le vote, malgré des récriminations et des injures mutuelles, entre les anciens républicains modérés, dits républicains de la veille, et le parti radical et socialiste. Les candidats choisis par un comité central, ou conclave démocratique, comme il s'intitulait lui-même, étaient, pour le département de la Seine, M. Carnot, ancien ministre du Gouvernement provisoire, M. Vidal, écrivain socialiste, M. de Flotte, qui avait été transporté en juin 1848. Ces candidatures représentaient, avec une nuance générale de socialisme, les trois principales catégories des ennemis du Gouvernement, les politiques, les théoriciens, les hommes d'action. A cette liste, les comités des hommes d'ordre formant l'*Union électorale*, opposaient M. de Lahitte, M. Bonjean, qui avait dès lors acquis une juste renommée de savoir et de talent, et M. F. Foy, porteur d'un nom cher à l'ancienne opposition libérale.

L'élection eut lieu le 10 mars et donna les résultats suivants : sur 355,509 électeurs inscrits et sur 260,198 votants, M. Carnot obtint 132,797 voix, M. Vidal, 128,439, M. de Flotte, 126,932. Les Républicains dits de la veille, avaient voté pour M. Carnot, mais six mille environ d'entre eux n'avaient pu se résoudre à donner leurs suffrages à M. de Flotte. Nonobstant, la liste républicaine-socialiste passait tout entière. Les trois candidats de l'ordre ne venaient qu'à la suite : M. Foy avec 125,645 voix, M. de Lahitte avec 125,478 et M. Bonjean avec 124,347. La lutte sociale n'en fut que plus ardente, et les vainqueurs du jour s'attachèrent à entretenir l'animation. M. Vidal, ayant été élu en même temps dans la Seine et le Bas-Rhin, opta pour ce dernier département. Les clubs se rouvrirent à Paris; la violence du

---

[1] MM. Considérant, Rattier et Boichot.

langage qu'on y avait tenu précédemment fut dépassée ; la multitude, échauffée par les agitateurs, insulta jusqu'au Président de la République sur son passage, au milieu du faubourg Saint-Antoine. Dans les rues, dans la presse, dans l'Assemblée législative, l'ordre et la société étaient menacés, comme si leur défaite était prochaine.

Pour la nouvelle élection, les républicains et les socialistes coalisés avaient fait choix de M. Eugène Sue, romancier, qui avait mis son remarquable talent de conteur au service des idées communistes, mais dont les thèses, politiques ou sociales, ne pouvaient supporter un examen sérieux, et dont les habitudes semblaient trancher singulièrement avec ses prétentions démocratiques. A tout prendre, cependant, il était peut-être le vrai candidat des adversaires de la société. Adorateur, dès l'enfance, de la paresse et du plaisir, il avait traversé les classes du collége sans rien perdre de l'indiscipline de son imagination, et de l'audace de son faible savoir. Plus tard, lorsque, enivré du succès de ses premiers récits, il entreprit de donner un but à ses inventions, et une pensée à ses peintures, il ne sut que flatter les passions du moment, aiguillonner l'envie du pauvre envers le riche, s'efforcer de détruire tout ce qui est un frein, allumer les appétits charnels. La philosophie qui l'inspirait semblait avoir fréquenté encore moins l'école que l'étable d'Épicure. Il se faisait, d'ailleurs, un assez gros revenu de ses écrits, et le dépensait selon ses goûts. Comment n'aurait-il pas été pris pour précepteur par la masse des ignorants, des envieux, des gens avides de jouissances facilement obtenues ?

Il fut élu le 28 avril. L'union électorale, qui ne représentait guère que la division habituelle des conservateurs, ne lui avait opposé que la candidature d'un commerçant honnête, courageux, mais fort obscur, M. Leclerc. Sur 324,369 électeurs inscrits et sur 248,329 suffrages comptés, M. Eugène Sue avait obtenu 127,812 voix contre 119,726 données à M. Leclerc. L'armée même de Paris avait voté à une faible majorité pour M. Eugène Sue.

Les élections des autres départements étaient loin de compenser les deux échecs successifs que le parti de l'ordre venait d'éprouver dans la Seine. Le découragement fut extrême : les fonds publics baissèrent ; le prix de l'or s'accrut ; les étrangers désertèrent Paris ; on s'en prit au suffrage universel, qui, après des épreuves répétées, donnait des résultats si désespérants. Les diverses sections du parti de l'ordre, dans l'Assemblée législative, se réunirent pour préparer une nouvelle loi, dans le dessein de remanier les éléments du corps électoral, de le corriger, de le réduire notablement : ce fut la fameuse loi du 31 mai. Les chefs de la majorité demandèrent pour ce travail le concours du Gouvernement.

CHAPITRE V

Le suffrage universel, ses vices, sa puissance. — La loi du 31 mai. — Difficultés de l'appliquer à Paris. — L'état des imposables non-imposés n'existait pas. — Répartiteurs fonctionnaires. — Expédients. — Statistique électorale. — La loi du 31 mai était contraire à la Constitution. — Le Préfet démontre qu'elle avait été loyalement exécutée. — Nombre des locaux, des habitants aisés, malaisés, pauvres. — Comment la loi aurait dû être conçue.

Du suffrage universel on a dit trop de bien et trop de mal. C'est le droit de vote reconnu à tous les hommes d'une nation, ayant atteint un âge déterminé, vingt et un ans, par exemple, pour désigner à la pluralité des voix, un chef d'État, des députés, des conseillers locaux, de hauts fonctionnaires, ou pour prononcer souverainement, également à la majorité, sur certaines grandes questions concernant l'État.

Il y a toujours quelque chose de convenu et de restreint dans le suffrage universel, si universel qu'on le suppose. En France, où il a été le plus absolu, il ne s'est étendu qu'à neuf ou dix millions, sur trente-six ou quarante millions d'habitants, c'est-à-dire au quart de la population, aucun législateur n'ayant encore imaginé d'appeler au vote les jeunes gens au-dessous de vingt et un ans, ou les enfants, ou même les femmes, quoique les femmes composent à elles seules plus de la moitié de la nation, et qu'elles soient fort intéressées dans la confection des lois et dans la gestion des affaires publiques. Le droit du plus fort a donc prévalu, ou, si l'on veut, le bon sens, cantonné dans ses derniers retranchements, lequel a interdit, jusqu'à présent, de confier l'influence prépondérante sur le gouvernement au sexe le plus faible et le plus passionné, et aux enfants qui ne paraissent pas encore en état de se guider dans la vie.

Même dans ces limites, peut-on dire que les décisions du suffrage universel doivent être probablement dictées par le savoir, par la raison, par la vertu? En aucune sorte. La haute vertu, la sagesse fondée sur l'expérience, la science consommée, qui devraient inspirer la direction des affaires communes, sont évidemment l'apanage d'un très-petit nombre de personnes, et non de la foule. Ce qui domine dans les mouvements du suffrage universel, c'est, au contraire, ce qui appartient à tout le monde, les instincts de la nature humaine, bons et mauvais, conservateurs et destructeurs; les passions éveillées à un moment donné, ou l'indifférence habituelle pour les choses du gouvernement.

On y trouve encore la collection des petits intérêts égoïstes, par instants, un entraînement généreux et patriotique, mais, ordinairement, des envies, des engouements, des haines.

J'ai souvent songé à ce que le suffrage universel a de mobile et de borné, en considérant la foule dans un jour d'enthousiasme, d'emportement, de fête nationale : voyez quelles apothéoses, et quelles cruautés, soit que l'on porte aux nues le favori du jour, soit que l'on fasse une victime. Regardez comment se comportent entre eux ces hommes rassemblés, en un jour de réjouissances, sur la place publique : si les uns veulent marcher dans un sens et les autres dans un sens contraire, et s'il se forme deux ou plusieurs courants, on se presse, on crie, on s'écrase ; plus il y a de désastres sur un point, plus on s'y précipite. Il suffirait que chacun restât quelque temps immobile pour faire cesser le péril ; mais le très-petit nombre a le bon sens de le penser et le courage de l'essayer. Ceux-là sont emportés par la masse, et périssent les premiers pour leur tentative de résistance à un stupide entraînement. Lorsque le mal est au comble, que les enfants et les femmes ont été étouffés, ou broyés, sous les pieds des hommes effarés, et qu'on a laissé sur place un monceau de morts et des blessés, on se demande comment s'est produite la panique, comment on a été assez insensé pour y céder. On va répétant que la foule émue devient idiote et féroce ; on jure de ne plus s'y abandonner. Cependant, au milieu du désordre, les voleurs ont fait leur main. Telle est l'image des affolements du suffrage universel, à moins que, dans un moment donné, un sentiment vraiment national et profond, une aversion, une prédilection commune, ne le pousse tout entier dans une direction unique, ou qu'il ne se discipline sous la main d'un chef puissant et incontesté.

De l'expérience qu'on en avait faite à Paris, ressortaient des objections plus précises. Il était impossible, disait-on, de dresser dans cette ville des listes électorales complètes et véridiques. Lorsque arrivait, chaque année, le jour de la révision de ces listes, c'est-à-dire : 1° de la radiation des électeurs décédés, devenus incapables, ou disparus pour une cause quelconque de l'arrondissement qu'ils habitaient ; 2° de l'inscription des citoyens nouvellement domiciliés dans la circonscription, les maires rencontraient d'invincibles difficultés. Ils échangeaient bien, entre eux, des extraits de leurs listes ; ils interrogeaient la notoriété, le registre courant des décès, l'état des condamnations prononcées à l'égard des natifs et des habitants de Paris ; mais, ils n'étaient encore que très-incomplétement informés des mutations à faire. Deux moyens restaient à leur disposition : d'abord, opérer, par des agents spéciaux, un recensement à domicile, pour s'assurer des déménagements, des disparitions, des immigrations, des établissements nouveaux ; ensuite, provoquer les citoyens eux-mêmes à donner à la mairie tous les renseignements nécessaires.

Des agents spéciaux ! Il en fallait un assez grand nombre pour explorer, dans le court délai légal, un arrondissement populeux, renfermant, par exemple, de vingt à trente mille électeurs, de soixante-dix mille à cent dix mille habitants.

Les candidats ne manquaient pas pour cette mission temporaire et convenablement rétribuée. Mais quelle confiance pouvait-on avoir en leur travail? Lorsqu'un d'eux se présentait dans une de ces maisons qui ressemblent à des casernes, à des ruches ouvrières, tout le monde était absent pour les travaux du jour; on refusait de recevoir l'employé, ordinairement soupçonné d'appartenir à la police. Il fallait qu'il s'en rapportât nécessairement au portier ou au maître de garni; les 21,000 portiers, les 5,000 logeurs de la ville devenaient alors de grands électeurs et donnaient des informations à leur guise.

Ceux qui n'avaient point de scrupules, faisaient maintenir sur la liste, des ouvriers qui avaient changé depuis longtemps de domicile, afin que leurs cartes, réclamées avec soin au moment des élections, pussent servir pour voter deux fois à quelques zélés patriotes. Ils provoquaient la radiation de personnes vraiment domiciliées, pour dépouiller du droit de suffrage d'honnêtes conservateurs, ou pour satisfaire des animosités privées. Voilà quelques-unes des erreurs auxquelles était exposé l'agent fidèle. Qu'était-ce donc des affirmations produites par l'agent paresseux, qui allait dans quelque café ou cabaret, remplir ses fiches selon son caprice, pour s'éviter la peine des visites domiciliaires, ou par l'agent passionné qui attestait systématiquement la présence de ses coreligionnaires politiques, et le départ des adversaires présumés de son opinion!

Si les citoyens venaient justifier eux-mêmes de leur droit, c'étaient d'autres difficultés : comment constater leur identité? comment s'assurer que les déclarations de domicile qu'ils produisaient ne provenaient pas de quelque complaisance coupable, de la part de propriétaires ou de témoins disposés, pour l'avantage de leur parti politique, à tromper les maires, les commissaires de police et les juges de paix? Comment avoir la certitude que les certificats de libération, les extraits de naissance, n'avaient pas déjà servi à d'autres, et n'étaient pas empruntés pour le besoin ? Comment vérifier si le réclamant n'était pas un repris de justice déguisé sous un faux nom, ou bien si, n'étant point né à Paris et n'y ayant pas subi de condamnations, il n'avait pas ailleurs quelque fâcheux dossier judiciaire ? Lorsqu'il s'agit d'individus perdus dans cette foule mobile qui afflue à Paris, et s'en retire après un séjour de peu de mois ou de peu d'années, qui roule d'arrondissement en arrondissement, de l'enceinte municipale à la banlieue, vivant au jour le jour, étrangère à tout établissement sérieux, à toute charge civique [1], la justice elle-même a souvent de la peine à s'y reconnaître ; comment veut-on que les magistrats municipaux n'y soient pas souvent trompés ?

Sans doute la loi fournit, à la rigueur, des moyens de vérification. Si le soupçon s'élève sur un électeur en particulier, on peut, par une enquête, par une correspondance bien suivie, remonter à la vérité et faire punir celui qui l'a déguisée. Mais le nombre des mutations de domicile qui motiveraient de telles recherches est trop considérable, surtout dans les arrondissements très-peuplés, et les délais légaux sont trop brefs pour qu'on puisse tenir au courant un pareil contrôle. L'année ne suffirait pas à la révision de la liste, et les clameurs que pousseraient les électeurs ajournés et leurs amis politiques feraient bien vite reculer le maire le plus résolu. A Paris, les listes du suffrage universel ne méritaient donc qu'une très-médiocre confiance [2].

Dès le temps d'Henri III, l'envoyé d'un Gouvernement

---

[1] Ceux que plus tard M. Haussmann, avec ma complicité, appelait des *nomades*.

[2] Dans les votes plébiscitaires qui eurent lieu plus tard, ces irrégularités et ces inscriptions erronées n'eurent point de conséquences. La France entière fonctionnait comme un seul collége, et l'immense majorité qui se produisit ne laissa aucune influence appréciable à la faible minorité des faux électeurs de quelques grandes villes. Mais, dans les élections locales, il pouvait en être autrement.

italien, accrédité auprès de ce prince, écrivait dans une lettre d'observations sur Paris : « Il est impossible de s'assurer du nombre des habitants de cette ville, non-seulement à cause des étrangers qui vont et viennent, mais encore, parce que les habitants (j'entends le bas peuple) déménagent tous les trois mois, en sorte qu'on ne peut tenir aucun registre un peu régulier [1] ».

Il était, d'ailleurs, facile de décomposer les éléments du suffrage universel dans Paris, et d'y trouver la preuve d'une influence exagérée, assurée aux citoyens qui sont faiblement attachés au sol municipal ; à ceux qui, étant affranchis des principales charges communes participaient plus que les autres aux immunités et aux secours publics ; à ceux qui, jeunes et dégagés de la famille, pouvaient, sans tenir compte de l'expérience acquise, précipiter l'État dans les nouveautés périlleuses. A ce dernier point de vue, le recensement général de la population, dont le retour périodique était très-prochain [2] allait fournir une curieuse démonstration. Voici comment s'y trouvèrent classés, d'après leur âge, les 532,313 individus, du sexe masculin, recensés en 1851 :

De la naissance à 20 ans.	148,444
De 21 à 36 ans.	196,740
De 37 ans et au-dessus.	187,129
Total égal.	532,313

Ainsi, sauf les incapacités légales et la négligence des citoyens à se faire inscrire, il y aurait eu à Paris, 384,000 électeurs, dont 197,000 de 21 à 36 ans, et 187,000 seulement, de 37 et au-dessus. La majorité aurait donc appartenu aux jeunes hommes au-dessous de 36 ans. Or, parmi eux, il n'y avait pas moins de 120,000 célibataires, les trois

[1] Lippomano.
[2] En 1851.

cinquièmes environ, qui évidemment pouvaient faire pencher le plus souvent la balance. Parmi les électeurs inscrits effectivement au nombre de 324,000 en 1848, de 254,000 en 1849, de 250,000 puis de 225,000 au commencement de 1850, la proportion devait être la même.

Cependant, chez les peuples sages, l'influence sur la chose publique est naturellement dévolue aux pères de famille, à ceux qui ont blanchi dans les labeurs et les souffrances de la vie, qui ont la connaissance des hommes et des faits, l'esprit d'épargne et de conservation, l'habitude de l'autorité, la maturité du caractère et de l'intelligence, le plus grand intérêt à bien choisir les représentants appelés à disposer de la fortune du pays et de ses destinées.

Voilà les principales objections qui s'élevaient contre le suffrage universel. Quelles raisons militaient en sa faveur?

Ce n'était pas son origine révolutionnaire. Les usurpateurs de 1848 l'avaient institué, en premier lieu, pour ne point laisser à d'autres la possibilité de chercher, dans une plus grande extension du droit électoral, un prétexte et une arme; en second lieu, pour assurer, ils l'espéraient du moins, à leurs personnes et à leur République, d'innombrables et fidèles partisans. Une telle origine aurait déconsidéré bien plutôt cette institution. Ce qui la recommandait, c'est, au contraire que, dès l'abord, le suffrage universel s'était tourné contre ses inventeurs : après avoir nommé, sous l'influence d'un effroi salutaire, une Chambre qui semblait être en majorité réactionnaire, il avait choisi, porté, poussé en avant, avec une singulière persistance, le prince héritier du nom de Napoléon, en lui donnant la mission tacite, mais évidente, de délivrer le pays de la République, et de restaurer l'Empire. Paris même et les autres communes du département de la Seine choisissaient Louis-Napoléon par 198,484 voix sur 341,829 votants, au moment où la France entière le portait au pouvoir par cinq millions et demi de votes.

Ces premières manifestations du suffrage universel firent sa fortune. Il se trouvait, par une heureuse circonstance, que ce qu'il avait à faire au début, c'était précisément la seule chose à laquelle il fut véritablement apte : je veux dire l'indication, puis le choix d'un gouvernement. Dans un pays, comme le nôtre, qui, depuis près d'un demi-siècle, a changé tant de fois ses gouvernants, il ne suffit pas de se mettre au pouvoir pour s'y établir. La puissance du fait, avec plus ou moins de prescription, est grandement diminuée, par l'inconsistance, déjà expérimentée, des établissements qui paraissaient les plus solides. Tous les titres invoqués, l'ancienneté séculaire, la désignation d'une Chambre, la proclamation d'une multitude ameutée, le tacite assentiment de Paris et des départements, la possession actuelle, rien n'a servi ; tout a été contesté, dénié, rendu inefficace. On a cherché alors une base nouvelle et inébranlable de droit, pour le gouvernement ; ou, plutôt, cette base, cette assiette du pouvoir moderne en France, s'est comme présentée d'elle-même, dans le suffrage universel, si imparfait qu'il fût d'ailleurs. Que peut-on en effet opposer de plausible, en pareil cas, au vote formel et direct de la majorité des hommes qui composent la Nation ? A qui peut-on appeler de cette sentence ? N'est-ce pas le verdict par excellence, le suprême salut, le dernier effort et le dernier mot d'un peuple qu'on a mis, par surprise, en révolution, et qui cherche une issue pour en sortir ? C'est la Nation, sans règle et sans guide, livrée à tous les vents comme les flots ; mais c'est la Nation, et, une fois à la mer, on n'a pas d'autre point d'appui.

Il est bien vrai que, même en pareil cas, rien n'assure l'infaillibilité du grand nombre ; le résultat du vote peut accroître encore le péril public en légalisant les causes de désordre. Le mieux certainement, pour un peuple, est de n'avoir pas besoin de se départager ainsi, et d'être en possession d'un gouvernement établi que personne ne songe à discuter. Mais que faire contre la force des choses? Toute autorité qui essayera de se fonder en France prétendra toujours avoir pour elle le suffrage universel, indirect, par l'intermédiaire d'une Chambre, tacite ou corrigé, alors même qu'elle aura essayé de se soustraire à sa sanction. Il est plus franc et plus sûr d'y avoir directement recours [1].

D'ailleurs, on peut dire que, pour cette question si importante, mais en même temps si simple, du choix sommaire d'une forme de gouvernement, ou de la personne d'un chef d'État, tous les citoyens ont des lumières et une impartialité suffisantes. Chacun d'eux y est intéressé d'une manière générale, mais aucun ou presque aucun n'y est personnellement en jeu.

Ainsi, les motifs de confiance qu'on pouvait avoir dans le suffrage universel étaient de premier ordre ; ils pesaient naturellement d'un grand poids sur l'esprit du Président et sur celui de beaucoup de ses amis. Si l'autorité suprême devait être affermie entre ses mains, ce ne pouvait être que par le même suffrage populaire, qui la lui avait conférée.

Cependant, comment méconnaître le péril des dernières élections parlementaires? Quels soubresauts et quelles contradictions! Ce même peuple, qui avait créé le nouveau pouvoir, semblait vouloir le paralyser en détail. L'élection du 10 décembre avait commencé à clore une révolution ; les élections partielles de mars et d'avril 1850 en préparaient une nouvelle. Par le premier vote, la république de février et de juin avait succombé ; par le second, elle renaissait plus menaçante et plus envenimée de socialisme. Lorsqu'il s'était agi de choisir un chef d'État, le suffrage universel avait obéi à un instinct de conservation et d'ordre, à une sorte d'intuition de

---

[1] Il serait plus aisé encore de démontrer, si c'était ici le lieu, que, lorsqu'il s'agit, pour les habitants d'une portion de territoire, de se déterminer entre deux nationalités, rien ne peut suppléer le vote universel de la contrée.

l'intérêt général ; lorsqu'il s'agissait de se faire représenter par des députés, chaque votant, bornant sa vue, devenait accessible aux plus décevantes promesses, obéissait à ses ambitions impatientes, à ses haines envieuses, et usait de son bulletin pour atteindre le but chimérique et pervers que lui montraient des meneurs.

Il y avait deux solutions : la première, c'était de donner assez de force et de durée au Gouvernement, une fois établi sur la volonté nationale, pour qu'il fût en état de discipliner, dans la pratique journalière, le suffrage universel et de le réduire à n'être qu'une source d'ordre et d'autorité. C'est ce qui fut plus tard réalisé sous l'Empire, avec tant de succès, au moyen des candidatures officielles que la masse des électeurs acceptait presque toujours. Dans ce cas, il n'y avait point de changement à faire à la loi électorale. Mais, en 1850, on n'était pas en mesure d'agir ainsi, et la majorité de l'Assemblée s'attachait, au contraire, comme de parti pris, à maintenir le Gouvernement dans un état précaire.

L'autre solution, c'était d'établir une distinction entre le suffrage national, seul compétent pour la nomination d'un chef d'État, temporaire ou non, et le corps électoral spécial et restreint qui serait appelé à choisir les députés, dans les conditions que la majorité de la Chambre avait conçues. Quelques personnes, dévouées au Président, faisaient même la théorie de cette distinction. Il est bien difficile, disaient-elles, de dompter continuellement les instincts dangereux du fauve ; il vaut mieux enchaîner habituellement son élan, et ne lui laisser de liberté d'action que dans des occasions rares, où il est maîtrisé par la force de la vérité simple et de l'intérêt public évident. D'ailleurs, la souveraineté nationale, qui a sa plus large expression dans le suffrage universel, ne peut demeurer en activité perpétuelle, sous cette forme absolue, sans s'annuler elle-même ou, du moins, sans frapper d'incertitude et d'infirmité, ses actes les plus considérables. Si, après avoir fait un gouvernement, elle agit quotidiennement sur ce gouvernement, par le choix des députés, elle met en question le lendemain ce qu'elle a résolu la veille, et retient ce qu'elle donne. Les élus du présent se prétendent marqués à un coin plus authentique que ceux du passé; les Chambres successives croient n'être qu'une série de Constituantes; la volonté nationale d'aujourd'hui énerve la volonté nationale d'hier, et, à force de disposer d'elle-même, la Nation finit par cesser de prospérer et de vivre. Les personnes qui raisonnaient de cette façon, concluaient donc à deux sortes de suffrages : l'un, universel, pour les plébiscites; l'autre, restreint, pour les élections de députés et de conseillers de départements, d'arrondissements et de communes.

Quoi qu'il en soit, le Gouvernement se contenta de faire la réserve de la compétence du suffrage universel en ce qui concerne l'élection présidentielle. La question devait naître d'elle-même à quelque temps de là, lorsqu'il y aurait lieu d'appeler la Chambre à se prononcer sur les changements à faire à la Constitution, dont les dispositions, combinées avec une ingénieuse perfidie pour rendre impossible la réélection du prince Louis-Napoléon, accumulaient en même temps, avec une rare imprudence, d'immenses périls publics pour l'année 1852. Le Gouvernement, donc, sous les réserves que je viens de dire, donna sa coopération aux chefs des différentes fractions du parti de l'ordre, malgré les arrière-pensées de plusieurs d'entre eux, pour la préparation d'une nouvelle loi électorale.

Les bases principales du travail préparé en commun étaient celles-ci : désormais, pour être inscrit sur la liste électorale, il fallait justifier de trois ans de domicile dans la commune ou dans le canton. Cette justification se faisait par l'inscription au rôle de la taxe personnelle ou par l'inscription personnelle au rôle de la prestation en nature pour les chemins vicinaux, ou, enfin, par une déclaration des ascendants, des maîtres ou des patrons, en ce qui concerne les citoyens ne payant point de contributions, mais vivant soit dans la maison paternelle, soit dans celle de leurs maîtres ou de leurs patrons.

Les fonctionnaires publics, exerçant leurs fonctions dans la commune, et les ministres en exercice des cultes reconnus par l'État, étaient électeurs, quelle que fût la durée de leur domicile. Les membres de l'Assemblée nationale pouvaient requérir leur inscription sur la liste électorale du lieu où siégeait l'Assemblée. Enfin, les militaires présents sous les drapeaux étaient inscrits dans la commune où ils avaient satisfait à l'appel.

En un seul mot, nul n'était électeur, qui ne payât la contribution directe, à l'exception d'un nombre assez restreint de citoyens placés dans des conditions exceptionnelles.

Une difficulté assez considérable s'était présentée. Les villes ayant un octroi peuvent acquitter, en totalité ou en partie, le contingent personnel et mobilier qui leur est assigné, au moyen d'un prélèvement sur leurs revenus à la décharge des contribuables. Par exemple, à Paris, en 1850, ce contingent s'élevait, en principal et en centimes additionnels, à 6,155,490 fr. La Ville payait, sur cette somme, 2,435,860 fr. au Trésor public, conformément au vote du Conseil municipal. Le surplus, 3,719,630 fr., était réparti entre les seuls contribuables ayant un loyer supérieur à 200 fr. Tous les autres habitants, indigents ou non, dont le loyer n'excédait pas 200 fr., se trouvaient affranchis de la contribution et ne prenaient point place au rôle.

Une certaine catégorie de contribuables, ainsi exemptés d'impôts, se seraient donc trouvés, par le fait, privés du seul moyen admis par la nouvelle loi, de justifier de leur domicile et, par suite, de leurs droits politiques. Les auteurs de la loi prétendaient y avoir pourvu en disposant dans l'article 15 que l'inscription sur l'état des imposables équivaudrait à l'inscription sur le rôle.

Mais un état des imposables pouvant servir à dresser la liste électorale, c'est-à-dire contenant les noms et les adresses même des imposables exemptés de la contribution, comme il vient d'être dit, n'existait à Paris ni en 1850, ni pour les années antérieures. Alors, comme encore aujourd'hui, le projet ou matrice du rôle et le rôle même ne recevaient d'autres noms que ceux des contribuables appelés à payer l'impôt. Le directeur des contributions directes forme bien, chaque année, un tableau présentant, par arrondissement et par commune le *nombre* des individus passibles de la taxe personnelle et le *montant* des valeurs locatives de leurs habitations; ce document sert ensuite au conseil général et au conseil d'arrondissement à répartir l'impôt entre les communes; mais rien ne prescrit au directeur de mentionner sur ce tableau le nom et la demeure de chaque individu.

Il est bien vrai qu'un état ou plutôt un rôle complet des imposables à la contribution personnelle avait été dressé à Paris en 1831, il y avait vingt ans, alors que, sous le ministère de M. Laffitte, on avait essayé de faire payer à Paris, comme ailleurs, l'impôt personnel par tout le monde excepté par les indigents, et que, au lieu de répartir cet impôt entre les communes et les individus, après avoir fixé à l'avance la somme totale à percevoir, ce qui en fait un impôt de *répartition,* on avait tenté de le transformer en impôt de *quotité,* produisant plus ou moins, comme celui des patentes, selon le nombre et la situation des contribuables reconnus chaque année. La population parisienne peu aisée n'avait pu supporter cette expérience. Toute taxe directe lui est odieuse; aucun individu, particulièrement lorsqu'il vit d'un salaire, ne se résout volontiers à prélever sur ce qu'il reçoit une somme, petite ou grande, pour aller la porter chez le percepteur. Si l'on avait voulu user des sévérités légales, il aurait fallu poursuivre vingt mille contribuables, sur cent sept mille, et vendre les meubles d'autant de familles. On y renonça; les vingt mille cotes furent reconnues irrécouvrables; la loi du 16 mars 1831 fut abrogée dès l'année suivante, et l'état des imposables disparut avec elle.

Les auteurs de la loi du 31 mai 1850 ne se dissimulèrent point sans doute ces faits. Aussi, rédigèrent-ils leur article 15 d'une manière ambiguë, de telle sorte qu'il semblait à la fois viser un état de choses existant et l'établir pour l'avenir. Cela pouvait suffire, pour échapper à quelques objections parties de la tribune et des journaux. Dans la pratique, cela créait, aux exécuteurs de la loi, une difficulté sérieuse pour trois années, puisque le document dont on leur prescrivait de se servir, afin de confectionner les listes électorales, d'après le domicile triennal des citoyens, n'existait pas.

Il y avait une autre difficulté : la ville de Paris n'a pas de répartiteurs proprement dits, c'est-à-dire de commissaires institués par l'autorité municipale, parmi les contribuables, pour faire gratuitement et, pour ainsi dire, en famille la subdivision du contingent communal entre tous les individus reconnus aptes à payer l'impôt. Cette institution, si excellente qu'elle soit, ne peut exister sous cette forme à Paris. Les fonctions de répartiteurs, c'est-à-dire le recensement des contribuables, l'appréciation contradictoire de ce qu'on peut appeler leurs facultés contributives, la préparation des rôles, de concert avec les agents de l'État, exigent, durant une partie de l'année, toutes les heures, toutes les forces de ceux qui se consacrent à cette besogne. Le reste du temps, ils doivent se tenir sans cesse à la disposition, soit des contribuables, pour entendre leurs réclamations et les faire valoir au besoin auprès de l'autorité compétente, soit de cette autorité même, pour fournir les renseignements désirables. On a dû instituer des commissaires appointés. Mais si les contribuables peuvent être satisfaits de ce que leur besogne soit faite par d'honnêtes fonctionnaires, qui ont les connaissances spéciales, indispensables en matière de contributions, et qui opèrent d'après des règles uniformes et raisonnées, les électeurs pouvaient être d'humeur plus difficile. L'exercice de leurs droits de citoyens allant être désormais subordonné, dans Paris, à l'évaluation de leurs loyers, certains d'entre eux ne trouveraient-ils pas étrange que cette évaluation dépendît du jugement de simples employés?

Enfin, une série de questions de détail, assez délicates, se soulevaient d'elles-mêmes et allaient être posées d'une manière contentieuse, au sujet des incapacités nouvellement prononcées, et des déclarations qu'avaient à faire les ascendants, les maîtres et les patrons, relativement à leurs descendants, à leurs gens de service et à leurs ouvriers.

La nouvelle liste électorale devait être achevée trois mois après la promulgation de la loi, c'est-à-dire le 31 août. Le Préfet de la Seine, après avoir mesuré l'étendue de la tâche qui lui était dévolue, afin d'imprimer à son administration, aux Maires de Paris et aux municipalités du Département, une impulsion uniforme, créa immédiatement une commission administrative spéciale[1] dont il suivit tous les travaux. Aussitôt, par une entente avec le directeur des contributions directes, un état des imposables non-imposés fut dressé par les répartiteurs et les contrôleurs pour l'année 1850 ; ce qui était déjà rétrospectif, puisqu'il était supposé résulter du recensement opéré à la fin de 1849, pour l'établissement des

---

[1] Elle était composée du secrétaire général, du chef de la division des contributions directes, M. de Janvry, et du chef de la division des affaires municipales et départementales, M. Husson.

rôles des contributions. On dut faire plus encore : on remonta aux notes, aux renseignements incomplets, qui pouvaient subsister des trois exercices antérieurs.

On procéda à cette restitution de documents incomplets, en s'imposant le devoir, s'il y avait quelque erreur à commettre, de pencher plutôt dans un sens favorable aux droits des individus présumés électeurs, que dans un sens restrictif de ces droits. Pour ne pas manquer à cette règle, on adressa à tous les imposables, sur lesquels les renseignements étaient mêlés de quelque incertitude, un imprimé qu'ils n'avaient qu'à remplir, par l'indication exacte de leur demeure, pendant les années pour lesquelles la preuve faisait défaut. Un échange de communications entre les maires, aussi bien qu'entre les agents des contributions, rendait alors les recherches faciles, et permettait les inscriptions d'office. Toutes ces reconstitutions de documents, tous ces recensements complémentaires furent faits rapidement et sans bruit. Les questions contentieuses furent prévues, classées, résolues. Les solutions soumises aux principaux auteurs de la loi, MM. Thiers, de Vatimesnil, Baroche, de Chasseloup-Laubat, reçurent d'abord, de leur part, une entière approbation, puis, obtinrent la haute consécration d'arrêts de la Cour de cassation. Toutes les mairies, toutes les communes furent visitées, pendant la durée de l'opération, par les trois commissaires administratifs représentant le Préfet. Cette délicate et difficile affaire fut conduite avec la loyauté, la discrétion et la vigueur que les circonstances rendaient plus que jamais nécessaires. Le résultat était fort attendu ; il fut curieux :

Le nombre des électeurs inscrits s'était élevé, au 28 avril précédent, lors de l'élection de M. Eugène Sue, à 324,639 dans le département de la Seine. Au commencement de septembre, après la révision faite en exécution de la loi nouvelle, le nombre des inscrits n'était plus que de 131,557 ;

la réduction était donc de près de 60 pour 100. A Paris seulement, si l'on ne tenait point compte de la garnison, on n'avait plus que 80,984 électeurs au lieu de 225,192, soit une diminution de 64 pour 100 environ [1].

La proportion était moins considérable dans l'ensemble de la France. Avant le 31 mai, les listes des 86 départements comprenaient 9,618,057 électeurs; après, elles n'en renfermaient plus que 6,809,281. La différence était de 2,808,776, environ 30 pour 100, ce qui était encore une réduction énorme.

Ces résultats ravivèrent des objections qui s'étaient éle-

---

[1] Voici les chiffres comparatifs par arrondissement :

ARRONDISSEMENTS DE PARIS.	INSCRITS	
	AU 28 AVRIL 1850.	EN SEPTEMBRE 1850.
Ier.	22,796	11,016
IIe.	25,635	11,564
IIIe.	14,985	6,856
IVe.	9,668	4,385
Ve.	22,350	7,001
VIe.	26,797	8,505
VIIe.	14,142	225,192	6,306	97,499 dont : Civils... 80,984 Militaires. 16,515
VIIIe.	21,242	8,170
IXe.	8,475	6,700
Xe.	20,693	13,499
XIe.	14,083	7,321
XIIe.	24,326	6,176
ARRONDISSEMENT DE SAINT-DENIS.		
Canton de Saint-Denis.	9,309	3,519
— de Courbevoie.	4,597	51,168	2,315	19,051
— de Neuilly.	20,071	7,646
— de Pantin.	17,191	5,571
ARRONDISSEMENT DE SCEAUX.		
Canton de Sceaux.	11,946	5,828
— de Charenton.	6,525	31,855	3,395	15,007
— de Villejuif.	9,559	3,197
— de Vincennes.	3,825	2,587
Armée inscrite à part.	16,156	16,156	
TOTAUX.	324,371	131,557

vées, dès le principe, contre la nouvelle loi. On avait dit d'abord qu'elle avait pour but de supprimer le suffrage universel, et de le remplacer par un corps d'électeurs qui seraient, en grande majorité, censitaires; ce qui était une violation de la constitution de 1848. L'objection était fondée.

Les articles 23 et suivants de ladite constitution s'exprimaient ainsi :

« L'élection a pour base la population. — Le suffrage est direct et universel. — Sont électeurs, *sans condition de cens, tous* les Français âgés de vingt et un ans et jouissant de leurs droits civils et politiques. — Sont éligibles, sans condition de domicile, tous les électeurs âgés de vingt-cinq ans. — La loi électorale déterminera les causes qui peuvent priver un citoyen français du droit d'élire et d'être élu. »

La constitution voulait donc que *tous* les Français fussent électeurs, sans autres conditions que celles de l'âge, de la jouissance des droits civils et politiques, et du domicile, les éligibles étant seuls dispensés de cette dernière condition. Elle n'admettait, ni directement ni d'une façon détournée, la condition du *cens*, c'est-à-dire du payement constaté d'un impôt. Si elle réservait à la loi électorale la détermination des causes qui pouvaient priver un citoyen du droit d'élire ou d'être élu, il ne s'agissait ici que d'exceptions portant sur des circonstances particulières et individuelles et non de conditions restrictives imposées à l'ensemble des électeurs, et privant le tiers, la moitié, ou même, selon les localités, les deux tiers d'entre eux du droit de voter.

Sans doute, la loi pouvait déterminer la durée exigible du domicile, et le moyen d'en faire la constatation, mais, si le moyen prescrit était, exclusivement, ou à peu près, l'acquittement d'une contribution directe, la condition du cens apparaissait sous une forme détournée; la très-nombreuse catégorie de citoyens qui, domiciliés depuis trois ans dans une commune, ne payaient pas cependant l'impôt direct, se trouvait privée du droit électoral, et la Constitution était violée. Si la loi du 31 mai était bonne, il fallait donc modifier la Constitution. Mais les promoteurs de la loi n'en voulaient point convenir : les uns tenaient à conserver entières toutes les dispositions constitutionnelles, dont plusieurs avaient, à leurs yeux, le mérite d'être astucieusement combinées pour annuler le pouvoir entre les mains du Président actuel de la République et pour rendre sa réélection impossible; les autres, bien que ces dispositions leur parussent odieuses et pleines de périls, jugeaient politique d'en ajourner la discussion.

Lorsque les partisans de la loi du 31 mai virent le nombre des électeurs descendre d'un tiers, en moyenne, dans toute la France, des deux tiers à Paris, au lieu d'y reconnaître l'effet naturel de leur loi, ils se mirent à en chercher la cause ailleurs. Ils accusèrent tout d'abord l'Administration municipale d'avoir fait, de la législation nouvelle, une interprétation trop rigoureuse, une application trop zélée. Le Ministre de l'intérieur lui-même demanda au Préfet de la Seine un rapport à ce sujet. Ce rapport, immédiatement rédigé, fit voir, plus clair que le jour, quelle était la portée de la loi électorale.

Paris comptait, en 1850, 31,384 maisons comprenant 362,574 locaux d'habitation, dont 294,235 étaient habités par 945,721 habitants, d'après le recensement précédent; ce qui donnait environ 3 habitants et une fraction par logement, en moyenne. Voici comment on peut classer, au point de vue de la contribution, ces locaux et les personnes qui y étaient domiciliées :

	LOCAUX.	HABITANTS.
1° Locaux habités par des imposables à la taxe personnelle et mobilière................	97,687	313,983
2° Locaux habités par des patentables, imposés au seul droit fixe de la patente, leur loyer étant inférieur à 201 francs, c'est-à-dire n'étant pas passible, à Paris, de la taxe personnelle et mobilière.	30,921	99,385
Total des loyers imposés. — *A reporter*. . . .	128,608	413,368

	LOCAUX.	HABITANTS.
Report.	128,608	413,368
3° Locaux habités par des imposables à la taxe personnelle non-imposés. (On rangeait dans cette catégorie les loyers compris entre 150 et 200 fr. La contribution des locataires était rachetée par la Ville sur le produit de son octroi.)	45,111	144,994
Total des locaux imposables..	173,719	558,362
4° Locaux habités par des personnes domiciliées en petits garnis, en commun, ou réputées indigentes. (Leur loyer étant inférieur à 150 francs, on les considérait comme non-passibles de la taxe personnelle.).	120,516	387,359
Total des locaux habités.	294,235	945,721
5° Locaux annexes des logements habités par les patentables, magasins, remises, etc... 8,919 Logements vacants. 59,420	68,339	» »
Total égal des locaux existants.	362,574	» »

Les éliminations qui résultaient naturellement de la loi étaient extrêmement nombreuses. En ne tenant d'abord compte que de la disposition principale, qui faisait dépendre la preuve du domicile électoral de l'inscription au rôle ou à l'état des imposables, on voit que 173,719 individus seulement, locataires *nominatifs* des logements passibles de l'imposition personnelle, étaient admis à faire valoir leurs droits à l'électorat. Mais, on comptait dans ce nombre, des femmes, des mineurs, des incapables, qui devaient être tout d'abord écartés. Du reste, on ne pouvait même inscrire que ceux qui justifiaient de trois ans de domicile dans la ville. Il y en eut 54,057 parmi ceux qui payaient effectivement la taxe mobilière, ou le droit fixe de la patente, et 4,613 parmi les imposables non-imposés; en tout, 58,670.

Comment n'était-il sorti que 4,000 électeurs de l'état des imposables non-imposés, contenant plus de 45,000 noms? Le rapport ne manquait pas de raconter tous les efforts qu'on avait dû faire pour recueillir les renseignements propres à constater le domicile triennal de chacun. Plus de 20,000 des personnes qui avaient été provoquées par l'administration à fournir les documents nécessaires à leur inscription, n'avaient même pas donné de réponse !

Les citoyens, plus pauvres, qui, au nombre de 120,500, avaient été réputés indigents par les répartiteurs, parce que leur loyer d'habitation était inférieur à 150 francs, selon la règle annuellement suivie, avaient montré encore moins d'ardeur. Des comités électoraux d'opposition, qui s'étaient constitués à l'effet de surveiller l'exécution de la loi nouvelle, s'étaient cependant donné la mission d'inciter ces anciens électeurs dépossédés, à poursuivre l'inscription, à tort ou à raison, de leurs noms sur la liste des imposables. Leurs efforts furent vains, comme ceux de l'administration. C'est à peine si, sur les 387,000 habitants des 120,000 petits logements dont il s'agit, 3,000 personnes consentirent à réclamer soit auprès des maires, soit par voie contentieuse.

Ainsi éclatait l'indifférence des citoyens, et particulièrement des ouvriers, en ce qui concerne le droit électoral. Ils en usaient comme on sait, lorsqu'on le leur conférait d'office; ils ne faisaient pas la plus simple démarche pour l'acquérir, si on les obligeait à une certaine initiative.

Quant aux électeurs inscrits sur déclarations d'ascendants, etc., ou par dispense légale du domicile de trois ans, voici quel en avait été le nombre :

Par déclarations d'ascendants.	4,876	
— de maîtres.	3,862	12,538
— de patrons.	3,800	
En qualité de fonctionnaires publics.	9,039	
— ministres de cultes.	607	9,776
— Représentants du peuple.	130	
Total.		22,314
Si l'on ajoute à ce chiffre le nombre des inscrits comme imposables.		58,670
On a pour l'ensemble.		80,984

Je ne mentionne ici les militaires que pour mémoire.

Tel fut donc le résidu de toutes ces opérations éliminatoires, effectuées, comme par une analyse chimique, sur l'ancien corps électoral, en exécution de la loi du 31 mai. De 225,190 électeurs de l'ordre civil qui composaient le suffrage universel dans Paris au commencement de l'année 1850, il n'en restait plus que 81,000, dont les trois quarts étaient des censitaires, l'autre quart se composant de personnes subordonnées aux censitaires, et de fonctionnaires publics.

Dernière objection : il résulte des chiffres donnés plus haut que les 387,000 habitants des 120,000 locaux, dont le loyer était inférieur à 150 francs, avaient été considérés comme indigents et écartés de prime abord, comme tels, de la liste électorale. Était-on fondé à dire qu'il y avait 387,000 indigents dans Paris ?

En 1847, alors que le pain était cher, mais que le travail et le salaire abondaient encore, 394,564 individus étaient venus dans les mairies demander à la Ville des bons de pain, représentant cinq centimes de différence sur le prix du pain par personne et par jour. Quelle plus éclatante déclaration d'indigence pouvait être faite par ces 400,000 habitants de Paris ? Chose curieuse : le taux moyen des loyers occupés par ces preneurs de bons de pain, de 1847, était de 118 francs ; le taux moyen des loyers occupés par les non-imposables de 1850 n'atteignait pas 116 francs ! D'autres calculs un peu plus compliqués permettaient d'établir que de 350,000 à 400,000 personnes participaient, soit par eux-mêmes, soit par leur famille, aux secours ordinaires ou extraordinaires que la Municipalité parisienne dispensait chaque année à ses administrés, dans les hôpitaux, dans les hospices, dans les bureaux de bienfaisance, dans les écoles, à l'occasion des fêtes publiques, sous forme de subventions charitables et autres.

Cet exposé et ces rapprochements prouvaient d'une manière péremptoire que les magistrats municipaux avaient exécuté la loi avec une entière loyauté.

Il n'en était pas moins vrai que la loi même était en désaccord avec la Constitution; que les prescriptions d'un de ses articles esssentiels s'appuyaient sur un document qui n'existait point; que la distinction qu'elle établissait entre les citoyens imposables, mais non-imposés, grâce à la munificence de la commune, et les citoyens classés de prime abord comme non-imposables, en admettant sur la liste électorale les premiers et en écartant les seconds, pouvait être taxée d'arbitraire et d'injustice.

Si la contribution personnelle avait dû continuer à être la base de l'électorat, il y avait un moyen bien simple d'échapper à ces dernières difficultés.

Il fallait disposer que tout citoyen non porté d'office au rôle de la contribution personnelle et mobilière, soit comme présumé indigent, soit à raison du faible taux de son loyer, aurait la *faculté*, dans des délais déterminés, de se faire inscrire sur un rôle supplémentaire, ouvert chaque année à ce sujet, afin d'acquitter cette contribution et de pouvoir réclamer, par la production des quittances du percepteur, son inscription sur la liste électorale. Les autres conditions de la capacité légale eussent été d'ailleurs maintenues. Je crois superflu d'entrer aujourd'hui dans de plus amples détails sur l'exécution très-facile de ces dispositions, et sur la sanction naturelle qu'elles eussent reçu ou de la poursuite en recouvrement, ou de l'impossibilité de produire la preuve du payement de la contribution durant la période triennale.

Il y aurait eu bien des raisons à faire valoir en faveur d'un tel système. N'est-il pas conforme à la raison que ceux qui nomment les députés chargés particulièrement d'établir l'impôt et de régler l'emploi de ce qu'il produit, payent au moins le plus faible des impôts, la cote personnelle? N'est-il pas raisonnable d'attacher l'exercice d'une part d'influence permanente sur la chose publique à la participation aux charges communes? Ranger les indigents, tant qu'ils demeurent tels, parmi les citoyens mineurs est tout à fait équitable; mais, au point de vue de l'impôt à payer, nul ne doit être déclaré indigent malgré lui. Les villes eussent d'ailleurs trouvé leur compte à l'établissement du rôle dont il s'agit; le montant en aurait été compté en atténuation du sacrifice qu'elles font pour exempter d'impôts une partie de leurs habitants.

Mais ces idées, que j'ai exposées avec plus de développement dans une note dont le prince Louis-Napoléon et quelques hommes politiques ont pris jadis connaissance, ne furent point admises. La loi du 31 mai n'était pas destinée à vivre. Au moment où on la discutait encore, le Président de la République, par l'organe de quelques députés admis dans son intimité, faisait entrevoir ses scrupules au sujet de la mutilation du suffrage universel; et, plus tard, lorsqu'il fut Empereur, il ne voulut jamais consentir, malgré l'insistance de beaucoup de ses amis dévoués, à l'institution de deux corps électoraux différents, l'un comprenant toute la Nation, pour les plébiscistes, l'autre composé d'une manière plus restreinte, des seuls contribuables, par exemple, ou des citoyens attachés aux intérêts locaux par un long domicile, pour la nomination des députés, des conseillers de département, d'arrondissement et de commune. Peut-être fût-ce pour ne point paraître se contredire, même partiellement, en restaurant, pour les élections ordinaires, quelque chose d'analogue à la loi du 31 mai, après avoir renversé cette loi au 2 décembre, afin de fonder son pouvoir sur le suffrage universel; peut-être fût-ce un excès de confiance dans le bon sens polulaire.

LIVRE CINQUIÈME

LES GRANDS TRAVAUX DE PARIS. — LE PLAN
DE LOUIS-NAPOLÉON.

CHAPITRE PREMIER

Londres et Paris. — Londres brûlé en 1666. — Rapidité et bonne entente de la reconstruction de la ville. — Prodigieux développements. — Cent ans après. — Nouveaux travaux projetés dans Londres : chemins de fer intérieurs, voies nouvelles, égouts.

La lutte, tantôt sourde, tantôt déclarée, qui se poursuivait entre le Corps législatif et le Pouvoir exécutif, les agitations même de la rue n'empêchaient pas le Président de la République de se préoccuper constamment des travaux de Paris. Deux ordres d'idées l'y incitaient surtout. D'abord, il tenait à honneur d'accomplir les desseins anciennement conçus par Napoléon Ier, le chef de sa race, par la Restauration même ou par la Royauté de Juillet, mais, demeurés stériles à cause du malheur des temps, de la malveillance des partis ou de la faiblesse du Gouvernement; ensuite, il avait été frappé, durant son exil, de tout ce qui s'était fait à Londres depuis le commencement du siècle et de tout ce qui se préparait encore, pour ouvrir de larges voies à la circulation d'une foule affairée, et pour rendre plus commode et plus salubre le séjour d'une ville immense. Il voulait assurer aux Parisiens des avantages semblables, en profitant de l'exemple de nos voisins et des erreurs même qu'ils auraient pu commettre.

Londres, bien avant Paris, avait expérimenté tous les embarras qui résultent d'un accroissement extraordinaire de population et d'une grande affluence d'étrangers. Et cependant, au commencement de ce siècle, ce n'était pas une ville d'ancienne construction, à l'exception de quelques monuments, d'une partie de la Cité et des plus anciens faubourgs. On peut dire que, pour le reste, elle ne date guère que de deux cents ans. En effet, en 1666, presque toute l'ancienne ville, composée en partie de maisons de bois, couvertes de toits goudronnés, avait été dévorée par un formidable incendie. Sur 26 quartiers, 15 avaient disparu et 8 autres étaient fort endommagés. 400 rues, 13,200 maisons, 89 églises y compris Saint-Paul, la maison de Ville, des hôpitaux, des écoles, des bibliothèques, jusqu'aux portes de la ville avaient péri. Le feu avait pris non loin du pont de Londres et s'était étendu, à l'est, jusqu'à la Tour, à l'ouest, sous le vent qui soufflait dans ce sens, bien au delà du Temple, limite occidentale de la Cité, et avait menacé le palais de Whitehall et l'abbaye de Westminster[1]. Londres fut relevé avec cette activité et cette intelligence pratique qui caractérisent la nation anglaise; on remplaça l'ancienne agglomération des masures du moyen âge et des ruelles successivement ouvertes au hasard, par des rues et des places plus larges, par des maisons de briques pour la plupart, car la pierre manquait à Londres et n'y était qu'un objet de luxe. On fit venir d'assez loin, et particulièrement de Portland, petite île de la Manche, la pierre qui servit à rebâtir Saint-Paul, les autres églises, le pont de Londres qui était couvert de maisons, les portes et les prisons. Tout s'exécuta avec ensemble, autant que la résistance des intérêts particuliers pouvait le permettre; on fit une sorte de nivellement de la ville pour adoucir les pentes trop fortes; on opéra le curage et la réparation des égouts;

---

[1] Lingard, *Histoire d'Angleterre*, in-4°, t. IV, p. 54.

on agrandit les marchés. Afin de faciliter les constructions privées, le gouvernement fit remise aux habitants des taxes et des impôts. Quant aux édifices publics, ils furent reconstruits des deniers de la nation, provenant de l'impôt sur le charbon de terre.

A peine ressuscitée, la ville de Londres, qui pouvait dès lors être considérée comme le centre principal du commerce du monde, se développa de nouveau avec une prodigieuse rapidité. Moins de cent ans après l'incendie, ainsi que le montre une description publiée en 1763 [1], elle n'était plus bornée à la Cité et à quelques annexes; elle comprenait, outre la Cité rebâtie, l'ancienne ville de Westminster très-agrandie et le faubourg considérable de Southwark, situé au midi de la Tamise. A la ville proprement dite ainsi formée, on pouvait ajouter d'autres faubourgs, principalement, ceux qui s'étaient élevés, pour l'usage du commerce et de la navigation, à l'est, le long du fleuve, sous les noms de Wapping, Shadwell, Limehouse, etc. Des villages qui forment aujourd'hui de vastes quartiers grandissaient alentour : c'étaient Stepney, Bow, Clerkenwell, Hoxton, Islington, Marylebone [2], Paddington, Kensington, Chelsea, etc.

Comme la ville n'a jamais eu d'enceinte proprement dite, il a toujours été difficile d'en mesurer l'étendue. Dans l'agglomération composée de la Cité, de Westminster, de Southwark et des pricipaux faubourgs, l'ouvrage descriptif auquel j'emprunte ces faits comptait déjà, en 1763, près de 9,000 rues ou ruelles, ou carrefours, et 170,000 maisons; il évaluait le nombre des habitants à 1,360,000. Tous les jours, de grands seigneurs propriétaires livraient leurs terrains sur

---

[1] Mazzinghi. *The foreigner's guide, or a necessary companion book.* (*Fourth edition.* 1763.)

[2] « Beau village qui fera un jour partie de la ville », écrivait l'auteur du *Guide* en 1763. C'est ce qu'on disait naguère de Hampstead, que Londres touche aujourd'hui.

lesquels s'ouvraient des quartiers nouveaux ; on y traçait de larges rues, de beaux squares, plantés d'arbres, environnés de maisons ; les prés, les champs qui séparaient la ville des villages groupés autour d'elle, se remplissaient ainsi peu à peu. En même temps, le commerce multipliait ses établissements et les habitations qui lui étaient nécessaires. Londres se répandait, pour ainsi dire, de toutes parts, enveloppant, comme par une inondation, les groupes de population extérieurs.

Mais, si prompt qu'ait été ce développement, il fut presque toujours dirigé par le bon sens national et par une industrieuse entente de l'utilité publique. Toutes les pièces juxtaposées qui ont formé cette ville immense ont été reliées entre elles par un système de viabilité suivi dès le commencement. Si l'on regarde une carte de Londres, on sera frappé tout d'abord du rayonnement de grandes voies publiques qui partent du centre de la Cité, de l'église de Saint-Paul ou du point compris entre Mansion-house, la Banque et la Bourse, et qui, quelques-unes en ligne droite, la plupart serpentant, se dirigent jusqu'aux extrémités de la ville, en touchant successivement tous les points importants : monuments, têtes de chemins de fer, parcs et promenades. Elles sont croisées par d'autres voies de premier ordre : ce sont comme les routes d'une contrée entière, coupées par des chemins de grande communication. Chacune des *sections* de la ville, que découpent et que desservent ces voies magistrales, semble former un tout à part, avec des squares au centre, des rues secondaires bien percées, ordinairement en ligne droite et qui ont été évidemment tracées d'ensemble. Çà et là des espaces verdoyants, de magnifiques parcs rendent, autant que possible, la ville aérée et salubre. C'est là du moins l'aspect que présente Londres à l'ouest et au nord ; car l'est et le sud, remplis par la population inférieure, vouée à l'industrie, au commerce, à la marine, sont parfois cruellement abandonnés. La spéculation a agi, pour chaque quartier, selon les revenus à espérer.

Pendant que Londres s'agrandissait ainsi, tout se disposait de soi-même dans chaque nouveau quartier pour la commodité des habitants. Les chaussées étaient bombées avec des ruisseaux latéraux et des trottoirs le long des maisons. Entre le trottoir et les habitations s'ouvrait une sorte de saut-de-loup donnant jour et accès aux sous-sol dans lesquels se fait le service. On peut voir à Paris un spécimen élégant de cette disposition au pied des hôtels qui bordent la rue de l'Élysée. Des égouts couraient sous toutes les rues. Dès le siècle dernier l'eau était distribuée dans les maisons avec une certaine abondance. Elle était puisée dans la Tamise, vers le centre de la ville, par des machines hydrauliques que le flux et le reflux faisaient également mouvoir ; en amont, à Chelsea, par des pompes qu'une compagnie d'entrepreneurs avait établies ; au nord, à Clerkenwell, dans des réservoirs alimentés par des sources amenées de plus de quatre-vingt-quinze kilomètres, au moyen d'un canal tantôt profondément creusé, tantôt porté sur des aqueducs. Cette dérivation avait été exécutée par un particulier de 1608 à 1613. De ces divers points l'eau était conduite par des tuyaux de plomb ou de bois dans toute la ville. Chaque maison l'emmagasinait dans des récipients, ou réservoirs, à des jours fixes et à des prix raisonnables, en quantité suffisante pour une large consommation. L'éclairage, fait par de nombreuses lampes à huile, était aussi, à la même époque, fort complet à Londres. Les voitures de louage y abondaient et faisaient le transport des voyageurs dans la ville, en concurrence avec les anciennes chaises à porteur ; un nombre encore plus considérable de bateaux sillonnaient la Tamise, pour mettre en communication les deux rives, dans l'intervalle et au-dessous des ponts, et pour unir tous les quartiers qui la bordaient. Voitures, chaises et bateaux étaient tarifés d'après les distances à parcourir. Plus de cinq cents boîtes de poste, réparties dans Londres et les villages environnants, servaient à distribuer avec rapidité les paquets et les lettres. On voit, par cet aperçu, combien, il y a cent ans, les services publics étaient déjà perfectionnés à Londres, et quelle était la grandeur de cette capitale.

Depuis lors, elle n'a cessé de s'étendre, et les améliorations de toutes sortes s'y sont produites avec une vertigineuse activité. Dans l'espace d'un siècle, voici en quelques chiffres les principaux progrès qui s'y sont accomplis : la superficie, qui était, en 1763, de 5,250 hectares, mesurait, moins de cent ans après, 20,800 hectares, le quadruple. La population, jadis de 1,360,000 habitants, atteignait 3,000,000. Au lieu de 9,000 rues, il y en avait 13,320; le nombre des maisons s'était élevé de 170,000 à 340,000. On en bâtissait 5,720 en une seule année. En 1807, on voyait encore, de Russel-square, les pelouses de Highgate qui, quarante ans après, étaient recouvertes de plusieurs kilomètres de rues et de places. La distribution de l'eau se faisait par 4,000 kilomètres de conduites de fonte et 9,600 kilomètres de conduites de plomb. Au lieu de deux compagnies pour ce service, il y en avait neuf; l'éclairage au gaz avait, depuis le commencement du siècle, remplacé l'éclairage à l'huile. On allumait tous les jours pour le service public 37,728 lanternes. 615 bureaux et 2,000 facteurs faisaient le service de la poste, que secondaient 137 bureaux télégraphiques. 1,500 omnibus, 4,800 voitures de louage, employant 50,000 chevaux, 229 stations de voitures, et, sur la Tamise, des bateaux sans nombre, omnibus à vapeur, barques à rames, étaient à la disposition du public.

Sans compter les rues nouvelles créées à la circonférence de la ville, plusieurs percées importantes avaient été faites, durant la première moitié de ce siècle, à travers les anciens quartiers du centre. Toutefois les inconvénients qui résultaient d'une immense agglomération et de la marée d'une population mobile montant vers la grande métropole commerciale ne faisaient que s'accroître et s'aggraver. Nulle mesure de viabilité, nul perfectionnement des services publics n'y pouvaient suffire. Deux sortes de dangers appelaient l'attention publique.

En premier lieu, la libre circulation dans les rues était compromise par l'affluence même. Les voitures et les piétons avaient beau se diriger, par une coutume régulièrement obéie, sur la gauche de chaque voie, ils ne pouvaient plus marcher que lentement, à la file, et l'encombrement, l'imprudence de quelques gens pressés, causaient des accidents de plus en plus nombreux. Le *Times* affirmait que, en moyenne, six personnes étaient tuées et trente blessées par semaine à la suite d'accidents de rues. Au milieu de ce siècle on ne traversait plus le pont de Londres qu'avec une peine extrême et un temps considérable. 13,700 personnes le franchissaient entre dix et onze heures du matin, autant entre six et sept heures du soir. 168,000 piétons, 9,000 voitures suspendues, 11 à 12,000 charrettes ou fourgons y passaient par vingt-quatre heures. C'est principalement aux abords et dans l'enceinte de la Cité, où, malgré tant de travaux, les rues étaient demeurées étroites, que les choses se passaient ainsi.

Londres, grandissant comme il a commencé, se compose pour ainsi dire de deux villes distinctes. A l'est, et en partie au sud, s'étend la ville populaire remplie de magasins, d'usines, de manufactures, d'ateliers de construction maritime, de pauvres masures où s'entasse une énorme population d'ouvriers, de marins, de petits industriels, de gens misérables. Aux abords du fleuve, couvert lui-même de vaisseaux, sont creusés ces immenses docks, véritables merveilles, rendez-vous du commerce universel, où afflue et d'où sort sans cesse une foule innombrable de navires. Dans le sud, aboutissent les principaux chemins de fer, communiquant avec le continent et concourant avec la Tamise à verser sur Londres des flots toujours renouvelés de marchandises et de voyageurs. A l'ouest, au contraire, et au nord, s'étendent les quartiers de l'aristocratie et de la richesse. Là s'alignent à l'aise, dans les avenues et autour des squares, des demeures intérieurement élégantes, que leurs hôtes habitent seulement pendant le court espace de l'été qu'on appelle la saison. Puis, cette ville de pied-à-terre, délaissée pour les grands domaines, retombe le reste du temps dans un somptueux et solennel abandon qui rappelle celui de Versailles avant le séjour des assemblées politiques.

Entre ces deux villes, la Cité est demeurée le centre des affaires commerciales, judiciaires et administratives. Aussi, c'est là surtout que se porte une prodigieuse affluence. Depuis longtemps ces quartiers si agités et si bruyants ont presque cessé d'être habitables ; ils ne sont plus qu'une réunion de cabinets d'affaires, de bureaux et de comptoirs, occupés seulement de onze heures à six heures chaque jour, mais désertés le soir par tous ceux qui peuvent aller chercher, dans quelque cottage, le repos et le bien-être jusqu'au lendemain matin. Aussi la population sédentaire y a-t-elle diminué progressivement. Elle était de 150,000 âmes vers 1840 : elle se réduisit peu à peu à 120,000 [1]. En revanche, 750,000 gens affairés, étrangers aux *Wards* ou quartiers de la Cité, s'y précipitaient, y tourbillonnaient durant les sept principales heures de la journée.

En second lieu, l'un des résultats d'une si grande agglomération d'hommes, de l'étendue exceptionnelle de la ville et du mode de construction des habitations qui n'ont point de fosses d'aisances, fut, de bonne heure, l'insuffisance des égouts dont la dimension était trop petite pour

---

[1] En 1871, il n'y avait plus dans la Cité que 74,000 habitants; 2,000 maisons demeurent inhabitées la nuit; 700 agents de police, sur les 8,000 qui existent à Londres, sont préposés à la garde de la Cité.

recevoir, non-seulement les eaux des rues, mais aussi toutes les déjections des maisons, et dont le réseau, composé de lignes courtes trop souvent brisées, était toujours engorgé. D'ailleurs, la Tamise, dans laquelle débouchaient ces égouts, en était infectée. Son lit, au milieu de Londres, conservait les immondices qu'y ramenaient et y agitaient perpétuellement le flux et le reflux, et s'emplissait d'une fange pestilentielle. Dans chaque maison, des conduits qui communiquaient aux égouts s'échappaient des émanations insalubres.

Il y avait donc deux choses à faire : d'une part, il était indispensable de faciliter la circulation des piétons et des voitures; d'en dériver, s'il se pouvait, le cours, de manière à dégager la Cité et le pont de Londres d'un excès d'affluence; d'ouvrir des issues d'une dimension inusitée et de créer des moyens de transport tout à fait extraordinaires; d'une autre part, il était urgent d'assainir la ville et de désinfecter la rivière par quelque système d'égouts dont l'exemple n'existait guère encore dans le monde.

L'initiative privée et, ce qui est bien rare en Angleterre pour de semblables entreprises, le gouvernement y concoururent.

On estima que des chemins de fer intérieurs pourraient seuls avoir raison et des distances et de la masse des voyageurs dans cette capitale, qui n'est pas une ville, mais une région. C'était l'affaire des compagnies. Quant au gouvernement, la reconstruction des égouts et même au besoin l'ouverture de quelques larges rues ne lui parurent pas de nature à être abandonnées à l'action de la municipalité de la Cité et aux paroisses. L'entreprise était trop vaste et avait un caractère d'unité trop marqué pour qu'on pût s'en rapporter à des initiatives multiples et indépendantes, dont l'accord était bien difficile et dont l'impuissance était probable. Encore moins pouvait-on rien attendre des capitaux privés, qui n'avaient à recueillir d'une pareille œuvre aucune rémunération. A la fin de la première moitié de ce siècle tous les esprits, à Londres, se préoccupaient de ces grands problèmes.

En 1848, un acte, faisant une sorte de violence au penchant national, créa une Commission royale des égouts; un autre acte de 1855, conçu dans le même sens, établit un service public des travaux. La solution était difficile et les études durèrent un certain nombre d'années.

Ce n'est pas ici le lieu d'exposer en détail quelles incertitudes et quelles alternatives subirent d'abord ces deux questions des chemins de fer intérieurs et de l'assainissement de Londres et de la Tamise. Elles ne furent tranchées que quelque temps après, lorsque l'urgence devint extrême, et aussi, lorsque enfin la Ville de Paris, par le commencement de ses grands travaux, eut rendu à sa rivale l'émulation qu'elle en avait reçue. Alors on vit des compagnies puissantes ouvrir aux rails-ways un passage, au-dessous du sol, des égouts, des conduites d'eau ou de gaz, et des fils télégraphiques, à une profondeur de 10 et même de 22 mètres; ou bien encore, amener jusqu'au centre de la ville les *terminus* des chemins de fer extérieurs, au-dessus des quartiers populeux, au milieu des maisons, au travers des voies publiques, sur des viaducs.

En même temps, par les soins du gouvernement, trois grands égouts collecteurs traversèrent la ville pour recueillir en passant le produit des égouts secondaires et porter le tout à un énorme réservoir construit à 23 kilomètres en aval du pont de Londres, et retenant chaque jour ces flots impurs, pour ne les déverser dans la Tamise qu'au moment du reflux, de telle sorte que jamais le flux ne les fasse remonter à Londres. Deux autres collecteurs desservirent dans les mêmes conditions la rive méridionale. Un quai monumental de 33 mètres de large et de 2 kilomètres de parcours superposé à une partie de l'égout inférieur de la rive septentrionale, unit les principaux ponts et servit de voie de dégagement à l'intérieur de la ville par des rues obliques ou perpendiculaires qui le relièrent à d'autres grandes voies. Enfin, quelques percées furent largement faites au milieu des quartiers les plus peuplés, dans la Cité même. Tels ont été les principaux résultats des actes de 1848 et de 1855.

Mais je reviens à l'objet principal de mon récit. C'était précisément à la fin de 1848 : la capitale de l'Angleterre et du plus vaste empire colonial, déjà desservie par l'admirable canal de la Tamise, voyait aboutir autour d'elle de nombreux chemins de fer récemment créés qui, par le moyen d'une immense navigation, portaient leur action jusqu'aux extrémités du monde et aspiraient, pour ainsi dire, tout ce que le commerce met en mouvement d'hommes et de produits. Une première série de travaux était à peine accomplie, soit pour rendre cette grande ville accessible et pénétrable, jusqu'au centre, à tous les courants de l'activité humaine, soit pour améliorer la condition de ses habitants et de ses visiteurs, par la prompte application des découvertes de la science ; une seconde série d'entreprises allait être commencée, pour assainir davantage ses quartiers et pour ouvrir des issues nouvelles à la circulation intérieure de sa population. A ce moment, le Prince Louis Napoléon était rappelé de son exil pour gouverner la France. Le spectacle que lui présentait Londres, qui résumait à quelques égards la sagesse et l'énergie d'un grand peuple, était vraiment digne d'exciter l'ardeur d'un homme qui allait prendre dans sa patrie, au sein d'une capitale non moins illustre, la responsabilité du pouvoir suprême.

CHAPITRE II

Avantages et infériorités de Paris. — Caractère du développement de cette ville. — Sa transformation au dix-septième siècle. — Opinion de Voltaire sur le Paris de Louis XIV. — Monuments magnifiques; mauvais état des rues. — Nouvelle période d'améliorations commencée sous Napoléon Ier. — Gouvernement de Juillet; beaucoup de commencements, peu de suite. — Tronçons de rues, largeurs insuffisantes. — Nomenclature et dépense.

Si l'on établissait une comparaison entre les deux capitales, on reconnaissait à Paris de grands avantages et de grandes infériorités. Paris surpassait de beaucoup la ville anglaise, par la beauté et le nombre de ses monuments, par l'élégance et l'aspect pittoresque de plusieurs de ses parties. Il concentrait dans son sein presque tout le mouvement intellectuel, politique, financier, et une grande part de l'industrie et du commerce du pays. Sa splendeur s'était accrue, en même temps que grandissait la puissance des souverains qui, depuis des siècles, l'avaient choisi pour principal séjour. Les mêmes mains l'avaient incessamment embelli et agrandi, en même temps qu'elles formaient l'unité et la grandeur de la nation. Il porte encore dans sa configuration topographique, malgré tant de changements, le témoignage de son passé. Il a grossi comme un arbre vigoureux, du centre à la circonférence. Sans doute, des hameaux voisins, des quartiers nouveaux, créés isolément, l'ont accru parfois dans les temps anciens, et, récemment, ce qu'on appelle l'annexion des communes suburbaines, lui a incorporé onze agglomérations naguère distinctes, dont plusieurs pouvaient passer pour des villes; mais il s'est surtout développé par une croissance régulière et concentrique.

Comme il a presque toujours été, de siècle en siècle, menacé par la guerre, des enceintes successives, encore aujourd'hui marquées par le tracé circulaire de vieilles rues et de boulevards ont périodiquement contrarié son développement. Des édits et des ordonnances réitérés fortifièrent en quelque sortes ces enceintes militaires contre l'expansion de la ville, en interdisant d'étendre les faubourgs au delà de certains bornages, qui limitaient les zones des perceptions indirectes désignées sous le nom d'aides et d'octrois[1]. Lorsque Louis XIV fit disparaître les avant-derniers remparts et les remplaça par les boulevards si connus et si fréquentés depuis, les prohibitions de bâtir et d'agrandir la ville au delà d'un périmètre fiscal déterminé devinrent encore plus expresses[2]. Il est bien vrai que toutes ces interdictions finirent par demeurer impuissantes. Mais elles contribuèrent évidemment à ralentir le développement progressif de la ville. Le mur protecteur de l'octroi, construit en 1784 par les fermiers généraux, qui n'a été renversé qu'en 1860, fut, pour un temps, plus efficace. Enfin, les fortifications relevées par le roi Louis-Philippe, après les périls extérieurs de 1840, décrivirent de nouveau, autour de Paris, une limite que l'épaisseur des bastions, la hauteur des murailles, la largeur des fossés, la zone de servitude militaire, devenue complétement effective lors du dernier siége, semblent rendre désormais infranchissable. Toutes ces ceintures de force ont contenu la ville dans un espace restreint; elles ont resserré l'une contre l'autre, aux dépens des jardins et des grands espaces, les habitations qu'elle renferme et fait monter les maisons à de grandes hauteurs, comme les chênes trop serrés d'une futaie.

D'ailleurs, Paris avait sous son sol d'épaisses assises de bonnes pierres de construction, faciles à mettre en œuvre, et, auprès de ses murs, de véritables collines de plâtre. Ces matériaux se prêtèrent à des œuvres d'architecture élégantes

---

[1] Édit de novembre 1549. Ordonnance du 15 janvier 1638.
[2] Ordonnance du 26 avril 1672.

et variées, et, en même temps, permirent de pousser les simples habitations privées à une grande élévation. A Londres, chaque famille avait sa maison particulière, légèrement et commodément bâtie en briques, dans laquelle les individus cantonnaient leur indépendance, ce qui séparait absolument les demeures des riches de celles des pauvres; et, comme on se groupe naturellement avec ses pareils, cette disposition donnait aux divers quartiers une population profondément différente. A Paris, au contraire, on s'entasse par couches superposées, les pauvres au-dessus des riches, bien souvent dans les mêmes maisons, l'étage étant plus haut, à mesure que décroît la fortune. L'inégalité de bien-être entre les classes d'habitants et la différence des quartiers de la ville furent, en conséquence, moins marqués. Le nombre des maisons et la longueur des rues furent beaucoup moindres.

Ici, les arts ont, de tout temps, accumulé leurs merveilles; les classes supérieures par leur instruction, par leur influence et leurs richesses, aimaient, encore hier, à conserver à Paris, presque toute l'année, leur domicile préféré, et contribuaient à en faire, dans le monde, le siége principal du goût, de l'esprit, et des plaisirs raffinés. On courait à Londres pour y trafiquer, s'enrichir et partir; on venait à Paris pour y accommoder ses jouissances avec ses affaires, pour s'y complaire et, s'il se pouvait, pour y demeurer.

Cependant, jusqu'à 1849, cette ville si brillante manquait encore d'un bon système de voies publiques.

Par intervalles, un effort et de grosses dépenses sont nécessaires pour mettre une demeure dans l'état que réclament les besoins nouveaux de ceux qui l'habitent. Les plus austères des hommes de notre temps ne sauraient vivre à l'aise dans un château d'autrefois. Il en est de même d'une grande ville; on la doit renouveler périodiquement pour que la population, dont les habitudes et les mœurs se transforment, y puisse vivre et se mouvoir sans trop de malaise. Les rues qui conviennent aux cavaliers et aux chaises à porteur, ou même ensuite à de rares carrosses, se refusent à la circulation de milliers de voitures, et ainsi du reste.

L'histoire des travaux faits ou projetés dans Paris durant les deux derniers siècles vient à l'appui de cette observation. Il s'était opéré une véritable transformation de la ville sous Henri IV, Louis XIII et Louis XIV. Les remparts abattus, les fossés comblés, les boulevards tracés, des quartiers créés, plus de quatre-vingts rues nouvelles ouvertes, beaucoup d'autres rectifiées, trente-trois églises érigées, des ponts construits, ne répondirent pas même complétement aux progrès de la civilisation dans Paris. Voici ce que Voltaire pensait de la capitale du grand roi. On a cité bien souvent quelques lignes de lui à ce sujet ; il est piquant peut-être de rappeler ici dans presque tout son développement l'objurgation qu'il adressait, il y a un siècle, à messieurs de la Ville.

Tout ce qu'il disait alors semble résumer, avec un irrésistible bon sens, les faits de notre temps. C'était dans l'opuscule qui porte pour titre : *les Embellissements de Paris.*

« Un seul citoyen[1], qui n'était pas fort riche, mais qui avait une grande âme, fit à ses dépens la place des Victoires, et érigea par reconnaissance une statue à son roi. Il fit plus que sept cent mille citoyens n'ont encore fait dans ce siècle. Nous possédons dans Paris de quoi acheter des royaumes ; nous voyons tous les jours ce qui manque à notre ville, et nous nous contentons de murmurer. On passe devant le Louvre et on gémit de voir cette façade, monument de la grandeur de Louis XIV, du zèle de Colbert et du génie de Perrault, cachée par des bâtiments de Goths et de Vandales. Nous courons aux spectacles, et nous sommes indignés d'y entrer d'une manière si incommode et si dégoûtante, d'y

---

[1] Le maréchal de la Feuillade.

être placés si mal à notre aise, de voir des salles si grossièrement construites, des théâtres si mal entendus et d'en sortir avec plus d'embarras et de peine qu'on n'y est entré [1]. Nous rougissons, avec raison, de voir les marchés publics établis dans des rues étroites, étaler la malpropreté, répandre l'infection et causer des désordres continuels. Nous n'avons que deux fontaines dans le grand goût [2], et il s'en faut bien qu'elles soient avantageusement placées ; toutes les autres sont dignes d'un village. Des quartiers immenses demandent des places publiques, et tandis que l'arc de triomphe de la porte Saint-Denis et la statue équestre de Henri le Grand, ces deux ponts [3], ces deux quais superbes [4], ce Louvre, ces Tuileries, ces Champs-Élysées, égalent ou surpassent les beautés de l'ancienne Rome, le centre de la ville, obscur, resserré, hideux, représente le temps de la plus honteuse barbarie. Nous le disons sans cesse ; mais jusqu'à quand le dirons-nous sans y remédier ?

» A qui appartient-il d'embellir la ville, sinon aux habitants qui jouissent dans son sein de tout ce que l'opulence et les plaisirs peuvent prodiguer aux hommes ? On parle d'une place et d'une statue du roi [5], mais depuis le temps qu'on en parle on a bâti une place dans Londres et on a construit un pont sur la Tamise, au milieu même d'une guerre plus funeste et plus ruineuse pour les Anglais que pour nous. Ne pouvant pas avoir la gloire de donner l'exemple, ayons au moins celle d'enchérir sur les exemples qu'on nous donne. Il est

---

[1] Le Théâtre-Français était dans la rue des Fossés-Saint-Germain des Prés, appelée ensuite rue de l'Ancienne-Comédie. On trouvait l'Opéra rue Saint-Honoré, au coin du Palais-Royal. Les Italiens étaient établis rue Mauconseil.

[2] La fontaine des Innocents, près du marché de ce nom, et la fontaine de la rue de Grenelle.

[3] Le Pont-Royal et le Pont-Neuf.

[4] Dont faisait partie le quai des Théatins, qu'habita plus tard Voltaire, où il mourut, et qui reçut son nom.

[5] La place Louis XV, aujourd'hui place de la Concorde.

temps que ceux qui sont à la tête de la plus opulente capitale de l'Europe la rendent la plus commode et la plus magnifique. Ne serons-nous pas honteux, à la fin, de nous borner à de petits feux d'artifice, vis-à-vis un bâtiment grossier, dans une petite place destinée à l'exécution des criminels[1]? Qu'on ose élever son esprit, et on fera ce qu'on voudra. Je ne demande autre chose, sinon qu'on veuille avec fermeté. Il s'agit bien d'une place ! Paris serait encore très-incommode et très-irrégulier, quand cette place serait faite ; il faut des marchés publics, des fontaines qui donnent en effet de l'eau, des carrefours réguliers, des salles de spectacle ; il faut élargir les rues étroites et infectes, découvrir les monuments qu'on ne voit point, et en élever qu'on puisse voir. »

Puis Voltaire combattait par de fort bonnes raisons la crainte d'une dépense considérable : « Bien loin que l'État perde à ces travaux, continuait-il, il gagne ; tous les pauvres alors sont utilement employés ; la circulation de l'argent en augmente et le peuple qui travaille le plus est toujours le plus riche. Mais, où trouver des fonds? Et où en trouvèrent les premiers rois de Rome, quand, dans le temps de la pauvreté, ils bâtirent ces souterrains[2] qui furent, six cents ans après eux, l'admiration de Rome riche et triomphante!.....
Y a-t-il moins d'argent dans Paris qu'il n'y en avait dans Rome moderne, quand elle bâtit Saint-Pierre, qui est le chef-d'œuvre de la magnificence et du goût et quand elle, éleva tant d'autres beaux morceaux d'architecture où l'utile, le noble et l'agréable se trouvent ensemble? Londres n'était pas si riche que Paris, quand ses aldermen firent l'église de Saint-Paul, qui est la seconde de l'Europe et qui semble nous reprocher notre cathédrale gothique[3]. »

---

[1] La place de Grève devant l'ancien Hôtel de ville, qui méritait moins de mépris.

[2] Les grands égouts, la *cloaca maxima*.

[3] Le grand goût, du temps de Voltaire, ne prisait pas l'architecture gothique.

Après avoir expliqué comment le roi ne pouvait faire la dépense parce que la guerre l'avait obéré et parce que, avant d'abattre les maisons qui cachent la façade de Saint-Gervais, il faut payer le sang répandu pour la patrie; après avoir établi que la dépense principale devait être faite par la ville de Paris et non par le prince, qui n'est pas plus roi des Parisiens que des Lyonnais et des Bordelais, et qui est, à la lettre, l'économe de toute la nation, mais dont on pouvait solliciter un généreux concours, Voltaire conclut ainsi :

« Que le corps de Ville demande seulement permission de mettre une taxe modérée et proportionnelle sur les habitants, ou sur les maisons, ou sur les denrées; cette taxe, presque insensible pour embellir notre ville, sera, sans comparaison, moins forte que celle que nous supportions pour voir périr nos compatriotes sur le Danube. Que ce même Hôtel de ville emprunte en rentes viagères, en rentes tournantes, quelques millions qui seront un fonds d'amortissement; qu'il fasse une loterie bien combinée; qu'il emploie une somme fixe tous les ans; que le Roi daigne ensuite, quand ses affaires le permettront, concourir à ces nobles travaux, en affectant à cette dépense quelques parties des impôts extraordinaires que nous avons payés pendant la guerre, et que tout cet argent soit fidèlement économisé; que les projets soient reçus au concours; que l'exécution soit au rabais; il sera facile de démontrer qu'on peut en moins de dix ans faire de Paris la merveille du monde.....

» Il est indubitable que de telles entreprises peupleront Paris de quatre ou cinq mille ouvriers de plus, qu'il en viendra encore des pays étrangers : or, la plupart arrivent avec leurs familles; et si ces artistes gagnent 1,500 francs, ils en rendent un million à l'État par leurs dépenses, par la consommation des denrées. Le mouvement prodigieux d'argent que ces entreprises opéreraient dans Paris augmenterait encore de beaucoup le produit des fermes générales.....

» Quand Londres fut consumée par les flammes, l'Europe disait : Londres ne sera rebâtie de vingt ans, et encore verra-t-on son désastre dans les réparations de ses ruines. Elle fut rebâtie en deux ans, et le fut avec magnificence. Quoi ! ne sera-ce jamais qu'à la dernière extrémité que nous ferons quelque chose de grand ? Si la moitié de Paris était brûlée, nous la rebâtirions superbe et commode ; et nous ne voulons pas lui donner aujourd'hui, à mille fois moins de frais, les commodités et la magnificence dont elle a besoin ! Cependant une pareille entreprise ferait la gloire de la nation, un honneur immortel au corps de Ville de Paris, encouragerait tous les arts, attirerait les étrangers des bouts de l'Europe, enrichirait l'État, bien loin de l'appauvrir, accoutumerait au travail mille indignes fainéants qui ne fondent actuellement leur misérable vie que sur le métier infâme et punissable de mendiants, et qui contribuent encore à déshonorer notre ville ; il en résulterait le bien de tout le monde, et plus d'une sorte de bien. Voilà, sans contredit, l'effet de ces travaux qu'on propose, que tous les citoyens souhaitent, et que tous les citoyens négligent. Fasse le ciel qu'il se trouve quelque homme assez zélé pour embrasser de tels projets, d'une âme assez ferme pour les suivre, d'un esprit assez éclairé pour les rédiger, et qu'il soit assez accrédité pour les faire réussir ! Si dans notre ville immense il ne se trouve personne qui s'en charge, si on se contente d'en parler à table, de faire d'inutiles souhaits, ou peut-être des plaisanteries impertinentes, il faut pleurer sur les ruines de Jérusalem. »

Le puissant journaliste, car on peut désigner ainsi Voltaire, qui excellait dans ces petits écrits vifs et saisissants, publiés hâtivement sur les questions du jour, avait déjà émis de semblables idées, et il y insistait souvent. Jusque dans sa correspondance, on trouve la même préoccupation : en 1739 il parlait des embellissements de Paris au roi de

Prusse[1]; la même année, il écrivait au comte de Caylus, à l'occasion de la fontaine de Grenelle, sculptée, sous la prévôté de Turgot, par Bouchardon[2] : « Je n'ai rien à dire sur la belle fontaine qui va embellir notre capitale, sinon qu'il faudrait que M. Turgot fût notre édile et notre préteur perpétuel. Les Parisiens devraient contribuer davantage à embellir leur ville, à détruire les monuments de la barbarie gothique, et particulièrement ces ridicules fontaines de village qui défigurent notre ville. Je ne doute pas que Bouchardon ne fasse de cette fontaine un beau morceau d'architecture. Mais qu'est-ce qu'une fontaine adossée à un mur, dans une rue, et cachée à moitié par une maison? Qu'est-ce qu'une fontaine qui n'aura que deux robinets, où les porteurs d'eau viendront remplir leurs seaux? Ce n'est pas ainsi qu'on a construit les fontaines dont Rome est embellie. Nous avons bien de la peine à nous tirer du goût mesquin et grossier. Il faut que les fontaines soient élevées dans les places publiques et que les beaux monuments soient vus de toutes les portes. Il n'y a pas une seule place publique, dans le vaste faubourg Saint-Germain; cela fait saigner le cœur. Paris est comme la statue de Nabuchodonosor, en partie or et en partie fange. »

Voltaire n'était pas seul à parler de la sorte des travaux qu'il était urgent de faire dans Paris. C'était l'une des préoccupations du temps; on désirait passionnément, vers 1748, se distraire par des splendeurs pacifiques des émotions d'une guerre incertaine. Le Paris de Louis XIV, comme le montre Voltaire, offrait le contraste de monuments admirables au milieu d'une ville mal percée, malsaine, incom-

---

[1] « J'ai vu, disait-il, les fusées volantes qu'on a tirées à Paris avec tant d'appareil; je voudrais toujours qu'on commençât par avoir un Hôtel de ville, de belles places, des marchés magnifiques et commodes, de belles fontaines, avant d'avoir des feux d'artifice. »

[2] 9 janvier 1739.

mode. Depuis longtemps aucun travail utile et considérable n'y avait été entrepris. Madame de Pompadour, inspirée par les gens d'esprit dont elle s'était entourée, avait suggéré au Roi la pensée de se concilier les Parisiens en embellissant leur ville. Le but, pour mille raisons, était difficile à atteindre ; mais le moyen était digne d'un souverain éclairé. La favorite y mêlait l'intérêt ambitieux de sa famille. Elle voulait pousser son frère, le marquis de Vandières, plus tard marquis de Marigny, à justifier, par des travaux menés à bonne fin, son titre de directeur des Bâtiments. L'architecte Soufflot, le dessinateur Cochin étaient mêlés à ces plans. A ce moment, divers projets, les uns grandioses et irréalisables, les autres plus simples et plus pratiques, étaient mis en avant. On avait parlé, dès cette époque[1], de démolir les maisons qui couvraient les ponts et les quais ; on songeait à ouvrir diverses rues et, entre autres, à prolonger la rue de Tournon de la rue Saint-Sulpice, où elle s'arrêtait, à la rue de Buci, où commençait la rue de Seine, afin de mettre en rapport direct le palais du Luxembourg et le collége Mazarin[2]. Les personnes qui avaient visité l'Angleterre, et Voltaire tout le premier, vantaient beaucoup les squares ornés de gazon et de statues que l'on avait naguère créés à Londres. On proposait de démolir à Paris des quartiers de maisons environnés de quatre rues, pour transformer le sol ainsi déblayé en places publiques plantées d'arbres ; les propriétaires des façades auraient été obligés de contribuer à la dépense en raison de l'augmentation de la valeur de leurs maisons. On voulait assainir ainsi plusieurs des vieux quar-

---

[1] Soulavie. *Mémoires politiques et anecdotes de la cour de France pendant la faveur de la marquise de Pompadour.* Chap. 7.

« On voyait avec indignation de très-vilaines maisons sur de très-beaux ponts. » (Voltaire, *Dialogue sur les embellissements de la ville de Cachemire.*)

[2] L'exécution de ces deux grands desseins n'eut lieu que sous l'empereur Napoléon Ier.

tiers, où de sales égouts, des rues étroites, qui étaient bordées de maisons à cinq étages et dont le fond était boueux dans tous les temps, entretenaient un air stagnant et empesté, et faisaient naître tous les étés des maladies dangereuses.

Beaucoup de ces projets n'eurent point de suite. Ceux qui n'étaient qu'utiles furent ajournés. On fit de beaux monuments. On bâtit l'École militaire ; on éleva le Garde-Meuble ; on fonda l'église Sainte-Geneviève, que semblait recommander Voltaire, en proposant Saint-Pierre de Rome et Saint-Paul de Londres, avec leurs coupoles, à l'émulation de son pays. Mais, à part la plantation des boulevards du midi et des principales avenues voisines des Invalides, on fit peu de chose pour les voies publiques, qui ne portent point de frontispices, et ne conservent dans leur construction et dans leur aspect aucun témoignage particulier de la gloire de ceux qui les ont ouvertes.

Des entreprises moins brillantes mais plus réellement populaires furent faites sous Louis XVI. Le peuple de Paris n'en fut pas plus reconnaissant.

« Les habitants de Cachemire, avait encore dit Voltaire, sont doux, légers, occupés de bagatelles, comme d'autres peuples le sont d'affaires sérieuses, et vivant comme des enfants qui ne savent jamais la raison de ce qu'on leur ordonne, qui murmurent de tout, se consolent de tout, se moquent de tout et oublient tout. »

Ce portrait était flatté, comme on le vit sous Louis XVI et depuis. On ne se concilie point cette population. Il faut faire chez elle et pour elle ce qui est bien, et se tenir pour satisfait si l'on n'en est pas trop puni.

Paris aurait vu s'achever une nouvelle série d'embellissements sous Louis XVI et, principalement, sous l'empereur Napoléon, si le premier n'avait pas été arrêté par la Révolution et la mort, et le second, par les désastres de la guerre.

L'empereur laissa cependant après lui de magnifiques travaux exécutés dans un petit nombre d'années, et il légua d'admirables desseins aux régimes suivants qui en ajournèrent, en grande partie, l'accomplissement, pour diverses causes. Aussi, les besoins publics, qui s'accusaient avec tant d'énergie du temps de Voltaire, étaient-ils plus impérieux encore après 1848, pour n'avoir reçu, durant l'espace d'un siècle, qu'une incomplète satisfaction.

Ce n'est pas que le Gouvernement tombé en 1848 et l'ancienne Administration municipale n'eussent point fait de travaux dans Paris, et n'eussent point songé à y rendre la circulation plus facile en améliorant le réseau de la voie publique. Mais, selon le goût de la nation, la construction de monuments magnifiques eut la préférence, et l'Hôtel de ville, par exemple, concentra les plus puissants efforts du Préfet de la Seine et de son Conseil. L'ouverture des grandes rues, qui devenaient chaque jour plus nécessaires, était sans cesse retardée. Dans les opérations, même restreintes, qui ont été abordées, le résultat n'a pas toujours répondu à l'intention.

Un état des travaux de voirie, entrepris de 1830 à 1848 exclusivement, a été dressé au lendemain de la révolution par l'Administration de la Ville. Il s'appuie sur l'ensemble des comptes annuels, et se résume, pour les dix-huit années, en une dépense totale de 41,400,000 francs, dans laquelle ne sont compris ni le produit de la revente des portions d'immeubles non utilisées au profit du public, ni les indemnités pour retranchement de terrains par la voie ordinaire des alignements.

Voici ce qui ressort principalement de cet état[1] :

La ligne des quais et celle des boulevards, dont l'importance est, il est vrai, de premier ordre, sont à peu près les

---

[1] *Note demandée par M. le Préfet, portant un état comparatif des travaux de voirie exécutés de 1830 à 1848 exclusivement, et de 1848 à 1850 inclusi-*

seules dont on se soit occupé, sous le Gouvernement de juillet, avec quelque vigueur et quelque esprit de suite.

Pour les quais, jusqu'à l'année 1836, les murs de parapet n'étaient point encore élevés sur une longueur considérable, même au centre de la ville. Dans l'usage, on ne donne aujourd'hui le nom de quai, dans Paris, qu'à une voie bordant la Seine, relevée comme une digue par une muraille de soutènement, inaccessible aux grandes eaux, et munie de parapet. Mais, à l'époque que je viens d'indiquer, le quai de la Grève, tout près de l'Hôtel de ville, n'était qu'une sorte de berge pavée, descendant en pente inclinée jusqu'à la rivière, et se terminant par le port au Blé. Il en était de même du quai des Ormes, qui vient à la suite. L'île Louviers, encore détachée de la rive droite, comme de la rive gauche, n'avait pas de quai. Au sud, les bâtiments de l'Hôtel-Dieu étaient à cheval sur le fleuve et en occupaient les deux bords, du Petit-Pont au pont aux Doubles. Les quais de la Bûcherie, aujourd'hui de Montebello, de la Tournelle, Saint-Bernard, n'avaient ni parapet ni murs de défense contre l'envahissement de la Seine. Les deux premiers étaient obstrués par des maisons qui, d'un côté, formaient la rue des Grands-Degrés, et qui, de l'autre, en pignons irréguliers, en masures délabrées, s'approchaient fort près du fleuve. En amont de la Cité, tous les points bas étaient atteints par l'inondation, dans les fortes crues. Tous ces quais furent élevés au niveau des rues adjacentes; ils opposèrent à la Seine l'obstacle de leurs murs et offrirent un trajet commode aux passants. Le bâtiment de l'Hôtel-Dieu, assis sur la rive gauche, fut dédoublé, et la partie démolie livra passage au quai Montebello.

vement, signée Chantelot, chef du bureau des Travaux, sous la direction de M. Trémisot.

Dictionnaire des rues de Paris, par Louis Lazare.

Résumé statistique des recettes et des dépenses de la Ville de Paris, de 1797 à 1855, par MM. Martin-Saint-Léon et Laurent.

Comptes de la ville de Paris.

D'autres travaux de moindre importance furent faits sur d'autres points de la ligne des quais, qui n'eut plus d'interruption qu'au midi de la Cité, l'Hôtel-Dieu occupant encore le bord de l'eau au pied de Notre-Dame. Cette ligne fut garnie de trottoirs et d'arbres, par les soins de M. de Rambuteau, qui aimait, avec raison, les plantations, comme égayant la vue et assainissant la Ville.

Les boulevards aussi appelaient la main des édiles. Le boulevard Saint-Denis et le boulevard Bonne-Nouvelle conservaient encore, comme plusieurs autres, les vestiges des anciens remparts. Ils étaient bordés du côté extérieur par des rues basses, la rue des Fossés-Saint-Denis, la rue Neuve-d'Orléans, etc., dont ils n'étaient séparés que par un talus, ou par un mur de soutenement. Ils étaient d'ailleurs trop étroits, et leur chaussée ondulait, avec des pentes fort dangereuses. Ils furent élargis par la suppression des rues basses; leur niveau fut partiellement rectifié. Le boulevard de la Contrescarpe fut reconstruit à la même époque. La révolution de Juillet ayant coupé les arbres pour faire des barricades inutiles, le Préfet de la Seine eut l'occasion d'exercer son goût pour les plantations. Cette fois, il y mit du luxe, et crut devoir orner les boulevards de deux rangées d'arbres, au lieu d'une, au grand désespoir des propriétaires et des locataires des maisons en bordure, dont les fenêtres étaient comme étouffées par un masque de feuillage, tout peuplé d'insectes et interceptant l'air, le soleil et la vue. Ce qui fut mieux entendu, ce fut l'établissement, au milieu des contre-allées, d'une large bande de dallage ou de bitume qui tint lieu de trottoir, et fut un premier bienfait pour les promeneurs. Jusqu'alors, en effet, selon la saison, on y marchait dans la boue ou dans la poussière.

Après 1848, ces travaux de nivellement, d'élargissement, de construction, furent repris ou modifiés, sur les quais et sur les boulevards, selon un plan plus vaste. Ils n'en étaient pas moins fort beaux et les plus considérables que l'ancienne Administration municipale ait accomplis pour la facilité des communications. Le reste eut moins de valeur.

La rue du Pont-Louis-Philippe fût tracée peu de temps après 1830, pour prolonger jusqu'au quai de la Grève la vieille rue du Temple. Mais d'un côté, cette dernière rue ne fut point élargie à son débouché dans la rue Saint-Antoine, et, de l'autre côté, un simple pont suspendu, sans solidité, fut jeté du quai de la Grève à l'île de la Cité, d'où l'on pouvait joindre la rive gauche par le pont de l'Archevêché. Cette ligne ainsi incomplète et brisée, qui, par la rue des Bernardins, n'aboutissait qu'à la rue Saint-Victor, n'acquérait certainement point par la création de la rue Louis-Philippe l'importance d'une grande voie, qu'avec un peu plus d'effort et de dépense on aurait pu lui donner.

Au milieu de la Cité, la rue d'Arcole fut créée en prolongement d'un pont suspendu ou passerelle du même nom qui partait de la place de l'Hôtel-de-Ville.

En même temps, la rue de la Cité, qui joignait le pont Notre-Dame au pont au Change, reçut un certain élargissement. Toutefois, la rue d'Arcole, dirigée obliquement vers le milieu de la place du Parvis-Notre-Dame, en face de l'Hôtel-Dieu, ne trouvait pas d'issue vers la rive gauche; la rue de la Cité ne faisait que relier l'étroite embouchure de la rue Saint-Martin à celle, plus rétrécie encore, de la rue Saint-Jacques. Aucune de ces deux opérations ne peut donc être considérée comme se rattachant à un grand système de communications; elles eurent seulement pour effet d'opérer un certain dégagement de l'île, siége de l'ancien Paris, toute pleine de masures et de ruelles basses, sombres et fangeuses. A ce dernier point de vue, c'étaient encore d'utiles opérations que l'ouverture de la rue Constantine, dans l'axe du Palais de justice, et celle de la rue de la Sainte-Chapelle, au long du Palais.

Dans le sens parallèle à la Seine, le plus important des travaux de voirie accomplis sous le Gouvernement de juillet fut la création de la rue de Rambuteau, qui, en prolongeant jusqu'à la pointe Saint-Eustache la ligne des rues du Pas-de-la-Mule, Neuve Sainte-Catherine, des Francs-Bourgeois et de Paradis, devait ouvrir une voie magistrale de communication entre le Marais, les Halles et les quartiers de l'ouest. Malheureusement, rien ne fut moins réussi. On ne donna que treize mètres de largeur à la rue de Rambuteau, qui est toujours encombrée, même depuis l'exécution de la rue de Rivoli. Les expropriations furent faites avec une extrême parcimonie. On n'acquit de terrains que ce qui était rigoureusement nécessaire pour l'établissement de la voie, et l'on refusa la prise de possession de la totalité des immeubles, toutes les fois que les propriétaires ne l'exigèrent point absolument. Il en résulta que, des deux côtés de la rue, les espaces livrés aux constructions nouvelles furent sans aucune profondeur. Ils ne reçurent, pour ainsi dire, que des placards et des armoires à compartiments, au lieu de maisons et d'appartements. Des murs et des cloisons sans épaisseur, de petites chambres en longueur et en enfilade, point de cours intérieures, point d'aération, point de séparation suffisante des locaux d'habitation et des cuisines ou des cabinets d'aisances, tout se réunissait pour rendre de telles habitations aussi peu commodes que peu salubres. Cette expérience de la rue de Rambuteau fut la première cause des modifications apportées peu après à la législation sur l'expropriation.

Quelques opérations partielles avaient été mieux conçues, quoiqu'elles eussent toujours avorté sur un point.

Le palais de la Bourse, érigé avant 1830, attendait encore, au début du gouvernement de Louis-Philippe, les accès que d'anciens décrets de l'Empire et d'anciennes ordonnances de la Restauration avaient voulu lui ménager. La rue Vivienne s'arrêtait à la rue Feydeau, au coin de la place de la Bourse; elle fut enfin continuée jusqu'au boulevard, sous le nom provisoire de rue Neuve-Vivienne, par un entrepreneur qui reçut une subvention municipale. La rue de la Bourse fut ouverte jusqu'à la rue de Richelieu, dans l'axe du palais. La rue de la Banque fut prolongée, mais non élargie dans sa partie ancienne; la rue Joquelet fut élargie.

Quant à la rue Notre-Dame des Victoires, ce fut autre chose : elle ne dépassait que de fort peu l'alignement septentrional de la place de la Bourse, et tournait brusquement à droite pour aller joindre la rue Montmartre. Cette partie, en retour d'équerre, subsiste encore sous le nom de rue Brongniart[1]. Il s'agissait de pousser la rue Notre-Dame des Victoires en ligne droite jusqu'à la rue Montmartre. C'était une excellente pensée des Ordonnances royales de 1824 et de janvier 1830. En effet, au point où la jonction devait se faire, la rue Montmartre, qui jusque-là monte inclinée dans la direction du nord-ouest, forme un coude, devient fort large, et court droit vers le nord, pour aboutir au boulevard. Cette dernière section, d'après le projet, aurait été l'estuaire des deux rues Notre-Dame des Victoires et Montmartre, formant entre elles un angle aigu et versant leur circulation dans cette commune embouchure, semblable à celle d'un fleuve qui reçoit deux grands courants et s'agrandit, pour les porter simultanément à la mer. Mais ce programme, qui avait sa grandeur et surtout son utilité, ne reçut qu'une incomplète exécution : d'une part, on se contenta d'ordonner l'élargissement de la rue Notre-Dame des Victoires, par simple mesure d'alignement, le long de la place de la Bourse et au delà, ce qui laissa debout pour plus d'un siècle sans doute d'énormes et solides constructions rétrécissant le passage; et, d'autre part, on rencontra, précisément au coin de la rue Montmartre, une grosse maison qui fut énergiquement défendue contre l'ex-

---

[1] Le premier architecte de la Bourse.

propriation par son possesseur. Il allégua, dans la procédure, que les besoins de la circulation publique ne commandaient pas le sacrifice de ce grand bâtiment, et il obtint gain de cause. La rue Notre-Dame des Victoires, l'Administration municipale et l'Ordonnance royale en cours d'exécution s'arrêtèrent devant cet obstacle. Voilà pourquoi, encore aujourd'hui, la communication de la place de la Bourse à la rue Montmartre est difficile et souvent périlleuse. Les voitures sont obligées de faire brusquement des détours qui surprennent les piétons à l'improviste.

Le débarcadère des chemins de fer de Saint-Germain, de Versailles et de Rouen, établi rue Saint-Lazare, devait être entouré de grandes rues dirigées vers les différents quartiers de Paris et accessibles à une affluence incessante. On y songea en 1843 : on fit descendre le long de la gare, jusqu'à la rue Saint-Lazare, la rue d'Amsterdam, qui n'était encore de ce côté qu'une impasse. C'était une des nombreuses voies qu'avait créées, en 1826, la Compagnie Hagerman et Mignon, sur d'immenses terrains qu'elle possédait autour du point central désigné aujourd'hui sous le nom de place de l'Europe. En face du débarcadère, on ouvrit une issue, la rue du Havre, qui ne demandait pas mieux que d'aller joindre le boulevard, en se raccordant avec la rue Tronchet. Mais, encore cette fois, un projet utile et facile à réaliser n'aboutit qu'à une exécution imparfaite et mesquine. La rue du Havre ne fut pas conduite au delà de la rue Saint-Nicolas d'Antin ; là, elle rencontrait, pour toute communication directe soit avec le boulevard, soit avec la rue Tronchet, la rue de la Ferme-des-Mathurins, sorte de détroit, de canal rétréci entre deux vastes bassins d'un même courant. Quelques maisons, trois ou quatre de la rue Saint-Lazare et autant de la rue Saint-Nicolas d'Antin, furent seulement expropriées, et on s'imagina qu'on avait donné des dégagements au chemin de fer de l'Ouest.

Il serait fastidieux de multiplier davantage ces exemples. La liste des travaux de voirie accomplis de 1830 à 1848 est assez longue; j'en donne au bas de cette page le complément tout entier [1]. Il achève de montrer qu'à cette époque on était incessamment préoccupé de l'insuffisance des grandes artères de circulation; mais il dénonce plus clairement encore un système de demi-mesures, d'éparpillement de dépenses, qui ne portait aucun remède efficace au mal. Au lieu de concentrer les fonds disponibles de la Ville sur une seule opération,

---

[1] Suite des opérations de voirie exécutées de 1830 à 1848 exclusivement :

Ier ARRONDISSEMENT. — Élargissement de la rue Dauphine par l'expropriation partielle des maisons du côté gauche, prescrite en 1825, effectuée en 1841.

Achèvement de la place de la Madeleine.

Amorce du boulevard Malesherbes, au droit de l'hôtel du duc de Plaisance.

Ouverture des rues Chauveau-Lagarde et Desèze, au chevet de la Madeleine, par sections successives.

IIe ARRONDISSEMENT. — Prolongement direct, de quelques mètres, de la rue Chabanais, derrière la place Louvois.

Achèvement de la rue Notre-Dame de Lorette, partiellement ouverte en 1824, sur les terrains du quartier Saint-Georges, par la Compagnie de MM. Dosne, Loignon, etc.; le débouché dans la rue Saint-Lazare fut fait, en 1834, par un entrepreneur, moyennant une subvention de 130,000 fr. de l'État et une subvention de 250,000 fr. de la Ville.

Ouverture de la rue Turgot dans le même quartier.

IIIe ARRONDISSEMENT. — Ouverture de la rue Mazagran, près du bazar Bonne-Nouvelle, par un entrepreneur nommé Dufaud, moyennant une subvention municipale de 60,000 francs et la cession du sol d'un passage supprimé.

Élargissement d'une section de la rue Montmartre, jusqu'au nº 28.

IVe ARRONDISSEMENT. — Élargissement partiel de la rue Croix-des-Petits-Champs.

Ouverture de la rue Sainte-Opportune; communication de la place de ce nom au Marché des Innocents; très-courte rue, très-étroite, qui eût été fort utile si elle eût été largement ouverte et poussée plus avant vers le quai.

Élargissement et achèvement de la rue Bertin-Poirée, par la démolition de quatre maisons, moyennant une subvention des propriétaires intéressés, ainsi que par la suppression de deux ruelles infectes, dont la largeur n'atteignait pas 1 mètre 50 c., et qui aboutissaient au quai de la Mégisserie.

Ve ARRONDISSEMENT. — Élargissement partiel de la rue Bourbon-Villeneuve par la démolition d'une maison.

VIe ARRONDISSEMENT. — Ouverture de la Rue-Neuve-Bourg-l'Abbé, faite par deux propriétaires sur leurs terrains, à la condition que la Ville ferait les

jusqu'à ce qu'elle fût achevée, on en faisait une sorte de distribution, par petites sommes, entre les divers arrondissements, on dirait presque entre les influences jalouses des conseillers municipaux. On n'accomplissait que très-peu d'opérations d'ensemble, et dans de médiocres proportions : ici, on démolissait deux maisons ; là, on en abattait quatre ; ailleurs, on ouvrait une section de rue nouvelle, qui demeurait longtemps à l'état d'impasse ; plus loin, on élargissait une petite partie d'une ancienne rue, qui restait

frais de premier pavage, d'éclairage, d'établissement de trottoirs, et sans que les constructions puissent dépasser une certaine limite en hauteur. Les comptes de 1830 et 1831 font mention d'indemnités à la charge de la Ville, payables par sixième, et montant en somme à 311,000 fr. environ.

Élargissement de la rue du Petit-Hurleur.

VIIe Arrondissement. — Élargissement partiel de la rue du Renard Saint-Merry.

Prolongement en ligne directe, jusqu'à la rue précédente, de la rue du Cloître Saint-Merry, qui faisait retour d'équerre autour de l'église ; fort petite opération.

Élargissement de la rue Barre-du-Bec, partie de la grande ligne de la rue du Temple, comprenant les rues Sainte-Avoie, Barre-du-Bec et des Coquilles. La principale dépense n'a été faite qu'en 1849.

Suppression d'un îlot de maisons entre les deux ruelles de Bercy et de la Croix-Blanche, sur une longueur de 70 mètres ; la largeur de chacune des deux ruelles situées aux environs de l'Hôtel de ville ne dépassait pas deux mètres avant l'opération.

VIIIe Arrondissement. — Élargissement partiel de la rue Neuve Saint-Nicolas.

IXe Arrondissement. — Suppression, par suite de l'achèvement de l'Hôtel de ville, de la rue du Martroi, de l'arcade Saint-Jean, de partie de la rue de l'Hôtel-de-Ville.

Formation de la rue Lobau, derrière l'Hôtel de ville, par l'élargissement des anciennes rues Pernelle, de la Levrette et du Tourniquet Saint-Jean.

Élargissement de la rue François Miron.

Xe Arrondissement. — Prolongement de la rue Saint-Jean jusqu'au quai d'Orsay, au long de la Manufacture des tabacs.

XIe Arrondissement. — Prolongement de la rue Racine sur un terrain antérieurement affecté à l'École de médecine.

Élargissement de la rue Saint-André des Arts dans le très-court espace compris entre la place Saint-André des Arts et celle du pont Saint-Michel.

Formation d'une petite place aux abords du lycée Louis-le-Grand, avec une subvention du lycée, et élargissement de la rue des Poirées.

étranglée sur d'autres points. On semblait ignorer ce fait, révélé par une observation journalière, qu'une grande rue, dans une ville, semblable en ce point à toutes les autres voies de communication, routes, chemins de fer, canaux, n'a sa véritable utilité que lorsqu'elle est ouverte et praticable d'un bout à l'autre. Les passants ne s'y engagent, les voitures n'y roulent, les maisons ne s'y élèvent, les boutiques ne s'y établissent qu'à cette condition. Beaucoup de tronçons de rues, épars dans la ville, ne forment pas un chemin et ne mènent nulle part; cent volumes dépareillés ne font pas un livre.

Par le procédé qu'on suivait, chaque entreprise était interminable. On voulait dégager, par exemple, les abords de l'Hôtel de ville, qui devenait un immense et splendide monument; on ne déblayait, aux alentours, la voie publique que dans un périmètre très-resserré, comme s'il s'agissait de ménager un tour d'échelle au circuit d'une prison. Et l'on ne se pressait guère : les premières études remontaient à 1833; l'ordonnance déclarative de l'utilité publique était rendue en 1836; les acquisitions et expropriations commençaient en 1837; les premières démolitions, du côté du quai, s'effectuaient en 1838, et se continuaient, pour l'établissement de la rue Lobau et pour l'isolement de l'édifice au nord, jusqu'en 1843; soit dix années, pour ne rien faire de

Élargissement, par le reculement de quatre maisons, d'une petite partie de la rue de la Harpe.
Élargissement d'une section de la rue des Mathurins Saint-Jacques, commencé en 1847.
Prolongement de la rue Soufflot, sur une largeur de douze mètres seulement, lorsque la première partie de la rue, aux abords du Panthéon, avait 31 mètres. (Partie de cette voie appartient au XIIe arrondissement.)
Ouverture d'une petite section de la rue Bonaparte.
XIIe ARRONDISSEMENT. — Conversion en rue du passage Valence.
Ouverture de la rue de l'École polytechnique par un particulier, M. Mayet, moyennant une subvention municipale de 225,000 francs, et sous certaines conditions de viabilité.
Ouverture d'une section de la rue du Cardinal-Lemoine.

satisfaisant et de définitif. Et cependant, il n'y avait à abattre en tout pour ces dégagements, selon l'indication de la note déjà citée, que 49 maisons.[1].

Autre fait du même genre : l'ouverture de la rue de Rambuteau avait été étudiée en 1836 et en 1837. L'ordonnance prononçant l'utilité publique n'intervint que le 5 mars 1838. Les expropriations, commencées en 1839, ne furent achevées qu'en 1845, et le projet ne comprenait que 77 maisons. Pour la rue de Constantine, il s'agissait seulement de 33 maisons ; les études sont de 1836 et 1837 ; la déclaration d'utilité est du 15 juin 1838 ; l'exécution, commencée en 1840, ne s'achève qu'en 1844 ; moins de 7 maisons par année.

Quarante et mille quatre cents francs dépensés ainsi dans l'espace de 18 années représentent en moyenne une dépense de 2,300,000 francs par an. C'était bien peu de chose, en considération des ressources véritables de la Ville et pour de tels besoins ; mais c'est moins la quotité de la somme que l'emploi qu'on en a fait, qui est ici l'objet de ma critique.

---

[1] L'élargissement de la rue François-Miron ne fut entrepris que beaucoup plus tard.

CHAPITRE III

État de la viabilité en 1849. — Émigration de la population parisienne vers l'ouest de la ville. — Même phénomène à Londres. — La salubrité de l'air dans les deux villes. — La crainte des troubles civils à Paris. — Conséquences pour Paris de l'établissement des chemins de fer.

Après cette revue aussi complète que possible des travaux antérieurs à 1848, je ne puis me dispenser, quelle que soit la longueur et la multiplicité de ces détails, de décrire, dans son ensemble l'état de la viabilité de Paris à cette époque, afin de bien montrer la nécessité des grands efforts qu'on allait faire pour le transformer. J'évoque ici des souvenirs déjà presque sortis de toutes les mémoires ; car on s'habitue vite aux améliorations et au bien-être ; le mal qui disparaît à nos yeux semble n'avoir jamais existé.

Paris *central,* dans une étendue fort considérable, n'avait point de grandes voies rayonnantes, ni perpendiculaires, ni parallèles au fleuve, à l'exception des quais. Toutes les larges rues pénétrant en deçà des boulevards intérieurs venaient buter, en quelque sorte, contre la masse compacte des habitations formant l'ancien Paris, que perforaient seulement des rues étroites et des ruelles, comme les cheminements tortueux des insectes dans le cœur d'un fruit. Si, par exception, quelques rues importantes se prolongeaient directement jusqu'au centre, elles se rétrécissaient de telle sorte, avant d'aboutir, qu'on les pouvait considérer comme interrompues.

La rue Saint-Martin et la rue Saint-Denis, grandes traverses d'autrefois qui, en partant du nord, arrivaient dans Paris entre les hauteurs de Montmartre et de Belleville et conservaient à travers les faubourgs, et un peu au delà des boulevards une certaine largeur, ne joignaient les quais qu'à grand'peine, comme par des goulots d'entonnoir. Ces deux anciennes routes royales ne pouvaient se continuer sur l'autre rive vers le midi, à l'ouest de la colline Sainte-Geneviève et à l'est des hauteurs de Montrouge, que par la rue de la Harpe, étroite du quai à la rue d'Enfer, et par la rue Saint-Jacques, presque impraticable à son entrée, dans laquelle les passants les plus prudents couraient quelque péril dès que deux voitures venaient à se croiser. A l'orient, la rue Saint-Antoine, large dans son parcours de la Bastille à la place Birague, prenait des proportions de plus en plus petites en s'approchant de l'Hôtel de ville, derrière lequel elle expirait, perdant son nom, et cessant d'être abordable. La ligne de la rue Vieille-du-Temple, qui finissait aussi en s'amoindrissant, tombait dans la partie la moins large de la rue Saint-Antoine. Quant à la rue du Temple, elle ne trouvait une issue, sur la petite place de l'Hôtel-de-Ville, que par les rues Barre-du-Bec et des Coquilles. A l'occident de la rue Saint-Denis, mêmes difficultés : les rues Montorgueil et Montmartre, la première après avoir franchi une colline, la seconde très-étroite à sa fin, débouchaient à la pointe Saint-Eustache, au milieu du tourbillon des halles dans lequel il était difficile de s'engager et dont on ne pouvait sortir que plus difficilement encore. Il fallait ou louvoyer par les détours des rues de la Fromagerie, de la Lingerie, des Déchargeurs, ou chercher passage par la rue des Fourreurs, par la place Sainte-Opportune, par les rues de la Tabletterie, ou de la Harengerie. Durant une partie de la journée, on avait à franchir la fourmilière des Halles avec ses bouchers, ses marchands de verdure, ses étalages de légumes en plein vent, ses charrettes, ses porteurs, ses milliers de paniers, ses monceaux de rebuts et d'ordures accumulés.

Il existait à cette époque, au coin des rues, des refuges

assez nombreux qu'avait créés pour les passants la complaisance intéressée des débitants de vin, d'épiceries, ou d'autres marchandises, et qui témoignaient de l'extrême difficulté de la circulation. L'encoignure d'une boutique s'ouvrait sur deux rues et laissait aux piétons menacés par les voitures un libre passage entre le pilier formant jambe-étrière et des portes en retraite presque toujours ouvertes sur le magasin intérieur, de telle sorte qu'on pût, au choix, ou s'esquiver des embarras de la rue, ou céder à la tentation préparée par le marchand hospitalier, et faire une pause dans la boutique.

Plus à l'ouest, tout trajet direct était intercepté par le Louvre et les Tuileries. La rue de Richelieu, déjà trop peu large, finissait par la petite rue de Rohan et ne se dégorgeait sur le quai que par les guichets du Louvre, portes entr'ouvertes, toujours encombrées de files de voitures et dans lesquelles on ne pouvait se glisser à pied sans risquer d'être écrasé.

En résumé, de la place de la Concorde à l'Hôtel de ville et bien au delà, il n'y avait pas un chemin large et commode, partant des boulevards de la rive droite pour parvenir aux quais et traverser la Seine. Le jardin des Tuileries, le Louvre encore plein de maisons, le quartier des Halles, les environs de l'Hôtel de ville, la butte ou monceau Saint-Gervais, avec leurs inextricables dédales, formaient comme une barrière continue, de plus de trois kilomètres, qui séparait le nord du sud de Paris et défendait les approches de la rivière.

Au midi, dans une étendue presque égale, on rencontrait de pareils obstacles. Du palais de l'Institut, qui ferme, pour ainsi dire, les rues de Seine et Mazarine, au pont d'Austerlitz, il n'y avait point de voie ample et directe ouverte au travers de l'ancien Paris. La rue Dauphine, quoique de proportion médiocre, avait bien quelque importance ; mais elle ne dépassait pas, dans sa direction vers le midi, le carrefour de Buci où convergeaient les rues de Buci, de l'Ancienne-Comédie et Saint-André-des-Arts, qui y versaient tout leur contingent de voitures et de passants, dans un sens contraire au grand courant qu'amenait la rue Dauphine. Il n'y avait point de décharge suffisante pour ce réservoir toujours débordant. Au centre, au bas du pont Saint-Michel, à côté de la rue de la Harpe dont j'ai parlé plus haut, se présentait obliquement la petite rue Saint-André-des-Arts pour tout chemin de ce point vers le faubourg Saint-Germain. En la suivant, on avait à traverser les embarras du carrefour Buci et, plus loin, le défilé de la rue du Four, non moins redouté des voyageurs, à cause des accidents de voitures, que quelque ravin au fond des bois, célèbre par de mauvaises rencontres. Après la rue Saint-Jacques, s'élevait la montagne Sainte-Geneviève, aux pentes abruptes.

A ces nécessités locales qui s'imposaient d'elles-mêmes, se joignait un problème plus général et d'une solution malaisée. Il se manifestait depuis longtemps, dans le mouvement de la population, un phénomène déjà observé à Londres. Les classes aisées avançaient leurs demeures et les multipliaient dans la direction de l'ouest, en désertant la partie orientale de la ville. Cela dure encore aujourd'hui. Dès qu'un homme a fait sa fortune, dans le faubourg Saint-Antoine, dans le faubourg Saint-Marceau, ou dans d'autres quartiers excentriques, il cherche un appartement ou un hôtel aux environs de l'Opéra, de la Madeleine, du faubourg Saint-Honoré, des Champs-Élysées ou du faubourg Saint-Germain. Ainsi, de plus en plus, l'est perd ses habitants les plus riches, et se remplit d'usines, de fabriques, de magasins et de maisons d'ouvriers. De ce côté disparaît donc peu à peu ce mélange des classes et des fortunes, si général ailleurs.

Une semblable préférence des classes élevées pour l'ouest de la ville se remarque à Londres depuis longtemps. Là, les raisons en sont faciles à comprendre. La Tamise, qui coule à peu près de l'est à l'ouest, est le port de mer, le grand canal du commerce. Il a pour limite le premier pont de la ville, le pont de Londres. En aval, à l'est par conséquent, sur les bords du fleuve, devait se fixer tout ce qui vit du commerce et de la marine, tout ce qui s'y rapporte. Autour du pont s'est établi le comptoir, le magasin, la banque, avec tous leurs accessoires, ce qui compose la Cité. Plus haut, en remontant le fleuve, au point où ses eaux sont plus pures, où ses bords sont accidentés et charmants, ou des ponts peuvent mettre en communication les deux rives, se sont naturellement placés les palais des rois et du Parlement, les maisons de luxe, les habitations de loisir. En Angleterre d'ailleurs les classes ne se confondent point.

A Paris, la tendance vers l'ouest ne s'explique pas avec la même simplicité. La Seine coule en sens inverse de la Tamise et descend vers l'occident; elle apporte donc dans les beaux quartiers les déjections de la ville industrieuse. Pendant longtemps, les rois de France dont le séjour antique et principal était au centre dans l'île de la Cité, appelée jadis île du Palais, transportèrent leurs demeures à l'orient, puis, à l'occident, c'est-à-dire, d'abord au palais Saint-Paul, situé dans l'emplacement compris entre la rue Saint-Antoine, la Seine, la rue Saint-Paul, et le bassin de l'Arsenal, fossé des anciennes fortifications; puis, au palais des Tournelles qui s'élevait sur l'emplacement aujourd'hui occupé par la place Royale; ensuite, au Louvre et aux Tuileries.

Ces dernières résidences finirent par être adoptées. La partie de la population qui se groupe ordinairement autour des palais royaux se porta alors dans la même direction. D'ailleurs, le vent d'ouest règne à Paris une grande partie de l'année; il rejette donc vers l'est les fumées et les émanations de la populeuse cité. Cette circonstance ou d'autres accidentelles, comme les exhalaisons que répandaient les fossés de la citadelle de la Bastille, avaient fait abandonner l'hôtel Saint-Paul. L'hôtel des Tournelles passait aussi pour insalubre et, à la première occasion, fut délaissé. On comprend que ces craintes sur la salubrité de l'air parussent fondées, dans les temps où les rues étaient presque toutes étroites et fangeuses, où des ruisseaux infects coulaient dans des égouts béants, où aucune mesure efficace n'était prise pour l'assainissement des maisons et des voies publiques, où tous ces miasmes étaient journellement entraînés par le vent vers les demeures royales et vers les riches hôtels dont elles étaient environnées.

Mais un autre motif bien plus puissant éloigne depuis longtemps de ces quartiers tous ceux qui ont quelque chose à perdre : ce sont les traditions révolutionnaires et insurrectionnelles qui se sont perpétuées de ce côté. Le voisinage de l'Hôtel de ville a rarement cessé d'être tumultueux. S'il y a eu, même dans les temps anciens, quelque trame politique, quelque préparation d'intrigues ou d'émeutes, l'Hôtel de ville en a presque toujours été le foyer. Depuis un siècle, les révolutions n'ont cessé d'y installer leur état-major et de sévir dans les faubourgs de l'est. Comment les gens qui ont des intérêts et des sentiments conservateurs n'iraient-ils pas se rassembler loin de là, autour du siége de l'autorité centrale, des administrations et des services publics, sous la protection la plus énergique de la force légale, afin d'y trouver la sécurité et la liberté? Pour les personnes aisées, mille avantages et mille jouissances résultent de leur rapprochement mutuel. Elles attirent autour d'elles toutes les offres d'une industrie artistique et raffinée, tous les produits d'un commerce de luxe, toutes les entreprises, tous les établissements qui ont pour objet les satisfactions de l'intelligence et du goût.

Un tel entraînement était irrésistible et avait pris une nouvelle force à la suite de la révolution de Février. On en gémissait depuis longtemps dans le Conseil municipal où, après comme avant la révolution, les membres représentant l'orient de la ville semblaient exercer une influence prépondérante. On dissertait souvent sur les moyens d'y opposer une digue; mais, dans ce but, qu'il était plus facile d'indiquer que d'atteindre, on ne savait guère quelle mesure conseiller. Il semble qu'il n'y eût pour des hommes impartiaux que deux choses à faire : d'une part, améliorer, par de grandes opérations de viabilité bien conçues, les quartiers qu'on voulait préserver de la désertion, y ouvrir de vastes espaces, des jardins publics qui entretinssent la salubrité de l'atmosphère, y perfectionner sans cesse les services municipaux; d'autre part, ne point montrer de mauvaise humeur contre les émigrants qui se pressaient vers les quartiers de l'ouest; diriger par des percements bien entendus, les constructions de ces quartiers, ne point laisser dans l'abandon, par exemple, les vastes espaces compris entre la ligne du chemin de fer de l'Ouest dont le débarcadère venait de se construire rue Saint-Lazare, la rue de la Pépinière et les boulevards extérieurs jusqu'auprès de l'Arc de triomphe de l'Étoile. Dans cet espace, le terrain inégal, escarpé en sens divers, se prêtait difficilement aux constructions. Une sorte de truanderie y campait, aux environs de la place de Laborde, dans le territoire qu'on désignait sous le nom de Petite-Pologne; un abattoir occupait le centre; un parc jadis magnifique, celui de Monceaux, s'y transformait petit à petit en forêt vierge; les environs étaient presque inhabités.

J'ajoute, sans de plus amples détails, que, dans tout Paris, on ne trouvait guère que des places publiques sans verdure, des fontaines sans eau, des rues ordinairement pleines de boue, des égouts trop petits qui ne recevaient pas les eaux pluviales, des inondations au moindre orage, fort peu d'arrosage dans les chaleurs de l'été, des trottoirs interrompus, des marchés en plein air ou trop rares, des boulevards privés de leurs arbres qu'avait coupés la révolution, et, pour seuls jardins publics, les Tuileries, le Luxembourg, le Jardin des

Plantes et les Champs-Élysées en quinconces, sans un brin de gazon pour reposer la vue.

Le nombre des habitants et des visiteurs de Paris, l'activité de leurs mouvements, sous l'impulsion des affaires, les exigences d'une population chaque jour plus habituée aux raffinements de la civilisation, s'étaient accrus dans une proportion bien supérieure au progrès des efforts et des sacrifices de la municipalité. Le torrent parisien grossissait et se précipitait ; les magistrats municipaux avaient jusqu'alors temporisé et économisé.

On voit tout ce qu'ils avaient à faire pour rendre commode le séjour et le parcours de leur ville, et combien la sollicitude du chef de l'État était justifiée.

Ce qui devait rendre ces besoins publics plus intenses, c'était l'établissement prochain d'un immense réseau de lignes de fer autour de Paris. On était bien en retard en France. Dès le milieu du dix-huitième siècle, l'Angleterre avait des rails-ways qui servaient à faciliter le transport des charbons extraits des mines de New-Castle. Ce n'est qu'en 1823, après plus d'un demi-siècle, que ce procédé a été employé pour la première fois en France, pour conduire à la Loire le charbon des mines de Saint-Étienne. En 1836, la Grande-Bretagne avait 3,046 kilomètres de chemins de fer en exploitation. La France n'en avait que 142 [1] ! Deux années après, le Gouvernement français présentait aux Chambres un projet libéral et considérable. Il s'agissait de neuf grandes lignes dont l'État devait entreprendre la construction. Mais le tout échoua.

On vit, pendant plusieurs années, la Chambre des Députés

---

[1] De Saint-Étienne à la Loire. . . . . 18 kilomètres.
De Saint-Étienne à Lyon. . . . . 57 —
D'Andrezieux à Roanne. . . . . 67 —

Total. . . . . 142 kilomètres.

flotter entre plusieurs systèmes sans s'arrêter à aucun, se contredire à plusieurs reprises, et rejeter toutes les propositions du Gouvernement, quelque docilité qu'il apportât à la suivre dans ses caprices et à se démentir risiblement lui-même pour essayer de la satisfaire : un jour, en demandant, sans succès, l'exécution des chemins de fer par l'État; un autre jour, en adoptant, aussi infructueusement, l'intervention des Compagnies; plus tard, en revenant, sans une chance meilleure, à la pensée de l'exécution directe, ballotté du système des subventions à celui d'une économie stérile, du découragement à l'excès de confiance, sous l'influence changeante des intérêts départementaux diversement groupés, et sous l'action haineuse d'une opposition habile seulement pour tout faire avorter. Les orateurs de cette opposition déployèrent une merveilleuse sagacité pour découvrir tout à coup les inconvénients du parti qu'ils avaient précédemment recommandé eux-mêmes, mais dont ils oubliaient les avantages dès que le Gouvernement l'adoptait. Tantôt, au nom de la morale publique, qui condamnait, disait-elle, la spéculation et l'agiotage, tantôt, au nom de l'intérêt national, supérieur, selon son avis, à ces sortes de considérations, aujourd'hui pour épargner les deniers publics, demain pour obtenir, même à grand prix, la perfection et la solidité des travaux, une autre fois pour attendre les découvertes de la science, elle penchait toujours du côté où le Gouvernement n'était pas.

M. Arago, dont j'ai loué plus haut la clairvoyance tardive et le courage du dernier moment, avait été, dans ces débats sur les chemins de fer, aussi aveugle que les autres opposants, à l'égard des véritables intérêts de Paris, dont il aurait dû être, au contraire, l'intelligent gardien vis-à-vis l'esprit de parti. L'objection qu'il fit pour empêcher l'État de s'engager dans la dépense des lignes de fer, fut que la science devait probablement apporter avant peu de

profondes modifications à la locomotion par la vapeur et à la construction des routes ferrées. Mais, « par un de ces
» hardis tours de force d'une logique imprévue et dont
» pourtant nos fastes parlementaires présentent des exem-
» ples, M. Arago trouvait que cette raison, si formidable
» contre le Gouvernement, était tout à fait désarmée et dé-
» bonnaire au vis-à-vis des Compagnies, et il concluait à
» concéder à des Compagnies des entreprises qu'il jugeait en
» elles-mêmes prématurées et désastreuses ! »

Cette piquante remarque sur l'étrange contradiction dans laquelle tombait le savant rapporteur de 1838[1] est faite par M. Victor Considérant, un autre homme de l'opposition, dans une brochure ayant pour titre : *Déraison et dangers de l'engouement pour les chemins de fer*, et concluant logiquement à l'ajournement de toute entreprise de cette nature, soit directement par l'État, soit par l'intermédiaire des Compagnies. On trouvait dans toutes les écoles se donnant pour progressives, dans toutes les nuances de l'opposition, des adversaires éminents de la locomotion par la vapeur. Je crois inutile d'en rappeler ici les plus illustres exemples.

Les objections, aidées par la rivalité des intérêts, obtinrent un succès complet. Trois concessions assez courtes trouvèrent seulement grâce : ce furent celles des chemins de Paris

---

[1] A cette époque, le réseau français ne se composait que de chemins de très-courte étendue, qui ne semblaient avoir été construits que pour l'expérience et la curiosité. C'étaient, outre les trois chemins du bassin houiller de Saint-Étienne, ceux :

De Paris à Saint-Germain.	19 kilomètres.
De Sornain à la frontière belge.	15 —
De Montpellier à Cette.	27 —
De Paris à Versailles (les deux rives).	35 —
De Mulhouse à Thann.	20 —
De Bordeaux à la Teste.	52 —
	168
En ajoutant les chemins du bassin de Saint-Étienne.	142
On a un total de.	310 kilomètres.

à Orléans, d'Avignon à Marseille, de Bâle à Strasbourg, dont le développement ne dépassait pas 713 kilomètres. Mais, en même temps qu'on accordait aux capitalistes l'autorisation de se mettre à l'œuvre, on avait tellement détruit d'avance leur confiance dans le résultat, que les travaux languirent, que les actions furent frappées de discrédit, principalement celles de la Compagnie d'Orléans, qui, émises au capital nominal de 500 francs, devaient atteindre plus tard 1,800 francs, mais qui tombèrent tout d'abord au-dessous du cours d'émission. Il fallut, pour assurer l'achèvement des travaux, que l'État consentît des garanties d'intérêts.

Malgré les actes conciliants de 1840 et de 1842, qui chargèrent désormais l'État des acquisitions de terrains et de la construction, et les Compagnies de la pose de la voie, du matériel roulant et de l'exploitation, la France n'avait encore en 1848, à la chute du Gouvernement de Juillet, que 2,214 kilomètres de chemins de fer exploités, environ les deux tiers de ce que possédait déjà l'Angleterre douze années auparavant. De Paris, on n'atteignait encore que Tours, Châteauroux et Bourges, par la ligne d'Orléans; le Havre, par le chemin de Rouen. La ligne du Nord s'étendait jusqu'à Étaples, non loin de Boulogne, à Lille et à Valenciennes, et mettait la France en communication avec la Belgique; mais, de la ligne de l'Est, de celle de Lyon et de celle de l'Ouest, aucun point n'était encore en communication avec Paris. On avait les chemins de banlieue, de Saint-Germain, de Versailles et de Sceaux; quelques tronçons épars de Saint-Étienne à Lyon, de Marseille à Avignon, de Bordeaux à la Teste, etc., étaient exploités aux extrémités de la France; jusqu'à l'achèvement des grandes lignes dont ils faisaient partie, ils étaient frappés d'une sorte de stérilité, comme les morceaux d'un serpent coupé, qui s'agitent, mais n'ont point la vie. Ni l'ensemble du pays, ni Paris surtout ne pouvait ressentir le bienfait de ces exploitations partielles.

Le Prince-Président, naguère spectateur des progrès immenses amenés en Angleterre par l'action des chemins de fer, n'avait pas manqué de se proposer la reprise énergique et le prompt achèvement de ce grand travail. Comment il y parvint, par quelle opiniâtre volonté et à travers quelles difficultés, au moins au début de son pouvoir [1], ce n'est pas ici le lieu de l'exposer. Mais il avait à prévoir, et c'est ce qui nous intéresse, l'effet que produirait sur le mouvement de la population parisienne, sur l'activité et sur le commerce de Paris, l'achèvement simultané et presque subit de notre réseau.

La situation de la France sur le continent européen devait faire que, au moment où ses lignes ferrées toucheraient sa frontière, toutes celles qui seraient alors déjà construites en Europe, ou dont notre exemple hâterait l'achèvement, en deviendraient comme le prolongement presque indéfini. Nous ne pouvions manquer, en atteignant au détroit de la Manche, de participer aussitôt à la vertigineuse activité de l'Angleterre. On venait d'accéder, par le Nord, à la Belgique, dont le réseau était presque complet; car ce petit pays, sage et sensé, qui s'instruit au spectacle de nos fautes, et ne copie

---

[1] Ce n'est qu'à partir de 1852 que le réseau a pris une extension considérable. Il avait atteint, en 1859, 24,232 kilomètres, dont 16,954 étaient en pleine exploitation. Il y faut joindre 1,523 kilomètres de chemins de fer d'intérêt local, ce qui donne au réseau un développement de 25,755 kilom.

En résumé, le premier chemin de fer construit en France n'a été livré à la circulation qu'en 1828; il n'avait que 18 kilomètres de longueur et était le seul qui fût exploité à la chute de la Restauration.

Durant les dix-huit années du Gouvernement de Juillet, l'ensemble des concessions n'a atteint que 4,711 kilomètres, dont 2,214 seulement en exploitation.

Sous la République de 1848, on n'a rien pu faire, puisque, à la fin de 1851, le réseau de nos rails-ways ne s'était augmenté, malgré les efforts du chef de l'État, que de 269 kilomètres.

Depuis le coup d'État jusqu'à la fin du second Empire, le développement du réseau s'est élevé de 4,960 kilomètres à 25, 755 kilomètres, dont plus de 17,000 kilomètres en pleine exploitation.

chez nous que ce qu'il juge utile, nous avait grandement devancés. Par l'Est, on pénétrerait jusqu'au fond de l'Europe; en atteignant Marseille, on ouvrirait au monde un grand chemin à travers notre territoire. D'ailleurs, le réseau achevé resserrerait en quelque sorte toutes les parties de la France autour de Paris, en diminuant les distances des quatre cinquièmes. De toutes parts devaient bientôt se précipiter sur le centre des torrents de voyageurs; déjà la population s'y accroissait rapidement.

CHAPITRE IV

Caractère et projets du prince Louis Napoléon. — Son programme d'améliorations à réaliser dans Paris. — Plan de voies publiques tracé par lui.

Ce fut donc, dès l'abord, une des principales préoccupations du Prince Louis-Napoléon, que les améliorations à effectuer dans Paris; sa pensée à cet égard se développait et se précisait davantage. Ce Prince, d'une rare bonne foi et tout empreint des idées modernes, s'était fait, par beaucoup d'études et de méditations, un idéal de la mission qu'il avait à accomplir au sujet des travaux publics. Il croyait que l'autorité lui était surtout donnée pour écarter les obstacles que rencontrent dans les intérêts diversement coalisés, dans l'opposition des envieux, dans les préjugés de la routine, dans la paresse des esprits stériles, les projets les mieux conçus et les plus efficaces pour le bien public. Ne rien condamner comme chimérique avant examen; faire éclore les idées fécondes, que l'on accuse si souvent les administrations de dédaigner et d'étouffer; employer tout son pouvoir à vaincre les difficultés de l'exécution; ne s'arrêter qu'après avoir touché le but; ne laisser à l'avenir rien à faire d'utile qui pût être immédiatement réalisé; ne point abandonner à d'autres peuples l'application des découvertes si fréquentes et si négligées dans notre pays; telles étaient les règles de conduite qu'il s'était imposées. Tout ce qui s'était dit, écrit, projeté, entrepris pour le perfectionnement des grandes villes, tout ce qu'il avait observé ou conçu lui-même à cet égard, il le voulait effectuer promptement à

Paris. « L'idée napoléonienne, écrivait-il à Londres en 1840,
» n'attache d'importance qu'aux choses; elle hait les paroles
» inutiles. Les mesures que d'autres discutent pendant dix
» ans, elle les exécute en une seule année. »

Il était, en effet, au-dessus de son temps par maints côtés : il avait le goût du silence, la volonté calme et persévérante, l'amour non des programmes mais des résultats. A ces qualités énergiques de l'homme supérieur il joignait, ce qui était son défaut, une bonté extrême, qui ne comptait pas sur la reconnaissance, mais n'y était pas insensible; magnanimité mêlée de délicatesse qui faisait qu'on ne pouvait l'approcher sans l'aimer, et qui, sur les âmes bien faites, était plus puissante que son pouvoir même.

Dans l'impulsion toute personnelle qu'il a donnée à la transformation de Paris, la passion de ce qui était élevé et utile l'a constamment guidé, et, parmi tant d'admirables travaux, si la critique, aujourd'hui presque désarmée, a cherché naguère quelque chose à reprendre, ce n'a jamais pu être que l'excès du bien.

Les personnes admises auprès de lui le voyaient souvent couvrir le plan de Paris de coups de crayon et de lignes diversement orientées. Pour point de départ de ce qu'il y avait à faire, il considérait d'abord que les têtes ou les gares de chemin de fer étaient désormais les véritables portes de la ville, au lieu des anciennes barrières par lesquelles débouchaient les routes nationales, qui allaient descendre au rang de voies de communication de second ordre. Il fallait relier ces portes nouvelles afin que le passage de l'une à l'autre, c'est-à-dire d'une région de la France à une autre région, fût commode et rapide à travers le centre commun ; il fallait, de ces points principaux d'arrivée, projeter jusqu'au cœur de la grande cité de larges artères.

Le Président voulait aussi unir, par de grandes voies, les édifices, siéges des services publics qu'il ne pourrait pas rapprocher par des déplacements bien entendus. Il savait que l'action de l'autorité peut être annulée, à un moment décisif, par les obstacles difficiles à franchir qui la séparent des agents et des instruments d'exécution. Au 24 février 1848, par exemple, des groupes militaires avaient manqué de subsistances durant de longues heures, faute de relations faciles avec la Manutention. Aux Tuileries, le Roi, désireux de faire connaître à la population les mesures qu'il croyait devoir prendre pour apaiser l'opinion émue, avait été contraint de recourir aux imprimeries de deux journaux de Paris, le *Constitutionnel* et la *Presse,* et de leur demander l'impression et la distribution de proclamations et d'affiches, faute d'avoir une imprimerie officielle sous la main, ou de pouvoir communiquer aisément avec l'Imprimerie Royale.

Il fallait encore pratiquer, au moyen d'avenues et de rues importantes, des brèches, au milieu des quartiers jusqu'alors fermés comme des citadelles d'insurrection, tels que les environs de l'Hôtel de ville, le faubourg Saint-Antoine, les deux versants de la montagne Sainte-Geneviève. Il y avait lieu de choisir sur le plan les points où seraient établies de fortes casernes, rattachées entre elles par des rues ordinaires propres à servir, à un moment donné, de routes stratégiques, afin que l'ordre eût toujours le dessus. Enfin, se souvenant de Londres, Louis-Napoléon se proposait de créer des places plantées, de dessiner des parcs et des jardins publics, de bâtir des marchés et des halles ; il songeait moins à des monuments magnifiques, si ce n'est pour terminer ce qui était commencé, ou pour répondre à quelques nécessités présentes.

Pour montrer comment le Président entendait la réalisation de ses vastes desseins, j'aurais voulu pouvoir décrire ici un précieux plan de Paris, sur lequel il avait successivement tracé, rectifié, coordonné des lignes qui en déterminaient l'ensemble. Ce plan n'existait qu'à l'état d'esquisse avant l'Empire ; il ne fut adopté définitivement que sur les avis fort écoutés de M. Haussmann ; et j'aurai peut-être l'occasion de dire quelles modifications, quelles préférences a suggérées à l'Empereur l'éminent Préfet. Mais les grandes directions et le système étaient arrêtés dans l'esprit du Prince, dès les jours de sa Présidence, et, pour plusieurs points essentiels, bien longtemps auparavant. Malheureusement ce plan, je le crois du moins, n'existe plus à Paris. L'Empereur l'avait signé et remis, pour instruction générale, à M. Haussmann dans le commencement de son règne ; il en autorisa, vers la fin, c'est-à-dire après l'exécution presque complète des travaux, la reproduction, par le procédé autographique, à trois ou quatre exemplaires seulement. Une de ces copies fut remise, lors de la dernière exposition universelle, au Roi de Prusse, qui avait demandé la communication de ce monument des idées élevées de l'Empereur, en ce qui concerne sa capitale. Cette copie existe sans doute encore à Berlin. Les autres, avec l'original, paraissent avoir péri dans l'incendie de l'Hôtel de ville. La comparaison du plan dont je parle, qui remonte à vingt ans, avec la réalité actuelle, montrerait les changements, les ajournements, les additions qu'a subis, dans l'exécution, le grand projet de l'amélioration de Paris. Il mettrait en relief, à quelques égards, la conception primitive de son auteur.

A défaut d'un tel document, j'en puis analyser un autre qui a aussi son intérêt. C'est également un plan de Paris, mais tout moderne, que l'Empereur, à ma prière, a daigné teinter de sa main, dans la dernière année de sa vie. Les voies publiques, ouvertes ou projetées sous son gouvernement, y sont, pour ainsi dire, classées selon l'ordre de sa prédilection personnelle, selon le degré de responsabilité qu'il s'attribuait dans leur exécution. Une teinte indique les tracés de boulevards ou de rues existant aujourd'hui, qu'il considérait comme ayant été particulièrement voulus et commandés par lui; une autre teinte désigne les voies, entières ou partielles, qui n'ont pas été faites, mais dont il aurait vivement souhaité la création; enfin, l'absence de teinte sur les autres voies nouvelles, montre qu'il en a accepté, mais non ordonné l'exécution, qu'il jugeait comparativement moins urgente [1]. Ces indications du nouveau plan, comme celles que contenait l'ancien, s'appliquent à peu près exclusivement à la partie de la ville comprise dans l'enceinte de l'octroi, telle qu'elle existait avant l'annexion des communes suburbaines. Plusieurs cependant s'étendent au delà, particulièrement dans la direction du bois de Boulogne et dans celle du bois de Vincennes. Dès l'origine, le projet du Prince-Président embrassait non-seulement l'amélioration de la ville contenue dans les limites que je viens de dire, mais aussi sa jonction avec la promenade du bois de Boulogne, qu'il voulait dès lors aménager à l'anglaise. Un jour, en 1849, il traversait le bois en voiture et regardait avec une extrême attention ces longues allées pleines de poussière. Arrivé vers le point qu'occupe aujourd'hui le bas du grand lac : « Il fau-» dra une rivière ici, dit-il, comme à Hyde-Park, pour vivi-» fier cette aride promenade. » Cela parut aux personnes qui l'accompagnaient [2] une sorte de rêve chimérique. Il fut promptement réalisé.

Voici les lignes qui sont teintées sur le plan que j'ai sous les yeux :

Croisée de Paris.

1° La rue de Rivoli, dont la direction n'était pas même,

---

[1] Ce plan m'a été remis par le très-obligeant intermédiaire de M. Rouher, en réponse à une note de moi soumise à l'Empereur. Voici, pour la classification des voies nouvelles, le texte même de la légende annexée :

« Les voies faites par ordre exprès de l'Empereur et conformément à son initiative personnelle » ont été indiquées par la couleur rouge.

« Les voies nouvelles dont l'Empereur aurait voulu l'exécution, mais qui ont été ajournées », sont indiquées sur le plan par la couleur verte.

[2] MM. de Persigny, Abbatucci, etc.

comme on l'a vu, définitivement adoptée par le Conseil municipal en 1850.

2° Une large voie, traversant la ville de part en part, du nord au sud, du débarcadère du chemin de fer de Strasbourg à l'Observatoire ; elle se compose aujourd'hui des boulevards de Strasbourg, de Sébastopol, du Palais, Saint-Michel ; elle forme, avec la rue de Rivoli, la *grande croisée nouvelle de Paris*.

Complément des anciens boulevards ; traverse de la Bastille au bois de Boulogne.

3° Une ligne immense, courant de l'est à l'ouest, formée, au centre, de la partie de l'ancien boulevard intérieur comprise entre le Château-d'Eau et le point d'intersection du boulevard Montmartre et du boulevard des Italiens ; prolongée, à droite, jusqu'à la place du Trône par le boulevard du Prince-Eugène, qui franchit le canal et coupe le quartier Saint-Antoine ; continuée, à gauche, par le boulevard Haussmann, l'avenue Friedland et l'avenue de l'Impératrice, en passant dans le voisinage du débarcadère de l'Ouest-Saint-Lazare, dans celui du parc Monceaux, et en traversant la place de l'Étoile pour aller toucher le bois de Boulogne à la porte Dauphine. Cette ligne, la plus longue de Paris, est un peu courbe, comme la section d'un vaste cercle, et marche presque parallèlement à la Seine ; elle n'est pas encore tout à fait achevée. Le boulevard Hausmann s'arrête à l'angle des rues du Helder et Taitbout. Son axe se confondrait avec celui du boulevard Montmartre ; mais, il en est séparé par un massif de constructions assez important, quoique peu étendu, que divisent perpendiculairement les rues Laffitte et Lepeletier. Une teinte spéciale, sur le plan, montre le regret qu'éprouverait l'Empereur de ne pas avoir vu les deux boulevards se réunir. En effet, ce court espace, dont le percement a été ajourné par des motifs d'économie, une fois ouvert, changerait tout l'aspect et du boulevard intérieur et surtout du boulevard Haussmann. L'importance de cette voie transversale ne sera bien comprise qu'après son achèvement, que hâtera peut-être l'incendie de l'ancien Opéra.

Boulevard intérieur de la rive gauche.

4° Une autre voie, moins étendue que la précédente, mais d'une extrême utilité, porte aussi la trace des préoccupations de l'Empereur; c'est le boulevard Saint-Germain, qui décrit une courbe, comme s'il suivait le contour d'un ancien rempart et qui dégage les abords d'une série très-considérable de monuments : le palais du Corps législatif, les Ministères de la Guerre, de l'Agriculture, du Commerce, l'église de Saint-Thomas d'Aquin, celle de Saint-Germain des Prés, l'École de médecine, le Musée de Cluny, la Sorbonne, le Collége de France, l'église Saint-Nicolas du Chardonnet, la Halle aux vins, le Jardin des plantes, etc.

C'est sur la proposition de M. Haussmann que le tracé du boulevard Saint-Germain a été substitué, pour une partie, au projet de la rue des Écoles. Ce boulevard a deux lacunes principales : l'une, de Saint-Germain des Prés à la rue Hautefeuille; l'autre, du quai Saint-Bernard à la place de la Bastille, en franchissant la Seine et en traversant la pointe de l'île Saint-Louis. L'Empereur, encore ici, a expressément indiqué le grand désir qu'il aurait eu de voir achever son œuvre. La ligne teintée, au passage de la rivière, présente même une particularité tout à fait digne de remarque : c'est une sorte de signature.

Le lecteur me pardonnera d'entrer à ce propos dans un certain détail, en excédant les limites chronologiques de mon récit. Le boulevard Saint-Germain aboutit au coin de la Halle aux vins, à la rencontre du quai de la Tournelle et du quai Saint-Bernard. De là, il s'infléchit au nord-est, pour marcher directement vers la place de la Bastille, en passant la Seine sur deux ponts, dont le premier, le plus long, est tout à fait de biais et marque un angle de 45 degrés à peu près avec le thalweg du fleuve. Une raison de perspective, qui ne manque pas de valeur, avait déterminé l'adoption de ce tracé par le Préfet. L'axe de cette partie du boulevard n'était autre qu'une grande ligne droite tirée du dôme du Panthéon à la colonne de Juillet ; de sorte que, à l'un ou à l'autre bout de la voie, l'horizon se terminait par un de ces deux monuments. C'est une des règles de l'art des grands édiles, comme des grands jardiniers, de ménager les points de vue, et, tout en dirigeant les chemins vers leur but utile, d'offrir aux regards du passant quelque objet digne de les fixer. Mais il faut tâcher de ne point sacrifier à cet avantage d'autres agréments essentiels du parcours. Le pont de biais devait présenter sur le fleuve un très-fâcheux aspect. Il n'était pas possible, dans ces conditions, de le construire tout entier en pierres et de lui donner le caractère monumental que l'Empereur désirait pour tous les ponts nouveaux à élever dans Paris. D'ailleurs l'étrange inclinaison du pont dont il s'agit devait être accusée de la façon la plus brusque par le voisinage de celui de la Tournelle et même de celui d'Austerlitz, dont la direction est perpendiculaire au fleuve. La vue de cette partie de la ville perdrait quelque chose de sa grâce pittoresque. Aussi, lorsque le projet du pont fut fait par les ingénieurs sur l'ordre réitéré du Préfet qui dut vaincre leur résistance, l'Empereur, à qui il fut soumis, opposa son veto absolu. Il ne jugeait pas que la vue perspective du Panthéon et de la colonne de Juillet fussent un dédommagement suffisant de l'établissement d'un pont sans élégance architecturale, bâti de matériaux secondaires et jeté obliquement sur la Seine. Le problème ne lui paraissait pas résolu avec cette entente parfaite qui se remarquait habituellement dans les œuvres municipales.

Il refusa jusqu'à la fin de se laisser convaincre par l'habile et opiniâtre Préfet, qui avait déjà fait son boulevard. Sur le plan que je décris, le coup de pinceau donné par l'Empereur pour teinter cette partie de la voie publique marque sa volonté persistante jusque dans l'impuissance de l'exil. La ligne forme un coude, abandonne le tracé du pont et traverse perpendiculairement la rivière. Ce sera peut-être le seul vestige qui restera de ce dissentiment entre le souverain et l'administrateur. Le public sera bientôt juge : le pont va être construit à peu près comme l'avait dessiné M. Haussmann.

Mais je reviens à l'analyse du plan de l'Empereur.

Percement du faubourg Saint-Antoine et abords du bois de Vincennes.

5° L'espace compris entre la rue du faubourg Saint-Antoine et la Seine est divisé et en même temps vivifié par deux voies qui se coupent obliquement l'une l'autre : l'avenue Daumesnil, large communication de la Bastille au bois de Vincennes, et le boulevard Mazas, allant du pont d'Austerlitz à la barrière du Trône. Ainsi est complété le dégagement des abords du chemin de fer de Lyon, qui a déjà pour issue la rue de Lyon proprement dite.

Service des chemins de fer du Nord et de l'Est, et des Halles centrales.

6° Du Château-d'Eau, origine du boulevard du Prince-Eugène, partent deux lignes également obliques : l'une, se dirigeant au nord-ouest, sous le nom de boulevard Magenta, allant croiser le boulevard de Strasbourg auprès du débarcadère de l'Est, puis la rue Lafayette, à proximité du débarcadère du Nord, et se terminant à l'ancienne barrière Rochechouart; l'autre, la rue Turbigo, descendant au sud-ouest, dans le prolongement de la rue du Faubourg-du-Temple et marchant jusqu'à la pointe Saint-Eustache pour desservir les Halles, conjointement avec la rue Montmartre et la rue Poissonnière, dont tout le mouvement passe au travers du grand marché de Paris et va, par la rue du Pont-Neuf, aboutir au quai et à la Seine.

Percement de la plaine de Monceaux.

7° Le boulevard Malesherbes part de la Madeleine, croise le boulevard Haussmann auprès de la caserne de la Pépinière, et s'étend au delà du boulevard de Courcelles, jusqu'aux fortifications.

Accès des hauteurs de Chaillot et percement de la plaine de Passy.

8° A l'ouest, l'avenue de l'Empereur, continuant le cours la Reine, se détache du pont de l'Alma, gravit la hauteur du Trocadéro et se dirige sinueusement vers l'entrée du bois de Boulogne, à la porte de la Muette. Une ligne transversale part du Trocadéro, traverse l'arc de triomphe de l'Étoile et va joindre à la place Wagram l'extrémité du boulevard Malesherbes; elle porte les noms d'avenue du Roi de Rome et d'avenue de Wagram. Ces larges percements sont, à l'extrémité de Paris, pour la plaine de Passy, ce que l'avenue Daumesnil et le boulevard Mazas sont pour la partie méridionale du faubourg Saint-Antoine.

Abords de l'École militaire et communication des deux rives.

9° Pour animer, sur la rive gauche, le quartier qui s'endort, loin du mouvement parisien, entre le Champ de Mars et les Invalides, et aussi pour multiplier les communications de l'École militaire avec la rive droite, les avenues Rapp, Duquesne et Bosquet vont du Champ de Mars vers le pont de l'Alma et trouvent, au nord de la Seine, l'avenue de l'Alma qui les fait toucher à la grande avenue des Champs-Élysées. Des mêmes points, le long des Invalides, marche le boulevard de Latour-Maubourg qui se continue, par le pont des Invalides et par l'avenue d'Antin, jusqu'au rond-point des Champs-Élysées, et, de là, jusqu'au boulevard Haussmann. Cette dernière section n'existe pas encore, mais l'Empereur en a marqué l'importance en la classant parmi les voies dont il regrettait l'ajournement.

Service du chemin de fer de l'Ouest et de la rive gauche.

10° Au milieu de la rive gauche est le groupe de la rue de Rennes, déversoir du débarcadère du chemin de fer de l'Ouest. Là encore s'exprime, par la teinte spéciale adoptée à cet effet, le prix qu'eût attaché l'auteur du plan à l'exécution de lignes complémentaires. Il s'agit d'abord du prolongement de la rue de Rennes, à partir de la place Saint-Germain des Prés jusqu'aux deux flancs du palais de l'Institut; ensuite, d'une portion de boulevard tracée en prolongement du boulevard d'Enfer et comprise entre la rue de Rennes, un peu au-dessous de la rue du Regard, et le boulevard Saint-Germain, au point où il coupe la rue du Bac. La bifurcation de la rue de Rennes, indiquée par ces lignes, est admirablement entendue pour mettre l'embarcadère de l'Ouest et tout le quartier environnant en communication avec la rive droite, en évitant, soit à l'est, soit à l'ouest, l'obstacle continu du Louvre et des Tuileries.

Dégagement de la montagne Sainte-Geneviève.

11° La montagne Sainte-Geneviève est tournée par la rue Monge, qui s'embranche sur le boulevard Saint-Germain, décrit une courbe que déterminent les pentes entre la montagne et le Jardin des plantes, et va joindre la barrière d'Italie par l'avenue des Gobelins, en traversant le boulevard Arago et les boulevards de Port-Royal et Saint-Marcel élargis.

Ouverture du centre de Paris, à l'ouest des Tuileries.

12° Reste, au centre, l'importante voie projetée sous le nom d'avenue Napoléon, entre la place du Palais-Royal et la place du Nouvel-Opéra; communication de premier ordre qui devait aplanir la butte des Moulins, effacer du milieu de Paris ce triste quartier, dégager la rue de Richelieu de ses encombrements, unir dans son ensemble la rive gauche à la rive droite, et compléter, par une ligne médiane, les communications entre les deux gares de l'Ouest. Cette voie est naturellement comprise parmi celles dont l'Empereur aurait surtout désiré l'exécution.

Tel est l'ensemble de ce plan qui dessine à grands traits la transformation de Paris. Le peu que j'en ai dit suffit pour faire comprendre avec quelle sûre entente de l'utilité générale, avec quelle simplicité et quelle précision le programme qu'il s'agissait de remplir s'y trouve réalisé. Aucune tête de chemin de fer à desservir, aucun monument à dégager, aucun foyer de la force publique à faire rayonner, aucune forteresse de l'émeute à ouvrir, aucune grande promenade à rapprocher du centre, aucun quartier à relier au reste de la ville ne se trouvent délaissés. Bien peu de raccordements sont nécessaires pour compléter ce grand réseau. En racontant peut-être un jour les faits qui se rapportent à l'exécution de chacune de ces lignes magistrales, je montrerai comment, en comparaison, les autres voies nouvelles n'ont été, pour la plupart, que secondaires, et s'y sont rattachées comme des affluents aux grands fleuves.

CHAPITRE V

Commencement d'exécution demandé à la Ville. — Résistance, puis consentement de M. Berger. — La rue de Rivoli, du Louvre à l'Hôtel de ville. — Anciens projets des halles centrales. — Cinq emplacements proposés. — Chances favorables du projet Horeau. — Préférence du Conseil municipal pour l'ancien plan de l'Administration amélioré.

De si vastes opérations ne pouvaient être entamées toutes à la fois. La Ville vit de bonne heure, de 1850 à 1852, le Prince-Président lui en recommander quelques-unes qu'il regardait comme les plus nécessaires et les plus facilement exécutables. Ce furent principalement l'achèvement de la rue de Rivoli, l'ouverture du boulevard de Strasbourg, tête du boulevard de Sébastopol, déversoir des chemins de fer de l'Est et du Nord, la rue des Écoles, premier tracé du boulevard Saint-Germain, dont elle devint plus tard une bifurcation ; le boulevard Malesherbes, projeté par le premier empire et amorcé depuis ; enfin, de beaux travaux qui, pour ne pas être de la catégorie des entreprises de viabilité, n'en tenaient pas moins au cœur du Président, je veux dire : la construction des Halles centrales et la transformation du bois de Boulogne en immense parc anglais arrosé par des eaux abondantes. Même parmi ces travaux préférés, il y avait à établir un ordre d'urgence. L'achèvement de la rue de Rivoli et la construction des Halles devaient être l'objet des premiers efforts de la Ville.

Un jour, pendant que M. Amédée Berger et moi nous traitions ensemble d'affaires dont le soin nous avait été laissé, nous vîmes revenir le Préfet soucieux et irrité. Il arrivait de l'Élysée ; on l'avait appelé à un conseil de ministres que présidait le Prince ; on lui avait fait entendre qu'il y avait lieu, sans plus tarder, d'engager la Ville dans les dépenses, très-considérables d'ailleurs, que devait entrainer le passage de la rue de Rivoli à travers les quartiers peuplés et commerçants de la Monnaie, des Bourdonnais, des abords des Halles, des rues Saint-Denis et Saint-Martin, pour joindre le Louvre à l'Hôtel de ville. Il avait été aussi question de commencer au plutôt la construction des Halles et d'en poser prochainement la première pierre. Le Président de la République s'était montré pressant ; il demandait une exécution rapide.

M. Berger savait fort bien l'état de ses finances. Les recettes ordinaires de l'exercice 1850 s'étaient élevées de plus de 5 millions au-dessus des prévisions budgétaires, grâce au développement progressif des produits de l'octroi qui, en 1850, surpassaient de plus de 4 millions ceux de 1849 et de 2,665,000 ceux de 1847. Mais cette plus-value était due, jusqu'à concurrence de 1,333,000 francs, à l'addition d'un décime et aux taxes nouvelles décrétées en 1848. Quant au surplus, il venait probablement, avait dit le Préfet, de ce que les approvisionnements de l'intérieur en boissons et en autres objets taxés, ayant été absorbés durant la révolution, s'étaient renouvelés incomplétement en 1849, et avaient été seulement reconstitués en 1850 ; il n'y avait pas là un indice exact du développement de la consommation, et on ne pouvait compter sur une progression semblable pour 1851[1]. Peut-être, malgré les agitations publiques, y avait-il un accroissement de la population et, par conséquent, de la consommation. Seulement, on ne pouvait constater encore aucune franche et vigoureuse reprise du travail. On en avait pour preuve la diminution du produit de certains ar-

---

[1] En effet, les recettes de l'octroi, en 1851, excédèrent à peine d'une centaine de mille francs celles de 1850.

ticles du tarif de l'octroi, tels que ceux qui se rapportent aux bois de construction et au mesurage des pierres, produit ordinairement proportionnel à l'activité de l'industrie du bâtiment, et de toutes les autres grandes industries parisiennes qui en sont étroitement solidaires. La confiance publique ne demandait certainement pas mieux que de reprendre son essor, en se fondant sur la fermeté, sur les hautes qualités du Président de la République ; mais elle était arrêtée par l'hostilité constante de l'Assemblée contre le Gouvernement, par les troubles qui en étaient la conséquence, et par l'échéance prochaine et redoutable de 1852, terme que la Constituante avait marqué pour l'expiration simultanée des pouvoirs de l'Assemblée législative et de ceux du Président que la loi fondamentale déclarait non rééligible en dépit du penchant national. Dans un tel état de choses, l'Administration municipale qui avait encore à consacrer le plus clair de ses ressources à l'isolement de l'Hôtel de ville, à l'ouverture de la première partie de la rue de Rivoli le long du Louvre, en vertu du traité qu'elle avait passé avec l'État, ne serait-elle pas bien téméraire d'étendre immédiatement, dans les proportions demandées, le cercle de ses entreprises? On lui conseillait un nouvel emprunt. Mais la Ville de Paris venait de contracter une dette de 25 millions ; elle avait obtenu un médiocre succès dans l'adjudication d'un petit emprunt départemental de 6 millions dont le remboursement reposait sur sa propre garantie. Il fallait laisser respirer son crédit.

En exprimant sa vive opposition aux projets qui lui étaient proposés, M. Berger avait suivi son premier mouvement, très-louable assurément, qui le portait à écarter toute dépense qu'il jugeait excessive. La Ville, c'était sa maison ; les finances municipales, c'était sa fortune, en tout honneur. Il administrait en bon père de famille et ne voulait point courir de chances. Cette qualité d'administrateur économe fut un des motifs de l'attachement que lui montra constamment M. Fould qui, devenu ministre des finances, rétif aux dépenses, peu favorable aux emprunts, demeura jusqu'à la fin son défenseur.

Toutefois, on était dans une situation critique qui ne permettait pas d'atermoiements. Le Président, dont les jours de pouvoir avaient été strictement comptés, n'était pas libre de faire à loisir le bien public. Sous peine de trahir les espérances du pays, en se laissant réduire à une impuissance ridicule, il lui fallait agir et réussir promptement en toutes choses, comme ces consuls Romains qui se trouvaient obligés de vaincre avant la fin de leur magistrature d'une année. D'ailleurs, il y avait bien encore cette fois un peu d'exagération dans la prudence de M. Berger. Les excédants de recettes et les ressources qui passaient d'un exercice à l'autre, faute d'emploi, n'étaient pas complétement absorbés par les crédits supplémentaires. Il se formait déjà, comme au temps de M. de Rambuteau, une réserve disponible. Il n'était donc pas difficile de trouver la base d'un nouvel emprunt et de faire un grand effort dans l'intérêt public, selon le désir du Gouvernement.

La résistance du Préfet me parut équivaloir à une démission. Je le dis à M. Amédée Berger qui était du même avis que moi, et, après nous être mis d'accord, nous entrâmes dans le cabinet du Préfet. Il avait réfléchi de son côté et ne fut pas difficile à convaincre. Il remonta immédiatement en voiture, se rendit à l'Élysée où fut projeté, le jour même, un emprunt municipal de 50 millions.

On n'était pas encore fixé, au commencement de 1851, sur les détails du tracé de la rue de Rivoli, même pour la partie comprise entre le Louvre et l'Hôtel de ville; on l'était encore moins au sujet de l'emplacement du périmètre et du système de construction des halles centrales.

Pour la rue de Rivoli, voici comment elle avait été conçue

et dessinée sur le plan de la Commission des artistes qui avaient été chargés, durant la première Révolution, d'utiliser les propriétés nationales. Elle se composait de deux sections absolument distinctes : la première longeait les Tuileries et le Louvre jusqu'à la rue de la Bibliothèque ; la seconde changeait d'axe ; elle partait du milieu d'une place circulaire ouverte devant la colonnade du Louvre et se dirigeait vers le centre même de la place de la Bastille, en passant au nord de l'Hôtel de ville. Cette seconde section devait prendre, sous le premier Empire, le nom de rue du Trône. On voit que l'église Saint-Germain-l'Auxerrois devait être démolie pour l'exécution de ce plan ; aussi, le Gouvernement de la branche aînée des Bourbons l'avait-il abandonné. Il fut repris en 1831, après la dévastation de l'église, puis, condamné de nouveau, et, cette fois, définitivement, après la restauration de l'édifice religieux. En 1846, au moment où l'Hôtel de ville venait d'être agrandi, et où l'on songeait à établir l'Opéra sur la place du Palais-Royal en comprenant le théâtre dans l'ensemble des constructions de la galerie septentrionale du Louvre, on étudia un nouveau tracé de la rue de Rivoli : il consistait dans le prolongement direct de la partie alors existante de cette rue qui se terminait aux abords du passage Delorme ; il touchait, en passant, l'Opéra, la tour Saint-Jacques, la façade du nord de l'Hôtel de ville agrandi ; puis, il s'infléchissait vers le sud, à partir de la rue Lobau, pour aboutir, dans la rue Saint-Antoine, au point d'intersection de la rue de Jouy. La largeur de la rue était de quinze mètres. Enfin, après de longs débats que j'ai sommairement indiqués, le projet de percement fut arrêté tel qu'il a été exécuté depuis, sauf la continuation des arcades. La largeur fut fixée à vingt-deux mètres, dont cinq mètres pour chaque trottoir et douze mètres pour la chaussée.

On se mit plus difficilement d'accord au sujet des Halles

centrales. Dès que le bruit fut répandu que le Gouvernement prenait un intérêt puissant à cette affaire, d'anciens projets enterrés depuis 1845 ressuscitèrent; d'autres virent pour la première fois le jour, et se combattirent aussitôt avec un véritable acharnement. C'est d'abord au sujet de l'emplacement des halles que la lutte s'engagea. Elle devait se renouveler plus tard au sujet du mode de construction et de l'aménagement préférables.

On rapporte que, vers la fin de 1810[1], l'Empereur Napoléon Ier, visitant la coupole de la halle au blé, porta ses regards sur tout le quartier, où s'agitait, dans une extrême confusion, toute la population de marchands, de paysans, d'acheteurs, de crieurs, de revendeurs, de colporteurs qui fréquentent les rues et les abris trop étroits, entre lesquels se divisait le marché des denrées. Il décida aussitôt la construction d'une véritable halle, qui devait occuper tout le terrain compris entre le marché des Innocents, ou plutôt entre une ligne tirée en prolongement de la rue de la Lingerie à l'est, et la Halle au blé à l'ouest; c'était une partie considérable de l'emplacement actuel. Dès 1811, deux décrets furent rendus pour ordonner l'exécution. Elle fut commencée par la démolition d'un îlot de maisons compris entre les rues des Prouvaires et du Four; sur ce terrain fut établi le marché à la viande; mais ensuite, tout fut interrompu jusqu'en 1842. Alors, ce grand projet fut repris par le Préfet de police, M. Gabriel Delessert, et par le Préfet de la Seine, M. de Rambuteau. Ils conservèrent l'emplacement, agrandirent le périmètre, et dressèrent un programme avec soin. MM. Victor Baltard et Callet furent désignés comme architectes, et, en 1847, M. de Rambuteau fit commencer les démolitions. Les événements de 1848 suspendirent de nouveau l'entreprise. Enfin, après quarante ans,

---

[1] *Monographie des Halles centrales.* Paris, Baltard et Callet.

on allait se remettre à l'œuvre avec vigueur. Seulement, la concurrence des projets proposés causa un nouvel ajournement. La plus vive controverse s'éleva tout d'abord sur l'emplacement à choisir. Les membres du Conseil municipal qui représentaient les quartiers situés dans l'est de Paris auraient bien voulu accueillir avec faveur l'idée qui avait été mise en avant, il y avait quelques années, de transférer les halles sur la rive gauche de la Seine, à côté de la Halle aux vins, au bout du pont de la Tournelle. C'eût été, disait-on, un moyen de faire renaître l'activité parisienne non loin de l'Hôtel de ville, dans l'ancien Paris, et d'arrêter la désastreuse émigration des habitants aisés vers les quartiers de l'ouest. Mais ce projet ne pouvait soutenir la discussion : il ne dépendait pas même de la Ville de fixer où elle voulait, dans Paris, la place du grand marché des denrées. Il fallait encore que les marchands et les acheteurs consentissent à s'y rendre. On aurait bâti à grands frais la halle centrale au bout du pont de la Tournelle, qu'elle fût demeurée déserte et que la dépense eût été en pure perte. Un autre système avait été préconisé par un membre du Conseil municipal, M. Chevalier, fort attaché à ses idées, n'abandonnant la discussion que lorsqu'il était irrémédiablement vaincu, et causant parfois une sorte d'agacement à ses collègues à force d'obstination. Il voulait décentraliser la Halle, c'est-à-dire ne créer, sur l'emplacement actuel, qu'un abri de médiocre étendue et peu coûteux, pour y admettre la vente en gros du beurre, des œufs, du poisson, de la volaille, qui s'effectue par le ministère des facteurs et qui ne peut pas être divisée. En même temps, il proposait de créer, sur divers points de la ville, dans les faubourgs, de grands marchés de gros, de demi-gros et de détail, pour les légumes, les fruits, le jardinage, etc., en employant diverses mesures pour y attirer les marchands forains et pour les détourner de l'ancien quartier des Halles qu'ils encombraient outre mesure, disait-il, de leurs voitures et de leurs étalages. Son but, en divisant ainsi la grande Halle, était de faire participer plusieurs arrondissements excentriques et principalement ceux auxquels il portait intérêt, à l'animation et au profit que procure le voisinage d'un grand marché central. Mais on lui faisait remarquer que les marchands ne pourraient être astreints à porter leurs denrées sur des points où ils ne croiraient pas pouvoir s'en défaire d'une manière avantageuse ; que plusieurs de ses marchés spéciaux seraient délaissés ; que l'ancienne Halle proprement dite serait toujours préférée ; que la concentration des marchandises qui s'y effectue a pour résultat d'abaisser les prix et de régulariser les cours ; qu'on soulèverait le mécontentement des acheteurs et des revendeurs, si, après les avoir contraints de s'approvisionner de beurre et de poisson aux environs de la pointe Saint-Eustache, on les forçait d'aller faire leurs emplettes de légumes au quartier de Grenelle et leurs achats de fruits au faubourg Saint-Antoine. L'immense majorité du Conseil se prononça pour le maintien d'un grand marché central unique et régulateur, ouvert à tous les genres de comestibles, tel qu'un long usage l'avait formé. Toutefois, elle reconnaissait la nécessité de créer successivement des marchés secondaires de quartiers, dans lesquels seraient admis les marchands forains qui voudraient s'y rendre.

Restait à déterminer et à circonscrire d'une manière précise et définitive l'emplacement de la Halle centrale. Cinq avant-projets étaient en présence :

1° Celui de l'ancienne administration, adopté en 1847, à peu près conforme au décret de 1811, maintenait les Halles sur l'emplacement qu'elles avaient occupé jusqu'alors. Un grand espace compris entre la rue de Rambuteau prolongée, au nord, la rue du Four, à l'ouest, les rues des Deux-Écus, du Contrat-Social et de la Petite-Friperie, au sud, et une rue ouverte dans le prolongement de la rue de la Lingerie, à l'est, devait recevoir huit pavillons distincts, assignés aux diverses natures de denrées. Le marché des Innocents, entièrement couvert, formait un neuvième pavillon, et complétait irrégulièrement le périmètre des Halles comprenant une superficie totale d'environ 53,000 mètres. Les deux architectes, agréés par l'Administration, MM. Victor Baltard et Callet, avaient préparé l'exécution de ce plan de reconstruction, d'après un programme fort détaillé, arrêté par le Préfet de la Seine, M. de Rambuteau.

2° Un autre architecte, fort habile et inventif, M. Horeau, proposait un système différent : il voulait établir les Halles le long de la rue Saint-Denis, à partir de la rue de Rambuteau jusqu'au quai de la Mégisserie, avec une large voie d'isolement à l'ouest. Le périmètre qu'il traçait ainsi n'avait pas moins de 550 mètres de long sur 160 mètres de large environ et embrassait une superficie de plus de 88,000 mètres. Trois vastes pavillons devaient couvrir cet emplacement : le premier s'étendait de la rue de Rambuteau à la rue aux Fers ; le second, épousant le marché des Innocents, descendait jusqu'à la rue de Rivoli élargie sur ce point ; le troisième allait joindre le quai de la Mégisserie. Un immense sous-sol devait régner sous ces pavillons et était mis en communication avec la berge de la Seine, au-dessous du quai. L'auteur du projet faisait valoir, comme de grands avantages, la possibilité de faire pénétrer un chemin de fer dans ce sous-sol, d'y remiser les 4,000 voitures, les 800 bêtes de somme et les 240 hottes et paniers qui servaient chaque jour à l'approvisionnement de la Halle, d'y recevoir directement les denrées arrivant par eau, et de décharger chaque jour sur des bateaux les détritus du marché. Il ajoutait que la Halle, ainsi placée, serait en facile communication avec la rive gauche, et que les deux voies dont elle serait bordée, la rue Saint-Denis élargie et rectifiée, et la rue d'isolement à laquelle il donnait le nom de rue Neuve-Montmartre, ménageraient à la circulation générale, du nord au sud de la rive droite, d'utiles moyens de communication. Pour ses constructions, M. Horeau employait surtout le fer, et son crayon original avait su donner un aspect pittoresque au monument.

D'ailleurs il ne manquait pas d'encouragements : ce que son projet comportait de grandiose et de neuf avait, au premier abord, charmé le Président de la République. Le Préfet de police, M. Carlier, soit par l'effet d'une semblable séduction, soit pour complaire au chef de l'État, s'était tout d'abord montré favorable à ce projet, quoiqu'une partie de son administration y fût opposée pour des raisons pratiques. Quant à M. Berger, le projet, outre qu'il était recommandé par le Prince-Président, se présentait à lui avec des arguments tout à fait de nature à le toucher. Une compagnie financière s'était formée autour de M. Horeau. Elle avait à sa tête MM. Callou et Lacasse; elle offrait de se charger à forfait de l'entreprise, et faisait entendre qu'il lui serait facile d'obtenir, au nom de l'intérêt de tous les départements qui contribuaient à l'approvisionnement de Paris, une subvention très-considérable de l'État, une vingtaine de millions, par exemple; la Ville payerait le surplus, soit douze millions seulement par annuités. M. Berger, entraîné par cette espérance de subvention, donna son acquiescement provisoire au plan de M. Horeau et le proposa à l'étude approfondie du Conseil municipal. En attendant, des spéculateurs, animés par la perspective de cette première grande affaire de travaux publics, la vantèrent avec empressement. Une bonne partie de la presse prit feu, et le projet parut un moment réunir toutes les chances de succès.

3° Un troisième emplacement était proposé concurremment par deux architectes, MM. Pigeory et Vacher. Il plaçait les Halles en bordures sur le quai de la Mégisserie, en les limitant, au nord, par la rue de Rivoli, à l'est, par la place du Châtelet, à l'ouest, par la rue de la Monnaie.

4° M. Duval, bien connu jusqu'à ces derniers temps, pour la fécondité et la hardiesse de ses inventions, voulait construire un vaste marché circulaire de 280 mètres de diamètre, réunissant huit compartiments autour d'une place centrale; il s'emparait, à cet effet, de tout l'espace compris entre la rue Saint-Denis, la rue des Prouvaires, la rue Saint-Honoré et la rue de la Grande-Truanderie qui court parallèlement à la rue de Rambuteau, mais plus au nord, de la rue Saint-Denis à la rue Montorgueil. Il dessinait ses huit corps de bâtiment avec une certaine élégance architecturale.

5° Enfin un projet gigantesque était présenté par M. Dédéban qui n'épargnait ni l'espace, ni la dépense. Il abattait toutes les maisons existant entre l'église Saint-Eustache et le Pont-Neuf; il y établissait ses Halles en répétant symétriquement une rotonde semblable à la Halle au Blé; il reliait ce système avec une place immense qui s'appuyait au Louvre et s'étendait jusque sur le grand bras de la Seine qu'il aurait couvert en partie par des voûtes longitudinales.

Le Conseil municipal étudia en détail tous ces projets, même ceux qui semblaient enfantés par une imagination que l'ardeur de la concurrence avait jetée dans le domaine de la fantaisie et de l'irréalisable.

On écarta d'abord la gigantesque composition de M. Dédéban et sa proposition de raser, dans de telles proportions, aux frais de la Ville, des quartiers qui prennent place au nombre des plus commerçants et des plus peuplés.

A M. Duval on objecta que les Halles de Paris doivent être construites de manière à se prêter à tous les agrandissements qui peuvent être rendus nécessaires dans l'avenir par le développement de la ville elle-même; qu'un système de construction circulaire ne se prête que difficilement à une extension convenable; que d'ailleurs il aurait pour inconvénient habituel de faire affluer sur une place unique et centrale, dans une confusion inévitable, le mouvement de l'apport, du déchargement et du rechargement des denrées les plus diverses, la circulation des passants, celle des acheteurs et des marchands de tous les pavillons; qu'il ferait ainsi converger et tourbillonner sur le même point ce qu'il fallait, au contraire, diviser méthodiquement.

La proposition de MM. Pigeory et Vacher n'était guère qu'un amendement de celle de M. Horeau, qui d'ailleurs se présentait entourée de tels patronages et dans des termes apparemment si favorables à la Ville, qu'elle ne pouvait manquer d'être le principal objet de l'examen du Conseil municipal. Si elle était écartée, l'autre tombait du même coup.

L'espérance d'une subvention de l'État s'évanouit promptement devant l'attitude de l'Assemblée législative, aussi peu disposée à seconder les vues du Gouvernement qu'à reconnaître l'intérêt des départemements dans les travaux de la capitale. Le projet de M. Horeau, ainsi dépouillé de tout prestige financier, apparut avec ses seuls inconvénients : d'énormes dépenses pour les expropriations, des pertes à réaliser par la Ville sur de vastes terrains déjà acquis et qui demeuraient sans emploi, le déplacement ruineux d'industries considérables, la circulation générale entravée de l'est à l'ouest, puisque la rue Saint-Honoré, interceptée par un des pavillons de la Halle, n'aurait plus d'issue qu'au travers des étaux et des étalages, et qu'une des sections de la rue de Rivoli, aussi bien que le quai, seraient envahis à certaines heures par le mouvement du marché. Deux observations décisives sortirent d'ailleurs de cette enquête : d'abord, le Préfet de police, tout en appuyant d'une manière générale le projet, déclarait que le sous-sol tant vanté ne serait d'aucun secours, ni pour le remisage des voitures qui ne pourraient y descendre ou n'en pourraient sortir sans encombre, ni pour l'évacuation des détritus et des immondices qui se faisait pour une partie, sans frais, par les cultivateurs eux-mêmes, trouvant profit à remporter l'engrais après avoir déchargé leurs denrées, et, pour une autre partie, par l'emploi quotidien de quinze ou vingt tombereaux au plus, moyennant une dépense annuelle insignifiante de 412 francs. Ensuite, le service des ingénieurs, consulté, fit savoir que la Halle de M. Horeau verrait son sous-sol périodiquement inondé ou exigerait un remaniement du niveau du quai et de toutes les rues voisines, de telle sorte que le quai serait remblayé de deux mètres environ, la rue Saint-Honoré de 86 centimètres, la rue de la Lingerie de plus d'un mètre, et ainsi des autres, avec de longues rampes d'accès ou des emmarchements.

Le plan de M. Horeau fut donc rejeté tout d'une voix, et l'ancien projet de 1847 resta seul en cause. Mais on avait tout d'abord reconnu qu'il était insuffisant, à beaucoup d'égards : la surface qu'il consacrait aux Halles était trop petite; elle fut portée de 53,000 mètres à 68,000 mètres. L'ancienne administration, selon son erreur habituelle, s'était préoccupée beaucoup plus de l'édifice à construire que des rues qui pouvaient le rendre accessible. Les Halles, enfermées dans des quartiers à peine ouverts et mal percés, auraient accru autour d'elles l'encombrement, en raison de leur agrandissement même. Le Préfet et le Conseil municipal décidèrent l'élargissement considérable ou même l'ouverture de plusieurs rues, de manière à mettre en communication le marché avec le Pont-Neuf, avec le quai et avec la place du Châtelet.

LIVRE SIXIÈME

NOUVEL EMPRUNT MUNICIPAL ET FÊTES A L'HOTEL DE VILLE AU MILIEU DES LUTTES PARLEMENTAIRES.

CHAPITRE PREMIER

Causes de conflits entre l'Assemblée et le Président. — Antagonisme constitutionnel des pouvoirs. — Les prétendants à la présidence. — M. Thiers. — M. le maréchal Bugeaud. — M. le général Changarnier. — M. Thiers devient républicain. — Opinion sur ce sujet de M. Saint-Marc-Girardin, de M. Benoît-Champy.

Pendant que s'élaboraient dans Paris tous ces projets d'utilité publique, le conflit des grands pouvoirs qui avait signalé les derniers moments de l'Assemblée constituante se renouvelait et s'exaspérait chaque jour depuis que l'Assemblée législative était réunie.

D'une part, le prince Louis-Napoléon se sentait populaire ; il prenait au sérieux son nom et ses idées sur le bien public. Il n'admettait pas qu'on l'eût choisi pour ne rien faire, et pour répondre des actes et de l'ambition d'autrui selon l'ancienne et impraticable formule, ainsi aggravée : le Président ne règne pas et ne gouverne pas davantage. Il pensait qu'on attendait de lui, non pas seulement de dompter le désordre, mais d'organiser la révolution nouvelle dans ce qu'elle pouvait avoir de pratique et de conforme au génie de la Nation, de faire de grandes choses et de fonder la sécurité générale sur l'apaisement des partis et sur la stabilité du pouvoir. Pour ce dernier objet, songeait-il d'abord à employer la force ? En aucune façon. Ses discours répétés le témoignent. Au début de sa présidence, il avait eu l'occasion de faire un coup d'État contre l'Assemblée constituante, en profitant de l'attaque d'une majorité tout près d'être factieuse, de la complicité d'une minorité menacée elle-même, et de l'élan militaire du général Changarnier. Il n'en avait rien fait. Il voulait seulement la révision légale de la Constitution qui le déclarait non rééligible, et croyait l'obtenir aisément de l'Assemblée législative.

De l'autre part, les tendances de l'Assemblée étaient variables et diverses. Sa majorité conservatrice contenait des débris de tous les partis que les révolutions avaient successivement renversés et des éléments de partis nouveaux issus des circonstances. Les groupes qui la composaient, tantôt se réunissaient pour combattre, ensemble et avec le président de la République, le jacobinisme et le socialisme, tantôt se séparaient, selon leurs origines et leurs espérances, les uns, pour faire échec à l'héritier de Napoléon Ier, les autres, pour lui donner leur appui, selon les questions qu'il y avait à résoudre. Il est certain que les légitimistes, les orléanistes, les fusionnistes, car il y en avait dès lors, n'étaient guère disposés à consentir à la prolongation des pouvoirs de Louis-Napoléon, c'est-à-dire à l'ajournement, tout au moins, du retour de leurs princes. Les plus ardents, surtout parmi les orléanistes, y apportaient même une hostilité passionnée. Ils avaient en haine l'homme de Boulogne et de Strasbourg qui les avait attaqués, mais surtout le prisonnier de Ham, qu'ils avaient jugé, condamné, bafoué, et qui s'était échappé de leurs liens pour revenir, au bout de quelques années, se placer, comme chef de l'État, au-dessus de leurs têtes, en étendant la main vers la couronne. Ils voulaient, à tout prix, l'empêcher de la saisir.

Il y avait encore dans la majorité conservatrice un certain nombre de personnes inclinant à s'arranger de la forme républicaine, en s'imaginant qu'elle se préterait au rétablissement de l'ordre social. Elles étaient assez mal disposées pour Louis-Napoléon et sentaient fort bien que sa nomination était l'effet d'un immense courant bonapartiste qui s'était produit spontanément dans la nation et qui laissait peu de place à la République.

D'ailleurs, une opinion aussi fausse que légère s'était établie chez beaucoup d'hommes de divers partis : on croyait le prince peu capable. On ne pouvait accorder une haute intelligence avec les aventures où l'on pensait qu'il s'était jeté, non par une juste appréciation des sentiments de la Nation et de son caractère, mais sous l'impulsion de quelque rêve chimérique ou de quelque conseil halluciné. On refusait de voir un homme d'État dans ce personnage silencieux, méditatif et pourtant téméraire, plein de foi en lui-même et dans son étoile, plein de confiance en quelques idées qui paraissaient un mélange de souvenirs de famille et d'utopies modernes : rien de tout cela ne paraissait sérieux aux critiques de notre temps. Il se trouvait cependant que sur cette foi, sur ces traditions, sur ces idées, allaient bientôt se fonder un grand règne et vingt ans de prospérité générale.

Voilà dans quels groupes de représentants conservateurs Louis-Napoléon rencontrait souvent des adversaires. Mais il avait aussi de nombreux appuis dans la majorité. D'abord, même au sein des anciens partis monarchiques, beaucoup de députés réellement modérés n'avaient nulle intention de risquer quelque perturbation nouvelle pour obtenir le retour de l'une ou de l'autre branche des Bourbons, ou leur fusion, ou l'établissement définitif de la République. Comme toujours la masse des conservateurs se proposaient de recouvrer tant bien que mal la paix intérieure et de tirer le meilleur parti du présent.

La majorité contenait aussi de nombreux amis avoués et dévoués du Prince Président.

Enfin, le parti catholique, dont M. de Montalembert était

l'orateur le plus éclatant, se tenait, il faut le reconnaître, dans une région supérieure aux questions de formes politiques. Il ne stipulait que pour la religion, la morale et l'ordre. Il prêtait appui, dans cet intérêt élevé, à l'héritier de Napoléon Ier. M. de Falloux avait été son ministre dès l'année 1848. Il est vrai qu'à l'occasion de la lettre envoyée par le Président, le 8 septembre 1849, au colonel Edgard Ney, dans laquelle une pression semblait exercée sur le Pape, pour le déterminer à accorder, après sa victoire, c'est-à-dire après la nôtre, certaines libertés à ses sujets, M. de Falloux offrait sa démission. Il était absent de Paris le jour où la lettre paraissait dans les journaux. Il revint en hâte. Au moment où il rentrait à l'hôtel du ministère de l'Instruction publique, j'y arrivais de mon côté pour lui faire visite et pour l'entretenir d'affaires municipales. Une seule chose le préoccupait : donner sa démission. Il me pria d'être, pour ainsi dire, son témoin, et je ne le quittai pas de la soirée. Je m'efforçai d'abord de le détourner de son dessein, en lui représentant qu'il allait marquer une séparation violente entre les catholiques et le Prince qui venait de rendre un grand service à la cause du Saint-Père, et qui était la principale espérance de l'ordre et de la religion. La retraite de M. de Falloux étant un acte de parti, ne devenait-elle pas impolitique, dangereuse pour le pays et entachée de quelque ingratitude? Je ne pus rien gagner, pas même qu'il prît l'avis de tel ou tel de ses amis politiques. Au sortir de table, il courut porter sa démission au Président; mais celui-ci la refusa dans les termes les plus affectueux, et lui donna toutes les satisfactions qu'il pouvait raisonnablement exiger. Je reçus, à l'Élysée même, une note conciliante que je me hâtai de publier dans le *Constitutionnel,* où j'exerçais encore une certaine action.

Un peu plus tard, au 31 octobre 1849, le ministère fut complétement changé; M. de Falloux se retira avec M. Odilon

Barrot et tous ses collègues. Les Ministres avaient été informés que le Président de la République songeait à remplacer plusieurs d'entre eux qui ne le secondaient que comme un instrument d'ordre souvent utile, parfois embarrassant, et paraissaient conserver leurs préférences ailleurs, par des hommes plus libres d'engagements de partis, choisis dans la majorité, mais parmi ceux qui fondaient sur lui la principale espérance de l'avenir. Tous les Ministres donnèrent brusquement leur démission. Le Président, pris de court, constitua son nouveau cabinet en quelques heures. Il y appela des personnes qui devinrent ses amis dévoués, comme M. Fould, comme M. Rouher, qui rehausse l'admirable talent qu'il a consacré à cette cause par une admirable fidélité. Il y fit entrer M. Ferdinand Barrot, alors secrétaire général de la Présidence de la République, qui, dépêché auprès de son frère, M. Odilon Barrot, pour accomplir une démarche conciliante, mais sans succès possible, se trouva, au retour, Ministre de l'intérieur, officiellement désigné à la Chambre, en dépit de lui et contre le désir qu'il avait exprimé d'aller servir le Gouvernement hors de France. Le parti catholique ne fut point absent du ministère ainsi improvisé. M. de Parieu, comme je l'ai dit, y hérita du portefeuille de l'instruction publique et des cultes, et du projet de loi sur l'enseignement.

On voit quelles divisions, à l'égard du chef du gouvernement, régnaient dans la majorité conservatrice. Comme la minorité opposante, formée des partisans du général Cavaignac, des anciens républicains de la veille, des montagnards et des socialistes, était fort nombreuse, il fallait s'attendre à des combinaisons de votes faisant osciller les décisions de la Chambre de droite à gauche et déconcertant tous les calculs. Cependant, on pouvait espérer que, dans un moment suprême où le repos de l'État et l'avenir de la société paraîtraient en péril, il se composerait une majorité, par un accord de l'esprit libéral et de l'esprit conservateur, en faveur de la révision d'une constitution désorganisatrice. L'attitude que prirent plus tard sur cette question plusieurs des chefs de l'Assemblée montre tout ce que pouvait encore avoir de fondé cette espérance.

Seulement, le principal était de savoir quelle serait, au milieu de ces divergences, la pensée de M. Thiers, l'esprit le plus actif et le plus influent de l'Assemblée, qui savait si bien réunir ou diviser les partis, et les mener à son gré, comme le vent qui souffle d'où il veut, et brouille ou coalise les nuages, pour les résoudre en pluie, en grêle ou en frimas?

Avait-il jamais été partisan du prince Louis? Je ne le crois pas. On a raconté, pour tourner une anecdote, qu'après de longues hésitations, il avait tout à coup pris feu pour la candidature du Prince, et qu'il avait demandé au *Constitutionnel* de la soutenir avec un grand éclat. Rien n'est moins exact. M. Thiers s'est, pour la première fois, prononcé sur ce sujet dans une réunion de représentants conservateurs, tenue rue de Poitiers, le 4 novembre 1848[1]. Après avoir reconnu l'entraînement du pays pour Louis Bonaparte, il exposait que toute autre candidature, issue du parti de l'ordre, ne ferait que diviser ce parti et les suffrages dont il disposait, de telle sorte que nul candidat n'aurait la majorité requise, et que, d'après la Constitution nouvelle, ce serait alors l'Assemblée qui ferait le choix. Or, elle se prononcerait infailliblement pour le général Cavaignac, ce qu'il fallait éviter. Il y avait là probablement une illusion : alors même que la réunion de la rue de Poitiers aurait choisi un autre candidat, Louis-Napoléon n'en aurait pas moins obtenu beaucoup plus que la majorité nécessaire. Quoi qu'il en soit, M. Thiers ajoutait qu'il était parfaitement

---

[1] On me pardonnera de ne pas suivre rigoureusement l'ordre chronologique des faits et de retourner parfois en arrière. Je groupe ces souvenirs autour de chaque nom ou de chaque événement considérable, comme ils se présentent et comme il convient, ce me semble, à la clarté.

désintéressé dans la question, qu'il avait refusé pour lui-même la candidature à la présidence de la République, qu'il n'était pas non plus candidat au ministère, sous aucun des Présidents actuellement possibles. « Pour moi, ajoutait-il, je ne connais pas le prince Louis; je n'ai rien de commun avec lui; je ne travaille pas pour lui. » Et il concluait que la réunion ne devait point avoir de candidat, et qu'il fallait laisser la France agir selon son penchant. C'est pour ces raisons de tactique et dans cette limite si restreinte, que le *Constitutionnel,* sous l'influence de M. Thiers, admit, sans la recommander, la candidature du Prince. Il ne lui fut permis de conseiller directement aux hommes d'ordre de voter en ce sens, qu'au bout de plusieurs jours, comme forcé et contraint par la polémique, et après avoir déclaré que « M. Thiers eût été son candidat préféré! »

En effet, M. Thiers, quoi qu'il en eût dit, aurait été volontiers Président de la République s'il n'eût pas eu ce redoutable concurrent. Beaucoup des membres de la réunion de la rue de Poitiers le savaient bien. Voici comment l'avait appris l'un d'eux, M. Rouher, qui subissait, comme tous les jeunes hommes politiques, la séduction de ce merveilleux esprit, et qui n'avait pas alors d'autres liens politiques. Il avait voulu un jour, presque aussitôt après la proclamation de la Constitution, soulever dans la réunion la question de la candidature à la Présidence; il y eut un silence général, un certain embarras chez quelques chefs, et on aboutit à l'ajournement. Au sortir de la séance, M. Thiers pria M. Rouher de venir le voir le lendemain. Dans cette entrevue, il ne lui cacha pas que beaucoup de personnes l'engageaient à se porter candidat et demanda un avis intime et désintéressé. Il n'était pas encore sérieusement question du prince Louis. La réponse de M. Rouher fut naturellement tout approbative, sous cette seule réserve que l'on fût à peu près sûr du succès.

Il y avait toutefois d'autres concurrents dans le parti modéré : le maréchal Bugeaud, par exemple, le général Changarnier ; car c'est l'effet ordinaire des troubles civils de faire tourner les regards vers ceux qui portent l'épée. M. Thiers se serait résigné à voir passer le maréchal Bugeaud avant lui, si telle avait été la décision de ce qu'on appelait le parti modéré. Mais il ne tenait pas comme admissible, devant la sienne, la candidature du général Changarnier. Du reste, le nom de Napoléon vint effacer tout pour le moment, et rendre à M. Thiers le service d'écarter, jusqu'en 1852, tous les autres candidats. Il accepta donc Louis-Napoléon comme son précurseur ; il pensait pouvoir diriger d'abord les affaires publiques, par voie d'influence, en attendant qu'il gouvernât en personne. On m'a conté même que, d'avance, M. Thiers songeait au détail ; car il ne néglige rien ; c'est la condition du succès de toute entreprise[1]. Après l'élection du Président, l'entretien s'engagea entre M. Thiers et le Prince sur le costume officiel que celui-ci adopterait : prendrait-il l'uniforme de général de la garde nationale, ou celui de général de division de l'armée ? « Ne choisissez ni l'un ni l'autre, dit M. Thiers. Ce pays-ci aimera que le Président de la Répu-

---

[1] M. Thiers aimait à rappeler, à l'appui de cette règle de conduite, une anecdote qui mérite d'être retenue et méditée par tous les administrateurs. Il était ministre de l'intérieur et avait tenu à marquer son passage aux affaires en célébrant avec un éclat inaccoutumé la fête du Roi. On devait tirer particulièrement un très-beau feu d'artifice au pont Royal. Tout avait été prévu avec un soin minutieux ; la soirée était splendide, la foule assemblée sur les quais et sur les ponts était immense. Selon l'usage, le signal devait être donné par le Roi lui-même, qui lançait une fusée par la fenêtre du pavillon d'angle du Louvre et des Tuileries. L'heure marquée était arrivée ; la famille royale était réunie ; M. Thiers, présent, jouissait en espérance des acclamations populaires et du plaisir qu'allaient éprouver les augustes spectateurs. Le Roi entre alors, dit quelques mots à son ministre de l'intérieur et demande la fusée. M. Thiers s'adresse à M. Edmond Blanc, qui interpelle un de ses subordonnés admis aux honneurs de la fête. La fusée était absente ! Il fallut en aller chercher une à travers la foule, qui s'irritait du retard et commençait à pousser des cris factieux. Le succès de la fête faillit être compromis parce que, au milieu de soins, de révisions, de peines sans nombre, on 'avait pas songé au détail de la fusée

blique, magistrat civil, porte le costume civil. D'ailleurs, comment ferait votre successeur? » C'était comme s'il eût dit : « Je vous succéderai dans quatre ans, et je ne puis véritablement pas me costumer en général. »

De tous ces faits, je ne tire qu'une conclusion, c'est que, si M. Thiers accueillait avec complaisance la pensée d'être Président de la République, il regardait dès lors la République comme viable, pourvu qu'elle se remît entre ses mains. N'aurait-il accepté le mandat de faire fonctionner cette forme de gouvernement qu'afin de la mieux détruire et de rétablir sur ses ruines la monarchie déchue? En France, on ne cède pas volontiers à autrui la puissance que l'on a dans la main.

Voici à ce propos ce que me racontait un jour M. Saint-Marc-Girardin. Il était, en 1848, chez le maréchal Bugeaud, lorsque celui-ci, qui travaillait alors à se faire élire à la présidence de la République, lui demanda ouvertement son concours. Une fort grande quantité de lettres contenant des offres et des adhésions étaient éparses sur la table du maréchal, qui en lut quelques-unes, avec un plaisir non déguisé, à son spirituel interlocuteur. « Eh bien, qu'allez-vous faire pour moi dans votre département? dit le maréchal. — Absolument rien. — Et pourquoi cela? — Si vous êtes nommé Président, ne prendrez-vous pas votre République au sérieux, et ne défendrez-vous pas qu'on y touche? — Je le crois bien, reprit le maréchal avec un juron militaire. — Voilà précisément ce que je ne veux pas ; je me garderai bien de mettre la République sous la sauvegarde de votre orgueil et de votre épée. »

M. Thiers aussi, une fois Président, aurait pris sa République au sérieux. J'ai là-dessus, en ce qui le concerne, un assez curieux témoignage, celui de M. Benoit-Champy. Ce causeur si fin, si plein de mémoire et de sens, était, un des derniers jours du mois d'avril 1871, sur la terrasse de la charmante maison qu'il habitait à Saint-Germain, environné de quelques amis. On regardait de loin la triste ville de Paris, alors en la possession de la Commune, et l'on cherchait à se rendre compte des phases de la lutte qui se poursuivait entre les insurgés et les troupes fidèles. On vint à se demander quelle serait la conduite définitive de M. Thiers après qu'il aurait vu la fin d'une telle guerre civile. M. Benoit-Champy ne doutait pas que l'illustre personnage ne fît tous ses efforts pour être le fondateur de la République en France, et pour en conserver jusqu'au bout dans ses propres mains le gouvernement. Il rapporta alors comment il avait eu l'occasion de le pressentir dès l'année 1850. Il était représentant à l'Assemblée législative, et faisait partie d'un groupe de députés parmi lesquels se trouvaient MM. de Lamoricière, Victor Lefranc, Bixio, etc., qui ne croyaient pas impossible d'établir dans notre pays une république modérée. S'étant trouvé seul, dans la salle des Conférences, avec M. Thiers, il pensa, quoiqu'il fût peu connu de lui, pouvoir lui demander quelle serait, à son avis, l'issue de la crise que l'on traversait. Celui-ci, avec une étonnante franchise, et comme animé par sa propre parole, examina les chances des trois dynasties. Sans doute, le passé et les mœurs de la France la portaient naturellement vers la monarchie ; mais il doutait beaucoup que la monarchie pût se rétablir. Il n'aimait pas la branche aînée des Bourbons, dont les principes lui étaient antipathiques. Si elle remontait sur le trône, il ne lui ferait aucune opposition, pas plus qu'à tout autre gouvernement régulier ; mais le temps et les révolutions avaient creusé un abîme entre la France et la Légitimité ; il ne croyait point à la possibilité d'une troisième restauration. Quant à la branche cadette, il l'avait servie toute sa vie ; quoiqu'il eût été payé d'ingratitude, il saluerait, disait-il, le retour de Louis-Philippe et de sa famille avec joie ; mais l'opinion publique ne lui semblait pas favorable à un nouvel essai de ce régime intermédiaire qui venait de succomber sous les fautes du vieux Roi, et qui était principalement représenté par un enfant en bas âge, entre deux Régences d'origines diverses, l'une instituée librement par le Roi et les Chambres, l'autre, arrachée au consentement du Roi par la Révolution. Restait l'Empire ; mais, s'il s'établissait un instant, ce ne serait qu'une parodie qui ne durerait point et avec laquelle il n'y avait pas lieu de compter. « Alors, aurait dit M. Benoît-Champy, puisque aucune dynastie n'a de chances véritables, la monarchie n'en a point ; vous concluez donc à la possibilité de faire durer la République dans notre pays? — Peut-être, aurait répondu M. Thiers, l'Europe marche-t-elle avec plus ou moins de rapidité vers les institutions républicaines, et faut-il que nous nous en arrangions les premiers. »

Le lendemain de cet entretien, M. Thiers, qui s'était laissé entraîner comme par une surprise de conversation, s'informa du caractère de M. Benoît-Champy, et demanda si l'on pouvait compter sur sa discrétion. Il n'avait certainement rien à craindre ; ces souvenirs ne viennent au jour que lorsque celui qui en est l'objet a révélé lui-même son secret à tout le monde.

Ainsi, M. Thiers poursuivait un but fort opposé à celui du Prince-Président, dont le pouvoir, à ses yeux, passager, n'était qu'un incident poussé sur son chemin, et dont il fallait se délivrer avec un peu d'habileté et de patience. Le moyen semblait facile : il s'agissait d'abord de maintenir la majorité unie seulement pour tirer du gouvernement tout ce qu'il était possible d'en obtenir dans l'intérêt de la répression, dont alors on sentait le besoin ; ensuite, de diviser cette même majorité et d'en coaliser au moins une partie avec l'opposition pour empêcher le prince Louis de rien faire d'utile à la popularité et à la consolidation de son pouvoir ; pour l'enfermer dans les termes pernicieux de la Constitution, comme dans des entraves ; pour l'acculer à quelque résolution compromettante dont on profiterait contre lui ; pour faire mieux encore, s'il était possible, pour prendre, au premier prétexte, l'initiative d'une agression comme envers un suspect. L'opposition entrerait volontiers dans une telle coalition si on lui montrait la République définitive en perspective; les conservateurs les moins favorables à Louis-Napoléon se laisseraient aisément séduire tout d'abord par l'idée de n'approuver de sa part que des actes et des lois de répression dont il garderait, en grande partie, la responsabilité, et dont les avantages demeureraient à son successeur ou au gouvernement à venir. Au bout de deux ans, à l'échéance de 1852, s'il ne se présentait pas auparavant une bonne occasion de le renverser, il serait usé par l'impuissance même à laquelle on l'aurait réduit, impopulaire, inéligible, et la voie, débarrassée de lui, s'ouvrait à tous les périls, il est vrai, mais, en même temps, à toutes les combinaisons, à toutes les espérances. C'est contre cette tactique de ses adversaires qu'il se débattit jusqu'à la fin de 1851.

Le maréchal Bugeaud avait renoncé bien vite à la candidature qu'on lui avait faite. Il était, par caractère, en dehors de l'ambition politique. Lorsque, au moment où l'Assemblée législative venait d'être élue, le Président voulut fortifier son ministère, en choisissant quelques personnes dans le sein de l'Assemblée nouvelle, il offrit le ministère de la guerre au maréchal. Les personnes désignées étaient réunies à l'Élysée, avec les ministres anciens qui devaient garder leurs portefeuilles. M. Odilon Barrot occupait le rang de premier ministre dans le dernier cabinet; il devait conserver dans le nouveau les fonctions de garde des sceaux. Pendant qu'on discutait divers arrangements, il s'empressa de déclarer que la présidence du Conseil devrait appartenir désormais au maréchal; mais celui-ci, se levant tout à coup, s'avança vers M. Barrot et lui dit, avec un mouvement de franche cordialité : « En aucune façon ; vous serez mon chef, et je vous obéirai ! » Puis, ils s'embrassèrent. Ces projets n'eurent point de suite ; le maréchal Bugeaud tomba malade et mourut peu de jours après.

CHAPITRE II

La lutte s'engage à l'occasion du général Changarnier. — Voyages de représentants à Wiesbaden, à Claremont. — Voyages du Président; revue de Satory. — Signification du discours de M. Thiers : *L'Empire est fait!*

L'accord se maintint à peu près entre les deux pouvoirs, malgré bien des tiraillements et des accusations réciproques, jusque vers la fin de l'année 1850.

Mais bientôt les dissentiments qui étaient au fond des cœurs éclatèrent avec violence. Ce fut autour du général Changarnier que s'était organisée et que s'engagea la lutte parlementaire. Par les services qu'il avait rendus à l'ordre, par ses talents militaires et par le double commandement, qui lui avait été de nouveau remis, de la garde nationale et de l'armée de Paris, il tenait une place de première importance dans l'État. En réalité, les destinées du Président, de l'Assemblée, de Paris, de la France entière, étaient dans sa main. Si le Président disposait, par droit constitutionnel, de la force armée, le général en disposait de fait; si l'Assemblée avait le droit de requérir des troupes pour sa garde, ces troupes ne pouvaient guère obéir qu'au général en chef. Il aurait donc mieux valu, pour lui comme pour le pays, qu'il s'abstînt de tout rôle politique et qu'il demeurât seulement le gardien de l'ordre social, l'épouvantail des entrepreneurs d'émeutes. Mais il ne manquait pas d'amis qui s'efforçaient d'irriter son amour-propre, d'éveiller son ambition, de compromettre sa verve militaire.

C'était, pour les ennemis du Président, une si belle conquête à faire!

On lui disait que la majorité de l'Assemblée et la France libérale avec elle allaient se jeter dans ses bras. Une coalition, à la tête de laquelle était M. Thiers, se tramait contre Louis-Napoléon ; on s'efforçait de l'y entraîner. Il céda, oubliant qu'entre deux pouvoirs rivaux qui se disputent la prépondérance à armes égales, celui qui est représenté par un homme seul, résolu et persévérant, doit l'emporter sur celui qui a sept à huit cents têtes, parmi lesquelles la jalousie, l'incertitude, la timidité font de faciles ravages. Une fois engagé, le général Changarnier, qui est né homme d'action et beaucoup moins homme politique, laissa, comme toujours, échapper sa pensée par quelque vivacité de plume ou de langage.

Vers le temps où se discutait la loi du 31 mai, on s'attendait tous les jours à une descente dans la rue des champions parisiens, les plus exaltés, du suffrage universel.

Les ministres étaient réunis à l'Élysée, sous la présidence du prince Louis-Napoléon. Il s'agissait d'examiner un plan célèbre du général, pour faire la guerre des rues. Il était d'avis d'occuper presque instantanément toute la ville par un très-grand nombre de petits groupes de soldats qui, bien distribués, postés, par exemple, dans des maisons d'angles désignées à l'avance et commandant la voie publique, pourraient déconcerter l'émeute, foudroyer ceux qui tenteraient de soulever un pavé, et tenir Paris en respect, pendant que toute réunion d'insurgés armés serait attaquée par un corps suffisant de troupes avec une extrême vigueur. De fortes objections s'élevaient contre ce plan qui, selon quelques personnes, avait l'inconvénient de trop multiplier les groupes de soldats, d'en exposer plusieurs à être enlevés, et de fatiguer promptement toute l'armée. Pour la parfaite clarté de la discussion, il manquait sur la table du Conseil une carte de Paris dressée à une grande échelle. Le prince alors se leva pour aller en prendre une lui-même dans son cabinet. Pendant sa courte absence, plusieurs ministres se levèrent aussi pour se reposer un instant de la séance. Le général Changarnier était entre M. d'Hautpoul, ministre de la guerre, et M. A. Fould, ministre des finances, auprès de qui se trouvait M. Rouher. Il dit alors à demi-voix à ses voisins : « Ah çà! si la guerre civile recommence, j'espère que ce ne sera pas pour ce Thomas Diafoirus que le boudin grillera! Après la bataille je monterai à la tribune, et cette fois la récompense sera pour le vainqueur ». Les trois ministres se regardèrent sans mot dire; aussitôt, le Président rentra, chacun se remit en place et la séance fut reprise. Les trois personnes qui avaient entendu cette étrange sortie crurent plus sage de n'en parler ni au Président ni à leurs collègues; car les plus grandes probabilités étaient pour le maintien de la paix publique. En effet, il n'y eut cette fois ni émeute ni bataille. Mais, à partir de ce jour, les trois ministres conseillèrent au Prince de s'affranchir du pouvoir exorbitant et de la tutelle du général Changarnier. Pendant longtemps, Louis-Napoléon n'y voulut point entendre; il avait un faible pour ce vaillant soldat si plein d'entrain, et lui conserva obstinément sa confiance.

Qu'avait cependant voulu dire le général? Il se voyait, en perspective, dans un jour de conflit ou de trouble public, requis par l'Assemblée, en dehors du chef du pouvoir exécutif devenu suspect ou mis hors la loi. Il ne doutait pas qu'alors il ne fût bientôt victorieux, dictateur, possesseur ou dispensateur de la puissance suprême. Il était dans l'erreur. Alors même, sa victoire eût profité bientôt, non pas à lui, mais à M. Thiers, qui avait, pour chaque cas, une majorité de rechange toute prête. Toujours est-il que son hostilité contre le Président de la République se marqua chaque jour davantage.

L'Assemblée vint à se proroger du 8 août au 12 novembre 1850 et laissa derrière elle une Commission permanente dont le général était membre. Dans cet intervalle, les partis belligérants se dessinèrent et prirent position. Les principaux chefs légitimistes se rendirent à Wiesbaden auprès du comte de Chambord; des amis de la famille d'Orléans allèrent à Claremont porter leurs regrets et le témoignage de leur affection au roi Louis-Philippe mourant, ou à sa famille. Au nombre de ces derniers voyageurs était M. Thiers, quoique, d'après le témoignage que j'ai rapporté, il penchât au fond pour la République. Les démocrates socialistes continuèrent leur propagande et se préparèrent à l'action.

Le Président de la République, de son côté, parcourut plusieurs départements, principalement ceux de l'Est, que l'on disait être le moins favorablement disposés pour lui. Il fit des discours sobres de paroles, pleins de signification.

Il y prenait résolument son point d'appui dans le suffrage universel proprement dit, celui qui comprend les électeurs des ateliers et ceux des campagnes; il se défendait de la pensée de renverser la Constitution; mais, il la dénonçait comme l'obstacle à la force et à la stabilité du pouvoir, sans lesquelles il n'y a pour le pays ni repos, ni travaux, ni prospérité; il se déclarait prêt à obéir à la volonté du peuple, quoi qu'elle exigeât de lui, abnégation ou persévérance.

À son retour, il passait des revues sur le plateau de Satory, et les régiments, encouragés par la plupart de leurs officiers, défilaient aux cris de Vive le Président! Vive Napoléon! et même Vive l'Empereur! Le général Neumayer, qui commandait la première division militaire, sous les ordres du général Changarnier, désapprouva tous ces cris; il fut envoyé à un autre commandement.

La Commission de permanence intervint alors par des procès-verbaux et des protestations; puis, le général Changarnier entra lui-même en scène en publiant un ordre du jour pour rappeler aux troupes qu'elles ne doivent proférer « aucun cri sous les armes ». La rupture était donc complète et l'antagonisme absolu. Il n'y avait plus pour Louis-Napoléon qu'à se rendre au commandant de la garde nationale et de l'armée de Paris, désormais tout-puissant, ou à le révoquer.

L'ordre du jour du général Changarnier était du 2 novembre; dès le 3, sa révocation fut mise en question dans le sein du Gouvernement. Quelques ministres la voulaient immédiate; d'autres la jugeaient impolitique; deux de ceux qui la conseillaient depuis longtemps proposaient de ne la prononcer, dans la conjoncture présente, qu'après un délai de quelques jours. « L'Assemblée, disaient-ils, était encore absente. Que ferait le général dans son premier mouvement de colère? Il pouvait provoquer une scission dans l'armée et d'effroyables malheurs. Il valait mieux n'agir qu'en présence de l'Assemblée, lorsque les ministres seraient prêts à répondre. Les discussions et les délibérations, avec leur lenteur et leur publicité, offriraient moins de danger que les brusques résolutions d'un chef militaire. » Le Président adopta cette opinion. La révocation ne fut déclarée que le 9 janvier, en même temps qu'un nouveau ministère fut institué : il se composait de MM. Achille Fould, de Parieu, Baroche et Rouher, qui gardaient leurs portefeuilles, et de MM. Drouyn de Lhuys, Bonjean, le général Regnault de Saint-Jean-d'Angely, Ducos et Magne, qui entraient en acceptant leur part de responsabilité dans la mesure qui était prise.

Le lendemain, le combat parlementaire s'engagea avec une extrême violence. La base de l'attaque dirigée contre le Président était le caractère de ses discours, l'encouragement qu'il avait donné aux manifestations de Satory, la destitution du général Changarnier. On l'accusait de préparer un coup d'État militaire contre la Constitution de 1848. L'espoir qu'entretenaient les principaux opposants, c'était d'obtenir cette majorité de coalition dont j'ai parlé, qui le réduisit à une impuissance définitive, ou plutôt qui le ren-

versât, dans le plus bref délai. Mais il fallait pouvoir s'appuyer sur toutes les nuances de la gauche républicaine; car on ne pouvait se flatter de détacher de la majorité un très-grand nombre de personnes décidées à courir de telles chances. Il y avait, en effet, comme on l'a dit, dans les diverses fractions de ce qu'on appelait le grand parti de l'ordre, beaucoup de ces hommes pacifiques qui refusent de lancer leur pays dans les hasards, et qui, entre l'héritier de Napoléon mis en possession du pouvoir par cinq millions et demi de suffrages et les fractions d'une opposition unie pour renverser, divisée dès qu'il s'agissait de fonder quelque chose, croyaient que le véritable aventurier n'était pas le personnage que l'on se plaisait à qualifier de la sorte. Avant de détruire un gouvernement, les hommes désintéressés veulent connaître clairement le but vers lequel on les dirige.

M. Thiers avait compris tout cela d'avance. Son dessein paraissait arrêté. Il se proposait d'aboutir à une certaine république disciplinée par lui-même. Il était en effet allé à Claremont beaucoup plus pour prendre congé, avec toutes sortes de marques de respect et de douleur, que pour recevoir des instructions ou des conseils. Il avait été très-froidement reçu; il était revenu tout à fait républicain. Il entraîna donc d'abord avec lui ses amis dévoués; il essaya sans doute de persuader aux légitimistes et aux orléanistes que le renversement du chef bonapartiste pourrait être un premier pas fait vers la réalisation de leurs espérances; puis, il s'adressa à la gauche républicaine, toujours disposée à attaquer le pouvoir. Mais la gauche ne se laissa pas conduire à l'assaut sans savoir ce qu'elle gagnerait à la victoire. MM. Pascal Duprat, Latrade, Antony Thouret demandèrent tout d'abord à M. Thiers, dans les bureaux, quel serait le prix de leur concours. M. Thiers, embarrassé, maudissait évidemment dans son âme ces indiscrets maladroits qui ne comprenaient pas qu'en affichant leurs prétentions, ils allaient dessiller les yeux des modérés incertains et les rejeter du côté du Président de la République.

Le pacte ne fut conclu que sous le feu même de la discussion ; deux conditions furent exigées par la gauche : la première, c'est que la cause du général Changarnier fût délaissée ; au lieu d'une déclaration de confiance qu'il avait d'abord été question de lui donner, il ne s'agirait plus que de voter, sans s'expliquer à son égard, un blâme pour le Gouvernement ; la seconde, c'est que le but avoué, au moins de la part de M. Thiers, serait l'affermissement de la République.

La discussion fut mémorable. Au début, M. de Rémusat ouvrit le feu en interpellant le ministère reconstitué. Il proposa, si la réponse n'était pas satisfaisante, de nommer d'urgence une commission chargée de prendre les *mesures* que les circonstances pourraient recommander ! Admirable entrée de jeu qui permettait également une marche en avant ou une retraite. Tout pouvait être sous-entendu dans cette redoutable formule, aussi bien un simple ordre du jour contre le Gouvernement, que la mise en accusation des ministres, ou encore une attaque portant plus haut, quelque coup d'État aboutissant, si l'occasion se présentait, à la déchéance de Louis-Napoléon. La Commission fut nommée, et ne proposa tout d'abord que le blâme des ministres et un nouveau témoignage de confiance à donner au général Changarnier.

Au cours des débats, M. Berryer, se rangeant parmi les opposants, fit pourtant des réserves monarchiques et revendiqua éloquemment les droits du comte de Chambord qu'il appela le Roi ! Il y joignit en passant l'éloge des princes de la famille d'Orléans. Le général Changarnier dit quelques mots, aussi peu clairs que la situation qu'on lui avait faite : il affirma qu'il n'avait été l'instrument d'aucun parti, et se déclara fort dédaigneux « des oripeaux d'une fausse grandeur. » Il n'en fut pas moins sacrifié dans le vote, qui eut pour unique objet le blâme du Gouvernement.

M. Thiers s'exécuta envers la gauche. Dans un discours demeuré célèbre par les trois mots qui le terminaient : « L'Empire est fait », il essaya d'aplanir le terrain pour la coalition nouvelle qu'il avait formée : il montra la République, caractérisée à sa manière, comme un but commun pour les partis, définitif pour les uns, provisoire, mais franchement accepté, pour les autres.

Ce discours ne fut pas alors bien compris, et ce fut à M. Thiers un tort de plus, au moment où il se fit républicain, de n'être pas cru sur parole. Sa prodigieuse habileté jetait une ombre sur sa sincérité. On ne voulait voir dans son langage qu'une tactique pour ménager tous les groupes politiques et les pousser ensemble contre Louis-Napoléon. Mais, relu aujourd'hui, le discours est plein de singulières clartés.

Pendant que M. Berryer, de retour de Wiesbaden, proclamait son Roi, M. Thiers faisait, au contraire, le sacrifice du sien, et disait, en parlant de l'héritier de Louis-Philippe : « Cet enfant, ce Prince, que j'ai vu à Claremont, on l'appelait le comte de Paris, et pour moi, je ne lui reconnais que ce nom, car la France ne lui a donné que ce nom-là et pas d'autre ! »

Puis, répétant tout haut ce qu'il avait déjà dit tout bas à un petit nombre de personnes, il ajoutait qu'après avoir été toute sa vie partisan de la monarchie constitutionnelle, il avait fini récemment par se dire : « Peut-être me suis-je trompé ; peut-être la destinée des nations modernes ne les conduit pas vers la forme anglaise ; elle les conduit peut-être vers la forme américaine.... Mon pays prononce aujourd'hui ; il fait une loi ; cette loi est la République ; notre devoir est de la servir franchement, sans intérêt.... Voici l'expérience nécessaire et conforme à l'opinion de tous, c'est le Gouvernement de tous les partis ; contribuons tous à l'expérience, et contribuons-y loyalement. » En d'autres termes : Faisons-en l'essai loyal. S'adressant ensuite à la gauche : « Vous voulez la République plus démocratique que moi ! Je ne vous en fais pas un crime ; trouvez aussi naturel qu'on puisse être républicain autrement que vous!... car, permettez-moi de vous le dire, peut-être que, s'il n'y avait que des républicains comme vous, cela diminuerait la confiance que la France a dans la République. » Et il continuait en expliquant que, dans un Gouvernement républicain, il peut y avoir, comme on le voit en Amérique, deux partis : les whigs et les démocrates. Il se classait parmi les whigs et proposait à tous les membres de l'Assemblée de prendre l'engagement de loyauté suivant : « Que ni les uns ni les autres, par l'intrigue, par la violence ou par des entreprises insensibles, ne conduisissent cette République à tout autre chose qu'à une République ; et qu'à la fin de l'expérience, il ne se trouvât pas, un jour, que l'un des quatre partis qui divisaient la France convertît la République en un Gouvernement à lui. »

Peu de membres de l'ancienne majorité suivirent M. Thiers jusque-là. Les légitimistes, qui votaient contre le Gouvernement, demeurèrent légitimistes. Plusieurs des anciens partisans de la monarchie de Juillet se résignèrent à la République, qui peut toujours ouvrir une chance aux ambitions de second degré ; mais beaucoup d'autres se rejetèrent en arrière et refusèrent leur adhésion à une coalition avec la Montagne, contre laquelle on avait combattu depuis deux ans, et qui n'avait pas désarmé ! M. le duc de Broglie, ancien ministre de Louis-Philippe, vota avec le Gouvernement de Louis-Napoléon. M. Odilon-Barrot s'abstint. M. le comte Molé en fit autant. Cependant ce dernier s'était naguère engagé fort avant, jusqu'à prévoir et à combiner un coup d'État parlementaire.

A la séance même où allait être voté l'ordre du jour de coalition, la conversation suivante eut lieu entre M. Rouher, alors ministre, tout près d'être renversé, et M. Thiers, sûr de son triomphe. Le ministre s'était approché d'un groupe qui entourait M. Thiers, et dans lequel on parlait avec animation des projets de violence qu'on attribuait au Gouvernement. « La vraie conspiration est ailleurs, s'écria M. Rouher; il faudra que toute vérité soit dite à la tribune, et elle le sera ! On verra de quel côté sont les complots ! — Que voulez-vous dire ? reprit M. Thiers; expliquez-vous. — Vous m'y autorisez ? — Oui, sans doute. — Eh bien, je vais parler sur-le-champ, dit M. Rouher; puis, se reprenant : Je serai plus prudent que vous; je vous dirai à part ce que je sais, et je vous demanderai ensuite s'il vous convient que je parle. » Ils entrèrent alors dans la salle qui était derrière le bureau, et le ministre raconta que plusieurs personnes considérables de l'Assemblée, parmi lesquelles comptaient M. Molé et M. Thiers lui-même, étaient convenues que, dans de certaines circonstances espérées, il y aurait lieu d'arrêter le Président et les ministres et de les jeter à Vincennes. Seulement, dans ce conciliabule, on différait sur ce qu'il y aurait à faire quand on serait maître du pouvoir. M. Molé parlait de convoquer sur-le-champ une nouvelle Constituante ; M. Thiers jugeait qu'il serait plus expédient de maintenir une dictature pendant six mois, pour organiser toutes choses. A ce récit, M. Thiers ne s'inscrivit point en faux : « C'est ce Molé, dit-il, qui aura conté tout cela au Président ! » Vers ce moment, le vote venait de se terminer; sur 701 votants, 415 voix s'étaient prononcées contre le Gouvernement, et 216 dans un sens contraire ; la différence était de 129 voix, ce qui faisait une majorité de 65 voix pour l'opposition coalisée. M. Jules Favre vint à traverser la salle où se trouvaient les deux interlocuteurs, et dit en passant à M. Thiers : Nous avons plus de 60 voix de majorité. — Voilà vos auxiliaires ! dit M. Rouher, et il se retira pour se rendre à l'Élysée.

On marchait ainsi, l'épée à la main, sur le Gouvernement du prince Louis. S'il venait à rompre, on faisait un pas de plus. On espérait surtout qu'étant acculé dans ses derniers retranchements, il perdrait patience et prêterait le flanc. Il n'en fut rien. Ses ministres, quoique pris dans la majorité de la Chambre, étaient frappés et mis à l'écart; il en chercha tranquillement d'autres. La tâche était embarrassante. Il ne pouvait les choisir ni dans la majorité de hasard qui venait de se dessiner, ni dans la minorité conservatrice et vaincue. Il les trouva en dehors de l'Assemblée[1].

Mais la coalition ne désarmait pas et persistait à vouloir le pousser à bout. Il s'agissait d'abord de renouveler, pour 1851, l'allocation supplémentaire accordée au Président de la République, en sus de son traitement de 600,000 francs, pour le mettre en mesure de supporter les charges afférentes à ses fonctions; la somme proposée, moindre que celle qu'on avait accordée en 1850, était de 1,800,000 francs. Elle fut refusée par 396 voix contre 294, et, pour que le refus devînt plus sensible, on y ajouta les commentaires les plus empreints de malveillance personnelle et d'acrimonie. Louis-Napoléon ne se plaignit point; il n'accepta pas la souscription nationale qui lui fut offerte, et se contenta de réduire les dépenses de sa maison officielle. On se trompait fort si l'on croyait le piquer au jeu par une privation d'argent. Aucune âme n'était plus élevée que la sienne au-dessus de ces sortes de questions. Il avait l'habitude de compter, non ce qu'il possédait, mais ce qu'il pouvait donner; sa main était toujours ouverte pour secourir une infortune illustre ou obscure, pour sauver un ami embarrassé, pour aider un inventeur dénué, pour se venger, par un bienfait délicat, d'une inimitié sans cause, pour encourager une entreprise utile, pour contribuer au bien public. Il était, comme tous les grands souverains qui ont le plus sûrement charmé la

---

[1] Ce furent M. le général Randon, à la Guerre; M. Vaïsse, à l'Intérieur; M. de Germiny, aux Finances; M. Magne, aux Travaux publics; M. Brenier, aux Affaires Étrangères; M. de Royer, à la Justice; M. le contre-amiral Vaillant, à la Marine; M. Giraud, à l'Instruction publique et aux Cultes.

France, enclin plus à la libéralité qu'à l'épargne ; acilement pauvre ; généreux avec délices ; simple naturellement, sans dédaigner le faste ; faisant cas de l'argent comme d'un instrument, jamais comme d'un favori ou d'un maître.

N'ayant point réussi, par ce procédé, à le faire sortir de la patience, les coalisés se plaignirent du caractère provisoire de son ministère. Il parvint, après trois mois d'efforts, à en composer un définitif[1]. Alors, on critiqua amèrement ses choix, quoiqu'ils fussent les plus parlementaires possibles, à moins qu'il ne se livrât à ses ennemis. La coalition essaya immédiatement d'emporter un vote de défiance contre eux, et, n'ayant pu y réussir, elle réduisit du moins à peu de chose la majorité précaire qu'ils obtinrent. Quelques jours auparavant, alors que le ministère extra-parlementaire existait encore, les opposants de droite avaient exigé du Gouvernement une explication au sujet de l'élection présidentielle : admettait-il, selon la pensée sous-entendue des auteurs de la loi du 31 mai, qu'elle se fît par le suffrage restreint récemment organisé, ou prétendait-il la réserver à l'ancien suffrage universel proprement dit? Le ministère, par l'organe de M. Vaïsse, avait donné sur ce point satisfaction à ses adversaires, en subordonnant toute chose à la révision de la Constitution.

---

[1] M. Rouher y était à la Justice; M. Baroche aux Affaires étrangères, le général Randon à la Guerre; M. de Chasseloup-Laubat à la Marine; M. Léon Faucher rentrait à l'Intérieur; M. Magne demeurait aux Travaux publics; M. Buffet acceptait l'Agriculture et le Commerce.

CHAPITRE III

L'expectative de 1852. — La Constitution sera-t-elle revisée ? — Échec parlementaire du Président de la République.

Enfin, vint le jour où cette question de la révision, nœud de toutes les autres, allait être solennellement débattue ! Voici dans quelles conditions extraordinaires elle se présentait à l'Assemblée :

En 1852, d'après la Constitution et d'après les faits existants, une série fatale d'opérations et d'événements devaient se succéder dans l'ordre suivant, avec quelques variations de délais possibles, mais sans importance. Le 12 avril, au plus tard, une loi devait intervenir pour fixer l'époque de l'élection de l'Assemblée nouvelle. A défaut de cette loi, les électeurs se réunissaient de plein droit le 27 avril ; dans tous les cas, la nouvelle Assemblée était convoquée de plein droit le 28 mai. Quant au Président de la République, ses pouvoirs expiraient le second dimanche du mois de mai, c'est-à-dire le 9. L'élection de son successeur avait lieu, toujours de plein droit, le même jour ; jusqu'à la vérification des procès-verbaux de cette dernière élection, le pouvoir exécutif était remis aux mains du Vice-Président de la République. Le nouveau Président n'entrait en fonctions qu'après la reconnaissance, par l'Assemblée déjà remplacée, mais fonctionnant encore, de la validité de sa nomination. L'expérience de 1848 montrait qu'une dizaine de jours au moins étaient nécessaires pour une telle vérification. C'était donc du 20 au 22 mai, que le chef du pouvoir exécutif, nouvellement élu, devait être installé.

Ainsi, la préparation administrative des opérations électorales, pour la désignation des représentants et du chef futur de l'État, se serait faite sous la direction de Louis-Napoléon; il y aurait eu ensuite un intervalle de dix jours, au moins, pendant lesquels la France aurait vu à sa tête : un Vice-Président en fonctions; un Président élu, mais non encore reconnu, une Assemblée encore investie de l'autorité législative, mais à la veille de disparaître, et une autre Assemblée, choisie pour recueillir son héritage, mais non envoyée en possession! S'il avait éclaté tant de conflits entre deux pouvoirs seulement, que serait-ce entre quatre! Ne pouvait-on pas dire : trop de gouvernants, pas de gouvernement? Du 9 au 22 mai, ou plutôt du 27 avril au 28 mai 1852, le pouvoir eût été partout et nulle part. Il y avait là une période d'anarchie toute préparée, comme à plaisir.

Autres éléments de discordes civiles : le Président actuel, Louis-Napoléon, était déclaré par la Constitution non rééligible. Si cependant les électeurs de la France, dans leur irresponsabilité souveraine, allaient persister à lui donner la majorité, à réunir autour de son nom cinq à six millions de suffrages, qu'arriverait-il? Il résultait de la Constitution que l'Assemblée, quoique à la fin de son mandat, était appelée à désigner parmi les candidats éligibles qui auraient réuni le plus de voix, le nouveau chef du pouvoir exécutif. Oserait-elle méconnaître la volonté nationale et tenir pour vaine et sans valeur une majorité de plusieurs millions de voix? Quel conflit périlleux entre toute une nation qui vient d'exprimer sa volonté la veille, et une Assemblée qui va se retirer le lendemain! Comment d'ailleurs l'Assemblée naissante accepterait-elle le chef de Gouvernement que lui aurait imposé, peu de jours auparavant, et par un assez petit nombre de votes, une Assemblée expirante?

La loi du 31 mai devait compliquer encore ce formidable imbroglio. On voulait que le futur Président, comme l'Assemblée future, fût désigné par le corps électoral restreint; mais était-il bien sûr que les électeurs éliminés de l'ancien suffrage universel subiraient tranquillement leur excommunication? Les comices électoraux ne seraient-ils pas presque partout envahis par eux, au nom de leur droit méconnu? Les agitateurs manqueraient-ils de prétextes, pour soulever les populations en invoquant la Constitution violée? Ils s'y préparaient déjà, et des bulletins incendiaires, secrètement imprimés à Paris, rue Cadet, comme la police le découvrit plus tard, donnaient rendez-vous, pour 1852, aux citoyens démocrates-socialistes, et conviaient le peuple à ne « plus pardonner » à ses ennemis, à répondre à toutes résistance « avec du plomb, du fer et du feu », à tirer un parti définitif « du mouvement national de 1852, » pour instituer sur des ruines, après une « tuerie sans pitié » des prêtres et des bourgeois, « *l'Union des communes!* » Cette perspective qui se présentait à la France, pour l'année 1852, une brochure du temps, due à la plume de M. Romieu, l'appelait *le Spectre rouge,* et la décrivait avec un grand fond de vérité, mais sur un ton exagéré et déclamatoire; défaut dont se préservent difficilement, lorsqu'ils visent à la gravité et à l'éloquence, les hommes d'esprit qui n'ont pas l'habitude de parler sérieux. Toujours est-il que l'avenir prochain était plein de menaces.

Qui aurait disposé de la force armée pour réprimer ces tentatives, pour établir un ordre quelconque dans ces élections tumultueuses, pour couvrir la France de soldats, et pour plier la Nation sous les conséquences d'une Constitution astucieuse et tyrannique? Le Président sortant? Mais on l'aurait proclamé suspect de prédilection pour l'ancien suffrage universel, de connivence avec ses nombreux partisans, d'hostilité contre les membres de l'Assemblée qui lui auraient fait une guerre personnelle de deux années. Le Vice-Président intérimaire? Mais il serait arrivé dénué d'ascendant et de puissance, au milieu d'une effroyable crise. Il est de toute évidence que l'Assemblée elle-même se serait saisie de tous les pouvoirs, au nom du salut public. Le général Changarnier était tenu en réserve, au plus tard pour ce jour-là. On aurait mis hors la loi le Président, dont les fonctions allaient finir. On aurait ajourné l'élection ou prorogé la réunion de l'Assemblée à naître, et l'on aurait inévitablement créé, au milieu des convulsions du pays, une dictature provisoire, à moins que tout n'eût sombré à la fois dans la tempête. C'est en se transportant, par la pensée, à ce mois de mai 1852, qu'on touche du doigt la preuve du coup d'État parlementaire, préparé par ceux qui refusaient de reviser cette absurde et inapplicable Constitution, dont chaque article important avait la révolte de plein droit pour sanction, et qui avaient amoncelé tant de causes de désastres.

L'opinion publique, celle de la masse des hommes paisibles, s'inquiétait. La révision de la Constitution devenait le mot d'ordre presque universel. Dès leur dernière session, à la fin d'août et dans les premiers jours de septembre 1850, les Conseils généraux avaient abordé la question dans leurs vœux. Cinquante-quatre s'étaient prononcés pour que la Constitution fût revisée; trente-trois seulement avaient exprimé un désir contraire. La Commission départementale de la Seine étant, non pas élue par le vote populaire, mais choisie par le Président lui-même, s'était naturellement abstenue de délibérer sur une telle matière.

Au moment où l'Assemblée allait discuter cette grande question du changement de la loi constitutionnelle, elle avait déjà reçu beaucoup de pétitions rédigées en ce sens. Un comité spécial s'était institué à Paris, pour organiser le mouvement du pétitionnement dans la ville et dans la France entière. Il était présidé par M. Pepin-Lehalleur, ancien Président du Tribunal de commerce de la Seine[1]. Comme tous les documents de cette nature, ces pétitions étaient couvertes de signatures recueillies d'abord sans beaucoup d'ordre, et dont un certain nombre manquaient d'authenticité. Mais ces pétitions étaient si nombreuses et portaient tant de noms, elles arrivaient de tant de points à la fois, elles se succédaient, de séance en séance, avec une telle abondance, qu'il n'était pas possible de méconnaître l'importance de la manifestation. Le rapport qui en fut fait à la fin comptait environ quinze mille pétitions, contenant un million quatre cent mille signatures et adhésions.

Il serait sans intérêt d'analyser ici les grands débats qui s'élevèrent sur la question même de la révision. Il suffit de dire que M. le duc de Broglie en fit le premier la proposition, en son nom et au nom de deux cent trente-trois représentants modérés, qui se réunissaient alors dans un local situé rue des Pyramides, que M. Molé, M. Odilon Barrot, M. de Montalembert, M. de Falloux, M. Berryer lui-même et M. de Lamartine, conseillèrent et votèrent la révision, malgré l'hostilité marquée de plusieurs de ces personnages contre le Président, tant le péril public était évident. Le scrutin eut lieu d'une manière solennelle, à la tribune et par appel nominal ; 724 députés étaient présents ; la majorité des trois

---

[1] Les membres de ce comité étaient MM. Pepin-Lehalleur, président; Turgot, propriétaire, vice-président; Guyard-Delalain, industriel, vice-président; de Beaumont-Vassy, membre du Conseil général d'Indre-et-Loire, secrétaire; Bonnet de Malherbe, médecin, secrétaire; J. Dethomas, de la maison Bechet, Dethomas et Cie, trésorier; Brisson, ancien maire de Saint-Denis; Bessas-Lamégie, ancien maire du Xe arrondissement; Dollfus, négociant; Dufau, ancien journaliste; Gagneau, fabricant; Kœnigswarter, banquier; Lavollée, ancien directeur du Commerce extérieur au ministère du Commerce; Labare, ancien président du Tribunal de commerce de la Seine; Lefrançois, directeur d'une compagnie d'assurances; Marbeau, fondateur des crèches, ancien adjoint du Xe arrondissement; Laboulaye, membre de l'Institut; Poriquet, ancien magistrat; de Tascher, propriétaire; Thayer (Amédée), membre de la Commission départementale de la Seine; Vacossin, magistrat.

quarts, exigée par l'article 111 de la Constitution, était de 543 ; 446 voix seulement se prononcèrent pour l'affirmative ; la minorité opposante prévalut donc, quoiqu'elle ne réunît que 278 voix. Ainsi, par l'artifice de son texte, la Constitution se défendait elle-même. Le petit groupe de représentants qui s'étaient détachés du parti modéré, sous la direction de M. Thiers, avait encore cette fois voté avec la gauche et la Montagne.

Deux jours après le vote sur la révision, une majorité opposante se reforma, et infligea au ministère un blâme de mauvaise humeur à l'occasion des pétitions. Les ministres donnèrent leur démission ; le Président de la République la refusa ; dans l'état de la Chambre, il n'avait pas autre chose à faire.

CHAPITRE IV

Dispositions du Conseil municipal. — Projet d'un emprunt de cinquante millions. — Débats entre les deux rives de la Seine. — Forces des deux partis au sein du Conseil. — Approbation législative du projet d'emprunt. — Réception à l'Hôtel de ville des Commissaires de l'Exposition de Londres et du Lord-Maire de la Cité. — Allocution de Lord Granville. — Remarques de l'*Indépendance belge.*

Le dernier vote de l'Assemblée avait eu lieu le 21 juillet. Les Administrateurs et les Conseillers de la Ville de Paris avaient suivi avec anxiété les débats parlementaires. J'ai à peine besoin de dire que le Préfet de la Seine, en sa qualité de député, avait voté avec le Gouvernement. Depuis quelque temps déjà, il avait encouru la disgrâce de M. Thiers, pour sa fidélité politique envers Louis-Napoléon. Au milieu de l'inquiétude générale, l'occasion ne paraissait guère favorable pour la Ville de s'occuper d'un emprunt considérable et de s'engager dans d'immenses travaux. Il semblait que ce fût encore moins le moment de donner des fêtes extraordinaires et de déployer toutes les splendeurs traditionnelles de la municipalité. Cependant, M. Berger et le Conseil de la Ville n'hésitèrent pas un instant à faire l'un et l'autre et à seconder en cela les désirs du Président de la République. L'Hôtel de ville de Paris n'est jamais neutre, en réalité, dans les luttes politiques. Ou il est une citadelle pour les révolutionnaires, ou bien il est l'un des points d'appui du pouvoir. Ce n'est pas qu'une faible minorité de conseillers ne fussent de cœur avec les opposants de l'Assemblée; mais l'immense majorité plaçait sa confiance dans le Président et croyait, en répondant à ses vues, contribuer à rendre à Paris la paix intérieure et la prospérité.

Peu de changements étaient intervenus, depuis 1849, dans la Commission municipale. MM. Arago, Buchez, Manceau, pour des causes diverses, avaient donné leur démission. M. Flon avait été frappé d'apoplexie en plein conseil. Ils avaient été remplacés par MM. Legendre, marchand de bois de construction, Auguste Moreau, conseiller à la Cour de cassation, Delangle, alors avocat à la Cour d'appel, et Wolowski, homme de lettres. Ces choix excellents avaient eu pour effet d'accroître encore les forces de la majorité gouvernementale. D'ailleurs le Conseil fut à peu près unanime. Emprunter à la veille de la crise de 1852 pouvait sembler téméraire; mais, je ne sais quelle confiance soutenait alors toutes les âmes. La France se sentait riche et résolue. C'est à peine si les inquiétudes que l'Assemblée législative répandait autour d'elle pouvaient comprimer l'essor du travail et les progrès de la fortune publique. Les recettes de la Ville, provenant, en grande partie, de l'octroi, continuaient à s'accroître.

Tout le monde, à Paris, sollicitait l'Administration municipale d'aborder enfin les grandes entreprises dont on parlait sans cesse. Toute la rive gauche s'agitait et formait des commissions pour obtenir l'ouverture de la rue des Écoles. Une Compagnie, comme on l'a vu, venait d'offrir d'avancer des fonds considérables pour la création des Halles. On ne disputait que sur l'emplacement de ce grand marché, ou sur la direction à donner à la rue de Rivoli, ou sur la priorité à demander pour le percement du boulevard de Strasbourg, de la rue des Écoles, ou d'autres voies publiques. Dans les paroles que le Président de la République prononçait, au cours de ses voyages ou en assistant à quelque cérémonie publique, celles qui scandalisaient le plus les parlementaires de l'Assemblée étaient précisément accueillies avec le plus de faveur par la masse de la population. Plus il s'engageait à ne point déserter son poste si la volonté nationale persistait à l'y maintenir, plus il défendait pied à pied sa prérogative, plus on le voyait calme, opiniâtre, décidé, et plus on partageait la foi qu'il montrait en lui-même.

Le Conseil municipal cédait à ce mouvement. Ce n'était que dans le courant du mois de juin qu'il avait décidé que les Halles centrales s'élèveraient sur leur ancien emplacement, et que ce grand travail coïnciderait avec l'ouverture de la rue de Rivoli, du Louvre à l'Hôtel de ville, et aurait pour complément l'élargissement des rues Tirechape, Sainte-Opportune, et de plusieurs autres voies aux abords du grand marché central. Voici ce que devaient coûter, selon l'évaluation du moment, ces opérations :

Acquisition des terrains nécessaires à l'établissement des bâtiments des Halles, des trottoirs, etc., dont la surface totale devait être de 68,000 mètres....	20,000,000 fr.
Travaux de constructions des huit corps de halles, d'une superficie bâtie de 21,000 mètres..............	11,000,000
Élargissement de six rues principales..	6,000,000
Percement de la rue de Rivoli entre le Louvre et l'Hôtel de ville, sur une largeur de 22 mètres et sur une longueur de plus de 1,000 mètres..............	21,000,000
Total...	58,000,000 fr.

Une telle dépense n'aurait pu s'imputer sur les ressources ordinaires de la Ville qu'à la condition d'être répartie en un grand nombre d'années, et l'Administration municipale, d'accord avec le Gouvernement, comprenait à merveille qu'ils devaient être exécutés avec rapidité. On se proposait de les terminer en trois ou quatre années. Il n'y avait pas moyen d'espérer cette fois aucune subvention du Trésor public. Le Conseil municipal adopta donc la pensée de prélever seulement 8 millions sur les ressources ordinaires, pour les Halles et la rue de Rivoli, et de se procurer 50 millions par un emprunt que la Ville devait demander à la Chambre l'autorisation de contracter. Les adversaires de tout accroissement de la dette municipale, M. Dupérier, par exemple, qui avait écrit naguère une brochure en ce sens, passèrent, cette fois, condamnation. M. Horace Say, avait déjà reconnu, dans un intéressant écrit, que la Ville, en attendant des réformes financières qu'il désirait, mais qui étaient très-hypothétiques, ne pouvait ajourner davantage certaines entreprises urgentes et que, pour les conduire avec succès et promptitude, ce qu'elle avait de mieux à faire était de recourir au crédit, en basant ses remboursements sur le maintien des taxes et des surtaxes de son octroi; il persista naturellement dans son opinion.

On avait, au sein du Conseil, le gouverneur de la Banque, M. d'Argout, qui, au nom de cet établissement, promit à la Ville une avance de 20 millions, sur le dépôt de la moitié des obligations de l'emprunt à conclure, de manière à donner au Préfet le temps de franchir la crise politique et de faire son émission dans des conditions favorables. M. Lanquetin, le Président du Conseil municipal, avait établi, par une lettre rendue publique [1], la convenance de construire des Halles générales, de les établir sur l'ancien emplacement, d'en dégager les abords, et d'en assurer le service au moyen de percements, dont le prolongement de la rue de Rivoli était le plus considérable.

Des rapports très-bien faits sur les deux affaires et sur l'emprunt furent rédigés par MM. Mortimer-Ternaux et Tronchon, le premier, membre du Corps législatif en même

---

[1] *Revue municipale*, 1851, n° 77, page 631.

temps que du Conseil municipal, industriel et écrivain, connu depuis par une *Histoire de la Terreur* écrite avec l'indignation d'un honnête homme; le second, alors avoué, un de ces conseillers modestes, laborieux et intègres qui consacrèrent une notable partie de leur vie aux affaires si attachantes de la ville de Paris. M. Tronchon fut plus tard directeur des travaux à l'Hôtel de ville, et personne ne traita les difficiles négociations qui lui furent confiées avec plus de politesse, d'égalité d'humeur et de loyauté.

Un débat assez vif s'engagea seulement au sujet de l'emploi du produit de l'emprunt. Les représentants des quartiers de la rive gauche de la Seine[1], rivaux habituels des quartiers

---

[1] Voici comment les conseillers municipaux étaient répartis, d'après leur domicile, entre les arrondissements :

Ier Arrondissement : MM. Chevalier, Delangle, Dewinck, Galis, Peupin, Riant.	6
IIe Arrondissement : MM. Boulatignier, Paul Delaroche, Fleury, Périer, Horace Say, Mortimer-Ternaux, Wolowski.	7
IIIe Arrondissement : MM. Bourdon, Édouard Thayer, Germain Thibaut.	3
IVe Arrondissement : MM. d'Argout, Dupérier, Ramond de la Croisette.	3
Ve Arrondissement : M. Legendre.	1
VIe Arrondissement : MM. Eck, Ségalas.	2
VIIe Arrondissement : M. Moreau (de la Seine).	1
VIIIe Arrondissement : M. Ernest Moreau.	1
IXe Arrondissement : MM. Lanquetin, Thierry, Tronchon.	3
Xe Arrondissement : MM. Bixio, Bonjean, Firmin Didot, Auguste Moreau, Pelouze, de Riberolles, Vavin.	7
XIe Arrondissement : M. Delestre.	1
XIIe Arrondissement : M. Boissel.	1
Total.	36

M. Galis avait récemment habité la rue Saint-Paul dans le IXe arrondissement; M. Vavin avait été maire et député du XIe.

On voit d'après ce tableau que l'Ouest de Paris était alors largement représenté; Le Ier arrondissement avait six conseillers municipaux; le IIe en avait sept; le Xe en avait sept; en tout, vingt conseillers pour trois arrondissements; les neuf autres réunis n'en comptaient que seize. Quant au XIe et au XIIe arrondissement, si directement intéressés dans la rue des Écoles, ils n'étaient représentés chacun que par un Conseiller à l'Hôtel de Ville. Mais ils trouvaient de puissants appuis parmi leurs nombreux collègues du Xe arrondissement et parmi les notabilités scientifiques et universitaires des établissements d'instruction supérieure.

de la rive droite, demandaient avec instance l'application d'une certaine part de ressources extraordinaires au XIe et au XIIe arrondissement, et notamment au percement de la rue des Écoles. L'agitation se renouvelait dans le XIIe arrondissement, au sujet de cette rue favorite, pour laquelle s'étaient passionnés les maires, les représentants les plus considérables de l'Université, les journaux et un grand nombre de propriétaires et d'habitants des localités intéressées. Ni le Préfet, ni le Conseil ne purent donner une suite immédiate à ces réclamations. La rue des Écoles n'était pas encore suffisamment étudiée. Toutefois, la rive gauche ne se tint pas pour battue et insista, jusque dans la Commission de l'Assemblée nationale, par l'organe de M. Bixio, pour se faire gratifier d'une certaine dérivation de l'emprunt. Tout ce qui fut obtenu, c'est que le rapporteur, à l'appui du projet d'emprunt, ferait valoir la nécessité de réserver la disponibilité des ressources ordinaires du budget municipal pour doter promptement la rive gauche de la voie nouvelle qu'elle réclamait.

L'emprunt de 50 millions remplaçait, pour l'exécution des grands travaux, jusqu'à concurrence de 25 millions, celui qu'avait déjà dévoré la révolution de Février.

Les obligations devaient être de mille francs, portant un intérêt de 5 pour 100 au maximum, indépendamment d'une prime de 1 pour 100 applicables à des lots, en tout, 6 pour 100, au plus. L'intention du Préfet et du Conseil était de ne commencer le remboursement de l'emprunt qu'à partir de l'année 1859. Voici le motif de cette combinaison : l'ancien emprunt de 40 millions contracté au commencement du règne de Louis-Philippe absorbait chaque année une annuité de 3,150,000 francs, environ, et ne devait être complétement remboursé qu'en 1852. A la même époque s'éteignait le service d'anciennes rentes créées en 1815 et en 1822, et exigeant un crédit annuel de 800,000 francs. Il en résultait qu'à partir de 1852, quatre millions, par exercice, devenaient disponibles. On avait affecté cette somme, en y ajoutant un million par an, à l'amortissement de l'emprunt de 25 millions, qui devait être complet en 1859. Alors l'emprunt de 50 millions s'emparerait, à son tour, du crédit de 5 millions qui, avec une nouvelle addition de près d'un million, suffirait à éteindre la nouvelle dette en onze années, soit, à l'échéance de 1870.

Pour servir de gage aux créanciers qu'on allait se faire, le Conseil vota la prorogation, jusqu'au 31 décembre 1870, de la surtaxe d'octroi que supportaient les vins en cercles à leur entrée dans Paris. Voici ce qu'était cette surtaxe. Les vins en cercles payaient, comme aujourd'hui, deux sortes de droits, l'un, au profit de l'État, qu'on appelle expressément droit d'entrée, et qui était de 8 fr. 80 c. par hectolitre en y comprenant le décime ; l'autre, au profit de la Ville, qui est le droit d'octroi, s'élevant à 11 fr. 55 c. avec le décime. Or, d'après la législation sur les boissons, le second de ces droits ne pouvait dépasser le montant du premier, à moins d'une loi spéciale qui autorisât cette perception supplémentaire, appelée surtaxe. La surtaxe existant en 1851 était, comme on voit, de 2 fr. 75 c. et devait expirer en 1859, à moins d'une prorogation légale. Elle représentait trois millions au moins pour le Trésor municipal, puisque le nombre des hectolitres qui entraient alors dans la ville était de 1,154,000 environ. D'ailleurs, le maintien de la surtaxe entraînait naturellement le maintien du décime aussi bien que du principal de la taxe. Comme on devait s'attendre à l'opposition des adversaires de tout octroi et des producteurs de vins, le Préfet déclara, au nom de l'administration municipale et du Conseil, que, si cette clause était rejetée par la Chambre, la base de l'opération financière faisait défaut, et que la Ville renoncerait dès lors et à l'emprunt et aux travaux qu'il devait alimenter.

C'était un moyen victorieux, mais un peu sommaire, d'assurer l'avenir des ressources municipales. Heureusement, la plupart des députés n'étaient guère disposés à prendre la responsabilité d'une plus longue interruption du travail dans Paris. Ainsi, une fois de plus, on voyait ce fait singulier, que les révolutions s'efforcent toutes de supprimer ou de diminuer l'octroi parisien, et que toutes finissent, bon gré malgré, par l'augmenter ou par en prolonger la durée.

Enfin, le Conseil municipal demandait que les maisons qui seraient bâties en façade de la section nouvelle de la rue de Rivoli fussent exemptées, pendant vingt années, de l'impôt foncier et de celui des portes et fenêtres. On calculait que, défalcation faite des espaces vides, la nouvelle voie recevrait des constructions sur une longueur de 600 mètres, ce qui, à 15 mètres par maison, donnait quarante maisons de chaque côté, en tout, quatre-vingts. On voulait ainsi apporter un grand encouragement aux constructeurs.

Moyennant ces clauses, la Ville prenait seule à sa charge toute la dépense des deux entreprises, et ne sollicitait aucune subvention de l'État.

Dès le 26 juillet, un projet de loi conforme à ces délibérations fut présenté à l'Assemblée législative par M. Faucher, l'intrépide ministre de l'intérieur. Une commission fut nommée d'urgence. M. Vitet, en deux jours, étudia les nombreux documents que lui fournit le Préfet de la Seine et rédigea un rapport un peu long, comme il arrive dans ces moments de hâte, mais lucide et concluant. Le projet de loi fut voté le 4 août, après quelques objections qu'avait déjà réfutées par avance le rapport de M. Vitet, et que des observations, présentées à propos par M. Berger et par M. Mortimer-Ternaux, achevèrent de détruire.

Le jour même où M. Berger prenait la parole à l'Assemblée et obtenait la certitude d'un vote favorable pour son emprunt, il avait à présider un banquet splendide qu'offrait la Ville de Paris à cinq cents invités, personnages considérables d'Angleterre, de France et d'autres pays. M. Berger avait eu l'idée, qui ne manquait ni de grandeur ni d'à-propos politique, et qui avait obtenu la vive approbation du Chef de l'État et du Conseil municipal, de donner, durant cinq jours, une série de fêtes aux personnes ayant concouru à organiser à Londres, sous la direction du prince Albert, la première Exposition universelle, soit en qualité de commissaires, soit comme jurés internationaux. Il voulait en même temps prier, au nom de la Ville de Paris, le Lord Maire, les shérifs et les aldermen de la Cité de Londres d'accepter une plus spéciale hospitalité.

Le Préfet offrait à ses invités : banquet, spectacle, concert et bal à l'Hôtel de ville; il envoyait à Londres deux cent trente invitations pour le banquet, mille invitations pour le concert, le spectacle et le bal, cinq cents places pour une représentation de gala à l'Opéra. A cette occasion, le Président de la République se proposait de recevoir à Saint-Cloud les honorables voyageurs ; l'ambassadeur d'Angleterre à Paris, lord Normanby, annonçait également l'intention de leur donner un raout. Il y avait enfin dans le programme, une excursion gratuite au palais de Versailles, et le tout devait être couronné par une revue militaire que passerait le Président de la République. L'idée fut accueillie en Angleterre avec enthousiasme, et on s'y disputa les invitations. Il y avait en ce moment, de l'autre côté du détroit, une vive sympathie pour la France et pour le Prince-Président. Les Anglais n'imputaient pas à notre nation la révolution qui l'avait surprise et dont elle paraissait vouloir se dégager ; ils applaudissaient cordialement au succès que venaient d'obtenir, dans leur Exposition, nos industriels et nos artistes, donnant une telle preuve de vigueur, de liberté d'esprit et d'imagination, au lendemain d'un désastre; ils avaient un penchant marqué pour Louis-Napoléon, leur hôte naguère, imbu de leurs idées, et chez qui ils pressentaient un sincère allié.

La Ville avait choisi, dans cette circonstance, pour représentant à Londres, un de nos industriels exposants, M. Salandrouze de Lamornaix, qui était commissaire du gouvernement français près la commission royale anglaise. Celui-ci s'acquitta de son mieux de la difficile mission qui lui était confiée. Mais il rencontra tous les petits embarras qui compliquent ordinairement ces sortes d'affaires. Les demandes étaient plus nombreuses que les places disponibles autour de la table du banquet. Une caisse de billets s'égara ; il fallut envoyer d'autres billets par duplicata et prendre mille précautions pour qu'il n'y eût pas d'abus ; des invités partirent trop tôt et leurs cartes durent courir après eux en traversant deux fois la Manche ; quelques questions d'étiquette furent aussi soulevées, et, à Paris, le ministre de l'intérieur, M. Léon Faucher, qui prenait aisément les choses au tragique, écrivit de sa main au Préfet de la Seine pour exprimer le regret qu'on eût employé « un autre intermédiaire que celui des *fonctionnaires compétents* », ce qui voulait peut-être dire, l'Ambassade. Mais quelle direction la Ville de Paris pouvait-elle prétendre donner à un ambassadeur de France ?

Quoi qu'il en soit, tout s'arrangea fort bien en définitive. Les invités commissaires et jurés de l'Exposition furent transportés par train express de Londres à Paris, ensuite de Paris à Londres, aux frais de la Ville ; le gouvernement français les dispensa expressément de la formalité du passe-port, ce qui ne fut pas la moindre cause de leur satisfaction.

Pendant que lord Grandville, vice-président de la Commission royale, était allé prendre séjour à Paris chez l'ambassadeur d'Angleterre, le Lord Maire acceptait l'hospitalité qui lui était offerte par M. Berger, à l'Hôtel de ville ; les autres magistrats de la Cité de Londres étaient conduits dans des appartements que l'administration municipale avait loués en ville pour leur usage ; ils y étaient défrayés de toutes choses ; des voitures étaient mises à leur disposition.

Pour recevoir dignement ses hôtes étrangers, la Ville avait convié au banquet nos ministres, le bureau de l'Assemblée nationale, les grands fonctionnaires de l'État, les membres du Corps diplomatique, les secrétaires perpétuels de l'Institut, les commissaires français de l'Exposition de Londres, les maires des plus grandes villes de France. J'ai à peine besoin de mentionner le Conseil municipal de Paris, les conseillers généraux de la Seine, les maires de Paris et leurs adjoints.

Le banquet avait lieu dans la salle des Fêtes, assez large pour que trois tables aient pu y être dressées, sur une longueur d'une quarantaine de mètres ; trois rangs de lustres formaient au-dessus comme un plafond de lumières. La salle n'était qu'à demi décorée. Elle n'avait pas encore cette couronne de splendides peintures, dont M. Lehmann l'orna seulement en 1852. Pour voiler la froide nudité des arcades, de leurs pendentifs et de leurs pénétrations, on avait distribué autour de la voûte les drapeaux de toutes les nations, à l'imitation de ce qu'avaient fait les Anglais dans leur Palais de Cristal.

Après le banquet, les convives passèrent dans les salons des anciennes réceptions de M. de Rambuteau ; puis, ils se confondirent avec les invités étrangers ou français qui devaient assister seulement à la comédie et au concert. Un théâtre était déjà dressé dans la salle du Trône à l'une des extrémités, du côté du nord. Cette salle, qui attendait aussi ses peintures décoratives, avait été richement tendue pour la circonstance. Les acteurs de la Comédie-Française y représentèrent le *Médecin malgré lui;* Molière faisait aux étrangers les honneurs de Paris, comme Shakespeare à Londres.

Le concert devait avoir lieu dans la salle des Fêtes. Immédiatement après le banquet, une escouade d'ouvriers enleva les tables et les surtouts, et les entassa dans les salons les plus voisins de la rue de Rivoli. Une autre escouade dressa aussitôt une estrade pour recevoir deux cents musiciens en tête desquels étaient les artistes du Conservatoire. Hændel, Rameau, Gluck, Rossini, Weber, Beethoven, véritable congrès de compositeurs de génie, remplirent le programme.

Enfin, la cour d'honneur avait été transformée en jardin. La statue de Louis XIV, dont le piédestal rappelait, par des bas-reliefs, la révocation de l'Édit de Nantes, avait paru peu hospitalière, lorsqu'il s'agissait de recevoir d'illustres personnages appartenant à un pays protestant. D'ailleurs, on était au mois d'août, et on avait jugé qu'une fontaine jaillissante figurerait plus agréablement au milieu du jardin qu'une grande statue de bronze échauffée par les rayons du soleil. La cour du vieil Hôtel de ville, ainsi disposée, avec son élégante galerie, sa délicate sculpture, ses arbustes, ses fleurs, sa fontaine à l'orientale, offrait un délicieux coup d'œil.

Un grand bal fut donné trois jours après à six mille personnes, dans des conditions semblables.

C'était le commencement des féeries du nouvel Hôtel de ville, une sorte de première représentation des magnificences municipales. Comme la première fois que se montrent au public les pièces à grand spectacle et à machination compliquée, bien des détails manquèrent : l'estrade du concert se fit attendre ; la salle n'était pas favorable à l'acoustique ; le bruit des conversations couvrait la musique, et les merveilleux, mais délicats artistes du Conservatoire se sentirent froids et découragés. Plus d'une miss trouva choquants, dans la comédie, Sganarelle et la Nourrice ; durant le bal, la chaleur fut si grande que la cire des bougies se fondit en gouttes sur la foule pressée. Somme toute, et malgré ces petits accidents, les fêtes furent trouvées fort belles. Mais le plus grand succès, au milieu de ces éblouissements, fut pour les quelques paroles que prononça en français lord Granville, à la fin du banquet, en réponse au toast porté par le Préfet de la Seine. On a rarement entendu un *speech* aussi parfait : louanges fines, traits d'esprit, à-propos charmants, rien d'oublié, aucun mot de trop, forme exquise, tout réussit à concilier chez nous à l'illustre orateur et à son pays les plus vives sympathies.

On aurait dû garder à Paris un profond souvenir de ce passage : « Messieurs, dit lord Granville, nous remercions les exposants français de l'élégance et de la splendeur qu'ils ont données, par leurs produits, à l'Exposition. Ils ont plus que confirmé leur ancienne réputation d'invention et de bon goût. J'espère que les sacrifices de temps et d'argent qu'ils ont faits ne seront pas tout à fait perdus pour eux, même sous le point de vue commercial. J'espère aussi qu'ils n'éprouveront pas de jalousie si nous, de notre côté, nous profitons un peu des leçons qu'ils nous ont données. » La vanité française ne vit dans ces paroles qu'une louange bien tournée qu'elle goûta fort. C'était cependant un avertissement, une sorte de défi courtois, dont auraient dû tenir grand compte les industriels parisiens. Faute de s'être préparés par de nouveaux progrès à un nouveau concours international, ils furent battus plus tard, sur plusieurs points de leur propre terrain, par les persévérants efforts de leurs rivaux.

Le discours de lord Granville eut encore ceci de remarquable qu'il adressa, au nom du prince Albert et de la Commission royale, des remerciements « au prince Louis-Napoléon et à son Gouvernement » et qu'il omit absolument de prononcer le mot de République, et de faire la moindre allusion à ce régime politique que subissait notre nation. Peu de jours après, lors de la réception des voyageurs étrangers par le prince Louis, à Saint-Cloud, les acclamations des Anglais achevèrent de bien montrer que c'était à sa personne que s'attachaient leurs sympathies.

Les journaux en firent la remarque, et je la retrouve dans la feuille étrangère qui suivait alors avec le plus d'attention les affaires, grandes ou petites, de notre pays ; je veux parler de l'*Indépendance belge*.

CHAPITRE V

Candidature d'un prince de la famille d'Orléans. — Les chefs sans troupes; les troupes sans chefs. — Préparatifs de coup d'État pour le 17 septembre 1851. — Causes et inconvénients de l'ajournement. — Pose de la première pierre des Halles. — Deux coups d'État en sens contraires combinés pour le 17 novembre. — Double avortement.

Cependant, les fêtes, comme les projets de travaux de la Ville, ne faisaient qu'une diversion incomplète aux préoccupations générales qui devenaient plus graves à mesure qu'on marchait vers 1852. Les causes de complications pour cette échéance néfaste allaient se multipliant.

Je lis encore, précisément dans le numéro de l'*Indépedance* qui contient le compte rendu du banquet de l'Hôtel de ville, la première phrase que voici : « Deux faits absorbent aujourd'hui les correspondances et les journaux de Paris : la fête donnée samedi soir par la municipalité parisienne aux membres de la Commission de l'Exposition universelle de Londres, et la candidature du prince de Joinville à la présidence de la République en 1852. »

En effet, cette candidature, évidemment illégale, était à ce moment même mise en avant par quelques amis de la famille d'Orléans. Elle ne fut ni avouée ni désavouée. Le parti orléaniste ne paraissait pas d'ailleurs s'être mis d'accord à ce sujet; il se divisait en fusionnistes, en intransigents, comme on pourrait dire aujourd'hui, et en impatients. Il ne donnait à ses chefs aucune situation décidée et semblait hésiter entre les partis à prendre. Il avait montré trop de résignation à la chute du Roi; il avait actuellement trop d'ambitions à la fois. On disait qu'il tenait ses princes en disponibilité pour tout faire : des princes du sang, en cas de fusion ; des rois et des régents, en cas de vacance du trône ; des présidents, en cas de République; c'était la dynastie des en-cas.

La position qu'on voulait faire au prince de Joinville aurait contribué aux déchirements du pays en 1852; les événements le dispensèrent de se prononcer lui-même à ce sujet.

La guerre allait se poursuivre chaque jour plus ardente entre l'Assemblée nationale et le Président de la République, enfermés désormais dans la Constitution comme dans une impasse, selon l'expression d'un manifeste de la Montagne. De part et d'autre, on se préparait aux éventualités d'une lutte suprême, et on s'efforçait de se ménager le concours des forces militaires. Le parti du Parlement avait pour lui un grand avantage : plusieurs des chefs les plus célèbres de l'armée étaient dans ses rangs, et particulièrement des Africains, comme on appelait les officiers supérieurs qui avaient conquis leur grade et leur renommée en Afrique. Le général Cavaignac était républicain de naissance et de situation ; le général de Lamoricière, qui passait pour légitimiste et qui votait souvent comme un républicain, était assez avant dans l'opposition ; le général Bedeau, vice-président de l'Assemblée, le général Leflô, questeur, ne pouvaient manquer de prendre place dans l'armée parlementaire; le général Changarnier s'était fait l'adversaire personnel du Président de la République. Ces brillants officiers pouvaient exercer sur des soldats, à un moment donné, une grande influence personnelle. Seulement, le jour où il faudrait agir, ce puissant état-major serait probablement dépourvu de soldats. La Constitution donnait bien à l'Assemblée le droit de fixer l'importance des forces militaires établies pour sa sûreté et d'en disposer ; mais, régulièrement, cela constituait une garde et non pas une armée.

Le chef du pouvoir exécutif, au contraire, paraissait tenir dans sa main toutes les troupes : il avait le droit de nommer le ministre de la guerre, les commandants en chef des corps, et de faire toutes les promotions. Seulement, le choix de chefs assez dévoués à sa cause et assez autorisés pour en assurer le triomphe était difficile à faire. Il avait pour partisans un nombre considérable d'officiers d'un grand mérite, mais, qui n'étaient point, pour la plupart, placés en première ligne. On pourrait presque dire que le Parlement avait des chefs sans troupes, et le Prince, des troupes sans chefs.

Des deux côtés, on chercha à compléter ses moyens d'action.

Ce fut vers le mois de mai 1851, au moment où éclatait avec une extrême violence l'hostilité de l'Assemblée et où s'engageait, sans espoir de succès, la campagne de la révision de la Constitution, que le Prince Louis-Napoléon songea à donner à l'armée un chef sur lequel il pût compter dans toutes les conjonctures. L'armée forme un tout homogène dont l'obéissance est la règle, et dont la hiérarchie maintient seule l'existence et la force. Tout suit l'impulsion des chefs de corps qui reçoivent les ordres du ministre de la guerre. Hors de là, il n'y a place que pour des aventures, des prononcements à l'espagnole, dont l'armée française ignore encore l'usage, heureusement. En vain donc le chef du pouvoir exécutif disposait de la force armée ; ses ordres eussent été sans force s'ils n'avaient passé par la voie régulière. Il fallait, soit pour se défendre contre un coup d'État, soit pour en prendre l'initiative, trouver un ministre résolu et des chefs pour l'armée de Paris. Le ministre n'était point aisé à rencontrer, et plusieurs généraux, à qui le Président laissa entrevoir ses desseins, refusèrent, tout en lui gardant un secret fidèle. Les généraux Baraguay-d'Hilliers, de Castellane, Randon, étant hors de question pour des causes diverses, le Prince s'était adressé au général Magnan, habile manœuvrier, exercé au commandement, ferme dans l'action, dont les défauts personnels étaient effacés par les qualités militaires. Mais, le général Magnan voulait bien obéir et exécuter, en cas de coup d'État ; il ne voulait pas exercer l'autorité supérieure. On lui avait donné, en conséquence, non le ministère de la guerre, mais, le commandement de l'armée de Paris. Le Prince, dans sa recherche d'un ministre, fut grandement aidé par un des officiers d'ordonnance, M. Fleury, aussi fin qu'entreprenant, aussi hardi que dévoué, qui était commandant au 3ᵉ spahis, qui s'était fait remarquer en Afrique, et qui connaissait bien l'armée. Il proposa M. Leroy de Saint-Arnaud, général de brigade, qui commandait à Constantine. M. Fleury se fit donner une mission en Afrique ; il emprunta quelque argent pour faire le voyage, la caisse de la Présidence étant presque toujours vide [1]. Ce fut cette fois M. Savalette qui ouvrit sa bourse.

Le général de Saint-Arnaud, qu'il fallait grandir, reçut le commandement d'une expédition en Kabylie, la conduisit à merveille, fut nommé général de division, appelé à Paris, et chargé d'abord d'une division, sous les ordres du général Magnan, conjointement avec les généraux Carrelet et Levasseur.

Les choses étaient ainsi lorsque, au 10 août, l'Assemblée,

---

[1] En plusieurs autres circonstances, le président de la République s'était trouvé dans un pareil dénûment. La veille de son départ pour Ham, en 1849, les frais indispensables du voyage étant à peu près assurés, Louis-Napoléon, entouré des officiers de sa maison, en présence de M. Ferdinand Barrot, secrétaire général de la présidence de la République, tirait de sa poche les deux dernières pièces de cinq francs qui lui restaient, et les faisait sonner l'une contre l'autre en disant gaiement : voilà tout ce que j'emporte avec moi pour les frais extraordinaires de mon voyage. Il avait essayé vainement d'emprunter, même aux maisons de banque dans lesquelles il croyait compter des amis, quelques milliers de francs pour ses largesses de chef de l'État. Dès le jour même, M. Ferdinand Barrot, emprunta dix mille francs en son propre nom à M. Léopold Javal, et lui en indiqua l'emploi. M. Javal, qui pourtant appréciait l'argent aussi bien qu'un autre, s'indigna des refus qu'avait éprouvés le Prince, et avança la somme que M. Barrot mit en rouleaux dans la chambre de Louis-Napoléon. Le lendemain, au départ, celui-ci dit, avec un sourire, à cet ami dévoué, qui restait à Paris : « C'est vous, Barrot ! » et lui serra affectueusement la main. Sans ce concours imprévu, il partait avec dix francs pour toute ressource disponible.

deux ou trois semaines après ses derniers votes d'opposition, se prorogea jusqu'au 4 novembre. Elle laissait derrière elle une Commission de permanence, dans laquelle figuraient des généraux et quelques-uns des députés les plus énergiques. Les mesures militaires que les parlementaires belligérants méditaient de prendre se trouvaient donc nécessairement ajournées au mois de novembre. L'Élysée, comme on disait alors, songea à profiter de cette dispersion des représentants, pour accomplir, dans des conditions qui semblaient faciles, le coup d'État que tout le monde annonçait.

Plusieurs ministres étaient absents : M. Léon Faucher avait fait un voyage en Angleterre pour visiter l'Exposition; M. Baroche, M. de Crouseilhes, M. Fould, M. Magne prenaient leurs vacances. Le général Randon était à son poste; mais il avait dit au général Fleury, au moment où s'accomplissaient les derniers changements dans l'état-major de l'armée de Paris : « Si vous faites quelque chose, que je n'en sois point surtout ! Et qu'on me renvoie en Algérie ! » Il se tenait donc de lui-même à l'écart, tout prêt à céder sa place, quand on la lui demanderait.

M. Rouher, qui chaque jour faisait preuve, au sein du Conseil, d'une puissance de travail extraordinaire, d'une étendue de connaissances peu commune et d'un esprit aussi vigoureux que fertile en ressources et prompt à l'action, était alors chargé de plusieurs portefeuilles à titre intérimaire. Il fut un jour invité à dîner à Saint-Cloud en compagnie de MM. de Morny, de Persigny et Carlier, alors Préfet de police. Après le dîner, le Président propose à ses quatre convives de se promener en fumant; on fait quelques pas aux environs du château, puis on entre dans un salon du rez-de-chaussée, et, tout à coup, le Prince dit : « Puisque nous sommes seuls, si nous causions de nos réformes ? » On s'assied et, d'emblée, M. de Morny engage la conversation sur les détails du coup d'État qu'il s'agissait de faire. M. Rouher se trouve ainsi, tout d'un coup, pris, enrôlé, asservi le premier sous la tyrannie. Il n'y avait d'ailleurs aucune objection et n'éprouvait guère de surprise : la chose était attendue, le mot était dans toutes les bouches. Il s'agissait à peu près de ce qui fut fait plus tard : de la dissolution de l'Assemblée nationale, du rétablissement du suffrage universel, d'une Présidence décennale, d'un Conseil d'État préparant les lois et en soutenant la discussion, d'un Corps législatif et d'un Sénat. Le tout devait être soumis à un vote plébiscitaire. Louis-Napoléon pria M. Rouher de formuler ces décrets, ce qu'il fit dès le lendemain. Mais, comme de tels documents devaient être parfaitement lisibles, et que l'écriture de M. Rouher est bien loin d'avoir la netteté de son style et de sa parole, une copie était absolument nécessaire. Quel secrétaire, c'est-à-dire, quel confident choisir? Ce fut madame Rouher qui prit la plume. Les femmes qui ont de la résolution et du cœur savent mieux que personne garder un secret. Les minutes furent brûlées; les copies furent remises au Président de la République. Ce sont les mêmes, je crois, qui ont servi au 2 décembre.

M. Carlier avait fait un plan d'exécution fort simple, conformément à la pensée primitive du Prince Louis-Napoléon. On mettait la Commission de permanence dans l'impossibilité d'agir; on ne faisait que fort peu d'arrestations, on affichait les proclamations, et on pensait qu'après un certain déploiement de forces militaires, tout serait pacifiquement accepté par la population. D'ailleurs, le ministre de la guerre, M. Leroy de Saint-Arnaud, et le ministre de l'intérieur, M. de Morny, auraient à prendre en province des mesures énergiques pour empêcher toute réunion de l'Assemblée dissoute et toute insurrection locale.

Le coup devait être frappé le 17 septembre, deux jours après la pose solennelle de la première pierre d'un pavillon des Halles, qui était annoncée pour le lundi 15.

Cependant, dès le milieu d'août, le bruit d'un coup d'État se répandit dans Paris, et la Commission de permanence commença de nouveau à concevoir des inquiétudes. Il paraît que le Préfet de police, M. Carlier, avait laissé transpirer quelque chose des projets dont il devait être l'exécuteur, soit qu'il eût, en préparant son personnel, laissé deviner sa pensée, soit que, dans les rapports qu'il entretenait avec plusieurs des chefs du parti de l'ordre, il eût commis quelque imprudence. M. Carlier était très-fin, mais plus policier que politique. Il avait rendu de grands services à l'ordre et était fort redouté des démagogues. En 1848, quoiqu'il fût destitué des fonctions qu'il occupait à la Préfecture de police, il avait conservé une bonne partie de ses moyens d'informations, et en savait plus long sur les projets du parti avancé que M. Caussidière lui-même. Dans tous les conciliabules, dans tous les états-majors de la démocratie jacobine et socialiste, il avait toujours un œil et une oreille, et il désolait les plus fameux conspirateurs en publiant le lendemain dans les journaux ce qu'ils avaient comploté la veille, entre cinq ou six, dans le plus profond mystère. Mais on obtient de telles informations avec quelque adresse et quelque argent. Il en est d'autres plus difficiles à recueillir. M. Carlier y employait volontiers ce genre de conversation intime et abandonnée qui provoque des confidences. Seulement, si fin que l'on soit, dans ce commerce du monde, on n'obtient rien pour rien, et on laisse toujours une part de ses propres secrets. C'est l'écueil de tous les causeurs.

Une autre raison plus décisive fit ajourner toute action. Le général de Saint-Arnaud, à peine installé depuis quelques jours à l'École militaire en qualité de divisionnaire de l'armée de Paris, devait, dans l'hypothèse du coup d'État, être appelé immédiatement au ministère de la guerre. On le prévint, il refusa. Grand émoi à l'Élysée. Le commandant Fleury, qui avait découvert et mis en avant ce personnage indispensable, demanda qu'on ne crût point à un manque de parole et à une désertion; il courut à l'École militaire. En effet, le général protesta de son dévouement, assura que l'on pouvait compter sur lui, mais, dit que le moment ne lui paraissait pas favorable. Il en avait délibéré à part lui et avec madame de Saint-Arnaud pour conseiller intime. Ils étaient tous deux d'avis que dissoudre la Chambre lorsqu'elle était dispersée dans les départements était une haute imprudence. L'Assemblée ne manquerait pas de se réunir au moins partiellement quelque part, et on aurait en face un contre-gouvernement. Dans tous les cas, les députés répandraient la résistance armée sur la surface du pays. Au lieu d'un coup de main, c'était peut-être une guerre civile. Ne valait-il pas mieux attendre que l'Assemblée fût réunie de nouveau à Paris, la tenir ainsi sous la main, avoir la résistance à portée, et en triompher rapidement?

C'était parler en militaire qui désire la concentration de ses adversaires afin d'agir vite et énergiquement. Mais le premier plan du Prince n'était-il pas dicté par un esprit plus politique et une meilleure connaissance des hommes? Les députés, éloignés les uns des autres dans les départements, ne se seraient pas réunis sans difficultés et sans beaucoup de lenteurs. Qui les aurait convoqués, en cas de coup d'État? Le Président, M. Dupin? Les actes de l'Assemblée qu'il venait de voir accomplir sous ses yeux ne lui paraissaient ni sages, ni habiles, ni patriotiques; il n'était pas disposé à prendre l'initiative d'une lutte si acharnée contre Louis-Napoléon. M. Thiers et quelques-uns de ses amis? Alors même que le signal d'une réunion fût parti de ce point ou de tout autre, quel défaut de moyens de communication, et que de temps perdu! Les voyages des représentants n'auraient pas été faciles : tout ce qui existait de chemins de fer, et il n'y en avait guère alors, aboutissait à Paris. Il eût donc fallu, pour passer du Nord au Sud, de l'Est à l'Ouest, tourner à distance autour de la capitale, employer divers moyens de locomotion. Il se serait assemblé peut-être autant de réunions que de partis, et ces tronçons de parlement se seraient agités sans pouvoir s'entendre. Le plus probable, c'est qu'un grand nombre de représentants ne se seraient point déplacés, excepté les partisans du Prince, qui auraient été rapidement appelés à Paris. Les autres auraient été retenus chez eux par la rapidité du succès du Gouvernement au centre, par la manifestation de l'opinion publique qui les aurait entourés, par la crainte de se faire dans les provinces les auxiliaires de la plus violente démagogie, les complices de leurs propres adversaires. La grande majorité de l'Assemblée se serait probablement abstenue de toute action. Sans doute des émeutes, préparées depuis longtemps en vue de la crise de 1852, n'auraient pas manqué d'éclater, ainsi qu'elles l'ont fait au 2 décembre ; mais elles auraient été facilement réprimées. Le succès du coup d'État n'en eût pas été moins certain. Cependant Louis-Napoléon, qui ne bornait pas ses visées, comme le général de Saint-Arnaud, à l'avantage d'une journée, mais qui songeait à son gouvernement du lendemain, aurait recueilli un moins grand nombre d'animosités et de rancunes ; il n'aurait pas trouvé plus tard tant d'hommes distingués compromis par le point d'honneur, irrités d'avoir été conduits à Mazas ou à Vincennes, et ennemis de toute conciliation. Il l'a dit plus d'une fois lui-même : Un des malheurs qui suivent toute révolution ou toute contre-révolution, si nécessaire qu'elle soit, c'est d'aliéner une grande partie de l'élite de la nation : les hommes qui sont arrivés et dont on dérange la situation, ceux que la logique ou l'honneur engagent dans la cause des gouvernements déchus, beaucoup d'honnêtes gens qui, par principe et par habitude, s'étaient arrangés de ce qui tombe. Il ne faut donc pas se faire d'ennemis par surcroît, et, si l'on est réduit à recourir à la force, il importe d'en restreindre, autant que possible, les effets.

Quoi qu'il en soit, on était contraint de se rendre au désir d'ajournement exprimé par le général de Saint-Arnaud.

Ce n'était pas sans une intention politique que la cérémonie de la pose de la première pierre des Halles avait été fixée au 15 septembre. Au moment de prendre la responsabilité d'un brusque changement de gouvernement, le Prince Louis avait tenu à montrer, une fois de plus, sa préoccupation des besoins du peuple et ses efforts pour animer le travail. Il prononça un de ces discours par lesquels il tenait depuis quelque temps les esprits en éveil, révélant et cachant tout à la fois ses desseins, annonçant une sorte d'appel à la Nation, sans dire à quel moment, par quel moyen, sous quelle forme, il se proposait de le faire. Son langage fut d'ailleurs plus bref, plus tranchant qu'à l'ordinaire, comme à la veille d'une bataille. Le Ministre de l'intérieur était présent ainsi que le Préfet de police et le corps municipal, qui s'était solennellement assemblé à l'Hôtel de ville et qui s'était rendu, comme en cortége, dans des voitures de louage, sur le théâtre de la cérémonie. C'était près de la pointe Saint-Eustache. Sur l'emplacement d'immeubles déjà expropriés et démolis, on avait creusé le sol à la profondeur nécessaire pour établir les fondations d'un des huit pavillons de pierre qui devaient former les Halles, d'après le programme déjà dressé en 1847, et tout récemment modifié à la suite de nouvelles études. Voici, en deux mots, quelle devait être la disposition de l'ensemble : un grand parallélogramme compris entre la rue de Rambuteau prolongée, la rue aux Fers également prolongée, la rue du Four et une rue parallèle à la rue Saint-Denis, ouverte à peu près dans l'axe de la fontaine des Innocents, comprenait, à ses deux extrémités, deux grands pavillons, le numéro 1, en bordure sur la rue du Four, et le numéro 8, régnant le long de la rue parallèle à la rue Saint-Denis. L'intervalle entre ces deux grands pavillons était rempli par six autres plus petits, les numéros 2, 4, 6, bordant la rue de Rambuteau, les numéros 3, 5, 7, longeant la ligne de la rue aux Fers; ils étaient séparés les uns des autres par des rues intérieures. Le bâtiment dont on posait la première pierre était celui du pavillon numéro 2. Selon le type adopté pour ces constructions, il devait être à peu près carré, avec des pans coupés et des portes aux quatre angles, afin que le mouvement résultant du trafic intérieur ne vînt pas troubler le petit commerce au détail installé sur les trottoirs au pied des murs [1]. Autour du vaste déblai qu'on avait préparé, et dans lequel descendirent, par un plan incliné, toutes les autorités, se pressait la population habituelle du marché, grossie par une foule de curieux. La bénédiction du futur monument fut faite par M. le curé de Saint-Eustache; les dames de la Halle offrirent, selon l'usage, leurs bouquets au Prince, qui, à son tour, en donna un, très-apprécié, à M. Léon Faucher et à M. Berger, en les nommant commandeurs de la Légion d'honneur. Son allocution fut l'objet de beaucoup de commentaires : « La construction des Halles, dit-il, véritable bienfait pour l'humanité, facilite l'approvisionnement de Paris et appelle un plus grand nombre de départements à y concourir. Ce n'est donc pas une œuvre purement municipale, car Paris est le cœur de la France, et plus sa vie est active et puissante, plus elle se communique au reste du pays.

» En posant la première pierre d'un édifice dont la destination est si éminemment populaire, je me livre avec confiance à l'espoir qu'avec l'appui des bons citoyens et avec la protection du ciel, il nous sera donné de jeter dans le sol de la France quelques fondations sur lesquelles s'élèvera un édifice social assez solide pour offrir un abri contre la violence et la mobilité des passions humaines. »

---

[1] Ce bâtiment était achevé au commencement de 1853; on en critiqua aussitôt la lourde carrure, les murs épais qui semblaient à l'épreuve de l'artillerie, en le désignant par ce jeu de mots : « le fort de la Halle ». Il fut peu après démoli, et l'ancien système de construction fut remplacé, selon la décision de l'Empereur, par l'élégant édifice en fer qui existe aujourd'hui.

C'était le surlendemain, 17 septembre que, dans le sol de la France, déblayé du régime de la souveraineté parlementaire, devaient être posés les fondements du nouvel édifice politique, si hardiment annoncé. Tout était préparé pour cet acte décisif que fit subitement ajourner le général Leroy de Saint-Arnaud. Les ordres de détail avaient même été donnés pour le 16 au soir. On n'eut que le temps de les contremander en toute hâte. Cependant, on oublia une escouade de gardes municipaux qui avaient été envoyés, par le Préfet de police, à l'Imprimerie nationale pour y protéger l'impression des décrets annonçant la dissolution de l'Assemblée et le reste. Ils y passèrent la nuit et ne furent relevés que le lendemain matin. Le directeur de l'Imprimerie nationale se rendit aussitôt chez M. Rouher, ministre de la justice, dont il dépendait. Le ministre, sans se déconcerter, manifesta une grande surprise, mêlée de quelque susceptibilité à l'égard du chef de l'État, et répondit qu'il aurait sur-le-champ le mot d'une telle affaire. En effet, après une visite au palais de la présidence, il raconta au directeur de l'Imprimerie que le Prince avait eu le dessein de changer encore une fois brusquement son ministère sans avertir ses ministres; dans la soirée, il avait renoncé à publier les décrets, et, de là, la singulière erreur de la nuit, qui fut ainsi expliquée tant bien que mal.

L'explication d'ailleurs ne manquait pas de vraisemblance, et peu de temps après la brusque révolution de cabinet qu'elle supposait se réalisa. A la fin d'octobre, la rentrée des Chambres approchait. Tout à coup, le Prince changea effectivement tous ses ministres, aussi bien que le Préfet de police. Le nouveau ministre de la guerre était le général Leroy de Saint-Arnaud, dont l'arrivée était ainsi masquée ; M. de Maupas, préfet de Toulouse, homme jeune et plein d'entrain, était appelé à remplacer M. Carlier à la Préfecture de police.

Le 4 novembre, l'Assemblée se réunit, et elle entendit

avec émotion un message dans lequel était expliqué le changement des ministres et du Préfet, par la nécessité de choisir des hommes qui voulussent admettre l'urgence du rétablissement du suffrage universel. Le retour à l'ancienne loi électorale était en effet proposé à l'Assemblée. Les raisons alléguées étaient solides et irréfutables, dès qu'il s'agissait de l'élection du Président.

Le message exprimait, d'ailleurs, la pensée que le rétablissement du suffrage universel déterminerait peut-être l'opposition à revenir sur son dernier vote et à admettre, par respect pour le libre exercice désormais assuré de la volonté nationale, la révision de la Constitution.

Mais il n'y avait désormais aucune espérance de conciliation. La proposition du Gouvernement ne fit que jeter la division dans les rangs de ses ennemis. Le projet relatif au suffrage universel fut rejeté par six voix de majorité qui confirmèrent ainsi, mais faiblement, la loi du 31 mai.

Dès lors la lutte extrême, décisive, était irrévocablement engagée, et, le même jour, le 17 novembre, deux coups d'État, en sens contraire, se trouvèrent préparés et commencés. Voici comment était combiné le coup d'État parlementaire : il était naturellement basé sur l'article de la Constitution qui donnait à l'Assemblée le droit de fixer l'importance des forces militaires établies pour sa sûreté et d'en disposer. Déjà deux projets de décrets parlementaires, qui furent saisis plus tard, avaient été rédigés par le président de la Commission permanente, vice-président de l'Assemblée, le général Bedeau, pour investir un général en chef du commandement immédiat de toutes les forces, tant de l'armée que de la garde nationale, stationnées dans la première division militaire, et pour ordonner à tout général, à tout chef de corps ou de détachement d'obéir aux ordres du général en chef ainsi désigné.

Il est bien certain que de tels décrets, publiés et rendus

exécutoires, n'eussent pas été autre chose qu'une mise hors la loi du Président de la République qu'on dépossédait absolument, ainsi que son ministre de la guerre, de toute autorité sur l'armée, et qu'on aurait mis sur-le-champ en arrestation, si l'on avait pu.

Mais, la Commission de permanence, par prudence ou par temporisation, n'ayant pas usé de cette arme, le droit de réquisition des forces militaires avait fait retour de la Commission à l'Assemblée, et du général Bedeau, vice-président, à M. Dupin, président. Or, on ne comptait pas, avec raison, sur les dispositions hostiles de celui-ci à l'égard du Gouvernement. On ne lui croyait ni la volonté, ni la résolution nécessaire pour se saisir du Pouvoir exécutif et commander l'obéissance à l'armée. Il fallait donc compromettre la majorité, l'entraîner à un acte décisif contre Louis-Napoléon, remplacer subitement M. Dupin par le général Changarnier ou par M. Thiers, désigner le général de Lamoricière ou le général Bedeau, à défaut du général Changarnier, pour commandant en chef de l'armée, mettre en accusation le Président de la République, et, si l'on réussissait dans cette guerre civile, accomplir ou une restauration monarchique, ou un essai de république plus ou moins conservatrice, selon le plan de M. Thiers.

On imagina, pour amener la Chambre à se prononcer ainsi, de présenter un projet de loi qui déléguait expressément au président de l'Assemblée le droit de requérir directement la force armée et toutes les autorités dont il jugerait le concours nécessaire pour maintenir la sécurité intérieure et extérieure de l'Assemblée. Le texte de cette loi devait être mis à l'ordre de l'armée et affiché dans les casernes, d'où peu de jours auparavant le nouveau ministre de la guerre avait fait enlever des affiches analogues. Ce furent les questeurs qui se chargèrent de déposer ce projet : si l'Assemblée l'avait adopté, on en aurait fait l'application séance tenante, en prenant les décisions successives dont je viens de parler.

On a prétendu que la proposition des questeurs n'avait d'autre but que de donner à la Chambre le moyen de se défendre ultérieurement en cas d'attaque flagrante et inconstitutionnelle de la part du chef du Pouvoir exécutif. Une telle supposition ne soutient pas l'examen. D'abord, le texte de la Constitution et celui du règlement suffisaient à merveille pour armer le président de la Chambre. C'est ainsi qu'en ont jugé les députés eux-mêmes au 2 décembre. Ensuite, les personnes qui dirigeaient depuis plus d'un an la guerre parlementaire contre Louis-Napoléon sentaient bien que toute porte venait d'être fermée à la conciliation et que le conflit définitif était imminent. Elles n'étaient point assez naïves ou assez malavisées pour demeurer sur la défensive et pour différer de se servir du droit de réquisition jusqu'au moment où leur adversaire aurait déjà dirigé des troupes contre l'Assemblée et enveloppé le Palais législatif. Il eût été bien temps de nommer un général en chef, de requérir toutes les forces militaires lorsque celles-ci auraient déjà à moitié exécuté des ordres contraires ! La proposition des questeurs avait une autre portée : elle avait pour but de dessiner une majorité résolue à prendre l'initiative ; elle était le premier acte du coup d'État parlementaire depuis bien longtemps combiné.

La tentative échoua. Les députés de la gauche, républicains plus ou moins modérés, montagnards, socialistes, se trouvaient fort perplexes. Le Prince Louis venait de proposer le rétablissement du suffrage universel, tandis que la droite tenait pour la loi du 31 mai. Il y avait menace de coup d'État, d'un côté comme de l'autre. Pour qui, ou plutôt contre qui voter ? La gauche se divisa : une partie donna tort, selon son habitude, au Gouvernement ; l'autre refusa de s'associer à ceux qui condamnaient le suffrage populaire ; la plupart sans doute pensèrent que plus on temporisait, plus on s'approchait du terme fatal de 1852, plus il y avait de chances pour que les idées radicales finissent par prévaloir.

Cependant, ceux des chefs de la droite qui menaient cette campagne contre le Président de la République espérèrent jusqu'au dernier moment que l'esprit d'opposition finirait par l'emporter dans la gauche et que la proposition des questeurs réunirait une majorité de coalition. On allait voter. M. Rouher, dont j'ai eu plus d'une fois l'occasion de recueillir les souvenirs précieux sur ces événements déjà lointains, avait alors cessé d'être ministre. Il assistait comme simple député à la séance ; il se tenait debout au pied de la tribune, conversant avec un de ses collègues et observant les faits qui se déroulaient sous ses yeux, avec cette tranquillité et cette présence d'esprit qui ne lui font jamais défaut. Il entendit derrière lui le général Changarnier dire au commissaire de police, M. Yon, qui était à la disposition de l'Assemblée : « Après le vote, la Chambre va se déclarer en permanence ; il faut faire fermer les portes afin que personne ne sorte. » Aussitôt, il s'empressa d'aller au banc du général de Saint-Arnaud pour l'avertir de se retirer au plus vite, sans quoi il serait pris comme dans une souricière. En se retirant, le ministre de la guerre fit signe au général Magnan, qui était dans une tribune avec M. de Maupas, Préfet de police. Comme il arrivait près de la porte de la salle, il répondait en riant à un collègue qui s'étonnait de le voir partir avant le vote : « On fait trop de bruit dans cette maison ; je vais chercher la garde. » Et, dit un historien, il y allait comme il le disait [1].

Le vote eut lieu : la proposition des questeurs fut repoussée par 408 voix contre 300. La Chambre ne se déclara pas en permanence, ne ferma pas ses portes et ne put fournir des troupes à ses officiers. Le coup d'État parlementaire était

---

[1] *Histoire de la chute de Louis-Philippe,* par M. Granier de Cassagnac.

manqué, et M. Rouher, qui était resté jusqu'au bout à la séance, alla donner ces nouvelles à l'Élysée. Là aussi il y avait un coup d'État combiné ; mais il avortait nécessairement en même temps que l'autre.

Le vote semblait, au premier aspect, une sorte de désarmement de l'Assemblée, ou, tout au moins, une manifestation d'impuissance. Ce n'était qu'une combinaison passagère des partis : une notable fraction de la gauche n'avait pas voulu en effet donner cette fois aux opposants de droite les voix nécessaires pour les mettre en possession du pouvoir ; mais, du jour au lendemain, elle pouvait leur assurer la majorité sous conditions, comme elle l'avait déjà fait, et disposer, tantôt dans un sens, tantôt dans l'autre, des volontés de la Chambre au profit de la démocratie jacobine et sociale. En même temps, l'année 1852 s'avançait à grands pas avec tout ce qu'elle portait dans ses flancs ; et le péril public ne faisait que s'accroître.

LIVRE SEPTIÈME

LE COUP D'ÉTAT. — CONSÉQUENCES POUR LA VILLE DE PARIS.

CHAPITRE PREMIER

La légende du coup d'État. — Beaucoup de personnes en connurent le secret. — Les plus intéressés étaient les plus mal informés. — Disposition du peuple ; — de la classe bourgeoise. — Aspect des environs de l'Hôtel de ville.

Le coup d'État préparé à l'Élysée ne fut donc remis que de quelques jours. Le prince Louis en fixa le moment au 2 décembre, anniversaire de la bataille d'Austerlitz.

On en a maintes fois écrit l'histoire. Tous les narrateurs, admirateurs ou indignés, sont tombés d'accord pour répéter que le secret a été merveilleusement gardé, quoiqu'il s'agit de mettre en mouvement d'innombrables agents, toute une armée, et de surprendre un grand nombre d'hommes rompus aux luttes politiques et civiles, très-pénétrants, courageux pour la plupart, qui étaient depuis longtemps sur leurs gardes. Il ressort de tous ces récits une sorte de louange pour l'art, la prévoyance, la précision, la vigueur avec lesquels l'entreprise a été conçue et exécutée ; on dirait qu'ils ont été plus ou moins inspirés par le souvenir des écrits de Saint-Réal sur certaines conjurations difficiles. Je ne veux pas diminuer le mérite des cinq ou six hommes, M. de Morny, le général de Saint-Arnaud, le général Magnan, M. de Persigny, M. de Maupas, le commandant Fleury, qui ont été les confidents et les acteurs principaux de ce terrible drame; ils y risquaient leur vie avec le Prince auquel ils étaient dévoués. Je ne conteste pas non plus la discrétion et l'intelligente énergie des intervenants du dernier moment, de M. de Béville par exemple, de M. Auguste Chevalier, qui furent chargés de porter à l'Imprimerie nationale les décrets décisifs; de M. de Saint-Georges, qui les fit imprimer; de M. Vieyra, qui reçut la mission de maintenir la garde nationale dans l'inaction; de M. le général Lawœstine, qui commandait cette garde nationale, et de beaucoup d'autres. Toutefois, ce qu'on a appelé le bien joué du coup d'État ne doit pas être vanté au delà du vrai, même au point de vue de l'art, si l'on peut employer ce mot, lorsqu'il s'agit d'un acte nécessaire, mais extrême. Le succès du coup d'État est dû à d'autres causes; il eût été moins habilement combiné, qu'il aurait réussi de même.

On parle du secret bien gardé! Il le fut par beaucoup plus de gens qu'on ne pense. D'abord, qu'il y eût un coup d'État projeté, personne ne l'ignorait depuis plus de deux mois, même ceux qu'il devait atteindre. Il n'était question que de coups d'État. Chacun en arrangeait un pour son compte. J'en ai montré deux, agencés pour le même jour : l'un, par le pouvoir législatif, l'autre, par le pouvoir exécutif. Il y en eut même un troisième d'un genre mixte, qui fut ébauché dans une réunion de députés modérés, formée chez M. Daru, à la suite du vote déplorable de l'Assemblée contre la révision. Ce groupe assez considérable d'hommes sensés voyait bien vers quels récifs les grands navigateurs parlementaires pilotaient le pays et conçurent la pensée de sortir un moment de la loi et de s'entendre avec Louis-Napoléon pour sauver la France. Il s'agissait de faire voter, par une simple majorité dans la Chambre, un projet en deux ou trois articles, portant que le Président serait désormais rééligible, que deux Chambres seraient instituées, et que ces points seraient soumis à la ratification du peuple.

La chose fut discutée dans une séance secrète, et fut tellement prise au sérieux que, au milieu de la délibération, des valets ayant apporté des rafraîchissements, le maitre de la maison imposa subitement silence de la voix et du geste à tous les assistants pour ne laisser reprendre la conversation qu'après la retraite des témoins étrangers. Malheureusement cette tentative n'eut pas de suite.

Quant au secret des dernières combinaisons de l'Élysée, par combien de gens ne fut-il pas connu ! Des généraux, des personnes considérables avaient été sondés par le Prince lui-même, à diverses reprises, et avaient refusé d'accepter, pour le moment suprême, le rôle de ministre de la guerre, de commandant de l'armée de Paris, de Préfet de police. Tous étaient instruits par conséquent de ce qui se préparait. Dans le cours du mois de novembre, au dire d'écrivains dignes de foi, le général Magnan réunit chez lui vingt généraux pour les prévenir que Louis-Napoléon ferait un prochain appel à la souveraineté nationale, et au dévouement de l'armée, et pour leur demander leur concours, qui fut promis avec enthousiasme. J'ai dit plus haut que l'ancien préfet de police, M. Carlier, avait préparé le personnel de son administration aux événements projetés d'abord pour le 17 septembre. Son successeur, M. de Maupas, multiplia les précautions pour cacher, même à ses agents, le but de ses dispositions. Seulement, il avait dû recueillir des renseignements auprès de ses chefs de service ; l'un d'eux, au moins, avait eu forcément une part de ses confidences. Pour faire le choix des nombreux commissaires de police qui devaient être chargés, au 2 décembre, de l'arrestation des représentants, pour s'assurer de leurs sentiments et de leur dévouement, pour être en mesure de mettre sur pied, dans la nuit du 1er au 2, à la même heure, huit cents hommes, commissaires, officiers de paix, brigadiers, simples agents, pour employer, en outre, une partie notable de la garde municipale, il était absolument impossible que le Préfet ne laissât pas deviner quelque chose de ce qui se préparait, par des hommes habitués à voir clair et à comprendre à demi mot. M. de Maupas, je le reconnais, eut recours aux précautions les plus minutieuses pour cacher sa pensée au moment même où il en ordonnait l'exécution. « Je pouvais sans inconvénient, dit-il dans des Mémoires encore inédits sur les événements de décembre, je pouvais me confier à ces braves auxiliaires. » ... Nulle part je n'ai vu le sentiment du devoir, la religion du secret plus scrupuleusement observés qu'à la Préfecture de police. Mais c'est toujours une faute en un pareil moment que de dire ce que l'on peut taire! » Voilà un mot qui mérite d'être retenu. M. de Maupas raconte ensuite qu'il ne révéla à chacun que ce qu'il ne pouvait pas absolument celer.

Il ajoute que, pour expliquer d'une manière plausible à l'ensemble de ses agents les ordres extraordinaires qu'il donnait, il fit répandre à la Préfecture le bruit du débarquement en France des principaux réfugiés de Londres, de MM. Ledru-Rollin, Louis Blanc, Caussidière et autres, dont l'arrivée à Paris devait, disait-on, être le signal d'un soulèvement démagogique.

On pourrait également citer les défaites plus ou moins bien trouvées qui furent imaginées par les autres personnages engagés dans l'action, pour déconcerter les questions indiscrètes, pour dérouter les soupçons et donner le change autour d'eux.

Mais, lorsqu'il s'agit d'induire en erreur un si grand nombre d'hommes, militaires ou civils, mis en mouvement à la fois, les inventions les plus plausibles ne sauraient suffire. S'ils s'y laissèrent prendre, c'est qu'ils le voulurent bien ; c'est qu'au fond de l'âme, ils désiraient le succès de l'acte hardi auquel ils prenaient une part plus ou moins active, et que l'ignorance apparente du but vers lequel ils marchaient allégeait leur responsabilité et leur était commode.

Combien de personnes, parmi les plus intéressées à garder ce secret, ne purent se défendre de quelque épanchement, dans leur intimité ! Le prince Louis-Napoléon lui-même, qu'on appelait le Taciturne, ne résista pas tout à fait à cet entraînement. Ses principaux parents se tenaient à l'écart ; le prince Jérôme se montrait mécontent ; le prince Napoléon était hostile et se prononça tout d'abord contre le coup d'État, qui cependant plus tard le fit approcher du trône. La rupture aurait été complète, si Louis-Napoléon, dans son amitié obstinée, n'avait appelé son oncle à figurer à la première place dans l'état-major dont il s'entourait au moment du succès. Jusque-là donc l'éloignement des deux princes secondait la discrétion du président de la République à leur égard. Mais, une personne au moins de sa famille eut, quarante-huit heures d'avance, connaissance de son projet. Il avait conduit à l'Opéra sa cousine, la belle et spirituelle princesse Mathilde, et la duchesse de Hamilton. Pendant un entr'acte, il était demeuré pensif, ne disant pas un seul mot, et fixant les yeux sur une des loges qui faisaient face à la sienne et dans laquelle se trouvaient quelques hommes politiques, entre autres, M. Thiers et M. Roger (du Nord). Après le spectacle, il dit à sa cousine, en la reconduisant dans sa voiture, qu'il n'avait pu s'empêcher d'attacher longtemps ses regards sur ces personnages, qui entretenaient la pensée de le précipiter du pouvoir, de le jeter à Vincennes, et qui, dans deux jours, seraient eux-mêmes en prison. — Vous allez donc faire quelque chose de grave, dit la Princesse ? — Oui, répondit-il. Avant peu, tout sera perdu en France, si je n'agis point. La Princesse, quoique femme et Bonaparte, comprima son impétueuse curiosité ; elle ne tira point avantage, pour se faire mieux instruire, du témoignage de confiante affection qui lui était donné ; elle cessa d'interroger le Président et le laissa retomber dans le silence. Avisée autant que spirituelle, elle comprit qu'il ne suffisait pas que son dévouement à la cause de Louis-Napoléon fût entier et apprécié, et qu'il est des secrets qu'il faut s'efforcer d'ignorer, lorsqu'on n'est pas appelé à servir le dessein de ceux qui vous les livrent.

Dès le soir du 1er décembre, plusieurs des ministres qui devaient être nommés après le coup d'État reçurent avis de se tenir prêts et furent clairement instruits de ce qui allait s'accomplir. Cet avis anticipé n'était pourtant pas nécessaire. M. de Morny, comme ministre de l'intérieur, M. Leroy de Saint-Arnaud, comme ministre de la guerre, devaient seuls agir tout d'abord, et le décret qui désignait leurs collègues, M. Fould, pour les finances, M. Rouher, pour la justice, M. Magne, pour les travaux publics, M. Ducos, pour la marine, M. Turgot, pour les affaires étrangères, M. Lefebvre Duruflé, pour l'agriculture et le commerce, M. Fortoul, pour l'instruction publique et les cultes, ne faisait pas partie de ceux qui furent publiés le 2 décembre. Les futurs ministres n'en reçurent pas moins une confidence préalable. J'en donnerai une preuve :

Le 1er même, on faisait à l'Hôtel de ville le recensement des votes électoraux pour l'élection d'un représentant à Paris. La loi du 31 mai fonctionnait pour la première fois, la seule. M. Devinck, membre du Conseil municipal, que la présidence du Tribunal de commerce avait déjà mis très-honorablement en évidence, était le candidat conservateur ; il n'avait pas de concurrent sérieux. Le nombre des électeurs inscrits n'avait pas sensiblement varié depuis la formation des premières listes, c'est-à-dire, depuis une année ; il était de 131,746. La loi avait subi de tels échecs, depuis que le Gouvernement avait proposé de rétablir le suffrage universel, que beaucoup d'électeurs, très-exactement recensés, s'abstinrent de voter, dans l'attente de quelque changement prochain. M. Devinck fut nommé par 52,369 voix. A peine ce résultat était-il constaté, que le Préfet me pria d'en porter la nouvelle au Président de la République. Il y avait, dans la soirée, comme tous les lundis, réception au palais de l'Élysée. Il était dix heures environ ; je rencontrai sur les marches du perron, M. Fortoul, alors ministre de la marine, qui sortait avec quelque hâte. — Allez-vous chez M. X. ? lui dis-je ; savez-vous quelques nouvelles de l'accord projeté entre le groupe auquel il appartient et le Président de la République ? — Je retourne à mon ministère d'où je ne bougerai probablement que pour passer à l'Instruction publique, me répondit M. Fortoul. Il y a des nouvelles qui ne sont que trop bonnes ; mais fort différentes de ce que vous pensez. — Évidemment, j'avais saisi le ministre dans un de ces moments fugitifs où la préoccupation intérieure est très-vive, et qui sont tout favorables à l'éclosion des secrets. J'entrai dans les salons. Dès le premier pas, je fus abordé par M. Baroche, l'un des auteurs de la loi du 31 mai, qui, d'un air inquiet, me pressa de lui dire le résultat de l'élection. Je le rassurai et je pensai en même temps qu'il était évidemment bien moins avant que M. Fortoul dans les secrets du jour. J'allai vers le Prince qui écouta mes chiffres en souriant, de l'air le plus indifférent du monde, et m'interrogea aussitôt sur la possibilité d'ouvrir prochainement la rue des Écoles qu'il avait déjà recommandée au Préfet. Je me retirai bientôt avec tout le monde et je rentrais chez moi, songeant à mes conjectures de la soirée, lorsque je trouvai, touchant la sonnette de l'appartement que j'habitais alors, M. Cucheval-Clarigny, un de mes amis que j'avais fait entrer quelques années auparavant au *Constitutionnel,* où il s'était fait, tout jeune encore, une place éminente par son érudition, par sa plume habile et par ses aptitudes politiques. A peine fûmes-nous seuls, qu'il m'apprit, confidentiellement, que M. de Morny l'avait mandé dans la soirée pour l'engager à se trouver le lendemain 2 décembre, à six heures du matin, au ministère de l'intérieur, afin d'y prendre place provisoirement parmi ses secrétaires. Cucheval-Clarigny venait me demander mon sentiment sur la résolution qu'il avait à prendre. Je n'hésitai pas à lui conseiller de se rendre au désir de M. de Morny. La cause qu'on lui demandait de servir et qu'il jugeait bonne, puisque déjà il en était le défenseur, ne pouvait manquer de triompher; si, d'ailleurs, il ne lui plaisait pas d'abandonner la carrière de publiciste, il trouvait au moins l'occasion de recueillir durant quelques jours, comme témoin, les éléments d'une des pages les plus curieuses de notre histoire.

Autre exemple : M. Rouher, le futur ministre de la justice, n'était pas à l'Élysée ce soir-là. Il était retenu chez lui par un cruel deuil de famille. Il venait de perdre son frère aîné, à qui il portait une affection filiale. M. Rouher, on l'a vu plus haut, était fort au courant des projets de coup d'État, et se tenait en disposition d'y prendre la part qui lui serait assignée. Il ne pouvait donc quitter Paris, même pour accomplir le devoir d'assister aux obsèques de son frère. On avait lieu de compter à tout instant sur sa présence et son concours. Cependant, M. de Morny lui envoya, dans la soirée une personne chargée de lui apprendre que le moment décisif était arrivé et qu'il était prié de se rendre le lendemain matin au ministère de l'intérieur. A coup sûr M. Fould et d'autres furent également avertis.

Que l'on compte maintenant combien de confidences furent faites à l'occasion de la seule formation de ce ministère; que d'émissaires discrets furent envoyés; que de secrétaires intimes furent convoqués; que de paroles à sens transparent, comme celles de M. Fortoul, furent hasardées; que de révélations, à mots plus ou moins couverts, eurent lieu autour des foyers domestiques !

Chose singulière, pour le dire en passant : ces ministres, prévenus d'avance avec tant de soin, ne furent cependant effectivement nommés que le 3 décembre, vers deux heures de l'après-midi, quoique le décret fût à l'Imprimerie nationale depuis la veille. M. Rouher fut cause du retard. Après avoir passé la première journée du coup d'État au ministère de l'intérieur, participant, sans titre, mais, non sans responsabilité, à l'action qui était réservée à M. de Morny, le ministre de la justice désigné rentra chez lui et fut naturellement repris par la douloureuse correspondance et par les détails navrants qui suivent la mort d'un parent aussi proche que bien aimé. Tout à coup, quelqu'un se présenta de la part de M. de Saint-Georges, directeur de l'Imprimerie nationale, qui informait secrètement son chef ancien et futur que des décrets, portant son contre-seing et actuellement sous presse, pour paraître le lendemain matin, avaient pour objet la réunion au domaine public des biens que Louis-Philippe avait réservés au profit de sa famille, en devenant roi. Le futur garde des sceaux n'avait rien contre-signé de semblable. Il approuvait pleinement que la France fût délivrée par un coup d'État de l'étreinte d'une constitution politique issue de l'esprit révolutionnaire et qui ne devait enfanter que désastres et ruines. Le salut de la Nation, la défense de toutes les lois sociales justifiaient un tel acte. Mais, le gardien de ces lois ne croyait pas pouvoir apposer son nom à des décrets qui lui paraissaient entachés du caractère de la confiscation. M. Rouher s'entendit avec M. Fould et fit connaître à M. de Morny, par M. de Flahaut, son opinion et sa résolution de ne point accepter le ministère, dans ces conditions. Tel est le sens d'une lettre de refus qui fut adressée, en date du 2 décembre, au président de la République. Dans la nuit, les décrets contestés furent retirés, les refus tombèrent du même coup, et la nomination des ministres fut officiellement publiée le 3, au milieu de la journée.

Je reviens aux circonstances qui précédèrent le coup d'État. J'ai montré par plusieurs exemples que beaucoup de personnes connurent l'événement par avance. Beaucoup d'autres le surent prévoir avec certitude, d'après des ordres, des consignes, des mouvements de fonctionnaires et de soldats. Laissons donc la légende d'une conjuration merveilleusement réussie! La simple vérité est plus instructive : presque tout le monde en France conspirait avec Louis-Napoléon ; il avait dans son parti la généralité des citoyens. C'est à ce compte que les secrets sont bien gardés.

Je sais que les seize représentants et les soixante chefs de sociétés secrètes ou de barricades, qui furent arrêtés dans la matinée, se laissèrent cependant surprendre ; je sais que la plupart des membres de l'Assemblée n'accueillaient plus qu'avec le doute les bruits de coup d'État les mieux fondés. A force d'en avoir prédit l'accomplissement à jour fixe et de s'être trompés, à force d'avoir eux-mêmes chargé quelque mine et d'avoir fait long feu, ils finissaient par croire que rien n'était possible. Tel député, prévenu, dit-on, par un général, se contenta de répondre : « Ils n'oseraient! » M. le comte Molé disait d'un ton railleur à l'un des amis les plus intimes de Louis-Napoléon : « On sonne tous les matins le boute-selle et on ne monte pas à cheval ! »

Il en est toujours ainsi : les plus intéressés sont les plus mal informés, comme les maris de la comédie.

On monta pourtant à cheval. Il serait fastidieux de raconter ici une fois de plus ce que chacun a lu chez maint historiographe très-bien renseigné : les arrestations matinales; la séance des députés à la mairie du X° arrondissement; leurs efforts infructueux pour détourner l'armée d'obéir à ses chefs ; leur translation en masse à la caserne du quai d'Orsay et à Vincennes; les proclamations, les affiches appelant la nation à la résistance; puis, ensuite, les cris d'une foule ameutée sur les boulevards; les barricades dressées pendant les deux jours suivants sur le théâtre habituel des émeutes; le mouvement décisif des troupes retardé par les généraux de Saint-Arnaud et Magnan jusqu'à ce que la tentative d'insurrection se fût nettement dessinée; enfin, l'élan des soldats, excités par les souvenirs des journées de juin 1848 ; la vigueur et l'efficacité de la répression.

Toutefois, le souvenir de ces événements, si diversement appréciés, réveille en moi quelques simples observations qui m'avaient frappé au moment même et qui trouvent peut-être ici leur place.

D'abord, le coup d'État en lui-même, c'est-à-dire la dissolution de l'Assemblée, le rétablissement du suffrage universel, l'appel au peuple, une constitution nullement parlementaire, tout ce qui constituait le changement opéré dans l'État, ne rencontra guère dans la masse de la nation que de l'approbation ou de l'indifférence. Au premier moment, dans les rues, on lisait des affiches avec curiosité, et on s'en allait en riant. Les hommes d'affaires, même les plus considérables, qui n'étaient point engagés de leur personne dans la politique, s'étaient faits depuis longtemps à l'idée d'un changement subit dans les institutions. J'ai entendu raconter par M. Émile Péreire que le matin même du 2 décembre, après avoir parcouru les abords de l'Élysée, et avoir traversé plusieurs rues de Paris, il s'était rendu chez M. le baron de Rothschild qui était encore au lit, souffrant de la goutte. Autour de lui étaient déjà plusieurs des principaux banquiers de Paris. On ne blâmait pas précisément le parti qu'avait pris Louis-Napoléon d'en finir avant 1852 ; on regardait la chose comme à peu près inévitable ; on s'en inquiétait seulement comme d'une périlleuse aventure. On racontait l'arrestation de quelques généraux ; on craignait qu'il ne se produisît des divisions dans l'armée, ce qui serait, disait-on, la fin de la France, quel que fût le vainqueur. M. Péreire fut pressé de questions ; il dit ce qu'il avait vu : la bonne humeur des officiers ; l'entrain des soldats ; le grand développement des forces militaires ; l'indifférence des lecteurs d'affiches ; la tranquillité de Paris, malgré les surprises de son réveil. Les grands financiers écoutèrent avec plaisir ces nouvelles rassurantes.

Dès le milieu de la journée, il est vrai, une foule composée moins d'ouvriers que de bourgeois s'assembla sur les boulevards, manifesta une irritation extrême, et poursuivit de clameurs insultantes pour le Gouvernement les détachements qui passaient. Pendant deux jours, cette foule grossit encore, s'exaspéra ; des coups de feu furent dirigés vers la troupe et entraînèrent de douloureuses représailles.

Qui avait agité et soulevé cette portion de la bourgeoisie parisienne? L'attitude d'une partie de l'Assemblée, le bruit, fondé, des arrestations opérées, mensonger, des prétendues cruautés dont les députés auraient été victimes. L'emploi de la violence est toujours un malheur, même lorsqu'il est inévitable. Beaucoup de gens s'en indignent. Combien prennent parti volontiers pour un perturbateur qu'on arrête et qu'on mène en prison ! Qu'était-ce donc lorsque deux ou trois cents députés invoquaient la guerre civile pour défendre la cause parlementaire, et, ne trouvant pas d'écho dans l'armée, étaient, au contraire, faits prisonniers et emmenés à travers la ville entre des soldats ! D'ailleurs, une partie de la bourgeoisie commerçante et industrielle de Paris est volontiers parlementaire. Elle blâme sans doute les divisions infinies des députés, leurs séances pleine de tumulte, leur tapageuse impuissance ; elle s'en inquiète ; elle en souffre dans ses affaires ; elle en voit sortir parfois l'anarchie ; mais elle s'en amuse et s'y complaît ; elle se divise elle-même en une infinité de partis à l'image de la Chambre. Elle est surtout de l'opposition ; elle redresse les ministres, elle n'aime pas la cour, dont elle est volontiers jalouse ; il lui agrée que le roi règne et ne gouverne pas. C'est cette bourgeoisie qui avait renversé Louis-Philippe en criant : Vive la réforme, au sein de la Garde nationale, et qui, redevenue peut-être orléaniste, durant l'expérience de 1848, criait vive la République, le 2 décembre, sur les boulevards, avec autant d'à-propos, de clairvoyance et de patriotisme.

Quant au peuple, c'est-à-dire aux ouvriers et à ceux qui leur ressemblent, ils se montrèrent plus favorables qu'hostiles au coup d'État et à son auteur. Le peuple n'est point parlementaire. En république, il cherche un dictateur; en monarchie, un chef absolu. On lui rendait, en 1851, le suffrage universel, qui flatte son orgueil; on lui promettait des travaux fructueux, du bien-être dont il était privé depuis plusieurs années; il accueillait le coup d'État avec plaisir et avec reconnaissance. Cependant les barricades finirent par s'élever sur plusieurs points de Paris, et quelques-unes ne tombèrent que devant le canon, après un effort des soldats, et après du sang versé. Mais c'est un fait digne de remarque que la lenteur avec laquelle les sociétés secrètes, les émeutiers émérites eux-mêmes se mirent en mouvement, et quel faible contingent ils fournirent à l'insurrection. Des députés de la gauche, des politiques, des montagnards, se réunirent rue Blanche; puis, au restaurant Bonvalet, boulevard du Temple; puis, chez l'un d'eux, quai de Jemmapes; puis, rue Popincourt; poursuivis, traqués par la police, échappant sans cesse, appelant le peuple aux armes, par des affiches, par des discours. Le peuple ne se levait point. Le 3 décembre seulement, après une nuit d'excitations, d'objurgations, quinze ou seize montagnards, donnant l'exemple, finirent par entraîner quelques ouvriers à construire une première barricade au faubourg Saint-Antoine, au coin des rues Cotte et Sainte-Marguerite. Là, au moment où quelques représentants montagnards voulaient essayer sur les soldats l'effet de leurs harangues, et où l'officier les engageait à se retirer, sans recourir contre eux à aucun emploi de la force, un soldat fut tué dans les rangs d'un coup de feu parti de la barricade. Plusieurs soldats ripostèrent, et le représentant Baudin, qui était resté debout sur le haut du retranchement fut frappé mortellement avec un des siens. Cette mort causa-t-elle véritablement une grande émotion dans la population?

En aucune sorte. Le faubourg Saint-Antoine, malgré les récits pathétiques de quelques collègues du député Baudin, malgré leurs appels aux armes, répétés de rues en rues, demeura immobile. « Il fallut bien nous avouer, dit plus tard l'un d'eux, que le peuple ne voulait pas remuer; son parti était pris. » A la longue enfin, les restes de l'état-major de juin 1848, quelques ouvriers à qui l'émeute montait facilement à la tête, ceux qui aiment la guerre civile pour elle-même, pillèrent des dépôts d'armes, forcèrent un ou deux petits postes, se firent livrer les fusils d'un certain nombre de gardes nationaux, et fortifièrent, selon l'usage, les environs du Conservatoire des Arts et Métiers, les rues Greneta, Transnonain, Bourg-l'Abbé, Beaubourg, etc. Dans la journée du 4, ils étendirent la ligne des barricades, au nord, dans les rues Saint-Denis, du Petit-Carreau, du Temple, jusque vers le faubourg Saint-Martin et le canal; au midi, dans le cloître Saint-Merry et aux environs de l'Hôtel de ville.

Combien pense-t-on que sur ce champ de bataille traversant Paris, du canal à l'Hôtel de ville, il y eut d'hommes armés le 4 décembre, derrière les barricades? Un des écrivains les plus hostiles à l'Empire qui aient raconté ces événements, dit expressément qu'il y avait « une centaine de combattants à la porte Saint-Denis, cent cinquante environ à la grande barricade dans la rue du même nom, un pareil nombre aux abords des Arts et Métiers, deux cent cinquante, au plus, dans le faubourg Saint-Martin, sept à huit groupes, de quinze à vingt hommes chacun, dans les petites rues qui donnent vers la rue Montmartre, quelques groupes de même force dans celles qui avoisinent la rue du Temple, près des boulevards..... Du côté opposé, faisant face aux quais, entre les halles et l'Hôtel de ville, il y avait à la grande barricade de la rue de Rambuteau un rassemblement de deux cents hommes environ, flanqués, dans les rues voisines, par divers groupes de quinze à vingt combattants..... On n'est guère au-dessous de la vérité en évaluant à un total de douze cents hommes armés ceux des républicains qui s'apprêtaient à combattre[1]. »

Ce dénombrement est même certainement très-exagéré. Il ne faut pas beaucoup de monde pour occuper une armée durant trois heures, devant des fortifications de cette sorte. Des barricades bien construites, formées de pavés amoncelés, donnent peu de prise au canon, sont difficiles à franchir et permettent à ceux qui les défendent de viser les officiers et de faire beaucoup de victimes dans un corps de troupes qui se présente à découvert. On ne fait aisément tomber de tels retranchements qu'en les tournant par les rues adjacentes, ou en cheminant au travers des maisons latérales. Il n'est donc point extraordinaire que quelques centaines d'hommes aient pu tenir un peu de temps en échec les corps armés qui, le 4 décembre, enveloppèrent les quartiers barricadés.

Mais, ce qui me paraît beaucoup plus extraordinaire, c'est que trois cents députés déclarant la mise hors la loi du chef du gouvernement, appelant le peuple à défendre la Constitution manifestement violée, déliant les citoyens de l'obéissance, les invitant à l'insurrection par des proclamations, par des discours et des décrets, par leur propre exemple, les uns prenant l'attitude de martyrs et, exigeant d'être conduits en prison entre deux haies de soldats, les autres, mettant la main à la construction des barricades, et montrant, pour émouvoir le peuple, le cadavre de l'un d'entre eux, ne soient parvenus, en trois jours, qu'à recruter mille à douze cents combattants, tout au plus, dont la plupart étaient de ces hommes toujours prêts à l'émeute, vieux barricadiers, si ce n'est pis, exercés depuis vingt ans aux combats des rues !

[1] *Paris en décembre* 1851, par Eugène Ténot.

Il est bien évident que le peuple refusait de prendre parti pour ces députés, et restait fort indifférent, au sujet de leurs passions haineuses, de leurs ambitions impatientes, de leur enthousiasme convenu pour une constitution déjà violée par eux-mêmes au 31 mai, de leurs subtiles distinctions entre la légalité éludée et la légalité affrontée, de leurs espérances multiples et contradictoires.

Dès la nuit du coup d'État et un certain nombre de jours après, l'Hôtel de ville servit de quartier général à la division du général Levasseur, qui avait sous la main les deux brigades Herbillon et Marulaz. Les employés de l'administration furent naturellement congédiés presque tous. Le Préfet demeura seul avec son fils et moi, quelques secrétaires et un petit nombre d'employés résolus et dévoués. On a dit que l'Hôtel de ville avait été l'objet d'une sorte d'attaque pendant que les généraux Levasseur, Herbillon et Marulaz étaient engagés contre l'émeute. Nous n'avons pas eu l'honneur de courir aucun péril de ce genre. Le 4, vers deux heures, au moment où les troupes venaient de quitter la place de l'Hôtel-de-Ville pour marcher contre l'insurrection, on vint dire au Préfet que, des maisons du quai le Peletier, et particulièrement de la maison formant l'angle de ce quai et de la place de Grève, étaient partis des coups de feu dirigés contre les soldats. Ceux-ci, en passant, criblèrent de balles les fenêtres du quai; la petite garnison qu'on nous avait laissée en fit autant contre la maison d'angle, du haut du pavillon sud-ouest de l'Hôtel. Pendant cette fusillade, un ouvrier chargé, la veille, de creuser une tranchée sur la place pour l'établissement d'une conduite de gaz, ne cessa pas de travailler, une pioche à la main, insoucieux en apparence des balles qui sifflaient à côté de lui et au-dessus de sa tête. Il nous sembla être l'image de la population ouvrière de Paris, ne prenant pas part à cette lutte, et protestant, comme elle pouvait, contre l'insurrection parlementaire. Le sang-froid de cet ouvrier lui porta bonheur : la tempête passa autour de lui sans le toucher.

Au reste, durant toute la crise, les ouvriers qui travaillaient alors à l'Hôtel de ville pour daller et réparer la cour d'honneur et pour faire dans les salons certains travaux de décorations, ne manquèrent pas une journée et ne s'absentèrent pas une heure. Il en fut de même dans un très-grand nombre d'ateliers de Paris, qui, suivant le témoignage des maires, conservèrent, du 2 décembre au 5, tout leur personnel.

Le soir du même jour, M. Berger reçut du ministre de l'intérieur une note qui lui demandait quel était l'état des choses et des esprits dans les quartiers voisins de l'Hôtel de ville, et particulièrement sur les points où venait de sévir l'émeute. Il fallait pour donner une réponse sérieuse, en juger d'abord, autant que possible, par ses propres yeux. Comme j'étais ennuyé d'une longue immobilité, j'offris au Préfet de m'en charger. Je partis avec un employé intelligent et courageux, Barbier, le secrétaire archiviste du Conseil municipal, bien connu alors de toute la presse qui prenait habituellement auprès de lui des informations sur les décisions du Conseil. La nuit était close. Nous parcourûmes le cloître Saint-Merry, les rues Beaubourg, Transnonain, Aumaire, diverses rues adjacentes; nous remontâmes jusqu'à la rue Réaumur et à la rue Volta. C'est-à-dire que notre promenade nocturne s'étendit à tout l'espace compris entre l'Hôtel de ville et le Conservatoire des Arts et Métiers. Sur beaucoup de points les réverbères avaient été brisés; quelques débris de barricades jonchaient les carrefours. Nous avions souvent quelque peine à nous guider dans ce dédale. Çà et là nous rencontrions des habitants rentrant chez eux à la hâte. Au milieu d'un groupe de quatre personnes, une femme âgée, ouvrière ou revendeuse du marché voisin, disait aux hommes qui l'accompagnaient : Restons tranquilles; cela ne nous regarde pas! Dans la rue Volta, deux

30.

cadavres d'insurgés étaient gisants et abandonnés. Non loin de là, s'entr'ouvrait la porte d'un marchand de vin de bas étage, et, à la lueur d'une lampe fumeuse, on apercevait cinq ou six hommes armés de fusils, qui buvaient et se parlaient à voix basse. L'aspect du quartier était sombre, sans doute, mais calme. Il y avait eu là des spectateurs effrayés de l'émeute, très-peu d'acteurs. On ne sentait nulle part le mouvement de la révolte, le frémissement de la vengeance qui, chez le peuple soulevé, succède au passage des troupes; rien qui ressemblât à cette agitation fébrile qui survit au combat et que j'avais observée plus d'une fois dans d'autres luttes civiles. Nous revînmes, convaincus que la population de cette région demeurait étrangère à l'insurrection, et que la meilleure partie du peuple, désavouant quelques émeutiers, délaissant la cause de l'Assemblée, avait son penchant et ses préférences du côté du Prince Louis-Napoléon. J'allai porter, selon le désir du Préfet, ces impressions au ministère de l'intérieur. J'y trouvai tous les ministres assemblés dans le cabinet de M. de Morny.

Celui-ci était, ainsi qu'on l'a dit, plein d'entrain, comme un joueur hardi et maître de lui-même en face d'un coup décisif. C'était un homme du monde, entendu en affaires, doué de beaucoup d'esprit et d'intrépidité, mais, point un homme d'État. Il n'avait ni la profondeur des vues, ni l'ambition suivie, ni l'aptitude au travail prolongé, ni la volonté persévérante. Le don d'écrire et celui de parler, d'une manière supérieure, lui faisaient également défaut; il savait séduire, mais non persuader. Amateur en toutes choses, il n'avait de goût vif que pour les commencements, qui n'exigent que du coup d'œil, de l'imagination, de l'audace, et qui sont comme la fleur des affaires et des plaisirs. Ce n'est pas qu'il ne se piquât de fidélité; la cause de Louis-Napoléon, qu'il avait embrassée, ne fut jamais désertée par lui. Mais, après avoir contribué de toutes ses forces à la faire triompher, il ne la servit plus qu'à loisir, sans trop de gêne, sans craindre assez de la compromettre, et en donnant son âme à d'autres chances et à de moindres succès. Il avait eu dans le coup d'État un rôle brillant, à sa convenance; il s'y montra prévoyant dans les préparatifs, vif dans la lutte, bienveillant, à l'image du Prince qu'il servait, dans la victoire. Toutefois, lorsque je le vis, à l'issue du combat, il me fut aisé de comprendre qu'il était nerveux, impatient d'en finir et qu'il avait éprouvé depuis la veille et dans le courant de la journée des inquiétudes plus vives que ne le comportait la situation réelle. Plus tard, on fit le procès à M. de Maupas pour avoir accueilli trop aisément de faux bruits et avoir cru le danger plus grand qu'il n'était. Certainement, un Préfet de police improvisé, jeté dans de telles circonstances au milieu de Paris qu'il ne connaissait guère, employant un personnel qu'il ne connaissait pas, qu'il n'avait eu le temps ni de choisir ni d'expérimenter, a pu être aisément induit en erreur, quoiqu'il fût intelligent et résolu. Il faut dire, d'ailleurs, que ses doutes sur la réussite ont été partagés par les principaux organisateurs du coup d'État, qui ont cru, pendant plusieurs heures, les histoires spéciales en font foi, qu'ils pouvaient essuyer une défaite et se trouver un moment réduits à une défense désespérée.

Ils étaient dans l'erreur. Le succès du Prince Louis Napoléon ne fut pas douteux un seul instant. Il avait eu luimême, dès le premier jour, un juste sentiment de la popularité de sa cause et de la facilité de l'entreprise qu'il allait tenter. Il croyait tout d'abord suffisant de publier ses décrets, sans le luxe des arrestations multipliées et de l'espèce de mise en scène que lui conseillèrent plus tard ses principaux confidents; il voulait se contenter d'avoir pour lui la force organisée, préparée, montrée, et d'attendre l'attaque de ses ennemis. La résistance eût-elle été plus considérable et plus longue, pour quelques députés de plus en campagne? En vérité, je ne le crois pas. Tout au plus aurait-il fallu mettre trois ou quatre généraux députés dans l'impossibilité momentanée d'essayer leur influence sur l'armée; les autres chefs parlementaires n'étaient nullement à craindre. Aucun n'était plus éloquent que M. Berryer, qui ne fut point d'abord arrêté et put, infructueusement, parler au peuple, interpeller les soldats, invoquer l'intervention de la garde nationale; aucun n'était plus entreprenant que le groupe des Montagnards, qui commença les barricades et perdit le député Baudin.

En toute hypothèse, il y avait bien, en face du Président, les éléments d'un retour offensif de la République de 1848 : d'abord, une avant-garde de bourgeois exaltés, ayant plus de passion que de sens, répétant un cri de convention, qui pouvait ouvrir passage derrière eux à la faction démocratique et sociale; ensuite, en seconde ligne, un millier d'émeutiers, disposés à faire le coup de feu et à remporter une grande victoire populaire; à l'arrière-garde, des ambitieux politiques tout prêts à s'attribuer le profit de cette victoire et à s'emparer de l'État; en réserve, les dernières couches sociales attendant les armes qu'on distribue infailliblement à la garde nationale après chaque coup de main de ce genre, pour essayer la grande liquidation définitive, qui fut tentée aux journées de juin 1848, et que nous avons vue depuis entamée par la Commune. Mais, il manquait, pour une recrudescence de la Révolution, une chose importante : un gouvernement qui s'abandonnât et se laissât renverser.

CHAPITRE II

Les maires et adjoints, du 2 au 4 décembre. — Les démissionnaires. — Nouvelle Commission municipale. — Plébiscite. — La Constitution rédigée en quelques heures. — Idées de M. de Persigny sur les circonscriptions électorales. — M. Lanquetin, député. — M. Delangle, président du Conseil municipal.

L'administration municipale n'avait eu à prendre aucune part active au coup d'État. Toutefois, plusieurs des maires et des adjoints des arrondissements de Paris s'étaient trouvés au milieu de la lutte et avaient eu à payer de leur personne.

Dès le 2 décembre au matin, la dixième mairie, située alors rue de Grenelle-Saint-Germain, avait été envahie par deux cent vingt députés qui s'emparèrent de la grande salle et y tinrent séance jusque vers trois heures. Le maire, M. Roger, les adjoints, MM. Cochin et Feuilherade avaient fait de vains efforts pour les engager à aller délibérer ailleurs. La réunion voulait même s'établir fortement dans la mairie et convoquer la dixième légion de la garde nationale. Le colonel était présent; il avait reçu de l'état-major la défense écrite de faire battre le rappel. Sur les instances des députés, il allait transgresser cet ordre, si les magistrats municipaux ne s'y fussent formellement opposés. Il donna alors sa démission.

Des mariages devaient avoir lieu ce jour-là; c'est pour eux qu'avait été ouverte la grande porte de la mairie par laquelle entrèrent d'abord les représentants. Lorsque les futurs époux et leurs familles arrivèrent, ils trouvèrent un parlement dans la salle des actes et toute la mairie en émoi.

Il leur fallut rejoindre les maires qui étaient relégués au fond de quelque bureau. Là, on les maria comme on put et au milieu du tumulte. Mais, quand ils voulurent se retirer, toutes les issues étaient interceptées par la troupe, et les conjoints, les parents et les témoins demeurèrent prisonniers, jusqu'au moment où les députés, ayant réussi à se faire arrêter eux-mêmes, sortirent enfin entre des haies de soldats, deux à deux, comme ils s'étaient rangés eux-mêmes pour paraître plus nombreux et faire plus d'effet sur le peuple. C'est vers trois heures seulement que l'hôtel de la mairie fut rendue à ses usages administratifs et pacifiques.

A la cinquième mairie, rue du Faubourg-Saint-Martin, le péril fut réel. Le 3 décembre, des barricades avaient été dressées dans le faubourg et dans les rues adjacentes. Le 4, les insurgés ayant appris que dans le sous-sol de la mairie il y avait un dépôt de fusils et de cartouches destinés à la garde nationale, réclamèrent avec menaces ces munitions, que les maires et le colonel de la 5ᵉ légion refusèrent de livrer. Le siége fut alors mis devant la mairie où étaient, pour toute garnison, sept ou huit gardes nationaux du poste et une vingtaine de tambours. La porte fut bientôt enfoncée par les coups d'un camion que les assaillants y poussèrent en guise de bélier. Une grille aussi fut renversée; puis, la foule se précipita dans la mairie, brisa les portes intérieures, s'empara des munitions, demanda, sans succès, que le rappel fût battu et se cantonna dans la mairie pour s'y défendre. Bientôt la troupe, arrivant du boulevard, emporta les barricades et, vers quatre heures et demie, atteignit la mairie. A son approche, les insurgés s'enfuirent dans toutes les directions en jetant leurs fusils à terre; quelques-uns, moins alertes, se réfugièrent dans les combles où on les fit prisonniers.

Le maire se nommait M. Lecomte, les deux adjoints étaient M. Dubail et M. Delore. M. Lecomte et M. Dubail avaient donné leur démission, et, cependant, ils prirent tous deux la plus grande part à la résistance contre l'émeute et dressèrent procès-verbal de leur conduite. Leur situation était des plus singulières : par leur démission, ils avaient sans doute entendu protester contre le coup d'État ; mais alors, ils devaient souhaiter le succès des émeutiers qui ne faisaient pas autre chose que de protester également contre le coup d'État, à leur manière. Bien plus : s'ils ne reconnaissaient plus pour chef légitime du pouvoir exécutif le Prince Louis-Napoléon, et s'ils se tenaient pour déliés envers lui de toute obéissance par le décret de la petite Assemblée du Xe arrondissement, ils n'avaient pas même de démission à donner à un pouvoir déchu ; ils devaient se considérer comme des fonctionnaires mis par leur souverain collectif en état de lutte légale contre un usurpateur. Alors, bien loin de refuser des armes aux insurgés du 4 décembre, ils devaient leur en fournir et se mettre à leur tête. Voilà ce que leur disait la logique ; voilà ce que semblaient leur commander par leur exemple les députés qui, en se faisant conduire au quai d'Orsay, appelaient le peuple à la révolte. M. Lecomte et M. Dubail ont préféré se montrer inconséquents. Placés en face de l'émeute, ils ont reconnu, dans les assiégeants de la mairie, les ennemis de la société et de tout pouvoir régulier ; ils ont fait, en dépit d'eux-mêmes, cause commune avec le Prince Louis-Napoléon, contre les auxiliaires que se donnait une partie de l'Assemblée.

Cette conduite, pleine de contradictions, de deux honnêtes gens fait bien voir la faute des conservateurs parlementaires qui s'étaient réduits à cette extrémité, d'être vaincus au grand avantage de l'ordre public, ou de triompher avec les ennemis de la société. Les auteurs de la loi du 31 mai étaient devenus les alliés de la plus mauvaise partie de ce qu'ils appelaient la vile multitude.

Parmi les autres maires et adjoints démissionnaires, un ou

deux plus logiques mais moins bons citoyens que leurs collègues du V° arrondissement, quittèrent leur poste avant que le péril public fût passé. Un maire, qui avait donné sa démission, eut le bon sens de la retirer, sur de sages avis [1].

Le Conseil municipal n'avait pas été réuni ; un assez grand nombre de ses membres, ou se démirent, ou s'étaient compromis ailleurs par leurs actes politiques, ou se trouvaient, par leurs antécédents, engagés dans une ligne d'opposition qui parut au Gouvernement devoir motiver leur remplacement. Dès le 27 décembre, un décret reconstitua la Commission départementale et municipale. On n'y retrouve plus les noms de MM. Bixio, Vavin, Mortimer-Ternaux, représentants ; ni ceux de M. Ramond de la Croisette, qui avait donné sa démission de colonel de la 4me légion ; de M. Horace Say, qui cessait d'être conseiller d'État ; de M. Paul Delaroche, peintre célèbre que ses anciennes relations avec la famille d'Orléans éloignaient du nouveau Gouvernement ; de M. Auguste Moreau, compromis, contre ses sentiments personnels, mais par point d'honneur judiciaire, dans le verdict préparé par la Haute-Cour pour prononcer la déchéance du Président de la République, par application du texte de la Constitution de 1848 ; de M. Galis, qui n'avait peut-être pas d'objection contre le coup d'État, et qu'il aurait fallu maintenir, précisément à cause de sa critique habituelle

---

[1] Voici les noms des démissionnaires et de leurs successeurs : Ier arrondissement, M. Foissac, remplacé par M. Leroy ; II° arrondissement, MM. Goubaux et de Montfleury, remplacés par MM. Gautier et Ancelle ; III° arrondissement, M. Poyet, adjoint, remplacé par M. Horrer ; V° arrondissement, M. Lecomte, maire, et M. Dubail, adjoint, remplacés par M. Delore, maire, MM. Monnot-Leroy et Pommier, adjoints ; VII° arrondissement, MM. Wan-Deursen et Boutillier, adjoints, remplacés par MM. Cœuré et de Milly ; VIII° arrondissement, M. Cauchois, adjoint, remplacé par M. Meynard ; IX° arrondissement, M. Vautrain, maire, et M. Hamel, adjoint, remplacés par MM. Lesecq et Mansard ; XII° arrondissement, M. Bourdereau, adjoint, remplacé par M. Thomas de Dancourt.

En outre, M. Clément, maire du VIII°, ayant été nommé préfet de l'Orne, fut remplacé par M. Leroy de Saint-Arnaud, frère du ministre de la guerre.

des actes de l'administration; de MM. Delestre et Bourdon, républicains très-avancés. A leur place, avaient été choisis des amis du nouveau régime, dont plusieurs étaient fort considérables. C'étaient MM. Chaix-d'Est-Ange, l'illustre avocat; Eugène Delacroix, le grand peintre ; Ernest André et d'Eichthal, banquiers, fort mêlés aux grandes affaires; Bayvet, censeur de la Banque de France; Billaud, alors syndic des agents de change, très-écouté des ministres des finances, l'un des conseillers municipaux qui jetèrent le plus de lumières sur les finances de la Ville; Herman, habile et savant administrateur; de Royer, éloquent procureur général; Fremyn, naguère président de la Chambre des notaires; Pécourt, conseiller à la Cour de cassation ; Noël, notaire et ami du Président de la république.

Dans le Conseil général, M. de Mongis, magistrat, et M. Lamouroux, pharmacien connu, maire de Vitry, conservateurs et bonapartistes, étaient appelés à siéger à la place de MM. Ferdinand de Lasteyrie et Garnon, tous deux députés manifestants.

Dès le lendemain du coup d'État, la Préfecture de la Seine avait dû s'occuper, avec les maires, de la préparation des listes électorales, pour que le suffrage universel fût réorganisé et pût se prononcer, le 20 décembre, par un plébiscite, sur les récents événements et sur les nouvelles institutions du pays. Il s'agissait de déférer au Prince Louis-Napoléon la présidence de la République pour dix ans, de sanctionner ses actes, et de lui remettre le soin de constituer l'État sur les bases qu'il avait indiquées lui-même.

Il était impossible de dresser des listes électorales exactes dans le court intervalle du 2 au 20 décembre. Celles qui étaient sorties de la loi du 31 mai 1850, et qui avaient servi jusqu'au 1er décembre 1851, n'avaient plus que la valeur d'un document à consulter, fort incomplet. Un décret fit revivre nécessairement les anciennes listes des premiers mois de

1850 ; les rectifications furent faites à la hâte et sommairement ; il fallut admettre, presque sans contrôle, les personnes qui réclamèrent leur inscription. L'affluence fut énorme. Il est certain que, dans cette hâte, beaucoup d'inscriptions furent faites en double emploi ; beaucoup de citoyens qui figuraient sur les anciennes listes furent maintenus, quoique disparus, décédés, ou ayant changé de domicile. Au 31 mars 1850, il n'y avait eu que 243,441 électeurs recensés dans Paris ; au 20 décembre 1851, les listes contenaient 291,795 noms. Parmi ces dernières inscriptions on devait compter cinquante à soixante mille erreurs. En effet, la révision des listes, opérée ensuite régulièrement et à loisir, réduisit le nombre des inscrits à 247,546, pour l'élection des députés au 29 février 1852, et même à 219,419, au 21 novembre suivant, pour le plébiscite instituant l'Empire.

Or, 216,693 suffrages furent exprimés lors du plébiscite de 1851. C'était, à peu près, le nombre de citoyens inscrits, présents dans la ville, que la maladie ou toute autre cause grave ne tenait pas éloignés du scrutin. Il n'y eut donc qu'un faible nombre d'abstentions. On compta 132,981 *oui*, 80,691 *non*, 3,021 bulletins nuls. On voit, par ces simples chiffres, que le vote eut lieu avec la plus grande liberté et avec la plus grande indépendance. Dans Paris, qui avait été rempli des angoisses de la lutte, on devait s'attendre à des protestations ; elles furent moins nombreuses qu'on n'aurait pu le craindre.

Le département de la Seine, dans son ensemble, Paris compris, donna au plébiscite 197,091 voix approbatives et 96,511 voix d'opposition. La France entière approuva le coup d'État par 7,472,431 votes contre 641,351.

Ce résultat fut proclamé le dernier jour de l'année 1851. Pour réaliser le vote national, une constitution était à faire. Le Président institua immédiatement une Commission qui en discuta les bases. Lorsqu'on fut d'accord et qu'il ne s'agit plus que d'en rédiger le texte, le Prince pria l'un des membres de la Commission, le ministre de la justice, M. Rouher, de faire promptement ce travail. M. Rouher demanda trois jours; on ne lui donna guère plus de vingt-quatre heures; il était urgent de sortir du provisoire et de constituer l'État. Le ministre s'enferma chez lui, passa la nuit, et donna un nouvel exemple de cette promptitude et de cette netteté d'esprit qui caractérisent son talent. Le lendemain matin, avant dix heures, la Constitution était faite. Au fond, elle sortait des longues méditations du Prince et de ses amis; elle répondait au besoin d'autorité qu'éprouvait la France; elle était courte, claire, et n'en valait que mieux pour avoir été arrêtée en quelques jours, rédigée en quelques heures.

La modification qu'elle reçut, le 7 novembre 1852, par l'institution de l'Empire héréditaire, succédant à la Présidence décennale, n'en changea pas les autres dispositions, qui étaient sorties du premier jet, dans les meilleures conditions d'application pratique et de durée. La même plume qui en avait écrit les articles, intervint dans la rédaction du sénatus-consulte du 7 novembre. Cette fois, M Rouher n'était plus garde des sceaux, mais, président de la section de législation au Conseil d'État. Il fut chargé, en qualité de commissaire du Gouvernement, conjointement avec M. Baroche, vice-président du Conseil, de soutenir la discussion de la proposition qu'on avait faite de décerner à Louis-Napoléon la dignité Impériale, sauf la ratification populaire. Rien ne soulevait de sérieuse difficulté, hormis un point : l'organisation de l'hérédité dans la ligne collatérale. La commission du Sénat, dont faisait partie le rude général Baraguay-d'Hilliers, ne voulait point établir constitutionnellement le droit héréditaire au trône Impérial du prince Jérôme et du prince Napoléon, alors que, l'Empereur n'étant pas marié, l'hérédité directe n'était encore qu'une espérance très-incertaine. Les commissaires du Gouvernement représentèrent en vain qu'il n'y avait point d'hérédité constituée, tant que la succession n'était pas déterminée, selon toutes les hypothèses. La commission sénatoriale ne voulut rien entendre, et, après une séance décisive, le Gouvernement dut renoncer à soutenir l'article 4. Avis fut donné aussitôt de la situation des choses à M. de Persigny, qui avait remplacé M. de Morny, au ministère de l'intérieur. M. de Persigny devait à son tour informer, d'une part, le président de la République, qui attachait un grand prix au succès de la combinaison, et, d'autre part, les deux princes plus personnellement intéressés. Il se chargea de la première mission et recula devant la seconde. Il la rejeta sur M. Henri Chevreau, secrétaire général de son ministère. J'ai plus d'une fois remarqué, par expérience, que les messages pénibles, qui doivent exciter la colère des personnages puissants auxquels on les adresse sont dans les attributions des secrétaires généraux. Un conteur a prétendu que, dans l'Inde, lorsqu'un rajah monte un éléphant pour faire la chasse au tigre, il fait placer un officier de sa maison au-dessous de lui, du côté où le tigre s'élance ordinairement s'il parvient à tromper la vigilance de son ennemi. Cet officier, préposé à la royale griffe, doit-être évidemment un secrétaire général. M. Henri Chevreau accomplit sa mission, et subit, résigné, dans un silence respectueux, l'explosion de l'irritation des princes.

Le président de la République, de son côté, fut affligé, surtout par suite de l'affection qu'il portait à sa famille. Le lendemain M. Baroche appela dans son cabinet le président de la section de législation, pour conférer au sujet de l'incident. M. Rouher rappela d'abord, non sans exciter quelque impatience de la part de M. Baroche, les raisons qui conseillaient d'organiser complétement l'hérédité impériale. — Mais, c'est un sermon juridique que vous me faites, lui dit le vice-président du Conseil d'État ; la difficulté reste entière.

— J'ai songé à la solution, reprit M. Rouher, et la voici : Au lieu de régler l'hérédité collatérale par le texte même de la Constitution, il est possible de renvoyer ce règlement à un décret organique, émané de l'Empereur, et qui aura seulement force de loi. Le Sénat se tiendra sans doute pour satisfait, de subordonner l'hérédité collatérale à la décision de l'Empereur ; la question sera suffisamment résolue, et Louis-Napoléon pourra donner satisfaction à ses sentiments de famille. L'article 4 était tout rédigé dans ce sens par M. Rouher; il fut accueilli avec acclamation par M. Baroche, puis, adopté par le Gouvernement et voté par le Sénat.

Lors du vote plébiscitaire qui avait suivi le 2 décembre et consacré les bases de la Constitution, le partage des voix dans les divers quartiers de Paris avait été l'objet de beaucoup d'études et de commentaires. Il fortifia, dans l'esprit de quelques personnes touchant de près au Gouvernement, et, particulièrement, de M. de Persigny, la pensée que les quatre-vingt mille votes négatifs de la capitale appartenaient, pour le plus grand nombre, à la bourgeoisie, et que les cent trente-trois mille suffrages approbatifs étaient donnés au Prince, en grande partie, par la masse populaire.

Les faits observés durant les premières journées de décembre venaient à l'appui de cette supposition. Lorsque M. de Persigny fut devenu ministre de l'intérieur, il eut, tout d'abord, à prendre les mesures nécessaires pour préparer l'élection des députés au Corps législatif, institué par la Constitution nouvelle. Le vote devait avoir lieu, non plus au scrutin de liste, mais par circonscriptions comprenant, chacune, environ 35,000 électeurs. Le département de la Seine compta 336,459 électeurs au commencement de 1852 ; une révision ultérieure donna 313,210 inscriptions. C'était à peu près neuf circonscriptions que devait comprendre le département ; les choses furent ainsi réglées par un décret. Il était difficile de tracer sur la carte des divisions qui répondissent exactement aux prescriptions légales en ce qui concerne le nombre des électeurs. Paris contenait, en effet, douze arrondissements de population très-inégale et de configurations très-bizarres ; le reste du département y ajoutait deux arrondissements, dont l'un, celui de Saint-Denis, était beaucoup plus peuplé que l'autre. Il n'y avait pas moyen de faire coïncider ces quatorze divisions administratives avec les neuf circonscriptions exigées. Pour arriver à faire un travail raisonnable, il fallut d'abord partager chaque quartier de Paris en îlots, comprenant chacun un nombre connu d'électeurs, puis, comme dans le jeu de casse-tête, grouper ces îlots, avec ou sans l'adjonction des communes voisines, de manière à former neuf régions d'importance électorale à peu près égale. Une carte ainsi dressée, sans aucune espèce de préoccupation politique, fut soumise au ministre de l'intérieur. Il approuva une partie du projet ; mais, portant les yeux et la main sur la seconde circonscription proposée, qui renfermait presque tout l'ancien IIe arrondissement, qu'avait naguère administré M. Berger, il déclara qu'il ne voulait pas sur ce point un foyer d'opposition bourgeoise, et qu'il était nécessaire d'annuler les dispositions hostiles de ces quartiers en les séparant les uns des autres, et en unissant une partie d'entre eux à des communes suburbaines dont les opinions bonapartistes s'étaient manifestées avec éclat dans le vote plébiscitaire. Un nouveau partage de la carte fut fait immédiatement dans son cabinet. Les quartiers de l'ancien IIe arrondissement dits de la Chaussée-d'Antin et du faubourg Montmartre furent réunis aux communes des Batignolles, de Montmartre et de la Chapelle. Par suite, l'ancien Ier arrondissement fut doté du quartier du Palais-Royal et réuni aux communes de Passy, d'Auteuil et de Boulogne ; le quartier Feydeau fut rangé dans un autre groupe purement parisien. Ces combinaisons artificielles furent critiquées et n'étaient vraiment pas nécessaires.

Ce qui fut d'une importance bien plus considérable dans les élections du département de la Seine, comme dans celles du reste de la France, ce fut l'inauguration des candidatures officielles, c'est-à-dire la désignation franche, publique, par le Gouvernement, d'un candidat, au choix des électeurs, dans chaque circonscription électorale. Le suffrage universel ne peut pas fonctionner régulièrement sans ce contre-poids ; livré à lui-même, il n'est qu'une loterie, un marché, ou un essai de guerre civile.

Seulement, il est indispensable que les désignations ne soient point faites par caprice ou par faveur ; il faut que le Gouvernement devine, pour ainsi dire, le choix probable des électeurs, qu'il découvre leur candidat naturel, de telle sorte que chaque votant, conservateur et bon citoyen, se puisse dire : J'y avais songé !

Parmi les nouveaux députés de Paris se trouvait le président du dernier Conseil municipal, M. Lanquetin, qui donna sa démission, au moment de s'engager dans la carrière politique, et qui fut présenté aux électeurs comme candidat officiel. Peu de temps après, M. Delangle fut appelé à la présidence du Conseil municipal ; il y apporta l'autorité qui appartenait à son savoir, à son éloquence et à sa renommée, la netteté d'un esprit plus vigoureux qu'étendu, l'action d'une volonté rudement exprimée lorsqu'elle n'était pas indécise.

CHAPITRE III

Effets du coup d'État sur les affaires générales; — sur celles de la Ville de Paris. — L'octroi. — Les travaux du bâtiment. — L'emprunt de cinquante millions. — Grande impulsion donnée aux travaux. — Chemin de fer de ceinture. — Boulevard de Strasbourg. — Palais de l'Industrie. — Bois de Boulogne. — Rue des Écoles.

Après le coup d'État, se produisirent dans la société des phénomènes absolument contraires à ceux qui avaient suivi la Révolution de 1848. Tous les signes de la confiance dans l'avenir, de l'activité du travail et de la richesse croissante apparurent à la fois.

Les oscillations de la Bourse, qui se marquent au moment même où de graves événements s'accomplissent d'une manière imprévue, sont, en général, l'indice de l'opinion des financiers sur le résultat probable de ces événements, ce qu'on appelle un escompte de l'avenir. Observées durant un assez long espace de temps, la hausse ou la baisse des valeurs sont une manifestation certaine de la confiance du public dans la stabilité du Gouvernement, de la production ou de la diminution de la richesse, de la formation de l'épargne ou de sa fuite et de sa suppression. Aux approches de décembre 1851, le fonds du 3 pour 100 était coté de 55 fr. 50 c. à 56 fr. 60 c. Au 5 décembre, les événements accomplis, la rente, qui avait eu un temps d'arrêt pendant trois jours, prend immédiatement son essor, et le 3 pour 100 monte à 56 fr. 95 c.; le 6 décembre, il s'élève à 59 fr. 80 c.; le 27 décembre 1851, il était à 65 fr. 65 c. En même temps, le 4 1/2 pour 100 montait de 81 francs à 90 fr. 50 c. Voilà la première impression des grands banquiers et des gens d'affaires. Un an après, au 27 décembre 1852, le 3 pour 100 atteignait 81 fr. 80 c. et le 4 1/2 pour 100 105 fr. 95 c.; environ 16 pour 100 d'augmentation; voilà le sentiment public.

Dès le commencement de l'année 1852, au mois de mars, l'État avait pu réaliser la délicate opération de la conversion du 5 pour 100 en 4 1/2 pour 100.

Le taux des escomptes de la Banque de France avait été réduit, le lendemain du coup d'État, à 3 pour 100. La Banque, en prenant cette mesure, déférait au désir du Prince-Président, qui s'était entouré d'avis à ce sujet, et qui avait goûté celui d'un homme d'esprit et d'un homme d'affaires, ancien journaliste de mon temps, M. Émile Péreire, dont l'histoire de la ville de Paris ne peut pas omettre le nom [1]. C'était, de la part de ce grand établissement de crédit une sorte d'innovation, car, pendant de longues années, sous le Gouvernement de Louis-Philippe, le taux de l'escompte avait été tenu à 4 pour 100; il avait même été relevé à 5 en 1846, afin de ralentir, à cette époque, les demandes d'espèces provoquées par des achats de grains à l'étranger.

Le mouvement des opérations de la Banque, qui est le cœur des affaires, montra, sur-le-champ, l'accélération de la circulation, le réveil de la vie industrielle et commerciale.

Un autre symptôme, digne d'observation, ressort des comptes rendus de la Caisse d'épargne; l'accroissement des dépôts est en raison de l'abondance et des profits du travail, de la confiance et de la sécurité des travailleurs. « L'année

---

[1] En effet, c'est à M. E. Péreire qu'est due l'exécution, menée à bonne fin dans les premières années de l'Empire, de plusieurs grands travaux dont l'entreprise était à la fois chanceuse pour l'entrepreneur, utile au public, et exigeait, pour être abordée, une initiative hardie, un grand crédit, une vive intelligence. Ces travaux donnèrent un exemple fécond; ils contribuèrent alors à la prospérité de Paris. Ils sont encore aujourd'hui une part de sa splendeur.

1852 a été bonne pour notre Caisse d'épargne », disait, dans son rapport, M. François Delessert, président de l'Assemblée des directeurs et administrateurs de l'établissement. Et il constatait l'augmentation du nombre des déposants, « surtout des déposants appartenant aux classes ouvrières ».

Les comptes de la Ville de Paris ne sont pas moins significatifs. L'année précédente, le développement des produits de l'octroi s'était à peu près arrêté ; il reprit tout à coup sa marche ascendante. De 37,300,000 francs qu'avait donné 1851 aussi bien que 1850, on passe tout à coup à 39,400,000. La population, la consommation, le bien-être se développaient à la fois.

Jusque-là, depuis la Révolution, la Ville avait vu s'abaisser progressivement ses recettes provenant de l'introduction des matériaux de construction et des droits perçus pour le mesurage des pierres. L'industrie du bâtiment était presque paralysée et n'avait d'autre occupation que la réparation indispensable de quelques propriétés privées. En 1852, il en est tout autrement : les matériaux divers et les bois de construction payent, en entrant dans Paris, 3,300,000 francs au lieu de 2,300,000 francs. Le thermomètre du droit sur le mesurage des pierres s'élève dans une proportion bien plus considérable : la recette est plus que doublée. Ce qui veut dire que les capitaux s'engagent résolûment dans ces entreprises de longue haleine qui ont pour objet le bâtiment ; que les extracteurs, les producteurs de matériaux dans toute la France, les charretiers et camionneurs, les compagnies de chemins de fer, les architectes, les entrepreneurs et les ouvriers qui creusent les fondations, qui taillent les pierres, qui les appareillent et les mettent en place, qui préparent et ajustent les charpentes, qui couvrent les toits, qui assemblent, dans un dessin savant, les dalles et les parquets, qui façonnent et sculptent le bois, qui assouplissent les ferrures, qui coulent, polissent et encadrent les vitres, qui parent de moulures, de tentures, de peintures l'intérieur des appartements, qui les meublent et les égayent de ces mille objets utiles ou superflus que le génie de l'ouvrier parisien transforme en objets d'art, en leur donnant ainsi un prix inestimable, que tout ce monde enfin, qui s'agite autour de chaque construction nouvelle, que cette armée industrieuse dont le dénombrement complet serait interminable, vit, prospère, grandit et s'enrichit [1].

Lorsque, en août 1851, l'Administration municipale avait été autorisée à contracter un emprunt de 50 millions, il était impossible de prévoir à quel moment on pourrait faire avantageusement une émission si considérable; l'année 1852 se présentait à cette époque sous un aspect tout à fait sombre. Aussi, le Préfet avait-il passé, en même temps, avec la Banque de France, un traité, que sanctionnait la loi et qui lui permettait de recevoir, de cet établissement, une avance provisoire de 20 millions sur dépôt d'obligations. Mais, après le coup d'État, tout devenait facile : dès le 3 avril, M. Berger mettait en adjudication son emprunt et trouvait sur-le-champ des conditions avantageuses. Il usait, encore cette fois, du mode d'emprunt qui consiste à faire porter l'enchère, non pas sur le moindre intérêt à payer par année pour un capital déterminé, mais, au contraire, sur le plus gros capital à recevoir pour un intérêt fixé d'avance. Cinquante mille obligations, au capital nominal de 1,000 fr. chacune, au service desquelles était attaché un intérêt de 5 pour 100 et des lots représentant une prime de 1 pour 100

---

[1] Dès lors s'ouvrait pour la ville de Paris cette ère de progrès inouïs qui signala le règne de Napoléon III. Les produits de l'octroi s'élevaient de deux millions environ chaque année et atteignaient cinquante-quatre millions en 1859, à la veille de l'annexion des communes suburbaines; les autres ressources municipales ordinaires dans la même période montaient de dix millions à dix-neuf, ce qui accusait une plus-value annuelle dépassant un million, sans qu'aucun impôt ou taxe d'octroi ait été augmenté au profit de la Ville dans l'intervalle.

furent adjugées au prix de 1,227 fr. 82 c., ce qui donnait, pour les cinquante mille, une somme totale de 61,391,000 fr. Le montant annuel des intérêts et des primes qui eût été de 6 pour 100 pour 50 millions empruntés, se trouvait ainsi ramené à moins de 5 pour 100 de la somme réellement versée par les adjudicataires. Le Trésor municipal remboursait aussitôt à la Banque de France les 20 millions qu'il venait de recevoir et dont l'avance lui devenait inutile.

Appuyée sur des recettes ordinaires périodiquement grossies et sur les ressources extraordinaires qu'elle venait de s'assurer avec un excédant de plus de onze millions sur ses calculs primitifs, la Ville de Paris était en mesure d'entrer résolûment dans la carrière des améliorations que le Prince-Président lui montrait comme indiquées par l'attente publique. Le Conseil municipal, reconstitué, ne demandait pas mieux : c'était l'avis du plus grand nombre des anciens et des nouveaux conseillers, qui tous ressentaient cette ardeur extraordinaire, cette foi dans l'avenir, cet espoir surabondant dont la France entière était saisie après tant d'anxiété et de découragement. Chaque proposition du Préfet était pour ainsi dire votée d'avance. Durant quelques mois, les décrets se succédèrent pour déclarer l'utilité publique de nouvelles entreprises dans Paris, soit, aux frais de l'État, soit, aux frais de la Ville, soit, par leur commun accord, soit enfin, par l'intermédiaire de compagnies.

Le 10 décembre 1851, un décret ordonne qu'il sera établi en dedans de l'enceinte fortifiée un chemin de fer de ceinture reliant les gares de l'Ouest-et-Rouen, du Nord, de Strasbourg, de Lyon et d'Orléans, et le cahier de charges des compagnies concessionnaires est, en même temps, sanctionné et publié. Le 13, un crédit de 2,100,000 francs est ouvert pour concourir avec la Ville à l'expropriation et à la démolition des maisons existant encore entre les Tuileries et le Louvre, et au nivellement du vaste espace compris entre ces deux monuments. Trois mois après, le 12 mars 1852, les démolitions étant à peu près terminées, un nouveau décret ordonne l'achèvement du Louvre, tant ajourné, et affecte sur les fonds de l'État une allocation totale de 25,679,453 fr. à l'exécution du projet qui supposait alors la réunion dans le palais du Louvre d'un local destiné aux expositions annuelles de peinture, des ministères de l'intérieur et de la police générale, des télégraphes, de l'Imprimerie nationale, etc.

Le 10 mars 1852, se décide l'ouverture du boulevard de Strasbourg, à 30 mètres de large, destiné d'abord à mettre en communication l'embarcadère de l'Est avec le boulevard Saint-Denis, et ensuite à devenir la tête de la voie magistrale tracée, dans le plan de l'Empereur dont j'ai donné la description, pour couper la ville du nord au sud et compléter la grande croisée de Paris. L'ancien Conseil municipal avait longtemps hésité sur la voie à ouvrir aux abords de l'embarcadère de Strasbourg. Tantôt, il s'était agi de percer une rue oblique, allant joindre le faubourg Poissonnière, pour y déverser une part de la circulation à laquelle les faubourgs Saint-Denis et Saint-Martin, que l'on se proposait d'élargir avec le temps, ne pouvaient donner qu'une insuffisante issue ; tantôt, on avait songé à une rue de 15 mètres, prolongée jusqu'au boulevard Saint-Denis, étroite et mesquine artère pour un tel parcours et pour l'affluence prévue ; plus tard, on était arrivé à donner à cette rue 22 mètres de largeur. Enfin, cette largeur était fixée à 30 mètres et n'était que suffisante.

Le décret du Prince-Président, considérant ce boulevard comme une sorte de route nationale à travers Paris et donnant en conséquence à l'opération un certain concours de l'État, 1,670,000 francs, entraîna l'adhésion du Conseil municipal.

Le même jour, 10 mars, un décret augmente le périmètre des Halles.

Le 27 mars, est décidée la construction, dans le grand carré des Champs-Élysées, d'un édifice destiné à recevoir les expositions nationales et pouvant servir aux cérémonies publiques et aux fêtes civiles et militaires, à l'instar du Palais de Cristal de Londres. Ce fut une compagnie qui se chargea d'accomplir le projet. Malheureusement, le lieu n'était peut-être pas bien choisi, et l'exécution fut loin de répondre à l'idée première. L'emplacement est trop restreint pour les expositions universelles, trop vaste pour les expositions partielles ; mais, c'est surtout au point de vue pittoresque que l'édifice n'est pas digne du goût français. Avant qu'il fût élevé, la rive droite de la Seine, à l'ouest, en aval, vue des quais, des ponts et du faîte des monuments, offrait un aspect charmant. Après l'admirable développement de la galerie du Louvre et de la terrasse des Tuileries couronnée de beaux arbres, se prolongeaient, dans une courbe gracieuse, les magnifiques ombrages des Champs-Élysées, puis les hauteurs de Chaillot avec leur amphithéâtre d'habitations mêlées de verdure. Maintenant, cette belle ligne est déshonorée, au milieu des Champs-Élysées, par l'immense toit vitré du Palais de l'Industrie, lourde et disgracieuse carapace qui attire et blesse les regards, à quelque point que l'on se place pour contempler le panorama de Paris. La pensée de donner un abri durable aux expositions et de créer dans la ville un grand espace couvert qui manquait jusqu'alors, n'en était pas moins heureuse ; elle méritait seulement d'être réalisée avec un peu plus d'art.

Le 8 juillet, une loi concédait à la ville de Paris le bois de Boulogne, à la condition qu'elle y fît des travaux d'embellissement jusqu'à concurrence de deux millions. Dès l'année 1852, les terrassiers et les jardiniers, sous la direction de M. Hittorff, le savant architecte, et de l'habile dessinateur de jardins, M. Varé, étaient à l'œuvre, selon le plan donné par le Prince-Président. On commençait à creuser le grand lac, à élever la butte Montemart, à tracer les méandres de quelques allées nouvelles, au milieu de l'ébahissement, des critiques et des railleries des Parisiens routiniers, habitués à diriger invariablement leur promenade, d'abord dans la longue avenue de Longchamps, puis, le long des fortifications, entre la porte Maillot et la mare d'Auteuil. Tenter de conserver de grandes masses d'eau et de faire circuler des rivières dans ces terrains sablonneux, paraissait au public qui fréquentait le bois une entreprise extravagante ; c'était, disait-on, se jeter dans une aventure que de vouloir délivrer les promeneurs de la poussière de Longchamps et du soleil inondant les allées droites ; c'était un nouveau coup d'État que de défricher quelques hectares de ce bois rachitique, pour faire place aux vastes étangs, aux belles pelouses et aux ruisseaux sous l'ombrage. On ne manquait pas de déplorer poétiquement la dévastation de ces allées séculaires, si pleines de souvenirs. Cependant, le Président de la République trouvait quelques instants pour dessiner lui-même les contours des nouvelles promenades, pour transformer le vieux bois insipide en jardin anglais, et pour préparer aux Parisiens l'un des parcs publics les plus délicieux qui existent dans le monde.

En même temps, suivant l'idée qu'il avait déjà conçue, de joindre le bois de Boulogne à Paris par cette large percée, sorte d'élégante extension du bois, qui a été ouverte peu de temps après sous le nom d'avenue de l'Impératrice, il préparait le dégagement de l'arc de triomphe en faisant ordonner, par la même loi, la cession à la ville de Paris ce qu'on appelait le promenoir de Chaillot. Ce promenoir n'était qu'une butte gazonnée par intervalles, qui régnait, partie en dedans, partie en dehors de la barrière de l'Étoile, et qu'il était indispensable de niveler pour achever l'extrémité de l'avenue des Champs-Élysées, le rond-point de l'Étoile et les abords.

Dès le lendemain du coup d'État, un projet pour la rue

des Écoles avait été présenté au Conseil municipal. La nouvelle rue, ayant 22 mètres de large, partait de la rue de la Harpe, au carrefour des rues Racine et de l'École-de-Médecine, et allait former, devant la Sorbonne, qui devait être agrandie, et devant le Collége de France, une place de 40 mètres de large qui était circonscrite à l'est par la rue Saint-Jean de Beauvais. Peu de mois après, le 24 juillet 1852, l'utilité publique en était décrétée.

Les démolitions de la rue de Rivoli étaient poussées avec vigueur. Le percement de la partie de cette voie publique, comprise entre le Louvre et l'Hôtel de ville, avait été commencé aux deux extrémités et exécuté par sections, en 1851 et en 1852, jusqu'à ce que les deux tronçons se fussent rejoints à peu près au milieu, à la rue Saint-Denis. Mais l'œuvre était loin d'être parfaite. La rue formait une sorte de crochet en dedans, à la place de l'Oratoire, dont les maisons étaient fort en avant de l'alignement. A l'autre extrémité, la petite place de la Tour Saint-Jacques était beaucoup trop étroite; le long du parcours, les communications restaient encore difficiles de la rue de Rivoli à la rue Saint-Honoré, d'une part, et, de l'autre, aux quais. C'était une grande opération qui avait été faite d'une manière incomplète sous l'influence de finances municipales encore mal assises, et au milieu d'une situation générale pleine de trouble. Désormais, on pouvait avoir plus de générosité et de hardiesse : à la fin de 1852, après divers décrets partiels, dégageant les abords de la rue de Rivoli, intervient un décret plus important, qui reprend et corrige l'œuvre à son point de départ. Les maisons de la place de l'Oratoire doivent tomber ; l'expropriation atteint de plus grandes profondeurs ; le prolongement des arcades jusqu'à la place du Palais-Royal est ordonné ; cette dernière place est soumise à la même décoration architecturale.

C'est encore durant l'administration de M. Berger, qui

allait finir en 1853, que Louis-Napoléon, hâtant l'exécution du premier plan qu'il avait conçu et dont on a vu plus haut la description sommaire, décidait la marche en ligne droite de la rue de Rivoli jusqu'au faubourg Saint-Antoine, et la construction de la caserne Napoléon derrière l'Hôtel de ville. C'est alors qu'il accueillait avec satisfaction l'achèvement du boulevard Mazas, qu'il décrétait le percement de la rue de Rennes à partir du chemin de fer de l'Ouest jusqu'au carrefour des rues de Vaugirard, Notre-Dame-des-Champs et du Regard, qu'il pressait M. Berger, avec des instances réitérées, de mettre la main au percement du boulevard Malesherbes, et qu'il prescrivait la démolition du pavillon en pierre déjà élevé sur l'emplacement des Halles et l'édification de ce vaste marché d'après un nouveau plan d'ensemble qui a été réalisé, depuis, avec bonheur.

Des travaux d'un autre ordre se poursuivaient en même temps dans l'Hôtel de ville. Je veux parler surtout des peintures et des sculptures qui complétèrent, en deux ou trois ans, la décoration du palais municipal. Il est certainement à l'honneur de l'administration de M. Berger, qu'au milieu de préoccupations bien diverses, il ait su faire appel à l'art véritable. Une grande part de l'éloge en revient, comme je l'ai dit, à son fils et chef de cabinet, M. Amédée Berger ; et il est vraiment singulier qu'un Préfet, qui avait passé sa vie dans les détours du Palais de justice et dans les couloirs de la Chambre des députés, au milieu de débats fort étrangers aux choses de l'imagination et à l'idéal, et qu'un jeune homme, destiné à siéger un jour, en magistrat compétent, à la Cour des comptes, aient eu la bonne fortune de disposer pour les arts de plus de la moitié d'un palais immense et magnifique, et la bonne pensée de livrer ces plafonds, ces panneaux, ces caissons, ces pendentifs, ces pénétrations aux pinceaux d'Ingres, de Delacroix, de Lehmann, de Léon Cogniet et de plusieurs artistes de beaucoup de mérite. La salle des Fêtes et de nombreux salons étaient encore à décorer au commencement de 1851. Dans la salle des Fêtes, Lehmann peignit, dans le délai de dix mois et en cinquante-six tableaux, l'histoire de l'humanité, depuis les premiers combats de l'homme contre la nature, jusqu'aux dernières conquêtes de l'industrie, de la science et de l'art ; toute une épopée, selon l'expression d'un critique célèbre [1], simplement et clairement conçue, pleine d'idées exprimées dans un style grave et poétique.

Le salon de l'Empereur, déjà orné d'un beau portrait de Napoléon Ier, par Gérard, avait été accepté par Ingres. C'est au plafond qu'il grava pour la postérité, on le croyait du moins, l'apothéose de l'Empereur, au milieu de huit tableaux contenant chacun l'image d'une des capitales que Napoléon avait visitées dans sa marche triomphale.

Le salon dit de la Paix avait été réservé pour une grande page allégorique de Delacroix.

Cogniet s'était chargé de compléter le salon du Zodiaque en illuminant le plafond par le char étincelant du Soleil, et en caractérisant les saisons par quatre paysages admirables, trop tard achevés pour l'impatience des hommes de goût, trop tôt encore puisqu'ils ont été brûlés avec le reste [2].

Toute la décoration picturale de l'Hôtel de ville ne fut pas à la même hauteur ; la critique, aiguisée par la passion politique, y trouva fort à redire, et ne craignit pas de se mettre en contradiction avec elle-même. Telles figures allégoriques de communes émancipées furent jugées d'un style trop peu sévère pour un palais où devait seul régner le grand art ; tel sujet d'un sens religieux parut au contraire hors de sa

---

[1] M. Vitet.

[2] Dans la même période, des peintures sur plafonds ou murales furent commandées pour l'Hôtel de ville à MM. Benouville, Cabanel, Gosse, Schopin, Landelle, Riesener, Muller, etc. Les peintures décoratives proprement dites furent faites par la main habile de Sechan pour la salle du Trône, de Laurent-Jan pour la salle des Fêtes, etc.

place dans des salons ouverts aux fêtes mondaines et à la danse. Selon l'opinion de l'écrivain, favorable ou défavorable au nouveau régime, les artistes reçurent plus d'éloge ou plus de blâme, et virent mettre en relief leurs traits heureux ou leurs imperfections. Somme toute, cependant, on ne pouvait nier que la décoration des nouveaux salons eût le caractère élevé, la noblesse élégante, le tour historique, convenables pour un palais où Paris devait célébrer des fêtes nationales, où il devait recevoir tant de monarques étrangers, et, avant eux, l'Empereur qu'allait se donner la France. C'est là, en effet, qu'eurent lieu les premières fêtes de l'Empire ; c'est là que devait bientôt charmer tous les yeux la compagne que se choisit Louis-Napoléon, et qui parut être née souveraine, parce qu'elle avait la grâce et la dignité naturelle, la beauté incomparable, le cœur plus haut que le pouvoir, la charité au-dessus du péril, le patriotisme supérieur à toutes les fortunes.

CONCLUSION

Paris et l'Hôtel de ville après 1848 et après 1851. — La liberté, le Césarisme, l'Empire. — Ère nouvelle pour l'administration municipale.

Au début de ce livre, j'ai rappelé quelques traits de la révolution de 1848 ; à la fin, j'ai repris les souvenirs du coup d'État qui termina l'année 1851 : deux révolutions, contraires par leur caractère et leur but, contraires par leurs effets. Après la première, tous les éléments sociaux furent mis en danger ; la fortune publique sembla disparaître ; la liberté proprement dite, celle qui est indispensable, ne survécut qu'à demi et par la réaction des mœurs. L'hostilité mutuelle des partis, le déchaînement des mauvaises passions, la misère publique, l'exaspération du peuple aboutirent à l'affreuse guerre civile de juin.

Après le coup d'État, la société se sentit raffermie ; la liberté des honnêtes gens, composant la masse de la nation, qui s'étaient tenus en dehors des agitations civiles fut rétablie ; le travail se ranima de toutes parts ; l'agriculture et l'industrie, également rassurées, s'accordèrent pour multiplier leurs produits ; l'épargne jaillit du sol si fécond de notre pays, comme par des millions de petites sources, pour vivifier les entreprises et former des flots grossissants de richesses ; l'adhésion du peuple au Gouvernement consolida sans luttes nouvelles la paix publique, et l'on eut devant soi de longues années prospères.

Pour l'Hôtel de ville, en 1848, il était envahi, dévasté par l'émeute, hanté par la politique, transformé en un camp ;

ses services étaient désorganisés; ses ressources étaient taries; ses réserves et le produit de son emprunt de vingt-cinq millions étaient gaspillés; ses travaux s'arrêtaient ou n'étaient repris que par l'effort opiniâtre et puissant du Prince en qui le pays avait placé ses espérances. Après 1851, l'Hôtel de ville voyait sa garnison reprendre le chemin des casernes et la politique rendre à l'administration sa place légitime. Ce n'étaient plus des bandes d'insurgés qui parcouraient la ville, mais des escouades de maçons, de charpentiers, d'ouvriers de toute sorte allant à leurs travaux; si l'on remuait les pavés, c'était, non pour les entasser en barricades, mais pour faire circuler sous les rues l'eau et le gaz; les maisons n'étaient plus menacées par le canon ou l'incendie, mais par l'indemnité féconde de l'expropriation; le budget municipal se grossissait de lui-même par l'affluence et l'enrichissement des contribuables; un emprunt se contractait aisément, produisait plus d'un cinquième en sus du capital demandé et n'était point détourné de sa destination; on voyait enfin commencer les grands travaux qui devaient transformer, assainir, agrandir la ville, durant cet âge héroïque de la municipalité parisienne que marqua bientôt l'administration de M. Haussmann. Mais, dit-on, à quel prix ne furent pas achetés ces biens? La nation sacrifia sa liberté et accepta le Césarisme!

La liberté sacrifiée! Celle dont il s'agit ici n'est autre sans doute que la liberté parlementaire, par laquelle le pouvoir est mis au concours entre les citoyens et passe de l'un à l'autre, au gré d'une majorité éclairée et d'une opinion sensée! Oui, certainement, c'est une noble chose que cette forme de gouvernement qui est en vigueur chez nos voisins. Je l'aimerais pour nous-mêmes. Seulement, peut-elle s'établir dans un pays profondément divisé par une suite de révolutions qui, toutes, ont laissé après elles des attachements, des animosités et des espérances, de sorte que les questions débattues par les partis n'ont pas pour objet la gestion des affaires publiques, mais la proscription de plusieurs, le triomphe de quelques-uns, la forme même du Gouvernement, le choix entre trois dynasties ou entre autant de systèmes de république; bien plus: la constitution même de la société? J'en doute fort. Ce que je sais, c'est que chez nous, pour cette cause, il n'est jamais sorti de la liberté parlementaire que des excès et des malheurs, même, en dernier lieu, lorsque l'Empire essaya de la rendre à la France.

Le Césarisme accepté! c'est-à-dire, je suppose, le pouvoir suprême tempéré par les lois, les mœurs et l'opinion, confié à un seul homme et, après lui, transmis à un autre, non par voie d'hérédité, mais, comme dans l'ancienne Rome, par l'adoption, par le choix d'un sénat, par la violence d'une émeute ou d'une armée ou, sous une forme moderne et régulière, par la volonté et le suffrage du peuple? N'est-ce pas là la définition, sans calomnie, que l'on peut donner de ce que l'on nomme le Césarisme?

Louis Napoléon ne proposait pas ce régime à la France; mais, ce qui est bien différent, la monarchie impériale, héréditaire, basée sur la volonté nationale, avec la liberté progressive dont le complément devait couronner l'édifice politique. Des circonstances malheureuses et la liberté, trop tôt complétée, qui, chez nous, effondre les édifices au lieu de les couronner, ont empêché l'établissement définitif de ces institutions, quoiqu'elles eussent été acceptées par la nation presque unanime.

Jusqu'à présent, depuis 1789, la France, par le poids de ses habitudes et de ses mœurs, n'a pu s'élever au-dessus du Césarisme; pour elle, les institutions, quelles qu'elles soient, semblent peu de chose; les hommes sont tout à ses yeux.

Depuis bientôt un siècle, à part quelques intervalles de dictatures républicaines, nous n'avons eu que des Césars, sans hérédité. Du sentiment monarchique qui existait profondément dans nos âmes jusqu'en 1789, il ne nous est resté que le penchant pour la domination d'un seul, choisi, si l'on peut, subi, s'il est nécessaire, mais que nous aimons à nous figurer tout d'abord comme supérieur par l'ensemble de ses qualités, comme brave, politique, magnanime, plus libéral que nous-mêmes, rappelant ainsi, par plusieurs côtés, nos plus grands souverains et surtout Napoléon Ier, qui semblait réaliser notre idéal. Ces Césars nous dirigent, l'un après l'autre, sous les noms de Rois, d'Empereurs, de Présidents, avec des constitutions variées auxquelles nous ne tenons guère, ou même, sans constitution.

Il est de mode aujourd'hui de montrer le Gouvernement de Louis XVIII comme ayant été la vraie monarchie constitutionnelle, le type de gouvernement qui convient à la France. C'est une légende éphémère, si l'on peut accoupler ces deux mots, qui se fait depuis peu de temps et qui ne durera guère. J'ai vu ce Gouvernement honni par l'opinion, détesté pour son origine, haï pour ses principaux actes, antipathique à l'esprit révolutionnaire, démocratique et militaire de la France. Il a subsisté quelques années, non par la force des institutions, mais par l'esprit remarquable et par le talent de son chef, qui n'était qu'un César subi. Si la Charte de 1814 avait eu des racines dans les esprits, elle aurait sauvé Charles X, ou du moins son petit-fils. En effet, d'après le texte de cette constitution, comment fallait-il agir vis-à-vis du Roi et des ministres qui avaient tenté de la renverser? Il y avait lieu de mettre en jugement les ministres et de respecter le Roi qu'elle déclarait irresponsable. Tout au plus pouvait-on accepter son abdication forcée. Mais l'ordre d'hérédité, pourquoi l'a-t-on méconnu? De quel droit une Chambre a-t-elle choisi, à la majorité, un Roi autre que l'héritier légal?

En fait, on rejetait Charles X parce qu'il n'avait pas montré les qualités véritables d'un chef de gouvernement, d'un

César, comme l'entend notre pays ; on n'appelait pas son héritier parce que ce n'était qu'un enfant en bas âge et qu'on ne pouvait juger de son caractère et de sa valeur personnelle ; on choisit donc un autre César, Louis-Philippe, non pas parce qu'il était Bourbon, non pas quoiqu'il fût Bourbon, mais parce que, étant candidat par situation, il paraissait doué de plusieurs des facultés convenables pour régner, comme le désirait alors l'opinion publique. Il succomba à la fin sans trouver, non plus que son prédécesseur, le moindre secours dans les institutions qu'il avait contribué à créer et qu'il avait, lui, fidèlement observées ; on le renversa, parce qu'il commit quelques fautes, et, surtout, parce qu'il ne sut pas se défendre et agir en César dans les derniers moments de son pouvoir.

Qu'a été M. Thiers ? Qu'est aujourd'hui le maréchal de Mac Mahon ? Des Césars temporaires, nommés l'un après l'autre par une Assemblée, pour leurs talents divers, pour leur situation et leur valeur personnelle. Ce n'est certes pas une constitution quelconque qui a été la source de leur pouvoir et qui a causé, soit la chute du premier, soit la puissance du second.

Est-ce une doctrine que je professe ? Non ; c'est l'histoire que je rappelle. J'écarte ainsi de l'auteur des actes de 1851 et de 1852 des reproches qui ne sont point fondés. Il agissait selon les penchants et les besoins du pays. Il en était le favori, parce qu'il s'approchait beaucoup de l'idéal dont je viens d'esquisser les traits. Il a voulu mieux faire que d'exercer le pouvoir suprême : il a tenté de constituer l'avenir et de nous faire passer du Césarisme à la monarchie impériale. Son œuvre, nous la reprendrons nous-mêmes un jour, j'espère, parce qu'elle n'était point une restitution archéologique, une imitation étrangère, mais, qu'elle était issue à la fois de nos révolutions, de nos penchants vers la monarchie et de notre caractère national.

Par ces observations et ces faits, je montre, de plus, l'impuissance où se trouvaient, au moment du coup d'État, tous les hommes politiques, ses adversaires, de lui faire un grief, sérieux de leur part, en face du pays, d'avoir violé la loi constitutionnelle; car tous, depuis le commencement du siècle, avaient été auteurs ou complices de la violation de quelque constitution, au profit de leurs ambitions ou de leurs préférences. Ils ne formaient, selon l'expression d'un journal anglais du temps, qu'une « coalition de politiques surannés, inconstants, incapables de s'entendre entre eux, et en même temps résolus de ne permettre à personne de gouverner. »

« Mon opinion personnelle sur le changement qui a eu lieu en France, écrivait le 16 décembre 1851, un célèbre ministre de la Grande-Bretagne, lord Palmerston, c'est qu'un tel état d'antagonisme s'était élevé entre le Président et l'Assemblée, qu'il devenait chaque jour plus évident que leur coexistence ne pouvait pas être de longue durée; et il m'a paru meilleur, pour l'intérêt de la France, et, par lui, pour l'intérêt du reste de l'Europe, que le pouvoir du Président l'emportât; d'autant plus que la continuation de son autorité pourrait donner une chance de maintenir l'ordre social en France, tandis que les divisions d'opinions et de partis dans l'Assemblée paraissaient être le garant que leur victoire sur le Président aurait été le point de départ d'une guerre civile désastreuse. »

Je termine ici ces souvenirs, en demandant pardon au lecteur de l'avoir bien souvent entraîné hors de l'Hôtel de ville, dans les régions politiques. Mais, j'avais à parcourir des années toutes remplies par les révolutions et les luttes intestines. L'histoire de l'administration municipale n'est alors que le récit d'efforts plus ou moins heureux pour réagir contre le découragement public. Chaque travail qu'elle entreprend est un stimulant pour l'activité nationale; chaque dépense qu'elle fait est un mouvement imprimé à la circulation des écus qui s'alanguissait ou s'arrêtait; chaque emprunt qu'elle contracte est un exemple de confiance dans l'avenir ; chaque fête qu'elle donne est une protestation contre l'abandon de soi-même et un rendez-vous pacifique donné aux partis ; chaque œuvre d'art qu'elle commande est un appel à des mœurs plus douces et aux jouissances civilisées. Par ses grandes affaires, durant cette période agitée, elle se trouve naturellement engagée dans la cause de Louis-Napoléon, qui est celle de l'ordre et de l'intérêt public ; elle seconde, parfois sans le savoir, les desseins les plus sensés et les plus libéraux du chef de l'État ; elle contribue à sa popularité. Bientôt, pour accomplir de gigantesques travaux, elle obéira à l'impulsion de l'Empereur et participera à sa puissance. La Ville de Paris remplit en France un trop grand rôle pour ne pas être toujours le principal auxiliaire du souverain, à moins qu'elle n'en soit l'ennemie et la rivale. Il ne peut y avoir deux chefs en France, l'un, celui que se donne la nation entière, l'autre, l'infime partie du peuple de Paris, intronisant quelques dictateurs, sous la condition de l'orgie et de la licence. Les factions n'ont jamais profité à l'Hôtel de ville : on l'attaque, on le prend, on le ravage, on le pille, on le brûle ; il ne subsiste, ne prospère et ne brille que par l'obéissance qui le rattache au pouvoir national.

Tous les développements inouïs, toutes les splendeurs de l'administration municipale, qui contribuèrent à l'éclat du règne de Napoléon III, sont contenus en germe dans les actes et dans les projets de la Ville durant les années 1849 à 1853 que je viens de parcourir. Le Prince-Président avait dessiné et préparé ce que fit l'Empereur ; le Préfet, M. Berger, avait commencé ou entrevu ce que M. Haussmann sut accomplir. Peut-être, à l'Hôtel de ville, le commencement fut-il trop timide et la fin trop hasardée ; peut-être y eut-il d'abord excès de défiance dans les ressources parisiennes de la part d'une administration méticuleuse, plus économe qu'entreprenante, ayant plus de sagesse que de génie. Peut-être y eut-il ensuite, avec une puissance d'imagination et de volonté sans limites, et une vigoureuse intelligence, un excès de confiance dans la progression des ressources municipales et dans les promesses de l'avenir. Toujours est-il que, la part faite à ce que l'on peut appeler timidité ou témérité, l'œuvre, dans son ensemble, fut aussi utile que splendide ; elle est l'honneur du règne de Napoléon III. J'aimerais à en compléter le tableau en écrivant la seconde série des notes que j'ai recueillies durant plus de vingt ans à l'Hôtel de ville. Les témoins ont l'orgueil de ce qu'ils ont vu. Je ne puis détacher ma vie de cette partie de l'histoire de Paris qui remplit l'espace écoulé de 1849 à 1870 ; j'userai, si je le puis, de ce qui me reste de forces pour en fixer le souvenir.

FIN.

TABLE DES MATIÈRES

PRÉFACE. v

INTRODUCTION

Cadre de ces souvenirs. — Variétés des services municipaux. — Difficulté de suppléer aux documents incendiés. 1

LIVRE PREMIER

L'HÔTEL DE VILLE AVANT ET PENDANT L'ANNÉE 1848.

CHAPITRE PREMIER

L'Hôtel de ville construit aux seizième et dix-septième siècles. — Données imposées à l'architecte Dominique de Cortone, dit le Boccador, et à ses successeurs. — Quelques défauts de la façade. — Élégance de la cour d'honneur. — Heureuse contrainte. 5

CHAPITRE II

Exiguïté de l'ancien palais. — L'Hôtel de ville agrandi, de 1837 à 1848. — Mérite et défauts des constructions nouvelles. — L'œuvre de MM. Godde et Lesueur aurait dû figurer au concours de 1873. 13

CHAPITRE III

Divisions de l'Hôtel de ville. — La salle du Trône. — Jean Goujon dans le salon du Zodiaque et à l'hôtel Carnavalet. 19

CHAPITRE IV

Les salons aux Arcades. — Réceptions de M. de Rambuteau. — La société parisienne en 1847. — La salle des Fêtes et ses grands escaliers. — Facilités et rigueurs du Conseil municipal. — Évaluation des dépenses. . . 27

CHAPITRE V

Symptômes révolutionnaires. — Pathologie de cette fièvre intermittente. — Pourquoi l'Hôtel de ville est l'objectif de toute insurrection. — Migration du Gouvernement provisoire. — Les gardiens de la mort. — Les défenseurs de l'Hôtel de ville. — La garde républicaine. — Les invasions armées. — Les pétitions. — Deux gouvernements dans le même palais. — Le déjeuner difficile. — Buvette générale.   41

CHAPITRE VI

Le maire de Paris et ses attributions dictatoriales. — Antagonisme des deux Préfectures. — Émancipation de M. Caussidière. — M. Armand Marrast. — Les économies cruelles. — On veut réduire les taxes d'octroi; on les aggrave. — La rue de Rivoli. — Législation autoritaire; mais point d'argent, point de travaux.   56

CHAPITRE VII

La première Commission municipale. — Compte rendu de M. Marrast. — Sa démission. — Les appartements en état de dégradation. — L'administration en désarroi.   79

LIVRE DEUXIÈME

M. BERGER, PRÉFET. — LE PERSONNEL ADMINISTRATIF. — L'EMPRUNT
ET LES PROJETS DE TRAVAUX.

CHAPITRE PREMIER

M. Berger, Préfet de la Seine. — Son rôle dans l'ancien tiers-parti. — Batailles électorales autour de son nom. — Ses questions indiscrètes au comité du Banquet. — La bourgeoisie parisienne lui est favorable. — Son chef de cabinet. — Le secrétaire général de sa Préfecture.   87

CHAPITRE II

Le personnel administratif. — Comment il se recrute. — Les protégés. — Les surnuméraires. — Peut-il être composé d'un très-petit nombre d'employés très-largement rétribués? — Bienfaits de la routine en temps de révolution. — Règles de l'admission et de l'avancement. — Unité de l'administration.   97

CHAPITRE III

L'emprunt de 25 millions autorisé dès 1847. — Les budgets de M. de Rambuteau. — Tirelire. — Travaux en projet. — Emploi anticipé des 25 millions pour couvrir les frais et les déficit de 1848.   106

CHAPITRE IV

Histoire des emprunts de la Ville, de 1807 à 1849. — Emprunts motivés par des travaux, — par les malheurs de la guerre, — par des disettes, — par des révolutions, — par des épidémies.   119

CHAPITRE V

Mise à l'enchère de l'emprunt de 25 millions. — Les commissaires municipaux : M. Lanquetin, M. Riant, M. Galis. — Insuffisance de la première

TABLE DES MATIÈRES. 505

soumission. — Correction du cahier des charges; adjudication. — Emprunt départemental de six millions. — Le minimum n'est pas couvert. — Concession directe. **134**

CHAPITRE VI

Extension de la dette par le rachat du péage des ponts. — Construction des ponts. — Concessions. — Dégâts révolutionnaires. — Rachat. **141**

CHAPITRE VII

Étendue de la tâche imposée au nouveau Préfet. — Projet de l'achèvement du Louvre, — de l'ouverture de la rue de Rivoli, — de l'isolement de l'Hôtel de ville. — Temps perdu en négociations parlementaires et municipales. — Boulevard Mazas et rue de Lyon. — Deux tendances contraires. **148**

LIVRE TROISIÈME

DIFFICULTÉS. — LA CONSTITUTION, LES ÉMEUTES ET LE CHOLÉRA. — FIN DE L'ANNÉE 1849.

CHAPITRE PREMIER

La Constitution source de conflits. — Dernières convulsions de la Constituante. — Projets de coups d'État parlementaires. — Projet de contre-coup d'État conservateur et bonapartiste. — M. Thiers; une page d'histoire à tourner. **167**

CHAPITRE II

Élection des députés de Paris pour l'Assemblée législative. — L'Union électorale. — Candidats membres de la Commission municipale. — Proclamation des résultats sur la place de l'Hôtel de ville. — Insurrection. — Le Conservatoire des arts et métiers rendez-vous des chefs insurgés. — Pourquoi. — Description du plan des barricades de juin. — Stratégie des émeutes. — Plan de bataille du général Changarnier. **179**

CHAPITRE III

Le choléra. — En 1832, organisation défectueuse de l'Assistance publique; longues études; mesures tardives. — En 1849, réorganisation du service hospitalier; M. Davenne. — Statistique des deux épidémies. — Quartiers décimés. — La Salpêtrière, foyer de mort. — En 1832, maladresse du préfet de police; sottise et cruauté de la foule. — En 1849, expérience mise à profit. — Mort du maréchal Bugeaud. — Embarras et fautes du service des inhumations. **191**

CAAPITRE IV

Budget de 1850. — Sera-t-il proposé en déficit? — Deux évaluations différentes des recettes. — Le budget est proposé en équilibre. **211**

CHAPITRE V

Nouvelle Commission municipale régulièrement organisée. — Modifications du budget. — Comptes de la Révolution. — Créances de la Ville sur l'État. — Traitements de l'ex-maire de Paris. — Les deux gardes prétoriennes. — Les trois polices. 218

CHAPITRE VI

Premières fêtes. — Raout des Anglais. — Soirées annuelles. — Plateaux blindés. — Anniversaire de la proclamation de la République. — Dix décembre, banquet et bal. — Le dessous du parquet de la salle des fêtes. — Ouverture de la salle Saint-Jean sur la rue Lobau. — Discours remarquable de Louis Napoléon. — M. Arago grand officier de la Légion d'honneur. — Sa démission de la présidence du Conseil municipal. — Ce qu'il pense des révolutions. 236

LIVRE QUATRIÈME

APPLICATION A PARIS DES DEUX LOIS ORGANIQUES DE 1850 SUR L'ENSEIGNEMENT, SUR LES ÉLECTIONS.

CHAPITRE PREMIER

L'enseignement primaire. — Effets à Paris de la loi du 28 juin 1833. — Organisation défectueuse du Comité central. — Son vice-président, M. Périer. — Préparation de la loi du 15 mars 1850. — M. de Parieu. 247

CHAPITRE II

Origine et développement de l'enseignement mutuel à Paris. — Engouement du public. — Faveurs de la Ville. — Les trois méthodes. — Progrès de l'institut des Frères de la Doctrine chrétienne. — Émulation. — Succès de la méthode simultanée. — Le système mutuel abandonné par le Comité central. 257

CHAPITRE III

Application à Paris de la loi de 1850 sur l'enseignement. — Comment on entend la liberté en France. — Impartialité effective de l'ancien Comité central et du nouveau Conseil académique. — Statistique de l'enseignement primaire à Paris, en 1852. — Ajournement des réformes dans les écoles de filles. — Insistance triomphante de mademoiselle Sauvan. — L'Orphéon. 273

CHAPITRE IV

Troubles dans Paris. — Histoire des arbres de la liberté. — Les arbres de MM. Marrast, Louis Blanc, Caussidière. — Suppression. — Élections politiques. 284

CHAPITRE V

Le suffrage universel, ses vices, sa puissance. — La loi du 31 mai. — Difficultés de l'appliquer à Paris. — L'état des imposables non-imposés n'existait pas. — Répartiteurs fonctionnaires. — Expédients. — Statistique électorale. — La loi du 31 mai était contraire à la Constitution. — Le Préfet démontre qu'elle avait été loyalement exécutée. — Nombre des locaux, des habitants aisés, malaisés, pauvres. — Comment la loi aurait dû être conçue.................. 293

LIVRE CINQUIÈME

LES GRANDS TRAVAUX DE PARIS. — LE PLAN DE LOUIS-NAPOLÉON.

CHAPITRE PREMIER

Londres et Paris. — Londres brûlé en 1666. — Rapidité et bonne entente de la reconstruction de la ville. — Prodigieux développements. — Cent ans après. — Nouveaux travaux projetés dans Londres : chemins de fer intérieurs, voies nouvelles, égouts.............. 317

CHAPITRE II

Avantages et infériorités de Paris. — Caractère du développement de cette ville. — Sa transformation au dix-septième siècle. — Opinion de Voltaire sur le Paris de Louis XIV. — Monuments magnifiques; mauvais état des rues. — Nouvelle période d'améliorations commencée sous Napoléon Ier. — Gouvernement de Juillet; beaucoup de commencements, peu de suite. — Tronçons de rues; largeurs insuffisantes. — Nomenclature et dépense................... 328

CHAPITRE III

État de la viabilité en 1849. — Émigration de la population parisienne vers l'ouest de la ville. — Même phénomène à Londres. — La salubrité de l'air dans les deux villes. — La crainte des troubles civils à Paris. — Conséquences pour Paris de l'établissement des chemins de fer.... 350

CHAPITRE IV

Caractère et projets du prince Louis-Napoléon. — Son programme d'améliorations à réaliser dans Paris. — Plan de voies publiques tracé par lui................... 363

CRAPITRE V

Commencement d'exécution demandé à la Ville. — Résistance, puis consentement de M. Berger. — La rue de Rivoli, du Louvre à l'Hôtel de ville.

— Anciens projets des Halles centrales. — Cinq emplacements proposés. — Chances favorables du projet Horeau. — Préférence du Conseil municipal pour l'ancien plan de l'Administration amélioré. 375

LIVRE SIXIÈME

NOUVEL EMPRUNT MUNICIPAL ET FÊTES A L'HÔTEL DE VILLE AU MILIEU DES LUTTES PARLEMENTAIRES.

Causes de conflits entre l'Assemblée et le Président. — Antagonisme constitutionnel des pouvoirs. — Les prétendants à la présidence. — M. Thiers. — M. le maréchal Bugeaud. — M. le général Changarnier. — M. Thiers devient républicain. — Opinion sur ce sujet de M. Saint-Marc-Girardin, de M. Benoît Champy. 389

CHAPITRE II

La lutte s'engage à l'occasion du général Changarnier. — Voyages de représentants à Wiesbaden, à Claremont. — Voyages du Président; revue de Satory. — Signification du discours de M. Thiers : *l'Empire est fait!* 401

CHAPITRE III

L'expectative de 1852. — La Constitution sera-t-elle revisée? — Échec parlementaire du Président de la République. 413

CHAPITRE IV

Dispositions du Conseil municipal. — Projet d'un emprunt de cinquante millions. — Débats entre les deux rives de la Seine. — Forces des deux partis au sein du Conseil. — Approbation législative du projet d'emprunt. — Réception à l'Hôtel de ville des Commissaires de l'Exposition de Londres et du Lord-Maire de la Cité. — Allocution de lord Granville. — Remarques de l'*Indépendance belge*. 419

CHAPITRE V

Candidature d'un prince de la famille d'Orléans. — Les chefs sans troupes; les troupes sans chefs. — Préparatifs de coup d'État pour le 17 septembre 1851. — Causes et inconvénients de l'ajournement. — Pose de la première pierre des Halles. — Deux coups d'État en sens contraires combinés pour le 17 novembre. — Double avortement. 433

LIVRE SEPTIÈME

LE COUP D'ÉTAT. — CONSÉQUENCES POUR LA VILLE DE PARIS.

CHAPITRE PREMIER

La légende du coup d'État. — Beaucoup de personnes en connurent le secret. — Les plus intéressés étaient les plus mal informés. — Disposition du peuple; — de la classe bourgeoise. — Aspect des environs de l'Hôtel de ville. 451

CHAPITRE II

Les maires et adjoints, du 2 au 4 décembre. — Les démissionnaires. — Nouvelle Commission municipale. — Plébiscite. — La Constitution rédigée en quelques heures. — Idées de M. de Persigny sur les circonscriptions électorales. — M. Lanquetin, député. — M. Delangle, président du Conseil municipal. 471

CHAPITRE III

Effets du coup d'État sur les affaires générales; — sur celles de la Ville de Paris. — L'octroi. — Les travaux du bâtiment. — L'emprunt de cinquante millions. — Grande impulsion donnée aux travaux. — Chemin de fer de ceinture. — Boulevard de Strasbourg. — Palais de l'Industrie. — Bois de Boulogne. — Rue des Écoles. 482

CONCLUSION

Paris et l'Hôtel de ville après 1848 et après 1851. — La liberté, le Césarisme, l'Empire. — Ère nouvelle pour l'administration municipale. 495

FIN DE LA TABLE DES MATIÈRES.

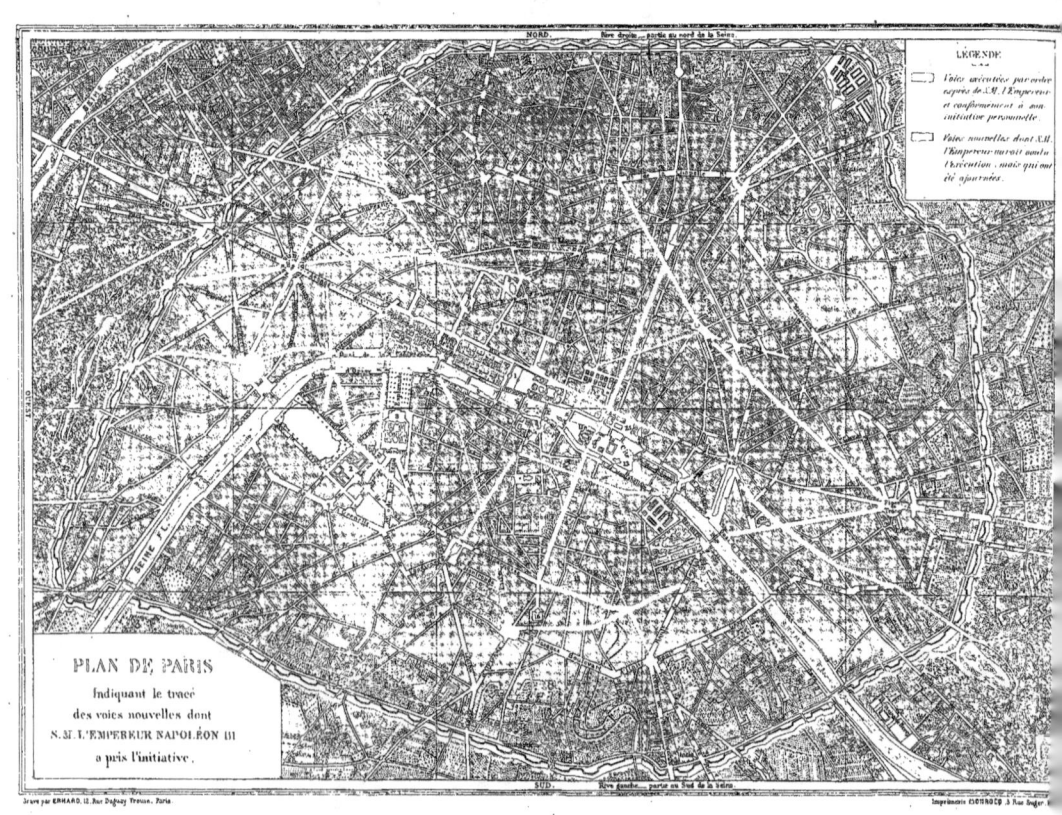

www.ingramcontent.com/pod-product-compliance
Lightning Source LLC
Chambersburg PA
CBHW071617230426
43669CB00012B/1968